DIREITO E PROCESSO COLETIVO

PARA CONCURSOS DA ADVOCACIA PÚBLICA

Yasmine Lopes

DIREITO E PROCESSO COLETIVO

PARA CONCURSOS DA ADVOCACIA PÚBLICA

2021

EDITORA *Jus*PODIVM

www.editorajuspodivm.com.br

EDITORA
*Jus*PODIVM
www.editorajuspodivm.com.br

Rua Canuto Saraiva, 131 – Mooca – CEP: 03113-010 – São Paulo – São Paulo
Tel: (11) 3582.5757
• Contato: https://www.editorajuspodivm.com.br/sac

Diagramação: Equipe *Jus*PODIVM

Capa: Rodrigo Lippi

S237d Santos, Yasmine Lopes Pereira.
Direito e processo coletivo para concursos da advocacia pública / Yasmine Lopes Pereira Santos – São Paulo: Editora JusPodivm, 2021.
352 p.

Bibliografia
ISBN 978-65-5680-703-4

1. Direitos da Pessoa Humana, 2. Direitos difusos e coletivos. I. Santos, Yasmine Lopes Pereira. II. Título.

CDD 341.272

AGRADECIMENTOS

A Deus, aos meus pais Natanael e Maria Lucilene, meus irmãos Sayron e Laina e a meu noivo João Paulo, cujo amor, companheirismo e apoio diários são as razões que me mantém motivada a estudar para ensinar, a trabalhar para educar e a crescer para colaborar com o crescimento alheio.

À equipe do RevisãoPGE e Trino Concursos, onde tenho a honra de lecionar e coordenar cursos preparatórios para concursos e de onde surgiu a paixão pelo ensino e o despertar para a elaboração deste livro.

Em especial, aos amigos Leonardo Vieira, Francisco Braga e Renerio Castro pela colaboração na execução da obra, desde a sua primeira linha. Nossas conversas sobre jurisprudência, nossas trocas diárias sobre os anseios dos alunos e a forma de transmitir-lhes conhecimento, trouxe como resultado esse livro, um filho tão especial.

Ao amigo, que posso chamar de pai e mentor no Direito Processual Civil, Maurício Cunha, pelos ensinamentos, sobretudo relacionados à humildade.

Aos meus queridos alunos, pela felicidade de poder contribuir com suas trajetórias em busca da aprovação no concurso público, pela confiança depositada em meu trabalho e pelo carinho e incentivo recebidos. Acreditem nos seus sonhos e batalhem por eles! Estarei sempre na torcida.

A todos os demais amigos e familiares.

NOTA DA AUTORA

O estudo dos direitos difusos e coletivos, bem como do processo coletivo, tem elevada importância e, diante da sua relação com a atuação do Poder Público em juízo e com as políticas públicas, tais temas vêm sendo explorados nos certames pelas Bancas Examinadoras dos concursos de Procuradorias.

Nosso objetivo neste livro é, portanto, realizar a análise dos Direitos Difusos e Coletivos, do Processo Coletivo e das diversas leis esparsas que compõem o chamado "microssistema de tutela coletiva", com ênfase naquilo que é explorado nos concursos de Advocacia Pública.

Com a obra pretendemos que saiam preparados para responder quaisquer questões, desde as que envolvam as leis que já estão "acostumados" a estudar – tais como Lei de Ação Civil Pública, Ação Popular, Mandado de Segurança Coletivo etc. – até as que exploram a legislação mais específica (e, por isso, muito negligenciada pelos candidatos) – como a Lei do SUS, Lei do Serviço Público de Educação, Estatutos do Idoso e da Criança e do Adolescente, dentre outras.

Sabemos que a jurisprudência, importante fonte do Direito, vem sendo cada vez mais explorada em provas, razão pela qual expusemos, além da legislação correlata e dos entendimentos doutrinários, os posicionamentos dos Tribunais Superiores, destacando divergências e evoluções jurisprudenciais.

Citamos, ainda, questões já cobradas em provas de concursos da carreira, para que o leitor identifique como os assuntos são abordados pelas Bancas Examinadoras.

O conteúdo é abordado de maneira objetiva, direta, sem perder a profundidade que o estudo dos temas requer, de modo que pode auxiliar, ainda, os membros da carreira em sua atuação prática.

Boa leitura!

PREFÁCIO

A incessante busca pela adequada tutela dos direitos se revela como uma preocupação inerente a todos aqueles que compõem o exercício da função jurisdicional, bem como para a academia. Encontrar a forma que consiga exprimir, com clareza e objetividade, a melhor maneira de solucionar todas as demandas que chegam ao conhecimento do Judiciário não tem sido tarefa fácil, mormente diante de um modelo procedimental e de Justiça Civil que insiste, por vezes, em direcionar seus olhos quase que exclusivamente para a tutela de conflitos individuais. Assim, como consequência natural, os direitos difusos, coletivos e individuais homogêneos são relegados a um segundo plano, como se tudo que tivéssemos e aplicássemos a um determinado sistema pudesse ser aplicado, processualmente falando, para todos os outros que surjam ao longo dos anos, a despeito das diferentes peculiaridades que ostentem.

De qualquer maneira, é preciso apontar que vivenciamos, de tempos em tempos, efetivos avanços com o surgimento de alguns diplomas legislativos (para ficar em três singelos exemplos, destaco a Lei 7.347/85 – Ação Civil Pública, e a Lei 8.078/90 – Código de Defesa do Consumidor, não obstante entenda, com a devida vênia, que o surgimento do processo coletivo, concretamente, ocorra com a promulgação da Lei 6.938/81 – Lei Nacional da Política do Meio Ambiente, responsável por estabelecer que o Ministério Público protegeria o meio ambiente por meio da ação civil pública), para além de outros, que passaram a compor o microssistema processual coletivo, todos em sua boa parte, é verdade, tímidos para o que se quer alcançar em termos de resultados.

Particularmente, e sem a intenção de querer mencionar o que deve ser considerado como correto e mais ajustado, é preciso repensar o que temos, atualmente, em termos de processo individual e, indiscutivelmente, aprimorar o que temos de processo coletivo.

O advento do texto processual civil de 2015 nos brindou com o fim do caráter estritamente liberal que marcou os textos de 1973 e de 1939 e, com isso, passou a oferecer instrumentos para o aperfeiçoamento do processo coletivo, como, exemplificativamente, autorizar que o juiz, quando se deparar com diversas demandas individuais repetitivas, oficie o Ministério Público, a Defensoria Pública e, na medida do possível, outros legitimados a que se referem o art. 5º da Lei nº 7.347, de 24 de julho de 1985, e o art. 82 da Lei nº 8.078, de 11 de setembro de 1990, para, se for o caso, promover a propositura da ação coletiva respectiva (art. 139, X), a fixação de uma ordem cronológica de conclusão e julgamento (art. 12), a consecução de um sistema exauriente de fundamentação das decisões judiciais (art. 489, § 1º), a adoção de um sistema de precedentes (art. 927) e a criação de um incidente de resolução de demandas repetitivas (art. 976).

Entretanto, ainda há muito que se fazer para que consigamos conferir uma feição moderna ao processo coletivo e possibilitar que todos os envolvidos, frisados no início das nossas linhas, consigam, por intermédio das legislações de que dispomos, tutelar os direitos difusos, coletivos e individuais homogêneos.

Pois bem. Trazidas as informações necessárias para que pudéssemos situar, inicialmente, a temática objeto de exame na presente obra, passo, a partir de agora, a me debruçar sobre a criação e sua criadora, ou seja, sobre as linhas tão bem escritas pela competentíssima Yasmine Lopes e sua devida contribuição, com espírito verdadeiramente humanitário, para com todos aqueles que buscam a aprovação nos certames da Advocacia Pública. A propósito, elaborar um livro que tenha tal finalidade é tarefa das mais hercúleas, recheada de grande responsabilidade, pois é preciso ir direto ao alvo, sem rodeios, tratar daquilo que realmente interessa, sem, contudo, perder a profundidade que permita assimilar o saber racional do desenvolvimento, em particular, dos direitos difusos e coletivos e o fenômeno processual coletivo, tal qual é aqui facilmente presenciado.

Um simples exame do sumário já autoriza concluir que a pesquisa foi profunda, alicerçada naquilo que temos de mais solidificado em termos doutrinários, jurisprudenciais e legislativos, naquilo que interessa, de fato.

Principia por uma abordagem histórica e do direito comparado, fundamental para o entendimento do sistema como um todo, passa pelo exame do processo coletivo (no que inclui seus fundamentos e seus princípios) e ingressa no regramento das ações civis públicas, da ação popular, do mandado de segurança, do mandado de injunção coletivo, da legislação consumerista, criança e adolescente, idosos, portadores de necessidades especiais, serviço público de educação e serviço público de saúde. Em suma, trata do verdadeiramente essencial e de forma a permitir a compreensão de tudo que envolve os principais questionamentos firmados nas etapas dos concursos para a Advocacia Pública.

Temas clássicos e polêmicos são tratados com naturalidade, sem qualquer negligência, invocando atenção para o primordial (inclusive para algumas particularidades relacionadas ao mandado de segurança coletivo, por exemplo) e conferindo, consequentemente, total confiança ao conteúdo espalhado ao longo de cerca de 352 páginas.

Último, mas não menos importante, é preciso falar, em particular, de Yasmine, essa profissional tão dedicada, de imensa competência, responsável e plenamente ciente de todas as nuances que envolvem o estudo (sério) para que se possa lograr êxito nos concursos públicos, para além de um ser humano digníssimo, que empreende amor em tudo que faz (sim, o amor permite que a obra traga um pouquinho de si mesma), e de conduta irrepreensível, em todos os sentidos, com todos aqueles que a conhecem.

Mais ainda, sua inquietação profissional e o seu desejo, tão natural, de querer ajudar ao próximo, estão muito vivos na obra e só constatam aquilo que já se sabia, só confirmam que, para escrever, para transmitir, é preciso ir além, é preciso desbravar as questões técnicas, certamente, mas também assumir que podemos ser ferramentas indispensáveis para as transformações. E Yasmine sabe muito bem como toda a engrenagem deve funcionar.

O prefácio de um livro, já foi afirmado várias vezes, constitui-se em elemento primordial na composição de qualquer obra literária, não sendo por outro motivo, aliás, que não pode ser negligenciado.

Tive aqui, pois, a honra e a satisfação de escrever algumas singelas linhas acerca de obra que, indiscutivelmente, impactará, tamanha a densidade do trabalho desenvolvido e sua consecução. Leitura leve e sobremaneira agradável.

Estão, pois, a editora e a minha querida amiga Yasmine, de parabéns!

Maurício Cunha

SUMÁRIO

CAPÍTULO I

TEORIA GERAL DOS DIREITOS E DO PROCESSO COLETIVO

Neste capítulo estudaremos a teoria geral dos direitos coletivos, bem como as normas gerais que regem o processo coletivo.

Antes de imergir nos citados temas, faremos uma breve análise acerca das gerações dos direitos fundamentais, a fim de localizar os direitos coletivos e a evolução de sua tutela no ordenamento jurídico.

A doutrina clássica aponta a existência de 3 (três) gerações de direitos fundamentais. A moderna, por sua vez, chega a mencionar que estas são 5 (cinco).

Esquematizando os entendimentos, temos:

- 1ª geração: direitos ligados ao valor de liberdade, oponíveis ao Estado, o qual é destinatário do dever de abstenção (direitos civis e políticos);
- 2ª geração: igualdade material, compreendendo os direitos sociais, econômicos e culturais;
- 3ª geração: fraternidade e solidariedade, direitos transindividuais (como o direito ao meio ambiente).

Bonavides[1], acrescenta mais duas gerações:

- 4ª geração: globalização política, direitos à democracia, à informação e ao pluralismo (Norberto Bobbio, citado por Pedro Lenza,[2] acrescenta os direitos decorrentes dos avanços na engenharia genética relacionados à manipulação do patrimônio genético);
- 5ª geração: direito à paz.

1. BONAVIDES, Paulo (1996). Curso de direito constitucional. 6. ed. São Paulo: Malheiros.
2. LENZA, Pedro (2016). Direito constitucional esquematizado. 20. ed. São Paulo: Saraiva.

Nesse sentido, onde podemos localizar os direitos coletivos que estudaremos neste livro?

A Constituição Federal faz expressa referência, em diversos dispositivos, aos direitos coletivos. O Título II, Capítulo I, por exemplo, traz os "direitos e deveres individuais e coletivos".

Neste rol podemos localizar alguns direitos liberais clássicos (considerados de primeira geração), os quais traduzem a proteção do indivíduo em face do arbítrio estatal (direitos de defesa ou resistência), tais como a liberdade de reunião (CF, art. 5º, XVI) e de associação (CF, art. 5º, XVII a XXI). Mas podemos considerar que há direitos coletivos?

Embora pressuponha a atuação de uma pluralidade de indivíduos, a titularidade do direito permanece individual, logo, considera-se coletivo apenas os instrumentos de exercício e não os direitos e seus sujeitos[3].

No Capítulo II, do citado Título I, da CF, encontram-se direitos sociais, de abrangência coletiva, tais como a liberdade de associação profissional e sindical (CF, art. 8º), o direito de greve (CF, art. 9º), o direito de participação de trabalhadores e empregadores nos colegiados de órgãos públicos (CF, art. 10) e a representação de empregados junto aos empregadores (CF, art. 11).

Todavia, é preciso ter cuidado com o seguinte ponto: Direito social não é direito coletivo!

O direito fundamental considerado social é individual ou individualizável, logo, nem sempre há obrigatória correlação entre os conceitos.[4]

De titularidade, verdadeiramente, coletiva ou difusa, encontramos os direitos de terceira e quarta (e para quem defende a existência, quinta) gerações de direitos fundamentais, como o direito à autodeterminação dos povos, à paz e ao progresso da humanidade (CF, art. 4º, III, VI, VII e IX); do direito dos consumidores e direito de receber informações de interesse coletivo (CF, art. 5º, XXXII e XXXIII); do direito de comunicação (CF, arts. 220 e ss.); e do direito ao meio ambiente (CF, arts. 225 e ss.)

Podemos concluir, portanto, que os direitos coletivos em sentido amplo, podem estar inseridos nas 3ª, 4ª e 5ª gerações de direitos fundamentais.

---

3. NOVELINO, Marcelo Curso de direito constitucional- 11. ed. rev., ampl. e atual. - Salvador: Ed. Juspodivm, 2016.

4. NOVELINO, Op. Cit.

1. ESCORÇO HISTÓRICO E DIREITO COMPARADO DA TUTELA DOS DIREITOS COLETIVOS EM SENTIDO AMPLO

1.1. Evolução da tutela coletiva no mundo

É possível identificar instrumentos destinados à tutela dos interesses coletivos em tempos mais remotos, antes mesmo do contexto pós-revolução industrial, período que deu abertura para o reconhecimento de tais direitos[5].

Citam-se os seguintes instrumentos:

- Ações populares do direito romano, que permitiam ao cidadão a defesa de logradouros públicos e coisas de uso comum e domínio do povo;
- *Bill Of Peace* inglês, do século XVII, que consistia numa autorização, a pedido do autor da ação individual, para que ela passasse a ser processada coletiva- mente, ou seja, para que o provimento beneficiasse os direitos de todos os que estivessem envolvidos no litígio, tratando a questão de maneira uniforme, e evitando a multiplicação de processos.

1.2. Evolução da tutela coletiva no Brasil

As ações populares do direito romano chegaram a ser recepcionadas pelo direito português e viger no Brasil[6].

A origem das ações coletivas no país, portanto, remontam às Ordenações Filipinas, promulgadas pelo Rei Filipe em 1603. E mesmo após Proclamação da Independência, as normas continuaram a vigorar no país em razão do Decreto de 20 de outubro de 1823.

De origem puramente brasileira, as ações coletivas surgiram e o processo coletivo iniciou sua história no Brasil com a promulgação da Lei de Ação Popular, em 1965.

A ação se tornou o primeiro instrumento voltado à tutela de interesses coletivos em juízo, e duas importantes alterações processuais ocorreram com a promulgação da LAP[7]:

- legitimação ativa – permitiu-se ao cidadão a defesa em juízo, em nome próprio, de direito pertencente à toda coletividade;

5. ANDRADE, Adriano, MASSON Cleber Masson e ANDRADE Landolfo - Interesses difusos e coletivos esquematizado - 6. ed. rev. atual. e ampl.- Rio de Janeiro: Forense; São Paulo: MÉTODO, 2016.
6. ANDRADE, Adriano, MASSON Cleber Masson e ANDRADE Landolfo. Op. Cit.
7. JUNIOR, Hermes Zaneti e GARCIA, Leonardo de Medeiros Direito. Coleção Leis Especiais para concursos: Volume 28 - Direitos Difusos – 8ª. ed. rev., ampl. e atual.- Salvador: Juspodivm, 2017.

- coisa julgada – que foi ampliada e passou a produzir efeitos *erga omnes*, salvo quando a ação fosse julgada improcedente por insuficiência de provas, oportunidade na qual qualquer cidadão teria a faculdade de propor novamente a ação, desde que fundada em nova prova (estudaremos em detalhes, oportunamente).

Em 1934, a ação popular foi incluída expressamente na Constituição Federal, chegando a ser suprimida pela Constituição de 1937, e restabelecida pelo art. na Constituição de 1946, mantendo-se em todas as Constituições subsequentes.

Apesar da existência da Lei da Ação Popular desde 1965, o **SURGIMENTO** DO PROCESSO COLETIVO se deu, efetivamente, com a promulgação da **Lei da Política Nacional do Meio Ambiente (PNMA) em 1981.**

A **CONSOLIDAÇÃO,** por sua vez, ocorreu com a promulgação da **Lei de Ação Civil Pública, em 1985.**

Por fim, o processo coletivo teve sua **POTENCIALIZAÇÃO** com a promulgação do **CDC, em 1990**, pois o diploma possibilitou a tutela do direito das massas, atendendo bens e direitos cuja tutela individual é inviável ou não recomendável.

E é válido destacar que avanços sobrevieram com a promulgação de diversas leis infraconstitucionais, tais como os Estatutos da Criança e do Adolescente, do Idoso, da Cidade, dentre outros diplomas.

A evolução da tutela coletiva no país pode se deu, portanto, da seguinte forma:

- **Primeiro instrumento** de tutela coletiva: Lei da **Ação Popular** (Lei nº 4717/1965);
- **Surgimento** do processo coletivo: Lei da **Política Nacional do Meio Ambiente** (Lei nº 6938/81);
- **Consolidação** do processo coletivo: Lei da **Ação Civil Pública** (Lei nº 7347/85);
- **Potencialização** do processo coletivo: **Código de Defesa do Consumidor** (Lei 8.078/90).

2. PROCESSO COLETIVO

2.1. Conceito de tutela coletiva

Faz-se necessário diferenciarmos a tutela individual da tutela coletiva. Isso porque os direitos individuais podem até ser defendidos de maneira conjunta através de litisconsórcio, por exemplo, mas essa forma de exercício não configura ação/tutela coletiva, como veremos adiante.

Tutela individual é a que se volta à proteção de direitos materiais individuais, em regra regulamentada pelo Código de Processo Civil, mas também em algumas leis extravagantes, tais como as Leis dos Juizados Especiais, de Execução Fiscal, de Locações, dentre outras.

A tutela coletiva, por sua vez, não está atrelada à natureza do direito material. Isso quer dizer que pode existir tutela coletiva em relação a direitos de natureza individual.

Podemos compreender que **a tutela coletiva é uma espécie de tutela jurisdicional voltada à proteção de determinadas espécies de direitos materiais.** E compete ao legislador determinar quais são esses direitos, não havendo, portanto, uma necessária relação entre a natureza do direito tutelado e a tutela coletiva[8].

Assim, direitos de natureza individual podem ser protegidos pela tutela coletiva, se o legislador, expressamente, determinar a aplicação desse tipo de sistema processual a tais direitos.

Em nosso ordenamento jurídico isto ocorre com os **direitos individuais homogêneos, que, apesar da natureza individual, são objeto de tutela coletiva por expressa previsão do Código de Defesa do Consumidor**. O mesmo ocorre com os direitos individuais indisponíveis do idoso, criança e adolescente, desde que a ação coletiva seja promovida pelo Ministério Público.

O exercício conjunto da ação por titulares distintos, todavia, não configura ação coletiva. Como dissemos outrora, a pluralidade de sujeitos nos polos de uma demanda configura litisconsórcio.

Surge uma ação coletiva quando há relação entre o direito material litigioso e a coletividade, que exige tutela para resolução do litígio. Permite-se, embora existentes interessados distintos, identificáveis ou não, que possa ser ajuizada uma ação coletiva, por iniciativa de uma única pessoa.

Nesse sentido, **processo coletivo é aquele instaurado por ou em face de um legitimado autônomo, em que se postula um direito coletivo *lato sensu* ou se afirma a existência de uma situação jurídica coletiva passiva.** Objetiva-se, através dele, obter decisão judicial que irá atingir uma coletividade ou um grupo de pessoas, determinadas ou não[9].

2.2. Fundamentos da tutela coletiva

Segundo a doutrina[10], a tutela coletiva pode ser analisada sob dois pontos de vista: o **sociológico e o político**; e é justificada por dois princípios, quais sejam: **economia processual e acesso à justiça.**

8. NEVES, Daniel Amorim Assumpção. Manual de processo coletivo: volume único – 4ª ed. atual, e ampl. - Salvador: Ed. Juspodivm, 2020.
9. JUNIOR, Fredie Didier e JUNIOR, Hermes Zaneti. Curso de Direito Processual Civil – Processo Coletivo. Vol. 4, 10ª ed., Salvador: Ed. Juspodivm, 2016.
10. JUNIOR, Fredie Didier e JUNIOR, Hermes Zanet. Op. Cit.

Relacionam-se:

a) **Fundamento sociológico → Acesso à Justiça**: Com as ações coletivas é possível resolver pretensões relativas a bens e serviços de massa, tais como as que envolvem os consumidores.

b) **Fundamento político → Princípio da economia processual**: Com as ações coletivas é possível solucionar diversos conflitos através de um só processo.

Para alcançar os objetivos citados, contamos, pois, com o chamado microssistema de tutela coletiva, o qual estudaremos a seguir.

2.3. Microssistema de tutela coletiva

Microssistema legal pode ser definido como a instrumentalização de diversos diplomas (desde a Constituição até os diversos Códigos e legislação esparsa), que tratam de determinada matéria, a qual exige aplicação conjunta dos diversos comandos normativos para efetiva proteção dos direitos que objetiva tutelar[11].

O microssistema de processo coletivo no direito brasileiro é complexo, formado por diplomas de diversos ramos do direito, que se interpenetram e se subsidiam. Essa intercomunicação ocorre de forma independente do Código de Processo Civil, que se aplica de forma complementar.

Exemplos de institutos do CPC aplicáveis ao processo coletivo são citados em enunciados doutrinários do Fórum Permanente dos Processualistas Civis (FPPC):

ENUNCIADOS FPPC

Enunciado n. 619: O processo coletivo deverá respeitar as técnicas de ampliação do contraditório, como a realização de audiências públicas, a participação de *amicus curiae* e outros meios de participação.

Enunciado n. 503: O procedimento da tutela cautelar, requerida em caráter antecedente ou incidente, previsto no Código de Processo Civil é compatível com o microssistema do processo coletivo.

Enunciado n. 663: Admite-se a produção antecipada de prova proposta pelos legitimados ao ajuizamento das ações coletivas, inclusive para facilitar a autocomposição ou permitir a decisão sobre o ajuizamento ou não da demanda.

11. AZEVEDO, Júlio Camargo de. O microssistema do processo coletivo brasileiro: uma análise feita à luz das tendências codificadoras. Escola Superior do Ministério Público de São Paulo. São Paulo. 2012, Disponível em www.esmp.sp.gov/revista_ESMP/index.php/rjesmpsp/article/viewfile/43/26.

Enunciado n. 676: A audiência de saneamento compartilhado é momento adequado para que o juiz e as partes deliberem sobre as especificidades do litígio coletivo, as questões fáticas e jurídicas controvertidas, as provas necessárias e as medidas que incrementem a representação dos membros do grupo.

Dois diplomas são apontados como fundamentais nos processos instaurados para tutelar direitos transindividuais. São eles: a Lei de Ação Civil Pública (Lei nº 7.347/85) e o Código de Defesa do Consumidor (Lei nº 8.078/90). Tais leis formam o núcleo e subsidiam a aplicação das demais leis que compõem o microssistema.

Podemos citar, de forma exemplificativa, as seguintes leis que integram o microssistema: Constituição Federal de 1988; Lei 4.717/1965 (Ação Popular); Lei 6.938/1981 (Lei da Política Nacional do Meio Ambiente); Lei 7.853/1989 (Lei das Pessoas Portadoras de Deficiência); Lei 7.913/1989 (Lei dos Investidores dos Mercados de Valores Imobiliários); Lei 8.069/1990 (Estatuto da Criança e do Adolescente); Lei 8.429/1992 (Lei de Improbidade Administrativa); Lei 10.741/2003 (Estatuto do Idoso); Lei 12.016/2009 (Lei do Mandado de Segurança); Lei 12.846/2013 (Lei Anticorrupção); e Lei 13.300/2016 (Lei do Mandado de Injunção).

Posiciona-se o STJ:

JURISPRUDÊNCIA

O Ministério Público está legitimado a defender os interesses transindividuais, quais sejam os difusos, os coletivos e os individuais homogêneos. **É que a Carta de 1988, ao evidenciar a importância da cidadania no controle dos atos da administração, com a eleição dos valores imateriais do art. 37, da CF como tuteláveis judicialmente, coadjuvados por uma série de instrumentos processuais de defesa dos interesses transindividuais, criou um microssistema de tutela de interesses difusos referentes à probidade da administração pública, nele encartando-se a Ação Popular, a Ação Civil Pública e o Mandado de Segurança Coletivo, como instrumentos concorrentes na defesa desses direitos eclipsados por cláusulas pétreas.** Deveras, é mister conferir que a nova ordem constitucional erigiu um autêntico 'concurso de ações' entre os instrumentos de tutela dos interesses transindividuais e, a fortiori, legitimou o Ministério Público para o manejo dos mesmos. (RECURSO ESPECIAL Nº 681.012 – RS, 1ª Turma, Rel. Min. Luiz Fux, j. em 06/10/2005). (grifos nossos)

No mesmo sentido:

A lei de improbidade administrativa, juntamente com a lei de ação civil pública, da ação popular, do mandado de segurança coletivo, do Código de Defesa do Consumidor e do Estatuto da Criança e do Adolescente e do Idoso, **compõem um**

microssistema de tutela dos interesses transindividuais e sob esse enfoque interdisciplinar interpenetram-se e subsidiam-se. (RECURSO ESPECIAL Nº 510.150/MA, 1ª Turma, Rel. Min. Luiz Fux, j. em 17-2-2004) (grifos nossos)

O microssistema gera o que se convencionou chamar de **sistema de vasos comunicantes**. Significa dizer que a união intercomunicante entre os diversos diplomas legislativos forma o microssistema de tutela dos direitos transindividuais.

No ordenamento jurídico brasileiro, portanto, há normatização de situações em normas esparsas, entre as quais existe uma comunicação. Existem, pois, normas de reenvio, ou seja, que remetem a outro diploma a disciplina de uma relação jurídica.

O STF já utilizou a teoria dos vasos comunicantes em seus julgados. Cita-se trecho do voto do Min. Teori Zavascki (Relator), no julgamento do RE 631.111/GO, em 07.08.2014:

JURISPRUDÊNCIA

Em relação a direitos transindividuais, não se coloca o problema da relação entre processo coletivo e processo individual. Seus objetos são necessariamente distintos. O objeto da ação individual jamais será um direito transindividual. Esse problema somente existe – e é um dos pontos mais delicados do processo coletivo – em se tratando da tutela de direitos individuais homogêneos. Aqui, a identidade do objeto material acarreta, entre ação coletiva e ação individual, uma relação com uma profusão de vasos comunicantes, o que exige, na formatação do processo coletivo, definições precisas a respeito, entre outros, dos seguintes aspectos: (a) grau de dependência entre uma e outra; (b) vinculação ou não do titular individual à ação coletiva; (c) efeitos da sentença e da coisa julgada da ação coletiva em relação à ação individual. (grifos nossos)

O tema tem sido cobrado em provas de concursos de Advocacia Pública organizados pela Banca Vunesp:

QUESTÕES DE CONCURSOS

VUNESP – 2018 - Câmara Municipal de Jaboticabal/SP – Procurador Jurídico - A coletânea de normas que compõe a base do processo civil coletivo forma o que a doutrina denomina como sistema de vasos comunicantes ou intercomunicantes.

COMENTÁRIOS: Como estudado, o conjunto de normas que compõem o microssistema de tutela coletiva se mantém interligado, em comunicação, o que a doutrina denomina de sistema de vasos comunicantes.

GABARITO: CORRETO

VUNESP - 2018 - Prefeitura de Sorocaba - SP - Procurador do Município - Sabe-se que a lei da ação civil pública compõe o sistema dos vasos comunicantes que garantem a tutela do processo civil coletivo. Sobre o que prevê tal legislação, é certo afirmar que não será cabível ação civil pública para veicular pretensões que envolvam tributos, contribuições previdenciárias, o Fundo de Garantia do Tempo de Serviço – FGTS ou outros fundos de natureza institucional cujos beneficiários podem ser individualmente determinados.

COMENTÁRIOS: Em momento oportuno estudaremos a Lei de Ação Civil Pública, a qual veda as pretensões citadas na assertiva. Destaca-se aqui, novamente, a cobrança pela Banca da teoria dos vasos comunicantes.

GABARITO: CORRETO

VUNESP - 2018 - FAPESP – Procurador - O pedido formulado na petição inicial deve ser certo e determinado, cabendo anotar que a interpretação do pedido considerará o princípio dos sistemas de vasos comunicantes da postulação.

COMENTÁRIOS: Em relação ao processo individual, o CPC prevê em seu art. 322, §2º, que "a interpretação do pedido considerará o conjunto da postulação e observará o princípio da boa-fé". A Banca cobrou a literalidade do dispositivo. Não há relação com o sistema de vasos comunicantes e a interpretação do pedido. Ocorre que a doutrina também menciona a teoria em relação ao processo individual quando trata, por exemplo, das tutelas de urgência de natureza cautelar. Quando se confronta a aparência do bom direito e o perigo da demora recorre-se à teoria dos "vasos comunicantes" para aplicar o regramento da tutela de urgência de natureza antecipada[12].

GABARITO: ERRADO

Voltamos a mencionar: trata-se de um modelo de processo coletivo complexo, formado por dezenas de diplomas.

Seria mais prático codificar esse microssistema? Talvez! Mas existem algumas discussões doutrinárias a respeito, que não nos aprofundaremos para não fugir do objetivo desta obra, porém é válido citar que já houve uma tentativa de codificar o processo coletivo no Brasil.

Dois principais projetos de códigos brasileiros de processo coletivo ganharam destaque: o Anteprojeto de Código Brasileiro de Processo Coletivo do Instituto Brasileiro de Direito Processual (IBDP) e o Anteprojeto de Código Brasileiro de Processos Coletivos, este elaborado em conjunto nos programas de pós-graduação da Universidade Estadual do Rio de Janeiro (UERJ) e da Universidade Estácio de Sá (UNESA).[13]

As tentativas receberam críticas. Existe quem sustente pontos negativos de uma codificação do direito processual coletivo, dentre os quais o engessamento do sistema, a adoção de instrumentos de modelos estrangeiros incompatíveis com o sistema

12. YARSHELL Flávio Luiz. Requisitos da tutela de urgência e a teoria dos "vasos comunicantes". Carta Forense – 04.07.2011. Disponível em: http://www.cartaforense.com.br/conteudo/colunas/requisitos-da-tutela-de-urgencia-e-a-teoria-dos-vasos-comunicantes/7287. Acesso em 20.06.2020.
13. AZEVEDO, Júlio Camargo de. Op. Cit.

do país, a burocratização deste com o consequente retardamento da tutela jurisdicional coletiva, dentre outros[14].

Como sabemos, ainda não há essa codificação, embora existam muitas vozes que a defendam, todavia, os diplomas normativos citados acima, apoiados no núcleo da LACP e do CDC, têm conseguido, por meio de intercâmbio, cumprir o papel instrumento de tutela dos direitos coletivos.

Há que se pontuar que, em 2019, um grupo de trabalho no Conselho Nacional de Justiça, coordenado pela ministra do Superior Tribunal de Justiça Maria Isabel Diniz Gallotti Rodrigues, reuniu-se para "apresentar propostas voltadas para o aprimoramento da atuação do Poder Judiciário nas ações de tutela de direitos coletivos e difusos" (Portaria 152, de 30/9/2019, da presidência do CNJ).

Em setembro do mesmo ano, representantes do Conselho apresentaram junto à Câmara dos Deputados um anteprojeto que visa aperfeiçoar o regramento das ações coletivas no país.

O Projeto de Lei 4778/20 pretende a revogação da Lei de Ação Civil Pública e de alguns dispositivos do Código de Defesa do Consumidor e da Lei 9.494/97 (que dispõe acerca da tutela antecipada contra a Fazenda Pública) e encontra-se em tramitação na Câmara.

O Novo Código de Processo Civil, também se preocupou, em diversos dispositivos, com a tutela coletiva. Citamos:

CÓDIGO DE PROCESSO CIVIL

Art. 139. O juiz dirigirá o processo conforme as disposições deste Código, incumbindo-lhe: X - quando se deparar com diversas demandas individuais repetitivas, oficiar o Ministério Público, a Defensoria Pública e, na medida do possível, outros legitimados a que se referem o art. 5º da Lei nº 7.347, de 24 de julho de 1985 *(lei da ação civil pública)*, e o art. 82 da Lei nº 8.078, de 11 de setembro de 1990 *(Código de Defesa do Consumidor)*, para, se for o caso, promover a propositura da ação coletiva respectiva. (grifos nossos)

Art. 985. Julgado o incidente *(Incidente de Resolução de Demandas Repetitivas)*, a tese jurídica será aplicada:

I - a todos os processos individuais ou coletivos que versem sobre idêntica questão de direito e que tramitem na área de jurisdição do respectivo tribunal, inclusive àqueles que tramitem nos juizados especiais do respectivo Estado ou região;

14. ALMEIDA, Gregório de Assagra. Codificação do direito processual coletivo brasileiro: análise crítica das propostas existentes e diretrizes para uma nova proposta de codificação. Belo Horizonte: Del Rey, 2007.

II - aos casos futuros que versem idêntica questão de direito e que venham a tramitar no território de competência do tribunal, salvo revisão na forma do art. 986. (grifos nossos)

Com a entrada em vigor do NCPC, portanto, o direito brasileiro avançou ainda mais em termos de tutela processual coletiva.

Como operar e aplicar essa inúmera quantidade de leis? A doutrina[15] sugere um caminho a ser seguido:

1. Buscar a solução no **diploma específico** (Ex.: caso se trate de uma ação popular, busca-se a regulamentação na LAP, Lei nº 4.717/1965). Não sendo localizada esta solução ou sendo ela insatisfatória;
2. Buscar a solução no **núcleo do microssistema**, ou seja, na soma da **Lei da Ação Civil Pública** com o **Título III do CDC**. Persistindo a ausência de solução;
3. Buscar nos **demais diplomas** que tratam sobre processos coletivos *a ratio* do processo coletivo para melhor resolver a questão em **coordenação com as normas do CPC-2015** que não conflitarem com a lógica e os princípios próprios do microssistema e com a Constituição.

2.4. Princípios do processo coletivo

A doutrina defende a existência de um rol de **princípios específicos do Direito Processual Coletivo.**

2.4.1. Princípio do acesso à justiça

Algumas regras aplicáveis ao processo individual não se mostram aptas a viabilizar o efetivo acesso à justiça dos titulares de direitos transindividuais. Nesse sentido, para que seja possível utilizar técnicas processuais adequadas a pacificar o conflito coletivo, o modo de ser do processo foi sensivelmente modificado.

Quando do estudo do regramento que diz respeito à legitimação ativa nas ações coletivas, podemos identificar uma importante diferença em relação às ações individuais.

No processo individual, em regra, a legitimação é ordinária, ou seja, o titular do direito material controvertido deve ir a juízo postular em nome próprio. Como dito, esta é a regra, que comporta específicas exceções.

15. JUNIOR, Fredie Didier e JUNIOR, Hermes Zaneti. Op. Cit.

No processo coletivo, por sua vez, mostrou-se necessário instituir como regra a legitimação extraordinária, para permitir que determinadas pessoas ou entes atuem em juízo, em nome próprio, para defender direito ou interesse alheio.

É privilegiada, portanto, a facilitação do acesso à justiça.

2.4.2. Princípio da universalidade da jurisdição

Corolário do princípio do princípio do acesso à justiça, o princípio da universalidade da jurisdição tem por escopo ampliar tal acesso ao maior número possível de indivíduos e causa.

No processo individual a ampliação do acesso é possível, por exemplo, mediante institutos como litisconsórcio e intervenção de terceiros.

Por sua vez, no processo coletivo a universalização tem alcance muito maior, e desenvolveu-se um modelo de procedimento que consegue levar a tutela jurisdicional às massas e aos conflitos de massas.

2.4.3. Princípios da participação no processo e pelo processo

Participar no processo é ter assegurado o direito ao contraditório, o que se traduz no dever de as partes serem informadas acerca da prática de atos processuais bem como a permissão para praticá-los.

Participar pelo processo, todavia, é utilizá-lo como influência no destino do Estado. Trata-se de aplicar o escopo político do processo.

Os dois formatos de participação estão presentes tanto no processo de índole individual, quanto no processo coletivo. Ocorre que, no primeiro, se sobressai o princípio da participação no processo, e no segundo destaca-se a participação pelo processo.

Como isso ocorre? No processo coletivo confere-se legitimidade a corpos intermediários, tais como sindicatos e associações, para defender em juízos os conflitos de massa, bem como outorgou-se ao cidadão a possibilidade de ser fiscal da coisa pública e da gestão desta. Valorizou-se, desse modo, a participação **pelo** processo.

Destarte, diferente do processo individual, no qual o contraditório é, na maioria das vezes, exercido pelo próprio titular do direito material posto em juízo, no processo coletivo isso é feito através de um legitimado extraordinário.

Há, assim, no processo coletivo, uma participação maior pelo processo, por não ser exercida individualmente. Há o exercício do contraditório através de um legitimado, considerado **representante adequado**[16].

---

16. GRINOVER, Ada Pellegrini. Direito Processual Coletivo. In Direito Processual Coletivo e o anteprojeto de Código Brasileiro de Processos Coletivos, p. 13.

2.4.4. *Princípio da economia processual*

Deve-se buscar a resolução dos conflitos de interesses empregando o mínimo possível de atividade processual. Os citados autores citam como exemplos os casos de reunião de processos e decisões conjuntas por conexão e continência, bem como de extinção de processos em razão de litispendência e de coisa julgada.

Como o processo coletivo potencializa este princípio?

O alcance do princípio da economia processual no processo coletivo pode ser visto, por exemplo, nas ações que tutelam direitos individuais homogêneos, pois permite-se que num único processo sejam decididas questões, que se utilizado o processo de índole individual redundariam numa infinidade de ações. Há, portanto, eficácia subjetiva ampla.

Válido destacar que, com fundamento no estudado princípio, o STJ já decidiu pela suspensão obrigatória de processos individuais, quando em trâmite processo coletivo:

JURISPRUDÊNCIA

Ajuizada ação coletiva atinente a macro-lide geradora de processos multitudinários, suspendem-se as ações individuais, no aguardo do julgamento da ação coletiva. Entendimento que não nega vigência aos arts. 51, IV e § 1º, 103 e 104 do Código de Defesa do Consumidor; 122 e 166 do Código Civil; e 2º e 6º do Código de Processo Civil, com os quais se harmoniza, atualizando-lhes a interpretação extraída da potencialidade desses dispositivos legais ante a diretriz legal resultante do disposto no art. 543-C do Código de Processo Civil, com a redação dada pela Lei dos Recursos Repetitivos (Lei n. 11.672, de 8.5.2008). Recurso Especial improvido. (RECURSO ESPECIAL 1.110.549-RS, 2ª Seção, Rel. Min. Sidnei Beneti, j. 28.10,2009 (Recurso Especial repetitivo tema 60 - Informativo 413) (grifos nossos)

2.4.5. *Princípio do interesse jurisdicional no conhecimento do mérito do processo coletivo*

Ao estudarmos o processo civil individual aprendemos que o CPC/15 dá ênfase, de forma expressa, ao chamado princípio da primazia da decisão de mérito.

Em diversos dispositivos do Código o legislador privilegiou a correção de vícios, por exemplo, para que o mérito seja julgado, e evite-se a extinção anômala do processo.

Vejamos a consagração do princípio em alguns artigos do CPC:

CÓDIGO DE PROCESSO CIVIL

Art. 4º As partes têm o direito de obter em prazo razoável a **solução integral do mérito**, incluída a atividade satisfativa.

Art. 6º Todos os sujeitos do processo devem cooperar entre si para que se obtenha, em tempo razoável, **decisão de mérito justa e efetiva.**

Art. 139. O juiz dirigirá o processo conforme as disposições deste Código, incumbindo-lhe: IX - determinar o **suprimento de pressupostos processuais e o saneamento de outros vícios processuais;**

Art. 282. § 2º Quando puder **decidir o mérito** a favor da parte a quem aproveite a decretação da nulidade, o juiz não a pronunciará nem mandará repetir o ato ou suprir-lhe a falta.

Art. 283. O <u>erro de forma</u> do processo acarreta unicamente a anulação dos atos que não possam ser aproveitados, devendo ser praticados os que forem necessários a fim de se observarem as prescrições legais.

Art. 932. Parágrafo único. Antes de considerar inadmissível o recurso, o relator concederá o prazo de 5 (cinco) dias ao recorrente para que seja **sanado vício ou complementada a documentação exigível. (grifos nossos)**

O princípio ora estudado tem íntima relação com o princípio da instrumentalidade das formas, que propugna o abandono do formalismo excessivo.

No processo coletivo, deve existir a potencialização do interesse jurisdicional no conhecimento do mérito, em detrimento da extinção terminativa do processo, sempre que possível, já que nele apresentam-se grandes conflitos sociais.

Existem divergências doutrinárias em relação à legitimidade ativa de alguns sujeitos, a análise da pertinência temática das associações, a atuação do Ministério Público quando busca tutelar interesses individuais homogêneos disponíveis e a amplitude da legitimação da Defensoria Pública. Sugere-se que seja permitida a sucessão processual, o que permite que o "genuíno" legitimado ativo assuma a condução do processo, de modo a evitar a extinção terminativa do processo[17].

A tese já recebeu, inclusive, a acolhida do STJ[18]. Tratava-se de ação civil pública de improbidade administrativa, e foi declarada a ilegitimidade do Ministério Público Federal (diante da ausência de interesse federal na causa).

17. NEVES, Daniel Amorim Assumpção. Op. Cit.

18. STJ, 2ª Turma, REsp 1.412.480/RS, Rel. Min. Herman Benjamin, j. 02/10/2018, DJe 23/11/2018.

Entendeu o STJ que o magistrado deveria intimar o Ministério Público Estadual, para, manifestar o interesse e assumir o polo ativo da demanda.

O Tribunal Superior privilegiou, portanto, a primazia pela análise do mérito, em detrimento da extinção por sentença terminativa.

Inclusive, constou na ementa do julgado que "exigir o reinício das investigações e o ajuizamento de nova ação para a apuração das alegadas irregularidades seria colocar em risco a própria efetividade da jurisdição, em razão da real possibilidade de transcurso do lapso prescricional para apuração dos eventuais ilícitos e a aplicação das sanções previstas na Lei de Improbidade Administrativa".

O entendimento também resta consagrado em enunciado do FPPC:

ENUNCIADO FPPC

Enunciado n. 666: O processo coletivo não deve ser extinto por falta de legitimidade quando um legitimado adequado assumir o polo ativo ou passivo da demanda.

2.4.6. Princípio da máxima prioridade jurisdicional da tutela coletiva

É recomendável dar prioridade ao processamento e julgamento de ações coletivas em relação aos processos individuais.

Ao solucionar uma lide coletiva, evita-se a proliferação de ações individuais, pois, como estudaremos adiante, os interessados individuais podem se valer dos efeitos da coisa julgada coletiva. **Busca-se evitar, ademais, a prolação de decisões conflitantes (sentenças individuais x sentença coletiva).**

O interesse social prepondera sobre o individual e sempre existirá interesse social na tutela coletiva. Assim, ainda que diante de uma ação coletiva "pura", ou seja, cuja pretensão é a tutela de direitos essencialmente difusos (difusos e coletivos em sentido estrito), haverá benefício de interessados individuais em razão do transporte da coisa julgada (chamado de transporte *in utilibus*), nos termos do art. 104 do CDC[19].

Ademais, entre as execuções individuais e as coletivas preponderam as primeiras, o que também atente a este princípio.

Conforme o art. 99 do CDC, as execuções nas ações coletivas são sustadas enquanto pendentes recursos nos processos individuais:

19. JUNIOR, Hermes Zaneti e GARCIA, Leonardo de Medeiros. Op. Cit.

CÓDIGO DE DEFESA DO CONSUMIDOR (LEI 8.078/90)

Art. 99. Em caso de concurso de créditos decorrentes de condenação prevista na Lei n° 7.347, de 24 de julho de 1985 (Lei de Ação Civil Pública) e de indenizações pelos prejuízos individuais resultantes do mesmo evento danoso, estas terão preferência no pagamento.

Isto se explica porque as gerações de direitos fundamentais se somam e não se subtraem, sendo constitucionalmente inadmissível um bloqueio total do direito individual de ação por força das tutelas coletivas[20].

2.4.7. Princípio da disponibilidade motivada da ação coletiva

Diante da presença da relevância social dos direitos objeto de tutela coletiva, bem como em razão do princípio da indisponibilidade do interesse público, a desistência do processo coletivo exige motivação adequada.

O princípio da disponibilidade motivada recebe consagração expressa na legislação infraconstitucional:

LEI DE AÇÃO CIVIL PÚBLICA (7.347/85)

Art. 5º § 3º Em caso de **desistência infundada** ou abandono da ação por associação legitimada, o Ministério Público ou outro legitimado assumirá a titularidade ativa.

LEI DE AÇÃO POPULAR (4.717/65)

Art. 9º Se o autor desistir da ação ou der motiva à absolvição da instância, serão publicados editais nos prazos e condições previstos no art. 7º, inciso II, ficando assegurado a qualquer cidadão, bem como ao representante do Ministério Público, dentro do prazo de 90 (noventa) dias da última publicação feita, promover o prosseguimento da ação.

Presente o interesse em desistir da ação, os motivos deverão estar presentes e fundamentados. A desistência infundada ou o abandono da ação exige que o MP ou outro legitimado assuma a polo.

Observe que o princípio é mitigado: se a desistência foi motivada e razoável, o magistrado poderá homologá-la. Ex.: falência da empresa ré.

20. JUNIOR, Hermes Zaneti e GARCIA, Leonardo de Medeiros. Op. Cit.

QUESTÕES DE CONCURSOS

VUNESP - 2019 - Prefeitura da Estância Turística de Guaratinguetá – Procurador - O processo coletivo é formado por diversos princípios básicos, que são suas linhas mestras. Dentre eles, existe o que afirma não depender a demanda coletiva da vontade das partes, mas, sim, da necessidade social de sua propositura. Esse princípio é o da indisponibilidade da demanda coletiva.

COMENTÁRIOS: A assertiva de forma correta esclarece que o princípio da indisponibilidade da demanda coletiva conduz ao entendimento no sentido de que esta independe da vontade das partes, mas justifica-se em razão da necessidade social, coletiva, de sua propositura.

GABARITO: CORRETO

Citaremos outra questão que, apesar de não ser de prova das carreiras da advocacia pública, merece ser analisada:

FCC – 2020 – Defensor Público – DPE/SP - O sistema brasileiro de ações coletivas inspirou-se em modelos internacionais como, por exemplo, nos sistemas italiano e norte-americano, contudo, sem deixar de construir sua própria identidade. No processo civil coletivo, no Brasil, o princípio da disponibilidade controlada ou motivada não se aplica quando os direitos ou interesses tutelados forem exclusivamente individuais homogêneos, pois estes são de ordem privada.

COMENTÁRIOS: O legislador não fez tal distinção. A exigência de motivação para a desistência da ação está presente nas ações coletivas que tutelam as três espécies de direitos coletivos em sentido amplo (difusos, coletivos em sentido estrito e individuais homogêneos).

GABARITO: ERRADO

2.4.8. Princípio da indisponibilidade da execução coletiva

A regra no processo coletivo comum é que a ausência de execução da sentença por parte do autor da ação culmina na obrigatoriedade dessa execução por parte do Ministério Público. Trata-se de hipótese de indisponibilidade absoluta.

A indisponibilidade da fase executiva da demanda coletiva, portanto, é mais acentuada, quando comparada à fase de conhecimento.

Nas ações coletivas o interesse público presente orienta para uma obrigatoriedade <u>mitigada</u> na propositura da ação e em sua continuidade nos casos de desistência infundada ou abandono.

Na fase executiva, todavia, o princípio da indisponibilidade não comporta exceções. Ajuizada uma ação coletiva e julgada procedente, é dever do Estado efetivar esse direito coletivo, cabendo ao Ministério Público a efetivação, sob pena das sanções previstas na legislação (art. 15 da Lei n. 7347/1985)[21].

Há regras específicas na Lei de Ação Civil Pública e na da Ação Popular. Vejamos:

21. Hermes Zaneti e Fredie Didier Jr. Op. Cit.

LEI DE AÇÃO CIVIL PÚBLICA (7.347/85)

Art. 15. Decorridos **sessenta dias do trânsito em julgado da sentença condenatória**, sem que a associação autora lhe promova a execução, **deverá fazê-lo o Ministério Público, facultada igual iniciativa aos demais legitimados.**

LEI DE AÇÃO POPULAR (4.717/65)

Art. 16. Caso **decorridos 60 (sessenta) dias da publicação da sentença condenatória de segunda instância**, sem que o autor ou terceiro promova a respectiva execução, o representante do **Ministério Público a PROMOVERÁ nos 30 (trinta) dias seguintes, sob pena de falta grave.**

Da leitura dos dispositivos é possível identificar algumas diferenças entre os dois regramentos:

AÇÃO CIVIL PÚBLICA: a obrigação de execução por parte do MP surge apenas após 60 DIAS do trânsito em julgado da decisão condenatória.
AÇÃO POPULAR: o MP é obrigado a executar a decisão, seja em relação à execução definitiva (com trânsito em julgado), seja na hipótese de execução provisória (obs.: na ação popular apenas a sentença de segunda instância permite execução provisória).

2.4.9. Princípio da não taxatividade da ação coletiva

A LACP (7.347/85) estatui em seu art. 1º, IV (incluído pelo CDC), que TODOS os direitos difusos e coletivos podem ser tutelados com manejo da ação civil pública. É possível, portanto, o manejo de ações coletivas em prol de quaisquer destes direitos, mesmo não previstos expressamente em lei.

LEI DE AÇÃO CIVIL PÚBLICA (7.347/85)

Art. 1º Regem-se pelas disposições desta Lei, sem prejuízo da ação popular, as ações de responsabilidade por danos morais e patrimoniais causados: IV - a **qualquer** outro interesse difuso ou coletivo. (Incluído pela Lei nº 8.078 de 1990) (grifo nosso)

Conjugando-se os arts. 90 do CDC e 21 da LACP, concluímos que também é permitida a defesa, através de ACP, de quaisquer direitos individuais homogêneos.

CÓDIGO DE DEFESA DO CONSUMIDOR (LEI 8.078/90)

CDC: Art. 90. Aplicam-se às ações previstas neste título as normas do Código de Processo Civil e da Lei n° 7.347, de 24 de julho de 1985, inclusive no que respeita ao inquérito civil, naquilo que não contrariar suas disposições.

LEI DE AÇÃO CIVIL PÚBLICA (7.347/85)

Art. 1º Regem-se pelas disposições desta Lei, sem prejuízo da ação popular, as ações de responsabilidade por danos morais e patrimoniais causados: IV - a **qualquer** outro interesse difuso ou coletivo. (Incluído pela Lei nº 8.078 de 1990) (grifo nosso)

Temos, portanto, um rol expressamente aberto, não sendo possível negar acesso à justiça a direitos coletivos novos.

A Constituição Federal reforça esse entendimento ao prever no art. 129, III, a competência do Ministério Público para promover ações civis públicas cuja tutela seja não apenas do patrimônio público e social e do meio ambiente, mas também "de outros interesses difusos e coletivos".

A CF, ademais, dispõe no art. 5º, inciso LXX, acerca da legitimidade para o mandado de segurança coletivo, e não limitou a natureza dos bens e direitos tuteláveis através deste remédio constitucional.

Como o processo coletivo tem como fonte o acesso à ordem jurídica justa, concepção atual do princípio da inafastabilidade da jurisdição (art. 5º, XXXV, da CF), é compreensível a amplitude de objeto tutelado por essa espécie de processo[22].

O rol legal de direitos coletivos é exemplificativo - há direitos coletivos atípicos e todos os procedimentos podem servir a tutela coletiva - mandado de segurança, ação possessória, reclamação, ação rescisória, ação de exigir contas etc.

Você pode estar se perguntando: mas a Lei de Ação Civil Pública, por exemplo, prevê um rol de direitos que não podem ser tutelados pela via da ACP (ar. 1º, parágrafo único)? Estudaremos em outro capítulo, de forma aprofundada, tais limitações, mas vale citar que há fundamentos para as vedações, as quais já foram discutidas e referendadas pela jurisprudência.

QUESTÃO DE CONCURSO

VUNESP - 2019 - Prefeitura de Itapevi - SP - Procurador Municipal - Esse princípio preza pela observação e conhecimento do conteúdo e não somente da forma, já que essa não deve aniquilar aquela." O princípio do processo civil coletivo mencionado é, doutrinariamente, chamado de princípio da não taxatividade.

COMENTÁRIOS:

Diversos candidatos marcaram como correta a assertiva que trazia o princípio da instrumentalidade das formas. É preciso ter atenção ao enunciado. A questão pedia especificamente princípio do processo coletivo. Reza o princípio da não taxatividade, como vimos, que são admitidas

22. NEVES, Daniel Amorim Assumpção. Op. Cit.

quaisquer formas de tutela para conferir efetividade aos interesses coletivos, bem como qualquer tipo de ação pode ser adaptada para a proteção destes.

GABARITO: CORRETO

2.4.10. Princípio do máximo benefício da tutela jurisdicional coletiva comum

No processo coletivo a sistemática da coisa julgada foi desenvolvida para beneficiar os indivíduos, jamais para prejudicá-los. Uma decisão coletiva contrária ao pleito dos autores, não os vincula, o que permite que estes ajuízem ações individuais posteriormente, em busca da tutela do direito que não viu acobertado pelo processo coletivo.

Se o legitimado (lembre-se: há no processo coletivo a legitimação extraordinária – pleiteia-se em nome próprio direito alheio), não pede, em regra, autorização dos titulares dos direitos coletivos para ingressar com a ação, não seria razoável prejudicá-los com uma sentença de um processo que não solicitou que fosse movido.

O princípio do máximo benefício da tutela coletiva comum consagra, portanto, a imutabilidade dos efeitos da sentença de **procedência** da ação coletiva, de modo que esta irá beneficiar as vítimas e seus sucessores. Estes para verem satisfeitas suas pretensões, poderão invocar o direito reconhecido no processo coletivo, e proceder à liquidação e à execução do título, em proveito individual.

Aquelas pessoas não precisarão ajuizar ações individuais para obter um título judicial, pois, estando incluídas na situação de fato que motivou a sentença coletiva, poderão utilizá-la para promover a sua liquidação e execução no que disser respeito aos seus direitos individuais.

Essa possibilidade é chamada pela doutrina de **transporte ou *extensão in utilibus* da coisa julgada coletiva**, prevista expressamente no art. 103, §3º, do CDC, que estudaremos em detalhes mais à frente.

Sobre o transporte da coisa julgada, destaca-se que se trata de instrumento aplicável às ações coletivas em geral, tais como ação civil pública, ação popular, mandado de segurança coletivo, dentre outras, consistindo em norma de superdireito processual coletivo comum.[23]

Objetiva-se:

- Potencializar os efeitos benéficos da tutela jurisdicional, fazendo com que uma única sentença possa aproveitar um expressivo número de interessados;
- Otimizar a pacificação dos conflitos sociais; e
- Evitar a proliferação de ações individuais na fase de conhecimento.

23. ANDRADE, Adriano, MASSON Cleber Masson e ANDRADE Landolfo. Op. Cit.

Válido destacar que há exceções!

O instituto está previsto no art. 103 do CDC, o qual será minunciosamente estudado em capítulo próprio.

QUESTÃO DE CONCURSO

FCC - 2015 – PGM Campinas - Procurador do Município - O princípio do máximo benefício da tutela jurisdicional coletiva possui previsão normativa expressa, aludindo à impossibilidade de a coisa julgada coletiva prejudicar eventuais ações individuais de indenização que tenham o mesmo objeto da ação coletiva.

COMENTÁRIOS: A Banca considerou a assertiva correta, indicando que há previsão legal expressa do princípio em tela. Embora não haja menção expressa ao nome, o princípio pode, como afirmado alhures, ser extraído do art. 103, especialmente em seu parágrafo terceiro, do CDC, que dispõe que os efeitos da coisa julgada formada em ação civil pública julgada improcedente não prejudicarão as ações de indenização por danos pessoalmente sofridos, propostas individualmente (se procedente o pedido, beneficiarão as vítimas e seus sucessores).

GABARITO: CORRETO

2.4.11. Princípio da máxima amplitude do processo coletivo

Este princípio, também conhecido como princípio da absoluta instrumentalidade da tutela coletiva, assegura que a tutela dos interesses coletivos em sentido amplo (difusos, coletivos e individuais homogêneos) pode ser obtida mediante todas as espécies de ações (conhecimento ou execução), procedimentos, provimentos (declaratório, condenatório, constitutivo ou mandamental), e tutelas provisórias (cautelares, antecipadas ou de evidência).

É possível extrair o princípio a partir da análise conjunta do princípio da inafastabilidade da jurisdição (CF, art. 5º, XXXV) e dos seguintes dispositivos:

CÓDIGO DE DEFESA DO CONSUMIDOR (LEI 8.078/90)

Art. 83. Para a defesa dos direitos e interesses protegidos por este código são admissíveis **todas as espécies de ações** capazes de propiciar sua adequada e efetiva tutela.

Art. 90. Aplicam-se às ações previstas neste título as normas do Código de Processo Civil e da Lei n° 7.347, de 24 de julho de 1985, inclusive no que respeita ao inquérito civil, naquilo que não contrariar suas disposições.

LEI DE AÇÃO CIVIL PÚBLICA (7.347/85)

Art. 12. Poderá o juiz conceder **mandado liminar**, com ou sem justificação prévia, em decisão sujeita a agravo.

Art. 21. Aplicam-se à defesa dos direitos e interesses difusos, coletivos e individuais, no que for cabível, os dispositivos do Título III da lei que instituiu o Código de Defesa do Consumidor. (Incluído Lei nº 8.078, de 1990).

As diversas espécies de tutela podem ser cumuladas numa mesma ação coletiva. Nesse sentido já decidiu o STJ (1ª Turma, REsp 625.249/PR, Rel. Min. Luiz Fux, j. 15.08.2006, DJ 31.08.2006).

2.4.12. Princípio da ampla divulgação da demanda

O princípio, que advém da *fair notice,* do direito norte-americano, objetiva avisar à gama de possíveis interessados, acerca do ajuizamento da ação coletiva.

Prevê o CDC:

CÓDIGO DE DEFESA DO CONSUMIDOR (LEI 8.078/90)

Art. 94. **Proposta a ação, será publicado edital no órgão oficial, a fim de que os interessados possam intervir no processo como litisconsortes**, sem prejuízo de ampla divulgação pelos meios de comunicação social por parte dos órgãos de defesa do consumidor.

O dispositivo pode ser aplicado não apenas em ações coletivas em prol das vítimas das relações de consumo, mas, com as devidas adaptações, às ações coletivas em geral.

Ressalta-se que a divulgação deve ser suficientemente ampla para que se dê conhecimento do ajuizamento da ação a todas as vítimas ou sucessores que poderiam ser beneficiados pelo eventual transporte *in utilibus* da coisa julgada coletiva.

Isso permite que:

- Pessoas que já ingressaram com ações individuais possam optar por suspendê-las enquanto aguardam o desfecho da coletiva, (art. 104 do CDC) ou desistir de suas ações individuais (art. 22, § 1º, da Lei do Mandado de Segurança), para ser possível que se beneficiem da eventual sentença coletiva favorável;
- Pessoas que que ainda não ajuizaram suas ações individuais tenham a possibilidade de optar por aguardar o desfecho da ação coletiva.

O princípio também está consagrado em enunciado doutrinário do FPPC:

ENUNCIADO FPPC

Enunciado n. 620: O ajuizamento e o julgamento de ações coletivas serão objeto da mais ampla e específica divulgação e publicidade.

2.4.13. Princípio da informação aos órgãos legitimados

Enquanto o princípio da ampla divulgação da demanda tem como um de seus objetivos o de evitar a proliferação de ações individuais, o da informação aos órgãos legitimados busca estimular a propositura da ação coletiva.

Dispõe a LACP:

LEI DE AÇÃO CIVIL PÚBLICA (7.347/85)

Art. 6º **Qualquer pessoa poderá** e o **servidor público deverá** provocar a iniciativa do Ministério Público, ministrando-lhe informações sobre fatos que constituam objeto da ação civil e indicando-lhe os elementos de convicção.
Art. 7º Se, no exercício de suas funções, **os juízes e tribunais** tiverem conhecimento de fatos que possam ensejar a propositura da ação civil, **remeterão peças ao Ministério** Público para as providências cabíveis.

De acordo com o diploma, portanto, enquanto para as pessoas em geral há a possibilidade de informar fatos ao Ministério Público (ou outros legitimados), para os servidores públicos em geral e os membros do Judiciário em especial, não há faculdade, mas um dever.

O princípio também pode ser extraído do art. 139, X do CPC:

CÓDIGO DE PROCESSO CIVIL

Art. 139. O juiz dirigirá o processo conforme as disposições deste Código, incumbindo-lhe: X - **quando se deparar com diversas demandas individuais repetitivas, oficiar o Ministério Público, a Defensoria Pública e, na medida do possível, outros legitimados a** que se referem o art. 5º da Lei nº 7.347, de 24 de julho de 1985, e o art. 82 da Lei nº 8.078, de 11 de setembro de 1990, **para, se for o caso, promover a propositura da ação coletiva respectiva.**

O enunciado doutrinário nº 119 do FPPC expressa o estudado princípio:

ENUNCIADO FPPC

Enunciado n. 119: Em caso de relação jurídica plurilateral que envolva diversos titulares do mesmo direito, o juiz deve convocar, por edital, os litisconsortes unitários ativos incertos e indeterminados (art. 259, III), cabendo-lhe, na hipótese de dificuldade de formação do litisconsórcio, oficiar ao Ministério Público, à Defensoria Pública ou a outro legitimado para que possa propor a ação coletiva. (Grupo: Litisconsórcio e Intervenção de Terceiros; redação revista no VII FPPC-São Paulo)

2.4.14. Princípio da maior coincidência entre o direito e sua realização

De acordo com o CDC, deve ser privilegiada a tutela específica da obrigação em detrimento de outras formas de realização do direito lesado:

CÓDIGO DE DEFESA DO CONSUMIDOR (LEI 8.078/90)

Art. 84. Na ação que tenha por objeto o cumprimento da obrigação de fazer ou não fazer, **o juiz concederá a tutela específica da obrigação ou determinará providências que assegurem o resultado prático equivalente ao do adimplemento.**

§ 1° A conversão da obrigação em perdas e danos somente será admissível se por elas optar o autor ou se impossível a tutela específica ou a obtenção do resultado prático correspondente.

§ 2° A indenização por perdas e danos se fará sem prejuízo da multa (art. 287, do Código de Processo Civil) *(CPC/73 – corresponde ao art. 537, bem como ao 139, IV do CPC/2015 – instituto denominado de astreintes ou multa coercitiva).*

§ 3° Sendo relevante o fundamento da demanda e havendo justificado receio de ineficácia do provimento final, é lícito ao juiz conceder a tutela liminarmente ou após justificação prévia, citado o réu.

§ 4° O juiz poderá, na hipótese do § 3° ou na sentença, impor multa diária ao réu, independentemente de pedido do autor, se for suficiente ou compatível com a obrigação, fixando prazo razoável para o cumprimento do preceito.

§ 5° Para a tutela específica ou para a obtenção do resultado prático equivalente, poderá o juiz determinar as medidas necessárias, tais como busca e apreensão, remoção de coisas e pessoas, desfazimento de obra, impedimento de atividade nociva, além de requisição de força policial.

Embora o parágrafo 1º do citado dispositivo possibilite ao autor escolher entre a tutela específica da obrigação, a providência que entrega o resultado prático equivalente ou a conversão em perdas e danos, essa faculdade somente lhe assiste nas ações de natureza individual[24].

Em se tratando de demanda coletiva, a indisponibilidade do direito material (direitos difusos e coletivos) ou processual (direitos individuais homogêneos), impossibilita que o autor da ação, o qual atua como substituto processual, bem como o próprio magistrado, oferte ao titular do direito envolvido solução outra que não a restituição do próprio direito em espécie, já que essa, sempre, é a tutela jurisdicional mais efetiva.

2.4.15. Princípio da reparação integral do dano

No processo coletivo deve-se buscar a reparação integral do dano suportado pelos autores, pois estes devem ser compreendidos como uma entidade, não apenas como a mera reunião de litigantes individuais[25]. Podemos extrair o princípio, por exemplo, da seguinte disposição da Lei de Ação Popular:

LEI DE AÇÃO POPULAR (4.717/65)

Art. 11. A sentença que, julgando procedente a ação popular, decretar a invalidade do ato impugnado, condenará ao pagamento de perdas e danos os responsáveis pela sua prática e os beneficiários dele, ressalvada a ação regressiva contra os funcionários causadores de dano, quando incorrerem em culpa.

Da leitura do dispositivo evidenciamos que poderá ser obtido provimento de natureza condenatória, ainda que não tenha sido feito pedido nesse sentido. Pode-se considerar espécie de pedido implícito.

Prevê o CDC:

CÓDIGO DE DEFESA DO CONSUMIDOR (LEI 8.078/90)

Art. 100. Decorrido o prazo de um ano sem habilitação de interessados em número compatível com a gravidade do dano, poderão os legitimados do art. 82 promover a liquidação e execução da indenização devida.

Parágrafo único. <u>O produto da indenização devida reverterá para o fundo</u> criado pela Lei n° 7.347, de 24 de julho de 1985.

O que preconiza o dispositivo e qual a relação com o princípio da reparação integral do dano?

24. ANDRADE, Adriano, MASSON Cleber Masson e ANDRADE Landolfo. Op. Cit.

25. JUNIOR, Fredie Didier e JUNIOR, Hermes Zaneti. Op. Cit.

Mesmo que a totalidade dos titulares dos direitos individuais homogêneos não promova a liquidação e execução da indenização concedida, a reparação será integral, pois os valores não pleiteados serão revertidos para o Fundo de Defesa dos Direitos Difusos, previsto na Lei de Ação Civil Pública (o qual estudaremos em capítulo próprio). Vale citar que o fenômeno é conhecido como reparação fluída ou *fluid recovery*.

3. OBJETO DO PROCESSO COLETIVO

Estudamos no primeiro tópico que os direitos/interesses de dimensão coletiva, foram sendo consagrados a partir da segunda e da terceira dimensão de direitos humanos fundamentais.

A doutrina chama estes direitos de transindividuais, supraindividuais, metaindividuais (ou, simplesmente, coletivos em sentido amplo, coletivos "lato sensu ", coletivos em sentido lato).

Direito coletivo em sentido amplo é gênero, do qual são espécies: os direitos difusos, os direitos coletivos em sentido estrito (propriamente coletivos, ou apenas direitos coletivos) e os direitos individuais homogêneos.

A definição legal destas espécies encontra-se no Código de Defesa do Consumidor, mas não se restringe ao direito consumerista.

O Código empregou dois critérios para diferenciar as espécies de direitos transindividuais (difusos, coletivos em sentido estrito e individuais homogêneos): um de dimensão objetiva (relacionado ao objeto do direito) e outro de dimensão subjetiva (relacionado aos titulares do direito). Há, ainda, subcritérios: a) a (in)divisibilidade do seu objeto; b) o fator de agregação dos sujeitos (situação de fato ou relação jurídica em comum); e c) a (im)possibilidade de identificar os seus titulares[26].

Conceitua, então, o CDC:

CÓDIGO DE DEFESA DO CONSUMIDOR (LEI 8.078/90)

Art. 81. A defesa dos interesses e direitos dos consumidores e das vítimas poderá ser exercida em juízo individualmente, ou a título coletivo.

Parágrafo único. A defesa coletiva será exercida quando se tratar de:

I - **interesses ou direitos difusos**, assim entendidos, para efeitos deste código, os transindividuais, de natureza indivisível, de que sejam titulares pessoas indeterminadas e ligadas por circunstâncias de fato;

26. ANDRADE, Adriano, MASSON Cleber Masson e ANDRADE Landolfo. Op. Cit.

II - **interesses ou direitos coletivos**, assim entendidos, para efeitos deste código, os transindividuais, de natureza indivisível de que seja titular grupo, categoria ou classe de pessoas ligadas entre si ou com a parte contrária por uma relação jurídica base;

III - **interesses ou direitos individuais homogêneos**, assim entendidos os decorrentes de origem comum.

3.1. Direitos difusos

Conforme conceituação legal, são difusos os direitos transindividuais, de natureza indivisível, de que sejam titulares pessoas indeterminadas e ligadas por circunstâncias de fato.

Podemos esquematizar, então, que são características dos direitos difusos:

- Indivisibilidade do objeto;
- Situação de fato em comum;
- Indeterminabilidade dos titulares (sujeitos indeterminados e indetermináveis).

São difusos, portanto, os que pertencem, a um só tempo, a cada um e a todos que estão numa mesma situação de fato. Exemplos: veiculação de propaganda enganosa, danos ao meio ambiente, ao patrimônio e à moralidade pública, inserção no mercado de medicamento danoso à saúde etc.

3.2. Direitos coletivos (coletivos em sentido estrito)

Conforme o CDC, trata-se de direitos transindividuais, de natureza indivisível de que seja titular grupo, categoria ou classe de pessoas ligadas entre si ou com a parte contrária por uma relação jurídica base.

Caracterizam-se, portanto, pela:

- Indivisibilidade do objeto;
- Relação jurídica em comum (relação jurídica base);
- Determinabilidade dos titulares (indeterminados, porém determináveis com base no grupo, categoria ou classe).

Observa-se que, assim como os direitos difusos, os direitos coletivos se notabilizam pela indivisibilidade do objeto, de modo que a ameaça ou a lesão ao direito de um titular significa ameaça ou lesão ao direito de todos. A diferença reside na relação jurídica que une entre si os titulares, ou que une cada um deles com a parte contrária.

Citam-se como exemplos de relação jurídica (relação-base) que une o grupo, categoria ou classe de pessoas, os liames que unem os membros de um sindicato, de uma associação ou de um partido político, entre os acionistas e a sociedade anônima, entre os alunos e uma Universidade, dentre outros.

3.3. Direitos individuais homogêneos

O CDC define os direitos individuais homogêneos como aqueles decorrentes de origem comum. Nesse sentido, são aqueles em que há traços de identidade, homogeneidade, na sua origem.

São características destes direitos, portanto:

- Divisibilidade do objeto;
- Origem comum (situação fática ou jurídica em comum);
- Determinabilidade dos titulares;
- Recomendabilidade de tratamento conjunto.

Os direitos individuais homogêneos são divisíveis, o que significa dizer que a lesão sofrida por cada titular pode ser reparada proporcionalmente à respectiva ofensa, de modo que o titular pode optar por obter o ressarcimento de seu prejuízo via ação individual.

Como podemos diferenciar o direito individual homogêneo, de um direito coletivo ou mesmo de um interesse difuso?

Dois exemplos são trazidos por Leonardo Andrade, Cleber Masson e Landolfo Andrade[27]:

Imagine a seguinte situação hipotética, sob dois diferentes enfoques.

Uma indústria libera poluentes na atmosfera, degradando a qualidade do ar. O desequilíbrio ambiental que resulta dessa conduta não pode ser individualizado em relação aos titulares do direito ao meio ambiente ecologicamente equilibrado. Não é possível indicar que um ou outro cidadão tem mais ou menos direito ao ar puro. Se a higidez ecológica é afetada, toda a coletividade é lesada.

Além disso, não é possível restaurar o equilíbrio ambiental em relação a um ou mais indivíduos, ou restaurá-lo em uma quantia determinada para um e em outra para os demais. Ou o dano é reparado em relação a um ou o desequilíbrio permanece em detrimento de todos.

Observe, então, que estamos tratando de um objeto indivisível, qual seja, o equilíbrio ecológico do meio ambiente. Todos os seres humanos são titulares, ligados

---

27. ANDRADE, Adriano, MASSON Cleber Masson e ANDRADE Landolfo. Op. Cit.

por uma situação de fato em comum: estarem inseridos no meio ambiente. Estamos diante de um direito difuso: o direito ao meio ambiente ecologicamente equilibrado.

Imagine que, nesse mesmo contexto, determinados cidadãos que residem próximos à indústria poluidora desenvolvam problemas respiratórios que os incapacitem para o trabalho.

É possível aferir de maneira individual os prejuízos material e moral sofridos por cada um desses lesados. A reparação por tais dados poderá ser buscada em Juízo, individualmente, na proporção da lesão sofrida por cada um.

Os citados autores esclarecem:

> "Nessa hipótese, além do dano ao direito difuso (direito ao meio ambiente equilibrado), haverá danos a direitos cujos objetos serão divisíveis (saúde, capacidade laborativa e dignidade individuais), pois a esfera jurídica atingida, em relação a cada um dos lesados, será passível de mensuração individualizada. Falaremos, neste particular enfoque, de lesões a direitos individuais homogêneos".

Analise agora a outra situação hipotética.

Uma operadora de plano de saúde promove aumento ilegal nas prestações, o que atinge todos os titulares do plano que se encontram na mesma situação de faixa etária e benefícios.

Fica clara a indivisibilidade do objeto, pois não é possível constatar a ilegalidade em relação a alguns consumidores e afastá-la em relação a outros. Há entre os sujeitos comunhão da relação jurídica base com a parte contrária, qual seja, a operadora do plano.

Há, todavia a determinabilidade dos sujeitos.

Nesse sentido, o aumento ilegal fere um direito coletivo em sentido estrito.

Se o caso envolvesse titulares do plano que já haviam realizado pagamentos de mensalidades ilegalmente reajustadas antes da declaração da ilicitude do aumento, apenas estes teriam direito à restituição de valores.

Além disso, aqueles que pagaram o fizeram em valores diferentes, logo, o valor a restituir irá variar em relação aos indivíduos lesados.

O direito a restituição consiste, pois, em direito individual homogêneo, pois o objeto é divisível.

Em provas de concursos, situações como essas são apresentadas para que o candidato classifique o direito coletivo em sentido amplo, indicando qual a espécie está presente no caso.

É possível tentar fazer uma análise a partir do pedido. Quando citamos a cessação da publicidade enganosa, por exemplo, a classificamos como direito difuso. Mas imagine que o pedido seja o de anulação de contratos em razão da publicidade enganosa.

Teríamos, diante do caso, direitos coletivos em sentido estrito, pois a demanda estaria restrita aos contratantes e a empresa que divulgou a propaganda. Por fim, caso o pedido fosse o de indenização, o direito seria individual homogêneo.

O tema é reiteradamente cobrado em provas objetivas, vejamos algumas questões:

QUESTÕES DE CONCURSOS

FCC - 2018 - Prefeitura de Caruaru - PE - Procurador do Município - Considere as seguintes situações hipotéticas (1, 2 e 3) elencadas abaixo. 1. Propaganda veiculada de forma abusiva ou enganosa, em rede nacional, sem identificação dos possíveis lesados. 2. Alunos de determinada escola particular em que seus representantes legais discutem cláusula contratual abusiva. 3. Acidente de avião em grande centro urbano, deixando relativo número de vítimas. A natureza dos interesses protegidos relacionados em 1, 2 e 3 correspondem correta e respectivamente a: Interesse Difuso - Interesse Coletivo - Interesse Individual Homogêneo.

COMENTÁRIOS

1. Propaganda veiculada de forma abusiva ou enganosa, em rede nacional, sem identificação dos possíveis lesados: direito/interesse difuso, tendo em vista a indeterminabilidade dos titulares e a indivisibilidade do objeto.

2. Alunos de determinada escola particular em que seus representantes legais discutem cláusula contratual abusiva: direito/interesse coletivo em sentido estrito. A expressão "determinada escola" indica que os titulares do direito lesado são determinados/determináveis, ligados por uma situação jurídica comum.

3. Acidente de avião em grande centro urbano, deixando relativo número de vítimas: direito/interesse individual homogêneo. Determinabilidade dos titulares ("relativo número de vítimas) que estão ligados por situação de origem comum (situação de fato: acidente de avião).

GABARITO: CORRETO

VUNESP - 2018 - Câmara de Itaquaquecetuba - SP - Procurador Jurídico - "Explosão em shopping de Osasco mata pelo menos 39 pessoas e fere 380". "Uma explosão na praça de alimentação do Osasco Plaza Shopping, em Osasco (12 km a oeste de São Paulo), matou pelo menos 39 pessoas, segundo a Defesa Civil, e feriu cerca de 380." (Folha de S.Paulo, 12.06.1996, Cotidiano. Adaptado). Essa matéria jornalística relata ocorrência de dano que atingiu múltiplas vítimas. Nessa hipótese, considerando os conceitos de direitos ou interesses coletivos latu senso, é correto afirmar que se trata de situação jurídica que se enquadra no conceito de interesses individuais homogêneos.

COMENTÁRIOS: A situação narrada aponta a existência de titulares determinados, ligados por situação fática. A origem do direito, portanto, é comum, há divisibilidade do objeto (cada titular pode ter direito à reparação passível de mensuração individualizada). O caso, portanto, traz hipótese que se enquadra no conceito de direito/interesse individual homogêneo.

GABARITO: CORRETO

VUNESP - 2018 - PauliPrev - SP - Procurador Autárquico - Houve, numa instituição privada de ensino, supressão de algumas matérias e alteração de cargas horárias, que atingiu apenas algumas turmas de um mesmo curso, o que ensejou reclamo da diminuição da qualidade de ensino. Os alunos das turmas, que se sentiram prejudicados, resolvem ingressar com ação judicial questionando a qualidade de ensino em razão das alterações e pleiteando a sua revogação. É possível ingressar

com ação coletiva, pois houve violação de interesse ou direito coletivo em sentido estrito, pois é direito de natureza indivisível, cujos titulares são os contratantes alunos da instituição de ensino, ligados entre si ou com a parte contrária por uma relação jurídica base.

COMENTÁRIOS: Observe que há determinabilidade dos titulares e a ligação entre eles e com a parte contrária (a instituição privada de ensino) é jurídica. Há, ademais, indivisibilidade do objeto.

GABARITO: CORRETO

VUNESP - 2017 - Prefeitura de Marília - SP - Procurador Jurídico - Considerando a distinção das categorias de direitos transindividuais segundo as suas origens, na hipótese de consumidores que adquiriram produtos fabricados em série com defeito, ou seja, interessados determináveis que estão ligados entre si por uma mesma situação de fato compõem a categoria de interesses individuais homogêneos.

COMENTÁRIOS: A assertiva reproduz de forma correta o conceito de interesses individuais homogêneos.

GABARITO: CORRETO

Voltando às características dos direitos individuais homogêneos, vimos que uma delas é a recomendabilidade de tratamento conjunto. A jurisprudência vem exigindo que no caso concreto, diante da presença de óbices e inconvenientes da tutela individual, a tutela coletiva mostre-se mais vantajosa.

Destaca-se que o STJ vem admitindo ações coletivas para a tutela de direitos individuais quando haja utilidade em relação à tutela individual, exigindo a existência de um número razoável de indivíduos a serem defendidos[28].

Para não confundir as espécies de direitos coletivos em sentido amplo, podemos visualizar as suas características através da seguinte tabela comparativa:

DIREITOS DIFUSOS	DIREITOS COLETIVOS	DIREITOS INDIVIDUAIS HOMOGÊNEOS
Indivisibilidade do objeto;	**Indivisibilidade** do objeto;	Divisibilidade do objeto;
Situação de fato em comum;	**Relação jurídica** em comum (relação jurídica base);	**Origem comum (situação fática ou jurídica** em comum);
Indeterminabilidade dos titulares (sujeitos indeterminados e indetermináveis).	**Determinabilidade dos titulares** (indeterminados, porém determináveis com base no grupo, categoria ou classe).	**Determinabilidade** dos titulares;
	-	Recomendabilidade de tratamento conjunto.

28. Nesse sentido: REsp 823.063/PR, 4ª Turma, Rel. Min. Raul Araújo, j. 14.02.2012, DJe 22.02.2012; REsp 1.109.335/SE, 4ª Turma. Rel. Min. Luis Felipe Salomão, j. 21.06.2011, DJe 01.08.2011.

Importante ressalva: uma só ação coletiva pode cumular pedidos de tutela em relação a mais de um direito coletivo em sentido amplo. Numa ACP, por exemplo, é possível cumular pedido relacionado os aumentos ilegais de mensalidades escolares já aplicados nos contratos dos alunos atuais (direito coletivo), à repetição do indébito (direito individual homogêneo) à proibição de aumentos futuros (direito difuso, envolvendo futuros alunos).

QUESTÃO

PUC-PR - 2015 - PGE-PR - Procurador do Estado - Uma única ação civil pública pode requerer a tutela de direitos coletivos e individuais homogêneos.

COMENTÁRIOS: Como estudado, é possível em ações coletivas cumular pedidos e requerer a tutela de quaisquer espécies de interesses coletivos.

GABARITO: CORRETO

3.4. Direitos essencialmente coletivos x Direitos acidentalmente coletivos

Como estudado anteriormente, os **direitos difusos e coletivos em sentido estrito**, dizem respeito a objetos indivisíveis e ambos, a princípio, pertencem à titulares indeterminados (os coletivos são passíveis de determinação).

Em relação a estes, a doutrina[29] vislumbra uma **transindividualidade real (material),** razão pela qual os denominam de **interesses essencialmente coletivos**.

Por sua vez, os direitos individuais homogêneos são de interesse individual, os titulares são determináveis e o objeto é divisível, embora haja a possibilidade de sua defesa judicial dar-se por meio de ações coletivas.

Nesse sentido, o ajuizamento de uma ação coletiva em que se busca a tutela de direito difuso ou coletivo envolve uma única relação jurídica - determinado direito difuso ou direito coletivo – o que não é possível numa ação coletiva ajuizada para a defesa de direito individual homogêneo, pois neste tipo de ação pretende-se a tutela de um feixe de relações jurídicas individuais (e não um único direito individual homogêneo), seja quantos forem os titulares dos interesses individuais envolvidos. Em relação a estes, portanto, há o que a doutrina denomina de **transindividualidade artificial (meramente formal),** considerando-os como **interesses acidentalmente coletivos**[30].

A expressão já foi utilizada pela jurisprudência.

29. ABELHA, Ação Civil Pública e Meio Ambiente. Rio de Janeiro: Forense Universitária, 2004. p. 39; RAGAZZI, José Luiz; HONESKO, Raquel Schlommer; LUNARDI, Soraya Gasparetto. Processo Coletivo. In Manual de Direitos Difusos. Coord. Vidal Serrano Nunes Júnior. São Paulo: Verbatim, 2009. p. 671; MANCUSO, Rodolfo de Camargo. Interesses Difusos e Coletivos. Revista da Fundação Escola Superior do Ministério Público do Distrito Federal e Territórios, ano 5, n. 9, p. 90.

30. ANDRADE, Adriano, MASSON Cleber Masson e ANDRADE Landolfo. Op. Cit.

Decidiu o STJ que não se admite o cabimento da remessa necessária, nos moldes do art. 19 da Lei de Ação Popular (Lei nº 4.717/65), nas ações coletivas que versem sobre direitos individuais homogêneos. A Ministra relatora destacou em seu voto, que o fundamento para o afastamento do instituto é a consideração de que tais direitos são acidentalmente coletivos.

JURISPRUDÊNCIA

O fundamento da remessa ou reexame necessário consiste em uma precaução com litígios que envolvam bens jurídicos relevantes, de forma a impor o duplo grau de jurisdição independentemente da vontade das partes. Ações coletivas que versam direitos individuais homogêneos integram subsistema processual com um conjunto de regras, modos e instrumento próprios, por tutelarem situação jurídica heterogênea em relação aos direitos transindividuais. Limites à aplicação analógica do instituto da remessa necessária, pois **a coletivização dos direitos individuais homogêneos tem um sentido meramente instrumental, com a finalidade de permitir uma tutela mais efetiva em juízo, não se deve admitir, portanto, o cabimento da remessa necessária, tal como prevista no art. 19 da Lei 4.717/65**. RECURSO ESPECIAL 1.374.232-ES, 3ª Turma, Rel. Min. Nancy Andrighi, julgado em 26/09/2017 (Informativo 612). (grifo nosso)

QUADRO-RESUMO - Capítulo I

LOCALIZAÇÃO DOS DIREITOS COLETIVOS NAS GERAÇÕES DE DIREITOS FUNDAMENTAIS
De titularidade, verdadeiramente, coletiva ou difusa: direitos de terceira e quarta (e para quem defende a existência, quinta) gerações de direitos fundamentais; Exemplos: direito à autodeterminação dos povos, à paz e ao progresso da humanidade (CF, art. 4º, III, VI, VII e IX); direito dos consumidores e direito de receber informações de interesse coletivo (CF, art. 5º, XXXII e XXXIII); direito de comunicação (CF, arts. 220 e ss.); direito ao meio ambiente (CF, arts. 225 e ss.).
EVOLUÇÃO **Mundo:** • Ações populares do direito romano: defesa de bens comuns, tais como logradouros públicos; • Direito inglês, sec. XII: autorização, a pedido do autor da ação individual, para que ela passasse a ser processada coletivamente. **Brasil:** • **Primeiro instrumento** de tutela coletiva: Lei da **Ação Popular** (Lei nº 4.717/1965); • **Surgimento do processo coletivo: Lei da Política Nacional do Meio Ambiente** (Lei nº 6.938/81); • **Consolidação** do processo coletivo: Lei da **Ação Civil Pública** (Lei nº 7.347/85); • **Potencialização** do processo coletivo: **Código de Defesa do Consumidor** (Lei 8.078/90).

TUTELA COLETIVA
Conceito Espécie de tutela jurisdicional voltada à proteção de determinadas espécies de direitos materiais definidas pelo legislador; Não há necessária relação entre a natureza do direito tutelado e a tutela coletiva. Direitos individuais podem ser protegidos pela tutela coletiva; DIDIER e ZANETI: "Processo coletivo é aquele instaurado por ou em face de um legitimado autônomo, em que se postula um direito coletivo lato sensu ou se afirma a existência de uma situação jurídica coletiva passiva". **Fundamentos** **Fundamento sociológico → Acesso à Justiça** Com as ações coletivas é possível resolver pretensões relativas a bens e serviços de massa, tais como as que envolvem os consumidores. **Fundamento político → Princípio da economia processual** Com as ações coletivas é possível solucionar diversos conflitos através de um só processo.
MICROSSISTEMA DE TUTELA COLETIVA **Noção de microssistema:** Tutela efetiva do direito exige a aplicação conjunta de diversos diplomas legais; **Sistema dos vasos comunicantes (STF, RE 631.111/GO, em 07.08.2014)** - normatização de situações em normas esparsas, entre as quais existe uma comunicação; normas de reenvio. **Dois diplomas são apontados como fundamentais:** Lei de Ação Civil Pública (Lei nº 7.347/85); Código de Defesa do Consumidor (Lei nº 8.078/90). Outros: CF/88, PNMA, ECA, LMS, LMI, Lei Anticorrupção, etc.
APLICAÇÃO DO CPC – Enunciados do Fórum Permanente de Processualistas Civis (FPPC) Enunciado n. 619: O processo coletivo deverá respeitar as técnicas de ampliação do contraditório, como a realização de audiências públicas, a participação de *amicus curiae* e outros meios de participação. Enunciado n. 503: O procedimento da tutela cautelar, requerida em caráter antecedente ou incidente, previsto no Código de Processo Civil é compatível com o microssistema do processo coletivo. Enunciado n. 663: Admite-se a produção antecipada de prova proposta pelos legitimados ao ajuizamento das ações coletivas, inclusive para facilitar a autocomposição ou permitir a decisão sobre o ajuizamento ou não da demanda. Enunciado n. 676: A audiência de saneamento compartilhado é momento adequado para que o juiz e as partes deliberem sobre as especificidades do litígio coletivo, as questões fáticas e jurídicas controvertidas, as provas necessárias e as medidas que incrementem a representação dos membros do grupo.
Como operar e aplicar tantas leis? DIDIER E ZANETI Buscar a solução no diploma específico (Ex.: caso se trate de uma ação popular, busca-se a regulamentação na LAP, Lei nº 4.717/1965). Não sendo localizada esta solução ou sendo ela insatisfatória; Buscar a solução no núcleo do microssistema, ou seja, na soma da Lei da Ação Civil Pública com o Título III do CDC. Persistindo a ausência de solução: Buscar nos demais diplomas que tratam sobre processos coletivos para melhor resolver a questão em coordenação com as normas do CPC-2015 que não conflitarem com a lógica e os princípios próprios do microssistema e com a Constituição.

PRINCÍPIOS DO PROCESSO COLETIVO

Princípio do acesso à justiça: adequação das normas processuais para conferir efetiva tutela aos direitos coletivos (regra de legitimidade extraordinária, por exemplo).

Princípio da universalidade de jurisdição: ampliação do acesso, alcançar muitas pessoas e causas.

Princípio da participação no e pelo processo: escopo político, influência nos destinos do Estado.

Princípio da economia processual - *STJ: possibilidade de suspensão de processos individuais, quando em trâmite processo coletivo (REsp 1.110.549-RS, 2ª Seção, Rel. Min. Sidnei Beneti, j. 28.10,2009 (Recurso Especial repetitivo tema 60 - Informativo 413).*

Princípio do interesse jurisdicional no conhecimento do mérito do processo coletivo - *FPPC - Enunciado n. 666: "O processo coletivo não deve ser extinto por falta de legitimidade quando um legitimado adequado assumir o polo ativo ou passivo da demanda".*

Princípio da máxima prioridade jurisdicional da tutela coletiva: O interesse social prepondera sobre o individual. Evita-se a proliferação de ações individuais, pois os interessados individuais podem se valer dos efeitos da coisa julgada coletiva, e a prolação de decisões conflitantes (sentenças individuais x sentença coletiva).

Princípio da disponibilidade motivada da ação coletiva: Relevância social dos direitos; princípio da indisponibilidade do interesse público; a desistência do processo coletivo exige motivação adequada.

Princípio da indisponibilidade da execução coletiva: Ajuizada uma ação coletiva e julgada procedente, é dever do Estado efetivar esse direito coletivo. *Indisponibilidade absoluta!*

Princípio da não taxatividade da ação coletiva: São admitidas quaisquer formas de tutela para conferir efetividade aos interesses coletivos, bem como qualquer tipo de ação pode ser adaptada para a proteção destes.

LACP (7.347/85): art. 1º, IV (incluído pelo CDC): <u>todos</u> os direitos difusos e coletivos podem ser tutelados com manejo da ação civil pública. Interpretação sistemática: engloba direitos individuais homogêneos.

Princípio do máximo benefício da tutela jurisdicional coletiva comum: Consagra a imutabilidade dos efeitos da sentença de procedência **da ação coletiva, de modo que esta irá beneficiar as vítimas e seus sucessores.**

Princípio da máxima amplitude do processo coletivo (ou absoluta instrumentalidade da tutela coletiva): A tutela pode ser obtida mediante todas as espécies de ações, provimentos e procedimentos.

CDC: Art. 83. Para a defesa dos direitos e interesses protegidos por este código são admissíveis <u>todas as espécies de ações</u> capazes de propiciar sua adequada e efetiva tutela.

Podem ser cumuladas diversas espécies de tutela numa mesma ação coletiva. (STJ, 1ª Turma, REsp 625.249/PR, Rel. Min. Luiz Fux, j. 15.08.2006, DJ 31.08.2006).

Princípio da ampla divulgação da demanda: objetiva avisar à gama de possíveis interessados, acerca do ajuizamento da ação coletiva.

CDC, Art. 94. Proposta a ação, será publicado edital no órgão oficial, a fim de que os interessados possam intervir no processo como litisconsortes, sem prejuízo de ampla divulgação pelos meios de comunicação social por parte dos órgãos de defesa do consumidor;

FPPC - Enunciado n. 620: O ajuizamento e o julgamento de ações coletivas serão objeto da mais ampla e específica divulgação e publicidade.

Princípio da informação aos órgãos legitimados: estimula a propositura **da ação coletiva.**

Princípio da maior coincidência entre o direito e sua realização: Privilegia a tutela específica da obrigação em detrimento de outras formas de realização do direito lesado.

CDC, Art. 84. Na ação que tenha por objeto o cumprimento da obrigação de fazer ou não fazer, o juiz concederá a tutela específica da obrigação ou determinará providências que assegurem o resultado prático equivalente ao do adimplemento.

Princípio da reparação integral do dano: o provimento condenatório é pedido implícito.

OBJETO DO PROCESSO COLETIVO

Gênero: Direito coletivo em sentido amplo.

Espécies: os direitos difusos, os direitos coletivos em sentido estrito (propriamente coletivos, ou apenas direitos coletivos) e os direitos individuais homogêneos.

Conceitos das espécies: Art. 84 do CDC.

Critérios: dimensão objetiva (relacionado ao objeto do direito) e dimensão subjetiva (relacionado aos titulares do direito).

a) a (in)divisibilidade do objeto;

b) o fator de agregação dos sujeitos (situação de fato ou relação jurídica em comum);

c) a (im)possibilidade de identificar os seus titulares.

Uma só ação coletiva pode cumular pedidos de tutela em relação a mais de um direito coletivo em sentido amplo.

Direitos difusos

Indivisibilidade do objeto;

Situação de fato em comum;

Indeterminabilidade dos titulares (sujeitos indeterminados e indetermináveis).

Direitos coletivos em sentido estrito

Indivisibilidade do objeto;

Relação jurídica em comum (relação jurídica base);

Determinabilidade dos titulares (indeterminados, porém determináveis com base no grupo, categoria ou classe).

Direitos individuais homogêneos

Divisibilidade do objeto;

Origem comum (situação fática ou jurídica em comum);

Determinabilidade dos titulares;

Recomendabilidade de tratamento conjunto.

Direitos essencialmente coletivos x Direitos acidentalmente coletivos

Direitos difusos e coletivos em sentido estrito: objetos indivisíveis e, a princípio, pertencem à titulares indeterminados (os coletivos são passíveis de determinação).

Transindividualidade real (material), interesses essencialmente coletivos

Direitos individuais homogêneos: são de interesse individual, os titulares são determináveis e o objeto é divisível. *Transindividualidade artificial (meramente formal), interesses acidentalmente coletivos. STJ: não cabe remessa necessária (art. 19, LAP) - REsp 1.374.232-ES, 26/09/2017 (Info 612).*

CAPÍTULO II

AÇÃO CIVIL PÚBLICA

A Lei nº 7.347, de 24 de julho de 1985, disciplina a ação civil pública. Mas antes de estudar seus institutos, faremos uma análise sobre o contexto que antecedeu a promulgação do diploma para compreender algumas expressões e as razões pelas quais esta lei é utilizada de forma ampla, regendo uma gama de outras ações de natureza coletiva.

Antes do advento da LACP, ação civil pública era a ação de natureza não penal, ajuizada pelo Ministério Público. Havia, portanto, a utilização de um critério residual: seria civil, aquilo que não fosse penal.

Após o advento da lei, com a instituição de um rol de legitimados para a propositura da ação (retirando a legitimidade exclusiva do Ministério Público) e a ampliação do seu objeto, o emprego da expressão 'ação civil pública' passou a ser utilizado para designar ações coletivas voltadas para à defesa de diversos interesses difusos e coletivos stricto sensu[1].

Destarte, como estudado anteriormente, com a promulgação do Código de Defesa do Consumidor (Lei 8.078/90), introduziu-se a possibilidade de as ações coletivas tutelarem, também, os interesses individuais homogêneos.

1. AÇÕES COLETIVAS EM SENTIDO AMPLO E SUAS ESPÉCIES

Não há consenso doutrinário acerca da distinção (ou mesmo a utilidade da existência de distinção) entre as expressões "ações coletivas" e "ações civis públicas".

Majoritariamente, adota-se o entendimento segundo o qual são ações coletivas a ação popular, o mandado de segurança coletivo, e as ações civis públicas (ou coletivas em sentido estrito)[2].

---

1. ANDRADE, Adriano, MASSON Cleber Masson e ANDRADE Landolfo - Interesses difusos e coletivos esquematizado - 6. ed. rev. atual. e ampl.- Rio de Janeiro: Forense; São Paulo: MÉTODO, 2016.
2. ANDRADE, Adriano, MASSON Cleber Masson e ANDRADE Landolfo Op. Cit.

Ação coletiva, portanto, é locução ampla, que significa o conjunto de ações que podem tutelar direitos difusos, coletivos ou individuais homogêneos.

Esquematizando o entendimento, temos:

- Ações coletivas (em sentido amplo):
    - Ações civis públicas em geral (chamadas de ações coletivas em sentido estrito, abrangendo, por exemplo, a ação de improbidade administrativa);
    - Ação popular;
    - Mandado de segurança coletivo;
    - Mandado de injunção coletivo.

Estudaremos a seguir, o regramento da LACP, que tem natureza predominantemente processual, pois apenas dois dispositivos tratam de direito material (art. 10, que tipifica um crime; art. 13, que trata do Fundo para o qual são revertidas as indenizações por danos aos objetos que a lei tutela).

2. AS *CLASS ACTIONS* NORTE-AMERICANAS E AS *VERBANDSKLAGES* ALEMÃS: INFLUÊNCIA NO PROCESSO COLETIVO BRASILEIRO

Alguns modelos de tutela jurisdicional dos direitos coletivos adotados em outros países possuem características comuns ao modelo de processo coletivo brasileiro. Vamos analisar tais modelos e verificar as semelhanças, distinções e a influência desses procedimentos no atual sistema de tutela coletiva aplicada no Brasil.

2.1. Modelo norte-americano: As *Class Actions* (ações de grupo)

Os países que adotam o sistema jurídico do *common law*, utilizam ações coletivas chamadas de *class actions* (ações de grupo), criadas com o objetivo de tutelar integramente os direitos supraindividuais, diante da ineficácia do modelo clássico de processo individual.

No direito norte-americano a *class action* cuida-se de procedimento por meio do qual um indivíduo ou um pequeno grupo de pessoas, enquanto tal, passa a representar um grupo maior ou uma classe de pessoas.

O cabimento da *class action* fica restrito a situações nas quais a união de indivíduos em um mesmo processo não seria plausível, ensejando dificuldades ao bom andamento processual. Assim, a classe representada deve ser extensa de modo que a reunião de todos os titulares do direito lesado não se mostre conveniente.

Por fim, é necessário que a questão de direito ou de fato posta em juízo seja comum para toda a classe, bem como o legitimado ativo deve demonstrar que é representante típico daquela[3].

A instauração da *class action*, requer, portanto, o preenchimento dos seguintes requisitos:

1. **Comunhão de questões de fato ou de direito (*commonality*);**
2. **Legitimidade ativa de um indivíduo ou grupo - sujeita a controle da "representação adequada";** - ("o juiz deve verificar se o autor tem ou teve capacidade para defender adequada e eficazmente o interesse do grupo"[4]);
3. **Sistema de coisa julgada com força vinculante para toda a classe, seja beneficiando, seja prejudicando (no caso de improcedência);** - Coisa julgada *pro et contra;*
4. **Adequada notificação (*fair notice*) para permitir aos representados o chamado *opt-out* e *opt-in;***
5. **Atribuição de amplos poderes ao juiz (defining function).** - O que distingue esse modelo do modelo tradicional de litígio (vinculado predominantemente a atividade das partes e a uma radical neutralidade judicial).

A respeito da citada notificação *(fair notice),* válido fazermos uma análise específica, pois esta, como veremos adiante, também existe no processo coletivo brasileiro, embora ocorra de forma distinta.

No direito norte-americano, existem *class actions* chamadas *de class actions for damages,* que objetivam tutelar direitos individuais homogêneos. Através da notificação feita aos interessados, permite-se que esses optem por "colocarem-se a salvo" e não serem, futuramente, atingidos pelos efeitos da coisa julgada. Exercem, assim, o chamado *opt-out.*

O *opt-out* é, nesse sentido, o direito que o interessado possui de requerer, tempestivamente, sua exclusão dos efeitos que a sentença produzirá.

Como funcionam, na prática, esses institutos?

Caso a ação coletiva obtenha a certificação (*certification*) e seja admitida na forma de uma *class action,* os interessados serão notificados acerca da existência do processo (*fair notice).* Aquele que não se opõe EXPRESSAMENTE, ficará sujeito à futura sentença e os efeitos da coisa julgada (adoção tácita – *opt in*). Pode ocorrer, todavia,

3. BUENO. Cassio Scarpinella. As class actions norte-americanas e as ações coletivas brasileiras: pontos para uma reflexão conjunta. Revista de Processo, São Paulo, v. 82.
4. Leonardo Andrade, Cleber Masson e Ladolfo Andrade. Op. Cit.

que o indivíduo requeira, de forma tempestiva, sua exclusão desses efeitos (*opt-out*) ou passe a integrar a lide coletiva como litisconsorte[5].

Podemos constatar a importância da notificação. O interessado não pode ser tratado como membro da classe representada na ação, enquanto não tenha sido notificado da existência desta, e optado por participar da relação processual bem como pode optar por sair da relação e não ser atingindo pela vinculação da coisa julgada.

Observa-se, ainda, que a inércia do titular do direito em exercer de forma expressa o *opt-in/opt-out* acarreta sua integração à demanda, de forma tácita, bem como a vinculação aos efeitos da sentença. Veremos em capítulo próprio que, no processo coletivo brasileiro, ocorre o inverso.

Ainda sobre as *class actions*, válido destacar mais dois pontos:

a) **Legitimação passiva**: o direito norte-americano admite a legitimidade passiva coletiva (ponto que é objeto de divergência no direito brasileiro, como veremos em capítulo próprio). Nos Estados Unidos é possível, pois, que o representante (grupo ou classe) atue no polo passivo. Tais demandas são conhecidas como defendant class actions.

b) ***Fluid Recovery***: A reparação fluida ou *fluid recovery,* trata-se de instituto que permite que, na execução das sentenças das *class actions,* o resíduo da indenização não reclamado pelos membros da classe representados na demanda, seja destinado a outros fins, também relacionados com os interesses da coletividade lesada. No Brasil há previsão semelhante, veremos em breve.

O que podemos então extrair do modelo norte-americano como ponto(s) de influência das ações civis públicas do direito brasileiro?

A doutrina esquematiza as semelhanças e diferenças entre os modelos[6]:

a) **Pontos comuns:**

1) Requisito de comunhão de fatos ou direitos entre os interessados;

2) Atuação dos autores sem necessidade de autorização expressa dos interessados[7];

---

5. Leonardo Andrade, Cleber Masson e Ladolfo Andrade. Op. Cit.

6. Leonardo Andrade, Cleber Masson e Ladolfo Andrade. Op. Cit.

7. Há exceção relacionada à Fazenda Pública, futuro Procurador: Lei 9494/97: Art. 2º-A. Parágrafo único. Nas ações coletivas propostas contra a União, os Estados, o Distrito Federal, os Municípios e suas autarquias e fundações, a petição inicial deverá obrigatoriamente estar instruída com a ata da assembléia da entidade associativa que a autorizou, acompanhada da relação nominal dos seus associados e indicação dos respectivos endereços. (Incluído pela Medida provisória nº 2.180-35, de 2001) (grifo nosso).

3) Os efeitos da coisa julgada podem atingir os membros da classe, categoria e grupos de pessoas que não participaram pessoalmente do processo;

4) Adoção de um sistema de *fluid recovery* nos casos de interesses individuais homogêneos, embora com algumas diferenças em relação ao sistema americano.

b) Distinções:

1) Ao contrário do sistema norte-americano, nossos cidadãos não têm legitimidade para propor as *class actions* brasileiras, mas apenas certos entes públicos e privados;

2) Nas *class actions* a coisa julgada gera efeitos pro et contra; nas ações civis públicas, os efeitos são *secundum eventum litis*;

3) Nas *class actions*, a representatividade adequada é verificada ope judicis; nas ações civis públicas pátrias, ela é *ope legis*;

4) O Brasil, ao contrário do que ocorre nas *defendant class actions*, não admite a legitimação passiva coletiva.

2.2. Modelo alemão: As *Verbandsklage* (ações associativas)

Diferente do modelo das *class actions*, difundindo em países que adotam o sistema do *common law,* as *Verbandsklage* (conhecidas como ações associativas), tem origem europeia, mais ligada ao sistema do *civil law.*

Esse tipo de ação coletiva caracteriza-se pela legitimação especial conferida às associações. Estas são escolhidas para tutelar em nome próprio o direito que se entende considerado como próprio.

O modelo se distingue dos sistemas norte-americano e brasileiro, pois na maioria das *Verbandsklage* exige-se autorização do titular do direito posto em juízo para que a associação atue.

As ações associativas alemãs possuem campo de aplicação reduzido, sendo utilizadas, em regra, na luta contra a concorrência desleal e nas cláusulas gerais dos negócios previstos em determinados contratos[8].

Trata-se de ações marcadas pela imprestabilidade para a persecução de indenizações decorrentes de perdas e danos, sendo utilizadas para pleitear o cumprimento de obrigações de fazer/não fazer. Não se encontra no modelo de processo coletivo citado, instrumento processual voltado para as providências condenatórias em relações as obrigações de pagar[9].

---

8. MENDES, Aluisio Gonçalves de Castro. Ações coletivas e meios de resolução coletiva de conflitos no direito comparado e nacional. 4 ed. São Paulo: Revista dos Tribunais, 2014.

9. MENDES, Aluisio Gonçalves de Castro. Op. Cit.

Há número limitado de associações que estão autorizadas ao ajuizamento de uma *Verbandsklage* (exemplos: associações de consumidores, associações ambientais).

Apesar das distinções citadas, a escolha de um sujeito supraindividual para representar os interesses de uma coletividade, tem semelhanças como o modelo de processo coletivo atualmente adotado no Brasil.

Em provas de concursos é possível encontrar o termo **"litígios agregados"**, para designar as ações associativas alemãs.

3. REGRAMENTO DAS AÇÕES CIVIS PÚBLICAS

A Lei nº 7.3447 de 24 de julho de 1958 disciplina a ação civil pública de responsabilidade por danos causados a um rol de bens jurídicos.

Mas a ACP tutela não apenas o rol que a lei prevê. Esta ação tem previsão em outros diplomas, como já estudamos no tópico microssistema de tutela coletiva. Há menção à ACP, por exemplo, na Lei da Política Nacional do Meio Ambiente, nos Estatutos da Criança e do Adolescente, das Pessoas Portadoras de Necessidades Especiais (que possui status de emenda constitucional), do Idoso, dentre outros.

Nesse sentido, o Superior Tribunal de Justiça entende que é perfeitamente cabível na ação civil pública, por exemplo, pedido de reparação de danos causados ao erário pelos atos de **improbidade administrativa**, tipificados na Lei 8.429/92[10].

3.1. Pedido

3.1.1. Rol legal

Dispõe a Lei de Ação Civil Pública (LACP):

LEI DE AÇÃO CIVIL PÚBLICA (7.347/85)

Art. 1º Regem-se pelas disposições desta Lei, sem prejuízo da ação popular, as ações de **responsabilidade por danos** morais e patrimoniais causados: (Redação dada pela Lei nº 12.529, de 2011).

I - ao meio-ambiente;

II - ao consumidor;

III – a bens e direitos de valor artístico, estético, histórico, turístico e paisagístico;

IV - a qualquer outro interesse difuso ou coletivo; (Incluído pela Lei nº 8.078 de 1990)

10. REsp 735424/SP, Rei. Min. Eliana Calmon, DJ 18/05/2007.

V - por infração da ordem econômica; (Redação dada pela Lei nº 12.529, de 2011).

VI - à ordem urbanística; (Incluído pela Medida provisória nº 2.180-35, de 2001)

VII – à honra e à dignidade de grupos raciais, étnicos ou religiosos; (Incluído pela Lei nº 12.966, de 2014)

VIII – ao patrimônio público e social. (Incluído pela Lei nº 13.004, de 2014) (grifos nossos)

Iniciaremos o estudo do pedido fazendo uma análise do *caput* do citado art. 1º, que ao utilizar o termo "responsabilidade por danos", pode gerar a conclusão de que o objeto imediato da ação civil pública é sempre um provimento de tutela ressarcitória.

Ocorre que a própria LACP preleciona que "a ação civil poderá ter por objeto a condenação em dinheiro ou o cumprimento de obrigação de fazer ou não fazer" (art. 3º).

Ademais, a integração da LACP com o CDC (mais especificamente em seu art. 83), permite inferir a possibilidade de ações civis públicas com provimentos de quaisquer naturezas (condenatórios, constitutivos, ou meramente declaratórios) bem como a de cumulação de pedidos.

JURISPRUDÊNCIA

A Turma manteve decisão proferida em ACP ajuizada pelo MP em que se condenou a empresa de telefonia ora recorrente ao **cumprimento de diversas obrigações de fazer e não fazer**, entre elas, a de não prestar serviços de habilitação de linha telefônica sem autorização expressa, bem como a de excluir os nomes de todos os consumidores dos bancos de restrição de crédito em que não há prova escrita da solicitação do referido serviço, sob pena de pagamento de multa diária. (STJ, RECURSO ESPECIAL 976.217-RO, Rei. Min. Maria Isabel Gallotti, julgado em 11/9/2012. Informativo. 504) (grifo nosso)

(...) Segundo a jurisprudência do STJ, a logicidade hermenêutica do art. 3º da Lei 7.347/1985 **permite a cumulação das condenações em obrigações de fazer ou não fazer e indenização pecuniária em sede de ação civil pública**, a fim de possibilitar a concreta e cabal reparação do dano ambiental pretérito, já consumado. Microssistema de tutela coletiva. (...) (STJ. 2ª Turma. RECURSO ESPECIAL 1269494/MG, Rel. Min. Eliana Calmon, julgado em 24/09/2013). (grifo nosso)

Súmula 629-STJ: Quanto ao dano ambiental, é admitida a condenação do réu à obrigação de fazer ou à de não fazer cumulada com a de indenizar. (STJ. 1ª Seção. Aprovada em 12/12/2018, DJe 17/12/2018).

QUESTÃO DE CONCURSO

CESPE - 2008 – PGE/CE - Procurador do Estado - Ação civil pública por danos causados ao meio ambiente pode ter como objeto a condenação em dinheiro ou o cumprimento da obrigação de fazer ou não fazer. Declarada a procedência dos pedidos deduzidos nessa ação, a regra é a reparação do dano aos bens lesados, e a condenação à indenização em dinheiro somente acontecerá quando o dano for irreversível.

COMENTÁRIOS: Conforme citado entendimento doutrinário e jurisprudencial citado alhures, é possível cumular pedidos em ACP. Correta, ademais, a assertiva, ao mencionar que a reparação dos danos tem preferência em relação à indenização em dinheiro.

GABARITO: CORRETO

2021 – CESPE - Assessor Jurídico – CODEVASF – Prova Subjetiva - Em face de danos ao meio ambiente provocados pela supressão de vegetação nativa e edificação irregular de comércio em área de preservação permanente, foi ajuizada ação civil pública requerendo a reparação da área degradada, a compensação ambiental, a indenização em dinheiro e a abstenção de uso e de nova lesão. Em suas alegações, o réu defendeu que a cumulação de obrigação de fazer, não fazer e pagar configura bis in idem e que a possibilidade técnica e futura de restabelecimento in natura afasta o dever de indenizar. O juiz, sob o entendimento de que não procedem as alegações do réu, julgou o pedido procedente. Considerando essa situação hipotética, redija um texto dissertativo apontando, de forma fundamentada, se a decisão do juiz foi correta conforme entendimento do Superior Tribunal de Justiça.

COMENTÁRIOS: A Banca exigiu do candidato a menção à jurisprudência do STJ que, por força dos princípios do poluidor-pagador e da reparação in integrum, admite a condenação, simultânea e cumulativa, em obrigação de fazer, não fazer e indenizar, não se configurando *bis in idem*.

2017 – CESPE - Procurador do Estado (PGE AM) – Prova Subjetiva - No interior do estado do Amazonas, uma embarcação de determinada empresa derramou acidentalmente milhares de litros de óleo em um rio que banha exclusivamente dois municípios do estado, o que causou a morte de grande quantidade de peixes da região e, consequentemente, a quebra da cadeia alimentar do ecossistema fluvial local. Com isso, pescadores que viviam da pesca na região não têm como prover o sustento próprio e familiar. Diante dos fatos, o Ministério Público estadual propôs ação civil pública contra a empresa, por dano material e moral, além de outros pedidos. Em sua defesa, a empresa alegou excludentes da responsabilidade. Considerando a lei que disciplina a ação civil pública e o entendimento do STJ sobre a matéria, redija um texto dissertativo sobre a responsabilidade civil ambiental da referida empresa pelos danos causados no meio ambiente. Em seu texto, aborde a possibilidade de ajuizamento de ação de responsabilidade por danos morais e cumulação desses danos com danos materiais pelo mesmo fato.

COMENTÁRIOS: A Banca trouxe em seu espelho a súmula nº 37 do STJ dispõe que são cumuláveis as indenizações por dano material e moral oriundos do mesmo fato, bem como a jurisprudência da mesma Corte no sentido de que, em decorrência do acidente, a empresa deve recompor os danos materiais e morais causados (RESP 1.374.284/MG. Rel. Ministro Luis Felipe Salomão, DJE 5/9/2014).

É possível que o autor coletivo pleiteie provimento de caráter inibitório?

Nos termos do art. 4º da LACP, "poderá ser ajuizada ação cautelar para os fins desta Lei, objetivando, inclusive, evitar dano ao patrimônio público e social, ao meio ambiente, ao consumidor, à honra e à dignidade de grupos raciais, étnicos ou religiosos, à ordem urbanística ou aos bens e direitos de valor artístico, estético, histórico, turístico e paisagístico".

Sabemos que a partir do novo regramento trazido pelo CPC de 2015, desapareceram ações cautelares típicas. Nesse sentido, não é possível propor ações civis públicas cautelares. Os resultados visados por tais ações podem ser buscados, à luz do novo CPC, via tutela de urgência cautelar[11] (a qual analisaremos em capítulo próprio).

Embora o dispositivo mencione expressamente a tutela cautelar, sua redação, em verdade, se refere à tutela inibitória, a qual é preventiva, autônoma e satisfativa e objetiva a obtenção de providência judicial que impeça a prática de ato ilícito (independentemente da ocorrência de um dano e da prova do dolo ou culpa). Nesse sentido, o art. 497, parágrafo único, do CPC, que disciplina as tutelas inibitória e de remoção do ilícito como espécies de tutela específica ou resultado prático equivalente, para os quais não se exige prova do dano dolo ou culpa[12].

Desse modo, embora não se possa ingressar em juízo com uma ação civil pública cautelar, é possível que na ACP se obtenha provimento de natureza inibitória/preventiva do dano.

O art. 1º, ora estudado, prevê em seus incisos o rol exemplificativo de direitos que podem ser tutelados via ação civil pública:

- meio-ambiente;
- consumidor;
- bens e direitos de valor artístico, estético, histórico, turístico e paisagístico;
- qualquer outro interesse difuso ou coletivo;
- por infração da ordem econômica;
- ordem urbanística;
- honra e à dignidade de grupos raciais, étnicos ou religiosos;
- patrimônio público e social.

O dispositivo é explorado em provas de Advocacia Pública:

QUESTÃO DE CONCURSO

VUNESP – 2016 – IPSMI – Procurador Jurídico - São interesses difusos, na interpretação literal do art. 1º da Lei da Ação Civil Pública, que podem ser defendidos em juízo, aqueles que envolvam pretensão sobre a honra e à dignidade de grupos raciais, étnicos ou religiosos.

11. Leonardo Andrade, Cleber Masson e Ladolfo Andrade. Op. Cit.
12. JUNIOR, Hermes Zaneti e GARCIA, Leonardo de Medeiros. Coleção Leis Especiais para concursos: Volume 28 - Direitos Difusos – 8ª. ed. rev., ampl. e atual.- Salvador: Juspodivm, 2017.

COMENTÁRIOS: A assertiva reproduz o inciso VII, do art. 1º da LACP que elenca a honra e à dignidade de grupos raciais, étnicos ou religiosos como uma das espécies de direitos passíveis de tutela por meio de Ação Civil Pública.

GABARITO: CORRETO

Compete tecermos comentários acerca de algumas situações específicas já apreciadas pelos Tribunais Superiores.

3.1.2. Controle de constitucionalidade

Veremos em capítulo próprio que a sentença proferida em ação civil pública pode produzir efeitos *erga omnes* ou *ultra partes*, ou seja, atingir indivíduos que também são titulares do direito material controvertido, mas que não fizeram parte do processo (lembre-se, no polo ativo há legitimação extraordinária).

Se dotada de efeitos *erga omnes*, seria possível uma sentença em ACP declarar a inconstitucionalidade de uma lei ou ato normativo? É possível que o titular da ação faça um pedido desta natureza? Ambas as respostas são negativas.

Não é possível que a sentença realize tal declaração, pois a ação civil pública estaria "fazendo as vezes" de uma ação direta de inconstitucionalidade e o autor coletivo usurpando função de competência exclusiva do STF ou dos Tribunais Estaduais.

Quanto ao objeto, o STF decidiu que a declaração de inconstitucionalidade não pode ser o pedido principal em ação civil pública, mas é possível sua análise de modo incidental, arguida como causa de pedir:

JURISPRUDÊNCIA

(...) A jurisprudência do Supremo Tribunal Federal tem reconhecido que **se pode pleitear a inconstitucionalidade de determinado ato normativo na ação civil pública, desde que *incidenter tantum*. Veda-se, no entanto, o uso da ação civil pública para alcançar a declaração de inconstitucionalidade com efeitos erga omnes**. No caso, o pedido de declaração de inconstitucionalidade da Lei 754/1994 é meramente incidental, constituindo-se verdadeira causa de pedir. (RECURSO EXTRAORDINÁRIO 424. 993/DF, Pleno, Rel. Min. Joaquim Barbosa, j. 12.09.2007, DJe 19.10.2007)[13].

13. No mesmo sentido: RE 511.961/SP, Pleno, Rel. Min. Gilmar Mendes, j. 17.06.2009, DJe 13.11.2009; Rcl 2.687/PA, Pleno, Rel. Min. Marco Aurélio, j. 23.09.2004, DJ 18.02.2005; AI 504.856 Agr/DF, 2ª Turma, Rel. Min. Carlos Velloso, j. 21.09.2004, DJ 08.10.2004; Rcl. 2.460 MC/RJ, Pleno, Rel. Min. Marco Aurélio, j. 10.03.2004, DJ 06.08.2004.

Assim, a inconstitucionalidade de determinado ato normativo pode ser arguida como questão prejudicial em sede de ação civil pública. Não é cabível tratar do tema como pedido principal, transformando a ação coletiva em ADI (controle concentrado). Possível pois, a análise em controle difuso, cujos efeitos se limitam às partes do processo.

QUESTÕES DE CONCURSO

VUNESP - 2018 - IPSM – Procurador - O Supremo Tribunal Federal firmou o entendimento no sentido de se admitir o controle difuso de constitucionalidade em ação civil pública desde que a alegação de inconstitucionalidade não se confunda com o pedido principal da causa.

COMENTÁRIOS: A assertiva reproduz exatamente o entendimento do STF estudado acima.

GABARITO: CORRETO

IADES - 2019 - AL-GO – Procurador - A ação civil pública em que a declaração de inconstitucionalidade com efeito erga omnes é posta como o próprio objeto do pedido, e não como causa de pedir, não usurpa a competência do STF para julgar a ação direta de inconstitucionalidade de leis federais em face da Constituição Federal.

COMENTÁRIOS: Como vimos, a ACP não pode ser sucedâneo de ação direta de inconstitucionalidade de lei federal, caso contrário, haverá usurpação da competência do STF.

GABARITO: ERRADO

CESPE – 2009 - PGE/PE- Procurador do Estado - A ação civil pública não pode ser usada como instrumento de controle de constitucionalidade, sob pena de usurpação das atribuições do STF.

COMENTÁRIOS: O que não pode ocorrer é a utilização como controle concentrado (via ação direta), com sentença produzindo efeitos *erga omnes*. Admite-se o controle difuso, análise incidental, efeitos *inter partes*.

GABARITO: ERRADO

CESPE – 2009 - PGE/PE- Procurador do Estado - Na ação civil pública em defesa de direitos coletivos ou difusos, poderá ser declarada a inconstitucionalidade de lei federal, estadual ou local, pois nessa ação pode ser feito o controle concentrado de constitucionalidade. No entanto, apesar da eficácia erga omnes da decisão, o STF poderá discutir a mesma matéria em ação direta de inconstitucionalidade.

COMENTÁRIOS: Não se admite controle concentrado de inconstitucionalidade por meio de ação civil pública.

GABARITO: ERRADO

CS-UFG - 2010 - Prefeitura de Aparecida de Goiânia - GO - Procurador do Município - O controle difuso verifica-se em um caso concreto, e a declaração de inconstitucionalidade dá-se *incidenter tantum*, prejudicialmente ao controle do mérito. O controle difuso em sede de ação civil pública produz efeitos *inter partes*.

COMENTÁRIOS: Em ACP, como vimos, o controle de constitucionalidade pode ser feito de forma incidental, cujos efeitos se limitam às partes da demanda.

GABARITO: CORRETO

2019 – VUNESP - Procurador Jurídico (Câmara Municipal – SERTÃOZINHO/SP) Prova Subjetiva - Foi aprovada uma lei, de iniciativa de um Vereador, que criava taxa em razão dos serviços públicos de coleta, remoção e tratamento ou destinação de lixo ou resíduos provenientes de imóveis. O Ministério Público ajuizou uma ação civil pública contra o município, na 1ª Vara Cível de Sertãozinho, requerendo a suspensão da cobrança do tributo de todos os contribuintes, sob o argumento de que a lei é inconstitucional em razão de vício de iniciativa, pois leis tributárias seriam de iniciativa privativa do Poder Executivo, bem como em razão da existência de inconstitucionalidade material, tendo em vista que seria uma taxa que incidiria sobre um serviço não específico e não divisível. O juiz da Vara Cível de Sertãozinho, em tutela provisória, suspendeu a execução da lei. O Presidente da Câmara de Vereadores foi intimado da decisão proferida em tutela provisória por meio de oficial de justiça no dia 03.09.2018, tendo sido juntado aos autos o mandado de intimação no dia 05.09.2018. Como Procurador Jurídico Legislativo, elabore a medida judicial adequada contra a decisão proferida em sede de tutela provisória, no último dia do prazo.

COMENTÁRIOS: O candidato deveria apresentar como peça o recurso de Agravo de Instrumento, alegando, dentre outros aspectos, a vedação do uso da ação civil pública como sucedâneo de ação direta de inconstitucionalidade.

Importante não confundir o tópico acima estudado com a teoria da abstrativização do controle difuso de constitucionalidade.

A partir desta teoria, adotada recentemente pelo STF[14], se confere eficácia vinculante à declaração incidental de inconstitucionalidade.

Ocorre que o efeito *erga omnes* produzido pela sentença em controle difuso, apenas se aplica aos processos julgados pelo próprio Supremo.

Em provas de concursos, é necessário ter atenção para não cair em pegadinhas envolvendo a nova tese adotada pela Corte para a amplitude de **SUAS** decisões adotadas em controle difuso, com o controle difuso que pode ser feito em Ação Civil Pública por outros juízos.

3.1.3. Danos morais coletivos

Considera-se dano moral coletivo a injusta lesão à esfera moral de certa comunidade, ou seja, viola-se certos valores coletivos. A coletividade pode ser indenizada pelo abalo moral, independentemente dos danos individualmente considerados. O dano moral gerado por propaganda enganosa ou abusiva, por exemplo, pode ser entendido como coletivo[15].

Durante alguns anos, a condenação em dano extrapatrimonial coletivo era objetivo de divergência entre Turmas do STJ. Para a 1ª Turma, por exemplo, a vítima do

14. STF. Plenário. ADI 3406/RJ e ADI 3470/RJ, Rel. Min. Rosa Weber, julgados em 29/11/2017 – Informativo nº 886.

15. JUNIOR, Hermes Zaneti e GARCIA, Leonardo de Medeiros. Op. Cit.

dano moral deveria ser, necessariamente, uma pessoa, logo, o dano moral não poderia ter caráter de transindividualidade[16].

Atualmente, todavia, a condenação em dano moral coletivo vem sendo admitida pela Corte, sobretudo em situações que a tutela do meio ambiente e direitos dos consumidores.

JURISPRUDÊNCIA

O dano moral coletivo é espécie autônoma de dano que está relacionada à integridade psico-física da coletividade, bem de natureza estritamente transindividual e que, portanto, não se identifica com aqueles tradicionais atributos da pessoa humana (dor, sofrimento ou abalo psíquico), amparados pelos danos morais individuais. 5. O dano moral coletivo não se confunde com o somatório das lesões extrapatrimoniais singulares, por isso não se submete ao princípio da reparação integral (art. 944, caput, do CC/02), cumprindo, ademais, funções específicas. No dano moral coletivo, **a função punitiva – sancionamento exemplar ao ofensor – é, aliada ao caráter preventivo – de inibição da reiteração da prática ilícita – e ao princípio da vedação do enriquecimento ilícito do agente, a fim de que o eventual proveito patrimonial obtido com a prática do ato irregular seja revertido em favor da sociedade**. O dever de qualidade, segurança, durabilidade e desempenho que é atribuído aos fornecedores de produtos e serviços pelo art. 4º, II, d, do CDC, tem um conteúdo coletivo implícito, uma função social, relacionada à otimização e ao máximo aproveitamento dos recursos produtivos disponíveis na sociedade, entre eles, o tempo. O desrespeito voluntário das garantias legais, com o nítido intuito de otimizar o lucro em prejuízo da qualidade do serviço, revela **ofensa aos deveres anexos ao princípio boa-fé objetiva e configura lesão injusta e intolerável à função social da atividade produtiva e à proteção do tempo útil do consumidor**. (...) (RECURSO ESPECIAL nº 1737412/SE, 3ª Turma, Min. Rel(a). Nancy Andrighi, j. 05.02.2019, Dj. 08.02.2019) (grifos nossos)

A Segunda Turma recentemente pronunciou-se no sentido de que, **ainda que de forma reflexa, a degradação ao meio ambiente dá ensejo ao dano moral coletivo.** 3. **Haveria contra sensu jurídico na admissão de ressarcimento por lesão a dano moral individual sem que se pudesse dar à coletividade o mesmo tratamento, afinal, se a honra de cada um dos indivíduos deste mesmo grupo é afetada, os danos são passíveis de indenização.** As normas ambientais devem atender aos fins sociais a

16. Processual civil. Ação civil pública. Dano ambiental. Dano moral coletivo. Necessária vinculação do dano moral à noção de dor, de sofrimento psíquico, de caráter individual. incompatibilidade com a noção de transindividualidade (indeterminabilidade do sujeito passivo e indivisibilidade da ofensa e da reparação). Recurso especial improvido. (STJ, REsp 598281/MG, Rei. Min. Luiz Fux; Rei. p/ Acórdão Min. Teori Albino Zavascki, Primeira Turma, DJ 01.06.2006).

que se destinam, ou seja, necessária a interpretação e a integração de acordo com o princípio hermenêutico *in dubio pro natura*. (RECURSO ESPECIAL nº 1367923/RJ, 2ª Turma, Min. Rel. Humberto Martins, j. 27/08/2013, Dj. 06.09.2013) (grifo nosso)

"Cabimento, em tese, da condenação à indenização de danos morais coletivos em ação civil pública" (STJ, EREsp 1.367.923/RJ, Rel. ministro João Otávio de Noronha, **Corte Especial**, j. 15/2/2017, DJe 15/3/2017).

"O dano moral coletivo, compreendido como o resultado de uma lesão à esfera Superior Tribunal de Justiça extrapatrimonial de determinada comunidade, ocorre quando a conduta agride, de modo totalmente injusto e intolerável, o ordenamento jurídico e os valores éticos fundamentais da sociedade em si considerada, a provocar repulsa e indignação na consciência coletiva. No presente caso, essa agressão se mostra evidente, atingindo um grau de reprovabilidade que transborda os limites individuais, afetando, por sua gravidade e repercussão, o círculo primordial de valores sociais" (REsp nº 1832217/DF, 1ª Turma, Rel. Ministro Ricardo Villas Bôas Cueva, 08.04.2021).

O tema já foi objeto de cobrança em provas de advocacia pública:

QUESTÕES DE CONCURSO

VUNESP - 2019 - Câmara de Sertãozinho - SP - Procurador Jurídico Legislativo - A respeito do dano moral coletivo, é correto afirmar que prescinde da comprovação de dor, de sofrimento e de abalo psicológico, suscetíveis de apreciação na esfera do indivíduo, mas inaplicável aos interesses difusos e coletivos.

COMENTÁRIOS: O reconhecimento do dano moral coletivo dispensa, independe, prescinde de comprovação de dor ou abalo, como o dano moral de cunho individual.

GABARITO: CORRETO

VUNESP - 2019 - Prefeitura de Ribeirão Preto - SP - Procurador do Município - Considerando a Jurisprudência dos Tribunais Superiores, é correto afirmar, sobre o dano moral, que o dano moral coletivo é categoria autônoma de dano relacionado à violação injusta e intolerável de valores fundamentais da coletividade, sendo indenizável apenas se comprovada a dor, o sofrimento e a humilhação das pessoas que compõem a coletividade lesada.

COMENTÁRIOS: A parte inicial da assertiva está correta: o conceito de dano moral coletivo está correto e, como estudado, os Tribunais Superiores o consideram como categoria autônoma de dano. Ocorre que o reconhecimento independe da demonstração de dor, o sofrimento e a humilhação das pessoas que compõem a coletividade lesada.

GABARITO: ERRADO

3.1.4. Judicialização de políticas públicas

Muito se discute acerca da possibilidade de condenação da Administração Pública em obrigações de fazer, consistentes na implementação de políticas públicas necessárias à concretização de direitos fundamentais. O debate envolve o conceito de política pública e as teorias do "mínimo existencial" e da "reserva do possível".

A doutrina[17] conceitua os institutos:

A. **POLÍTICA PÚBLICA:** conjunto de normas (Poder Legislativo), atos (Poder· Executivo) e decisões (Poder Judiciário) que visam à realização dos fins primordiais do Estado. Por meio de políticas públicas é possível a implementar os objetivos fundamentais previstos no art. 3º da Constituição Federal. Essa implementação exige prestações positivas (obrigações de fazer) por parte do Estado;

B. **MÍNIMO EXISTENCIAL:** a implementação das políticas públicas tem como importante parâmetro o princípio da dignidade da pessoa humana. O mínimo existencial cuida-se do conteúdo mínimo, sem o qual o indivíduo se encontra em situação de indignidade. O mínimo existencial, portanto, autoriza o controle da omissão dos Poderes Executivo e Legislativo pelo Poder Judiciário. Alguns exemplos de direitos que são incluídos no mínimo existencial são: o direito à educação fundamental, o direito à saúde básica, o direito ao saneamento básico, o direito à assistência social, o direito ao meio ambiente ecologicamente equilibrado e o direito de acesso à justiça, entre outros;

C. **RESERVA DO POSSÍVEL:** os direitos prestacionais possuem relevância econômica diante da direta implicação orçamentária, razão pela qual a decisão acerca da aplicação de recursos em determinada política pública está ligada ao que se convencionou chamar de "reserva do possível". A cláusula diz respeito às limitações fáticas e jurídicas à efetivação dos direitos fundamentais prestacionais. A impossibilidade pode ser fática quando, por exemplo, um indivíduo pleiteia tratamento médico experimental, de alto custo, e ainda não disponível ao público. Mas a limitação pode ser jurídica, como a existente no art. 167, I da CF/88, que proíbe o início de programas ou projetos que não estejam incluídos na lei orçamentária anual. Fala-se, ainda, em "reserva do financeiramente possível", quando se está diante de obstáculos econômico-financeiros envolvidos na efetivação de um direito fundamental.

Partindo de tais conceituações, pergunta-se: quando a Administração Pública pode se valer da teoria da reserva do possível para justificar a ausência de implementação de determinada política pública? Quando estivermos diante de:

17. Leonardo Andrade, Cleber Masson e Ladolfo Andrade. Op. Cit.

- Impossibilidade fática ou jurídica (inclui-se a orçamentária);
- Direito não considerado parte do "mínimo existencial";
- Desproporcionalidade da medida.

Citam-se como exemplos de ações civis públicas nas quais houve condenação da Administração Pública, a qual foi compelida:

a) **a suprir a carência de professores em unidades de ensino público**[18] (CF, arts. 205, 208, IV, e 211, § 2º);

b) **a assegurar vagas em creches e pré-escolas da rede pública para crianças até determinada idade**[19] (CF, art. 208, IV, e ECA, arts. 54, IV, e 208, III);

c) **a prestar assistência médica (consultas e cirurgias) satisfatória e prioritária às crianças e aos adolescentes, com imposição de cronograma para conferir celeridade aos atendimentos**[20] (CF, art. 227, *caput*, e ECA, arts. 7º e 11);

d) **a restabelecer a regularidade do serviço de coleta de lixo, por se tratar de serviço público relevante, regido pelo princípio da continuidade, e por ser imprescindível à garantia dos direitos à saúde e ao meio ambiente hígido**[21];

e) **a realizar obras de recuperação do solo, imprescindíveis ao meio ambiente**[22];

f) **a regularizar, às expensas do implantador, loteamentos clandestinos e irregulares, para respeito dos padrões urbanísticos e o bem-estar da população** (art. 40 da Lei 6.766/1979)[23];

g) **a remover toda e qualquer barreira que impeça o acesso irrestrito de pessoas com deficiência física às instalações de escola pública**[24];

h) **a realizar obras de acessibilidade em prédios públicos**[25];

---

18. STF. RE 594.018 Agr, 2º Turma. Rel. Min. Eros Grau. DJe 07.08.2009.
19. STF. AI 664.053 AgR. 1º Turma, Rel. Min. Ricardo Lewandowski, j. 03.03.2009, DJe 27.03.2009; RE 463.210 AgRISP, 2º Turma. Rel. Min. Carlos Velloso, j. 06.12.2005, DJ 03.02.2005; STJ, REsp 511.645/SP, 2º Turma, Rel. Min. Herman Benjamin, j. 18.08.2009, DJe 27.08.2009; REsp 510.598/SP, 2ª Turma, Rel. Min. João Otávio de Noronha, j. 17.04.2007. DJe 13.02.2008.
20. STJ, REsp 577.836/SC, 1ª Turma, Rel. Min. Luiz Fux, j. 21.10.2004, DJ 28.02.2005.
21. STJ, REsp 575.998/MG, 1ª Turma, Rel. Min. Luiz Fux, j. 07.10.2004, DJ 16.11.2004.
22. STJ, REsp 429.570/GO, 2ª Turma, Rel. Eliana Calmon, j. 11.11.2003, DJ 22.03.2004.
23. STJ, REsp 448.216/SP. 1ª Turma. Rel. Min. Luiz Fux, j. 14.10.2003, DJ 17.11.2003.
24. STF, RE 440.028/SP, 1ª Turma. Rel. Min. Marco Aurélio, j. 29.10.2013. DJe 26.11.2013.
25. STJ. 2ª Turma. REsp 1607472-PE, Rel. Min. Herman Benjamin, julgado em 15/9/2016 (Info 592).

i) a realizar obras emergenciais em estabelecimento prisional[26];

j) a manter quantidade mínima de medicamento em estoque;[27]

k) a reformar cadeias públicas ou a construir novas unidades prisionais[28];

l) a garantir o direito a acessibilidade em prédios públicos[29].

Esquematizando os entendimentos doutrinários[30] e jurisprudenciais temos:

Categorias de Direitos Fundamentais	Possibilidade de Controle Judicial de Políticas Públicas	Invocação da Cláusula da Reserva do Possível
Direitos que compõem o conceito de mínimo existencial	Há possibilidade de controle. São direitos subjetivos, logo, passíveis de tutela jurisdicional coletiva.	O Poder Público não pode invocar a reserva do possível para se isentar de implementar as políticas públicas relacionadas a tais direitos.
Direitos que não compõem o conceito de mínimo existencial, mas "estão definidos em normas com "densidade suficiente", ou seja, explicitadoras de política pública de implementação obrigatória"[1]. Exemplo: art. 230, §2º da CF - direito dos maiores de 65 anos à gratuidade dos transportes coletivos urbanos.	Há possibilidade de controle. São direitos subjetivos, logo, passíveis de tutela jurisdicional coletiva.	O Poder Público pode invocar a reserva do possível. O acolhimento da alegação, todavia, não conduz à improcedência dos pedidos do autor, apenas seu diferimento.
Direitos que não compõem o conceito de mínimo existencial "e estão definidos em normas com "densidade fraca", ou seja, normas de cunho programático".	Não há possibilidade de controle. Não ostentam natureza de direitos subjetivos, logo, não são passíveis de tutela jurisdicional sem "a prévia ponderação do Legislativo ou do Executivo, por meio de definição de política pública específica".	

26. STF. Plenário. RE 592581/RS, Rel. Min. Ricardo Lewandowski, julgado em 13/8/2015 (repercussão geral) (Info 794).
27. STF. 1ª Turma. RE 429903/RJ, Rel. Min. Ricardo Lewandowski, julgado em 25/6/2014 (Info 752).
28. STJ. 2ª Turma. REsp 1389952-MT, Rel. Min. Herman Benjamin, julgado em 3/6/2014 (Info 543). STF. Plenário. RE 592581/RS, Rel. Min. Ricardo Lewandowski, julgado em 13/8/2015 (repercussão geral) (Info 794).
29. STF. 1ª Turma. RE 440028/SP, rel. Min. Marco Aurélio, julgado em 29/10/2013 (Info 726).
30. Leonardo Andrade, Cleber Masson e Ladolfo Andrade. Op. Cit.
1. Leonardo Andrade, Cleber Masson e Ladolfo Andrade. Op. Cit.

O assunto é bastante explorado em provas:

QUESTÕES DE CONCURSO

VUNESP - 2019 - Câmara de Mauá - SP - Procurador Legislativo - Sobre a chamada doutrina da "reserva do possível", é correto afirmar, com base na legislação nacional, que consiste em defesa subsidiária do Poder Público contra ações movidas por descumprimento de direitos fundamentais previstos na Constituição que demandem, para sua plena eficácia, prestações positivas por parte do Estado, quando o seu descumprimento se dê por motivo de demonstrada e justificada escassez de recursos.

COMENTÁRIOS: A escassez de recursos pode justificar o descumprimento de prestações positivas impostas ao Estado em relação a determinados direitos fundamentais. Como estudamos, trata-se de exceção e não pode envolver direitos que compõe o núcleo do mínimo existencial.

GABARITO: CORRETO

VUNESP - 2019 - Câmara de Mauá - SP - Procurador Legislativo - Sobre a chamada doutrina da "reserva do possível", é correto afirmar, com base na legislação nacional pode ser invocada sempre que houver comprometimento grave do núcleo básico que qualifica o mínimo existencial, de modo a justificar o inadimplemento de deveres estatais de prestação constitucionalmente impostos ao poder público.

COMENTÁRIOS: Ao contrário do que afirma a assertiva, a reserva do possível não poderá ser invocada em caso de comprometimento grave do núcleo básico que se compõe o chamado mínimo existencial. Direitos que fazem parte desse núcleo não admitem a omissão do poder público e alegação de reserva do possível.

GABARITO: ERRADO

IDECAN - 2018 - IPC - ES - Procurador Previdenciário I - A noção de "mínimo existencial" compreende um complexo de prerrogativas cuja concretização se revela capaz de garantir condições adequadas de existência digna, assegurando, à pessoa humana, acesso efetivo ao direito geral de liberdade e, também, a prestações positivas do Estado, tais como o direito à educação, à saúde, à moradia, à alimentação, à segurança, dentre outros. Nesse cenário, a jurisprudência do Supremo Tribunal Federal reconhece a possibilidade de o Poder Judiciário, diante de situações graves, que demandem o reconhecimento do mínimo existencial, ordenar, em favor do paciente, o fornecimento gratuito de medicamento pelo Sistema Único de Saúde.

COMENTÁRIOS: O direito à saúde faz parte do conjunto de direitos que compõem o mínimo existencial, nesse sentido o Poder Público não pode deixar de implementar políticas públicas a ele relacionadas alegando teses como a reserva do possível. Cabe, em caso de omissão, intervenção judicial. O fornecimento gratuito de medicamento pelo SUS é exemplo de judicialização de política pública com a qual a Administração Pública será compelida a agir.

GABARITO: CORRETO

CESPE - 2007 - AGU - Procurador Federal - Prova 1 - A reserva do possível pode ser sempre invocada pelo Estado com a finalidade de exonerar-se do cumprimento de suas obrigações constitucionais que impliquem custo financeiro.

COMENTÁRIOS: Como estudado, a reserva do possível não pode ser sempre alegada. Há situações nas quais a tese não poderá ser utilizada pelo Estado para exonerar-se de cumprir determinações constitucionais ligadas aos direitos fundamentais.

GABARITO: ERRADO

3.1.5. *Vedações*

Existe alguma matéria que não pode ser veiculada por meio de ação civil pública? Sim! E há um rol previsto na própria LACP:

LEI DE AÇÃO CIVIL PÚBLICA (7.347/85)

Art. 1º Parágrafo único. Não será cabível ação civil pública para veicular pretensões que envolvam tributos, contribuições previdenciárias, o Fundo de Garantia do Tempo de Serviço - FGTS ou outros fundos de natureza institucional cujos beneficiários podem ser individualmente determinados. (Incluído pela Medida provisória nº 2.180-35, de 2001)

Não cabe, portanto, em ACP, postulações que envolvam:

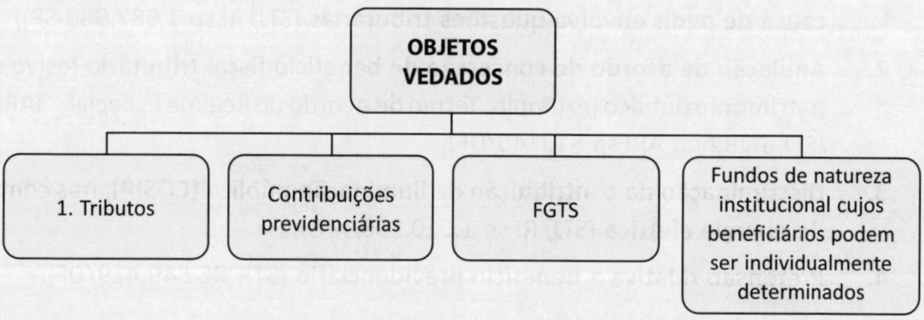

Os Tribunais Superiores conferem interpretação restritiva ao dispositivo? Sim! Mas há algumas questões reconhecidas jurisprudencialmente que merecem o estudo detalhado, pois são objeto de cobrança em provas paras as carreiras da advocacia pública.

Inicialmente, vale destacar que a inclusão do parágrafo único no artigo 1º da LACP objetivou reduzir as hipóteses nas quais o Poder Público figurava no polo passivo de ações civis públicas que veiculavam aqueles temas.

O contexto que antecedeu a inclusão do parágrafo já era marcado por decisões das Cortes Superiores[2] rejeitando as ações cujas pretensões se tratava de matéria tributária, por exemplo.

2. STF, RE 195.056/PR, Pleno, Rel. Min. Carlos Velloso, j. 09.12.1999, DJ 30.05.2003; STJ, REsp 115.500/PR, 2ª Turma, Rel. Min. Hélio Mosimann, j. 02.06.1998, DJ 03.08.1998. - STJ, REsp 113.326/MS, 2ª Turma, Rel. Min. Adhemar Maciel, Rel. p/ o acórdão Min. Ari Pargendler, j. 17.11.1997, DJ 15.12.1997; REsp 212.540/MG, 1ª Turma, Rel. Min. José Delgado, j. 22.06.1999, DJ 16.08.1999.

Para os Tribunais Superiores, ao Ministério Público não se poderia conferir legitimidade para agir em defesa dos contribuintes, uma vez que a demanda não tratava de direito do consumidor, direito social ou direito individual indisponível.

Destarte, caso fosse prolatada sentença de procedência da ação, a eficácia da norma tributária seria retirada com efeitos *erga omnes,* e a ACP estaria substituindo uma ADI.

Como afirmado anteriormente, confere-se ao parágrafo único do art. 1º da LACP interpretação restritiva, porém aplicável apenas quando os temas ali previstos forem veiculados como **pedidos.** Nada impede que as pretensões vedadas pela lei forem causa de pedir da ACP, pois esta não é atingida pelos efeitos da coisa julgada.

Situações já admitidas pela jurisprudência:

1. Condenação por improbidade administrativa de agente público que tenha cobrado taxa por valor superior ao custo do serviço prestado, **ainda que a causa de pedir envolva questões tributárias** (STJ, REsp 1.387.960-SP);
2. **Anulação de acordo de concessão de benefício fiscal tributário lesivo ao patrimônio público** (exemplo: Termo de Acordo de Regime Especial – TARE). (STJ, AgRg no AREsp 513145/DF);
3. **Discriminação da contribuição de iluminação pública (COSIP), nas contas de energia elétrica** (STJ, REsp 1.010.130/MG);
4. **Pretensão relativa a benefício previdenciário** (STF, RE 549.419/DF).

A LACP veda pretensão acerca de contribuição previdenciária (que é um tributo), mas não veda discussão de matéria previdenciária diante do interesse social envolvido. Esse também é, por exemplo o entendimento da 5ª Turma do STJ – vide REsp 1.142.630/PR)

5. Análise da legalidade da **cobrança de tarifas públicas (preços públicos)** – como as cobradas pelas concessionárias e permissionárias de serviços públicos. Tarifa não é tributo nem contribuição; envolve relação de consumo. (STF, RE 228.177/MG).

QUESTÕES DE CONCURSO

CESPE - 2018 – PGM João Pessoa - Procurador do Município - O Ministério Público do Estado da Paraíba (MPE-PB) propôs ação civil pública pleiteando a inconstitucionalidade de taxa de limpeza urbana criada pelo município de João Pessoa. De acordo com a jurisprudência do STF e com a Lei federal nº 7.347/1985, é correto afirmar que, nesse caso, o MPE-PB não possui legitimidade para propor a referida ação: a lei veda a utilização dessa espécie de ação em matéria tributária.

COMENTÁRIOS: Tanto por previsão expressa na LACP quanto em razão do entendimento do STF, o Ministério Público não pode propor ação civil pública cujo objeto seja um tributo. Destarte, a inconstitucionalidade não pode ser o pedido principal nessa espécie de ação, mas apenas causa de pedir.

GABARITO: CORRETO

CESPE – 2008 – PGE/PB – Procurador - O sindicato e a associação civil têm legitimidade ativa para propor ação civil pública que tenha por objeto a cobrança indevida de tributo, taxa ou muita, desde que seja de interesse de seus associados e esteja incluída, entre suas finalidades institucionais, a proteção ao consumidor e à ordem econômica.

COMENTÁRIO: O entendimento aplicado ao Ministério Público também se estende aos demais legitimados coletivos. E, como vimos, na ACP há vedação de objeto em relação a tributos.

GABARITO: ERRADO

CESPE – 2004 – PGE/RR – Procurador - O Ministério Público está legalmente autorizado a propor ação civil pública para defesa de direitos de contribuintes, visando obstar a cobrança de taxas e tributos.

COMENTÁRIOS: Novamente o tema é cobrado e reitera-se: em ACP não pode ser veiculada pretensão relativa a tributos.

GABARITO: ERRADO

Em outubro de 2019 o STF fixou a seguinte tese de repercussão geral (tema 850): **"O Ministério Público tem legitimidade para a propositura de ação civil pública em defesa de direitos sociais relacionados ao FGTS".**

Mas, e a vedação da LACP?

O dispositivo que veda postulações envolvendo FGTS ou outros fundos de natureza institucional cujos beneficiários possam ser individualmente determinados, objetiva evitar que as ações coletivas sejam vulgarizadas, manejadas com o intento de simples movimentação de contas fundiárias, atendendo a interesses individualizados.

No caso analisado pelo Supremo, a proteção buscada relaciona-se a direitos sociais, que, embora ligados ao FGTS, possuem amplitude coletiva.

JURISPRUDÊNCIA

No julgamento do RE 631.111 (Rel. Min. TEORI ZAVASCKI, DJe de 30/10/2014), sob o regime da repercussão geral, **o PLENÁRIO firmou entendimento no sentido de que certos interesses individuais, quando aferidos em seu conjunto, de modo coletivo e impessoal, têm o condão de transcender a esfera de interesses estritamente particulares, convolando-se em verdadeiros interesses da comunidade, emergindo daí a legitimidade do Ministério Público para ajuizar ação civil pública**, com amparo no art. 127 da Constituição Federal, o que não obsta o Poder Judiciário de sindicar e decidir acerca da adequada legitimação para a causa, inclusive de ofício. No RE 576.155 (Rel. Min. RICARDO LEWANDOWSKI, DJe de 1º/2/2011), também submetido ao rito da repercussão geral, o PLENÁRIO cuidou da questão envolvendo a vedação constante do parágrafo único do art. 1º da Lei 7.347/1985, incluído pela MP 2.180-35/2001, oportunidade em que se reconheceu a legitimidade do Ministério Público para dispor da ação civil pública com o fito de anular acordo de natureza tributária firmado entre empresa e o Distrito Federal, pois evidente a defesa ministerial em prol do patrimônio público. **A demanda intenta o resguardo de direitos individuais homogêneos cuja amplitude possua expressiva envergadura social, sendo inafastável a legitimidade do Ministério Público para ajuizar a correspondente ação civil pública.** É o que ocorre com as pretensões que envolvam tributos, contribuições previdenciárias, o Fundo de Garantia do Tempo de Serviço - FGTS ou outros fundos de natureza institucional cujos beneficiários podem ser individualmente determinados (parágrafo único do art. 1º da Lei 7.347/1985). (...) **Tese de repercussão geral proposta: o Ministério Público tem legitimidade para a propositura de ação civil pública em defesa de direitos sociais relacionados ao FGTS.** (STF. Plenário. RE 643978/SE, Rel. Min. Alexandre de Moraes, julgado em 9/10/2019 (repercussão geral – Tema 850 - Info 955)

3.2. Competência

3.2.1. Regra geral

Dois são os critérios gerais que determinam a competência para processo e julgamento das ações civis públicas: o do local do dano e o da extensão do dano. Preveem a LACP e o CDC:

LEI DE AÇÃO CIVIL PÚBLICA (7.347/85)

Art. 2º As ações previstas nesta Lei serão propostas no **foro do local onde ocorrer o dano**, cujo juízo terá **competência funcional** para processar e julgar a causa.

Parágrafo único A propositura da **ação prevenirá a jurisdição do juízo** para todas as ações posteriormente intentadas que possuam a mesma causa de pedir ou o mesmo objeto. (Incluído pela Medida provisória nº 2.180-35, de 2001) (grifos nossos)

CDC (8.078/90)

Art. 93. Ressalvada a competência da Justiça Federal, é competente para a causa a justiça local:

I - no foro do lugar onde ocorreu ou deva ocorrer o dano, quando de **âmbito local**;

II - no foro da Capital do Estado ou no do Distrito Federal, para os danos de **âmbito nacional ou regional**, aplicando-se as regras do Código de Processo Civil aos casos de competência concorrente.

A conjugação dos dois dispositivos, vale ressaltar, é aplicável para as ações coletivas em sentido amplo.

Nesse sentido, manifesta-se o STJ:

JURISPRUDÊNCIA

O legislador consumerista, além de definir a extensão do dano como critério determinante do foro competente, nos moldes do previsto no art. 2º da Lei 7.3471/85 (LACP), trouxe resposta para as indagações que versavam sobre situações em que o dano é nacional ou regional para as quais a Lei de Ação Civil Pública não havia atentado. Dessa forma, estabeleceu o art. 93 do CDC que, para as hipóteses nas quais as lesões ocorram apenas em âmbito local, será competente o foro do lugar onde se produziu o dano ou se devesse produzir (inciso I), mesmo critério já fixado pelo art. 2º da LACP. Por outro lado, tomando a lesão dimensões geograficamente maiores, produzindo efeitos em âmbito regional ou nacional, serão competentes os foros da capital do Estado ou do Distrito Federal (inciso II). (...) Nesse contexto, merece consignar-se que, ainda que o mencionado dispositivo de lei esteja localizado no capítulo do coe referente às ações coletivas para a defesa dos interesses individuais homogêneos, a mais abalizada doutrina vem partilhando do entendimento de que **sua aplicação se dá de forma mais ampla, como regra de fixação de competência a todas as ações coletivas para defesas de direitos difusos, coletivos ou individuais homogêneos**, não somente aos relativos às relações de consumo (RECURSO ESPECIAL nº 448.4701RS, 2ª Turma, Rel. Min. Herman Benjamin, DJe de 15.12.2009) (grifo nosso)

Podemos concluir:

- **Dano local → foro onde ocorreu ou deveria ocorrer o dano;**
- **Dano regional ou nacional → foro da capital dos Estados ou do DF (um ou outro)**

Destaca-se que no caso de dano de âmbito nacional, não há exclusividade de foro do Distrito Federal. O dispositivo invoca competências concorrentes[3].

3. STJ, REsp 944464/RJ, Rei. Min. Sidnei Beneti, DJe 11/02/2009 - STJ, CC 17533/DF, Rei. Min. Carlos Alberto Menezes Direito, DJ 13/09/2000, 2a Seção.

São importantes, ainda, os seguintes questionamentos:

1) Quando podemos considerar um dano como local, regional ou nacional?

Esquematiza a doutrina[4]:

EXTENSÃO DO DANO OU DO RISCO	COMPETÊNCIA
LOCAL (único ou poucos foros, ainda que em dois Estados vizinhos)	Juízo de quaisquer dos foros atingidos
REGIONAL (muitos foros de um único Estado sem abranger todo o território estadual)	Juízos com foro na capital do Estado atingido.
REGIONAL (vários Estados e, eventualmente, o DF, sem abranger todo o território nacional)	Juízos com foro nas capitais dos Estados atingidos e juízos com foro no Distrito Federal, quando atingido.
NACIONAL (abrange todo o território nacional)	Juízos com foro nas capitais de quaisquer dos Estados e juízos com foro no Distrito Federal.

2) Trata-se de critério territorial ou funcional?

O tema é alvo de discussões doutrinárias e não há consenso.

A LACP aponta que o foro competente é o do local do dano, o que configura a análise de competência territorial, certo?

Destarte, o mesmo dispositivo prevê que a competência ali prevista é de natureza funcional.

Ora, se a competência territorial é tida como relativa, e a funcional como absoluta, o que o legislador pretendeu estabelecer?

Citando a doutrina de José Carlos Barbosa Moreira, apontam Leonardo Andrade, Cleber Masson e Ladolfo Andrade[5]:

> O legislador, tendo em conta que a competência funcional é sempre absoluta, teria empregado o termo funcional na LACP apenas para frisar o caráter de inderrogabilidade da competência ali regulada, mas poderia ter empregado melhor técnica, simplesmente ressalvado que, apesar de territorial, a competência era absoluta.

4. ANDRADE, Adriano, MASSON Cleber Masson e ANDRADE Landolfo Op. Cit.
5. Op. Cit.

Em provas objetivas, orienta-se que o candidato siga a literalidade da lei, assinalando como corretas assertivas que apontam que é **funcional** a competência prevista da LACP.

Vejamos o que entende o Superior Tribunal de Justiça:

JURISPRUDÊNCIA

Em síntese, qualquer que seja o sentido que se queira dar à expressão "competência funcional" prevista no art. 2º, da Lei 7.347/1985, mister preservar a vocação pragmática do dispositivo: o foro do local do dano é uma regra de eficiência, eficácia e comodidade da prestação jurisdicional, que visa a facilitar e otimizar o acesso à justiça, sobretudo pela proximidade física entre juiz, vítima, bem jurídico afetado e prova. E se é assim, a competência posta nesses termos é de ordem pública e haverá de ser **absoluta - inderrogável e improrrogável pela vontade das partes.** (RECURSO ESPECIAL nº 1.057.878, Min. Herman Benjamin, DJe 21/08/2009). (grifo nosso)

3.2.2. Regras específicas

a) **Competência de primeiro grau**

O foro por prerrogativa de função, conferido pela Constituição a determinadas autoridades não abrange as ações civis públicas. Tanto o STJ quanto o STF já firmaram o entendimento no sentido de que o juiz de primeiro grau é o juiz natural para processamento e julgamento das ACP's, mesmo quando propostas em face daquelas autoridades.

JURISPRUDÊNCIA

Tanto a jurisprudência do Plenário do Supremo Tribunal Federal quanto a desta Corte Especial já estão firmes no sentido da possibilidade de os ministérios públicos estaduais atuarem nos tribunais superiores. 2. **As regras constitucionais de competência dos tribunais superiores têm natureza excepcional. Portanto, a interpretação deve ser restritiva. O foro por prerrogativa de função se limita às ações penais. Não há previsão de foro por prerrogativa de função para as ações de improbidade administrativa.** Pelo contrário, extrai-se do art. 37, § 4º, da Constituição Federal que a perda da função pública é sanção político-administrativa, que independe de ação penal. Se é verdade que existe um voto em sentido contrário do Min. Teori Zavascki na Pet. n. 3.240 - com pedido de vista do Min. Roberto Barroso (Informativo n. 768/STF) -, não é menos exato afirmar que a jurisprudência do guardião da Constituição já está consolidada (ADI 2.797; Pet 3.067; RE 377.114 AgR). (...) **interpretação sistemática no sentido de que a Constituição Federal somente**

conferiu competência por prerrogativa de foro nos casos considerados mais graves, ou seja, nos casos tipificados como crimes. Tal interpretação sistemática corrobora a literal dos artigos 105, I, "a" e 37, § 4º, da Carta Magna, que impõem o julgamento dos crimes, originariamente, por esta Corte, quando cometidos por membros dos tribunais de contas dos estados, bem como a possibilidade de perda da função pública, sem prejuízo da ação penal cabível. 4. **A ação de improbidade administrativa tem natureza cível-administrativa, a possibilidade da perda do cargo não a transforma em ação penal. Então, não está abrangida pela norma do art. 105, I, "a" da Constituição Federal.** (...) 5. Agravo regimental não provido. (STJ, AgRg na Rcl 10.037/MT, Rel. Min. Luis Felipe Salomão, Corte Especial, DJe 25.11.2015) (grifos nossos)

O Supremo Tribunal Federal não dispõe de competência originária para processar e julgar ação civil pública ajuizada contra Ministro de Estado. - O reconhecimento da competência originária do Supremo Tribunal Federal, por configurar matéria sujeita a regime de direito estrito, revela-se cabível, unicamente, nas **hipóteses indicadas, em *numerus clausus*, no art. 102, I, da Constituição da República. Nesse rol taxativo, não se inclui a previsão constitucional pertinente ao julgamento de ações civis públicas, ainda que ajuizadas contra o Presidente da República, Ministros de Estado e outras autoridades, que, em sede penal, dispõem de prerrogativa de foro perante a Suprema Corte.** Precedentes." (STF, Pet 1926MC/DF, Rel. Min. Celso de Mello, j. 24.02.2000, DJU 02.03.00). (grifos nossos)

Pergunta-se: e as hipóteses de competência originária do STF, por exemplo, listadas no art. 102, I, 'f' e 'n', da CF? A Corte pode julgar originariamente uma ACP? A resposta é positiva.

Prevê a Constituição Federal:

CONSTITUIÇÃO FEDERAL

Art. 102. Compete ao Supremo Tribunal Federal, precipuamente, a guarda da Constituição, cabendo-lhe: I - processar e julgar, originariamente:

f) as causas e os conflitos entre a União e os Estados, a União e o Distrito Federal, ou entre uns e outros, inclusive as respectivas entidades da administração indireta;

n) a ação em que todos os membros da magistratura sejam direta ou indiretamente interessados, e aquela em que mais da metade dos membros do tribunal de origem estejam impedidos ou sejam direta ou indiretamente interessados;

Algumas situações já chegaram à análise do Supremo Tribunal Federal e a Corte declarou sua competência para julgar a ação civil pública com base nos citados dispositivos constitucionais:

- Litígio entre a União e Estado estrangeiro (no caso, o Paraguai) em ações civis públicas movidas pelo MPF em face da hidrelétrica Itaipu Binacional. (Rcl 2937/PR, rei. Min. Marco Aurélio, j. 15.12.2011, informativo nº 652).
- Conflito federativo entre o Estado de Minas Gerais e o IBAMA acerca da atuação desta autarquia no processo de licenciamento de obra federal (Projeto de Integração do Rio São Francisco com Bacias Hidrográficas do Nordeste Setentrional). (Rcl 3.074/MG, Pleno, Rel. Min. Sepúlveda Pertence, j. 04.08.2005, DJ 30.09.2005).

b) **Justiça Federal – A presença do MPF**

Tema objeto de discussões doutrinárias e jurisprudenciais é a hipótese de a mera presença do Ministério Público Federal, em ações civis públicas, atrair a competência da Justiça Federal.

Teori Albino Zavascki[6], em obra doutrinária, defende a definição da competência federal quando presente o MPF:

> (...) para fixar a competência da Justiça Federal, basta que a Ação Civil Pública seja proposta pelo Ministério Público Federal. Assim ocorrendo, bem ou mal, figurará como autor um órgão da União, o que é suficiente para atrair a incidência do art. 109, I, da Constituição. (...) figurando o Ministério Público Federal, órgão da União, como parte na relação processual, a um juiz federal caberá apreciar a demanda, ainda que seja para dizer que não ele, e sim o Ministério Público Estadual, o que tem legitimação ativa para a causa.

Mas há doutrina em sentido contrário. Para esta corrente, a simples presença na demanda do Ministério Público Federal é incapaz de gerar a competência da Justiça Federal, e a norma constitucional deve ser interpretada restritivamente. Ademais, não há previsão legal, constitucional ou regimental (Lei Orgânica do MPU) que indique tal competência e limite a atuação do Ministério Público Federal à Justiça Federal, sendo plenamente viável sua atuação perante outras Justiças[7].

Também não há consenso no âmbito jurisprudencial.

O Superior Tribunal de Justiça entende pela competência da Justiça Federal, enquanto o Supremo Tribunal Federal possui precedentes nos dois sentidos. Vejamos:

6. Processo Coletivo: Tutela de Direitos Coletivos e Tutela Coletiva de Direitos, 2ª ed., São Paulo, 2007, pp. 144-145.
7. NEVES, Daniel Amorim Assumpção. Manual de processo coletivo: volume único – 4ª ed. atual, e ampl. - Salvador: Ed. Juspodivm, 2020 (No mesmo sentido: JUNIOR, Fredie Didier e JUNIOR, Hermes Zaneti. Curso de Direito Processual Civil – Processo Coletivo. Vol. 4, 10ª ed., 2016, Salvador: Ed. Juspodivm).

JURISPRUDÊNCIA

A ação civil pública, como as demais, submete-se, quanto à competência, à regra estabelecida no art. 109, I, da Constituição, segundo a qual cabe aos juízes federais processar e julgar "as causas em que a União, entidade autárquica ou empresa pública federal forem interessadas na condição de autoras, rés, assistentes ou oponentes, exceto as de falência, as de acidente de trabalho e as sujeitas à Justiça Eleitoral e a Justiça do Trabalho". **Assim, figurando como autor da ação o Ministério Público Federal, que é órgão da União, a competência para a causa é da Justiça Federal.** (...) Não se confunde competência com legitimidade das partes. **A questão competencial é logicamente antecedente e, eventualmente, prejudicial à da legitimidade. Fixada a competência, cumpre ao juiz apreciar a legitimação ativa do Ministério Público Federal para promover a demanda, consideradas as suas características, as suas finalidades e os bens jurídicos envolvidos. À luz do sistema e dos princípios constitucionais, nomeadamente o princípio federativo, é atribuição do Ministério Público da União promover as ações civis públicas de interesse federal e ao Ministério Público Estadual as demais.** (...) **No caso dos autos, a causa é da competência da Justiça Federal, porque nela figura como autor o Ministério Público Federal, órgão da União, que está legitimado a promovê-la, porque visa a tutelar bens e interesses nitidamente federais,** e não estaduais, a saber: o meio ambiente em área de manguezal, situada em terrenos de marinha e seus acrescidos, que são bens da União (CF, art. 20, VII), sujeitos ao poder de polícia de autarquia federal, o IBAMA (Leis 6.9381E1, art.18, e 7.735189, art. 42). (STJ REsp 440.002/SE, Rei. Ministro TEORI ALBINO ZAVASCKI, PRIMEIRA TURMA, julgado em 18.11.2004, DJ 06.12.2004 p. 195) (grifos nossos)

O Supremo Tribunal Federal assentou que a circunstância de figurar o Ministério Público Federal como parte na lide não é suficiente para determinar a competência da Justiça Federal para o julgamento da lide. Compete à Justiça comum processar e julgar as causas em que é parte sociedade de economia mista, exceto se houver interesse jurídico da União no feito. (STF, RE 596836 AgR/ES - Rel. Min. Cármen Lúcia, Julgamento: 10/05/2011, Órgão Julgador: Primeira Turma, DJe 26/05/2011). (grifo nosso)

EMENTA: PROCESSUAL CIVIL. AGRAVO REGIMENTAL NO RECURSO EXTRAORDINÁRIO. AUSÊNCIA DE IMPUGNAÇÃO A FUNDAMENTO DA DECISÃO AGRAVADA. SÚMULA 284/STF. PRELIMINAR DE REPERCUSSÃO GERAL. FUNDAMENTAÇÃO INSUFICIENTE. ÔNUS DA PARTE RECORRENTE. **AÇÃO CIVIL PÚBLICA AJUIZADA PELO MINISTÉRIO PÚBLICO FEDERAL. COMPETÊNCIA DA JUSTIÇA FEDERAL.** PRECEDENTE DO PLENÁRIO. LEGITIMIDADE DO MPF PARA PROPOR A DEMANDA. (...) AGRAVO REGIMENTAL A QUE SE NEGA PROVIMENTO. (STF, AgReg. no RE 822.816/DF, Rel. Min. Teori Zavascki, 2ª Turma, j. 08/03/2016) (grifo nosso)

Em provas objetivas de concursos, o candidato deve estar atento ao enunciado da questão. Cita-se como exemplo a prova para Procurador da República (MPF), aplicada em 2017 (Banca própria), na qual fora considerada incorreta a seguinte assertiva:

QUESTÃO DE CONCURSO

PGR - 2017 - PGR - Procurador da República - Segundo o entendimento do Superior Tribunal de Justiça: A ação civil pública, como as demais, submete-se, quanto à competência, à regra estabelecida no art. 109, I, da CF, segundo a qual cabe aos juízes federais processar e julgar "as causas em que a União, entidade autárquica ou empresa pública federal forem interessadas na condição de autoras, rés, assistentes ou oponentes", não bastando, para fixar a competência federal, que o Ministério Público Federal figure no polo ativo da demanda.

COMENTÁRIOS: Observe que o enunciado veio "blindado", cobrando do candidato o conhecimento acerca da jurisprudência do STJ (que, como estudado alhures, defende a competência da Justiça Federal diante da presença do MPF no polo da demanda).

GABARITO: ERRADO

Em relação ao STF, indica-se assinalar a assertiva que traga o entendimento mais recente (no caso, a decisão de 2016 que, tal qual o STJ, entende pela competência da Justiça Federal diante da presença do Parquet Federal).

Em provas subjetivas, o candidato pode apontar as duas correntes e seus respectivos fundamentos.

c) **Comarcas que não sejam sede de Justiça Federal: delegação de competência?**

O art. 109, §3º da Constituição Federal prevê hipótese que autoriza a delegação de competência para a Justiça Estadual no caso de comarcas que não sejam sede de Justiça Federal:

CONSTITUIÇÃO FEDERAL

Art. 109, § 3º Lei poderá autorizar que as causas de competência da Justiça Federal em que forem parte instituição de previdência social e segurado possam ser processadas e julgadas na justiça estadual quando a comarca do domicílio do segurado não for sede de vara federal. (Redação dada pela Emenda Constitucional nº 103, de 2019)

Discute-se se a regra pode ser aplicada às ações civis públicas.

Em 1997 o STJ aprovou enunciado de súmula (nº 183) que afirmava: "Compete ao Juiz estadual, nas comarcas que não sejam sede de vara da Justiça Federal, processar e julgar ação civil pública, ainda que a União figure no processo".

Ocorre que após o julgamento do Recurso Extraordinário nº 228.955-9, proferido pelo Plenário do STF, o STJ cancelou a mencionada súmula.

Nesse sentido, prevalece o entendimento de que não há autorização para a estudada delegação de competência nas ações civis públicas.

QUESTÕES DE CONCURSO

VUNESP - 2019 - Câmara de Monte Alto - SP - Procurador Jurídico - De acordo com Súmula do Superior Tribunal de Justiça, compete ao juiz estadual, nas comarcas que não sejam sede de vara da Justiça Federal, processar e julgar ação civil pública, desde que a União não figure no processo.

GABARITO: ERRADO

O mesmo enunciado foi cobrado em 2018 pela Banca no concurso de Procurador Jurídico da Câmara de Indaiatuba -SP!

FUNDEP (Gestão de Concursos) - 2014 - Prefeitura de Nossa Senhora do Socorro - SE - Procurador do Município - Compete ao juiz estadual, nas comarcas que não sejam sede de vara da Justiça Federal, processar e julgar ação civil pública, ainda que a União figure no processo.

GABARITO: ERRADO

d) **Propaganda eleitoral – Danos ao meio ambiente: Justiça Eleitoral?**

Imaginemos que seja proposta uma ação civil pública em razão de dano ambiental oriundo de poluição ocasionada por propaganda eleitoral. Há competência da justiça especializada (Eleitoral) ou deve julgar a ACP a Justiça Comum Estadual?

Decidiu o STJ decidiu que a competência relacionada a poluição visual causada por partido político NÃO é da Justiça Eleitoral, pois a matéria envolve direito ambiental. Vejamos:

JURISPRUDÊNCIA

ADMINISTRATIVO. CONFLITO NEGATIVO DE COMPETÊNCIA. **AÇÃO CIVIL PÚBLICA. PROPAGANDA ELEITORAL. DEGRADAÇÃO DO MEIO AMBIENTE. AUSÊNCIA DE MATÉRIA ELEITORAL. COMPETÊNCIA DA JUSTIÇA ESTADUAL.** 1. A Justiça Eleitoral, órgão do Poder Judiciário brasileiro (art.92, V, da CF), tem seu âmbito de atuação delimitado pelo conteúdo constante no art. 14 da CF e na legislação específica. (...) 3. In casu, **sobressai a incompetência da justiça eleitoral, uma vez que não está em discussão na referida ação civil pública direitos políticos, inelegibilidade, sufrágio, partidos políticos, nem infração às normas eleitorais e respectivas regulamentações, isto é, toda matéria concernente ao próprio processo eleitoral. 4. A pretensão ministerial na ação civil pública, voltada à tutela ao meio ambiente, direito transindividual de natureza difusa, consiste em obrigação de fazer e não fazer** e, apesar de dirigida a partidos políticos, demanda uma observância de conduta que extravasa período eleitoral, apesar da maior incidência nesta época, bem como não constitui aspecto inerente ao processo eleitoral. 5. **A ação civil pública ajuizada imputa conduta tipificada no art. 65 da Lei 9.605/98 em face**

do dano impingido ao meio ambiente, no caso especificamente, artificial, formado pelas edificações, equipamentos urbanos públicos e comunitários e todos os assentamentos de reflexos urbanísticos, conforme escólio do Professor José Afonso da Silva. Não visa delimitar condutas regradas pelo direito eleitoral; visa tão somente a tutela a meio ambiente almejando assegurar a função social da cidade e' garantir o bem-estar de seus habitantes, nos termos do art. 182 da Constituição Federal. 6. **Conflito conhecido para declarar competente o Juízo de Direito da 2ª Vara Cível de Maceió - AL, ora suscitado.** (STJ, CC 113433/AL, Rei. Ministro Arnaldo Esteves Lima, Primeira Seção, julgado em 24/08/2011, DJe 19/12/2011) (grifos nossos)

Importante conhecer o entendimento, pois a Banca Vunesp, por exemplo, inclui Direito Eleitoral no conteúdo dos editais de concursos de Procuradorias, bem como tem predileção pela cobrança dos temas que envolvam direitos difusos e coletivos.

A Banca Cespe, por sua vez, pode trazer o tema em questões de Direito Ambiental, como fez, recentemente, em prova de Defensoria Pública:

QUESTÃO DE CONCURSO

CESPE - 2019 - DPE-DF - Defensor Público - Conforme jurisprudência do STJ, é competência da justiça eleitoral julgar ação civil pública em que se busque cessar degradação ambiental causada por partido político em propaganda eleitoral consistente em pichações e pinturas em edificações urbanas.

GABARITO: ERRADO

3.3. Legitimidade para propositura

A legitimidade para a propositura de ações civis públicas está regulamentada em dispositivos da LACP e do CDC.

Vejamos:

LEI DE AÇÃO CIVIL PÚBLICA (7.347/85)

Art. 5º Têm legitimidade para propor a ação principal e a ação cautelar: (Redação dada pela Lei nº 11.448, de 2007).

I - o Ministério Público; (Redação dada pela Lei nº 11.448, de 2007).

II - a Defensoria Pública; (Redação dada pela Lei nº 11.448, de 2007).

III - a União, os Estados, o Distrito Federal e os Municípios; (Incluído pela Lei nº 11.448, de 2007).

IV - a autarquia, empresa pública, fundação ou sociedade de economia mista; (Incluído pela Lei nº 11.448, de 2007).

V - a associação que, concomitantemente: (Incluído pela Lei nº 11.448, de 2007).

a) esteja constituída há pelo menos 1 (um) ano nos termos da lei civil; (Incluído pela Lei nº 11.448, de 2007).

b) inclua, entre suas finalidades institucionais, a proteção ao patrimônio público e social, ao meio ambiente, ao consumidor, à ordem econômica, à livre concorrência, aos direitos de grupos raciais, étnicos ou religiosos ou ao patrimônio artístico, estético, histórico, turístico e paisagístico. (Redação dada pela Lei nº 13.004, de 2014)

§ 1º O Ministério Público, se não intervier no processo como parte, atuará obrigatoriamente como fiscal da lei.

CDC (LEI 8.078/90)

Art. 82. Para os fins do art. 81, parágrafo único, são legitimados **concorrentemente:** (Redação dada pela Lei nº 9.008, de 21.3.1995)

I - o Ministério Público,

II - a União, os Estados, os Municípios e o Distrito Federal;

III - as entidades e órgãos da Administração Pública, direta ou indireta, ainda que sem personalidade jurídica, especificamente destinados à defesa dos interesses e direitos protegidos por este código;

IV - as associações legalmente constituídas há pelo menos um ano e que incluam entre seus fins institucionais a defesa dos interesses e direitos protegidos por este código, dispensada a autorização assemblear.

§ 1º O requisito da pré-constituição pode ser dispensado pelo juiz, nas ações previstas nos arts. 91 e seguintes, quando haja manifesto interesse social evidenciado pela dimensão ou característica do dano, ou pela relevância do bem jurídico a ser protegido. (grifo nosso)

Antes de estudarmos de forma específica a legitimidade de cada um dos órgãos e entidades previstos nos citados dispositivos, analisaremos a natureza dessa legitimidade, bem como o controle da chamada "representatividade adequada".

3.3.1. Natureza jurídica

Revisitaremos alguns conceitos da teoria geral do processo: as espécies de legitimidade ativa, quais sejam, a ordinária e a extraordinária.

Em apertada síntese, diz-se que o legitimado ordinário age, em nome próprio, defendendo seus próprios interesses. Existe, pois, identidade entre o titular do direito material posto em juízo e o autor da ação (trata-se de regra, admitindo-se a legitimidade extraordinária apenas quando há autorização no ordenamento jurídico[8]).

O legitimado extraordinário, por sua vez, defende, em nome próprio, interesse alheio. A parte na relação processual não é, portanto, o titular do direito material controvertido. Destaca-se que, majoritariamente, se entende que as expressões 'legitimidade extraordinária' e 'substituição processual' são sinônimas.

Em qual classificação se inclui o legitimado ativo das ações coletivas?

Na doutrina não há consenso. Lecionam Hermes Zaneti e Fredie Didier Jr[9]:

> A legitimação ao processo coletivo é extraordinária: autoriza-se um ente a defender, em juízo, situação jurídica de que é titular um grupo ou uma coletividade. Não há coincidência entre o legitimado e o titular da situação jurídica discutida. Quando não há essa coincidência, há legitimação extraordinária - esta é a posição adotada par este Curso, que de resto parece ser a majoritária na jurisprudência brasileira, muito embora ainda não tenha sido pacificada na doutrina.

Os Tribunais Superiores, como apontado pelos autores, já pacificaram o entendimento no sentido da legitimidade extraordinária (substituição processual) dos órgãos e entidades listados na LACP e no CDC[10].

Além de extraordinária a legitimidade para a propositura das ações coletivas é classificada como **concorrente e disjuntiva.**

Concorrente, por não ter sido atribuída com exclusividade a determinado legitimado. Assim, qualquer um dos órgãos ou entidades listados podem propor uma ação civil pública.

Disjuntiva, pois não há exigência de que os legitimados atuem em conjunto. O **litisconsórcio, se existente, será facultativo**. Significa que cada legitimado pode propor, sozinho, a ação.

---

8. CPC: Art. 18. Ninguém poderá pleitear direito alheio em nome próprio, salvo quando autorizado pelo ordenamento jurídico. Parágrafo único. Havendo substituição processual, o substituído poderá intervir como assistente litisconsorcial.
9. JUNIOR, Fredie Didier e JUNIOR, Hermes Zaneti. Curso de Direito Processual Civil – Processo Coletivo. Vol. 4, 10ª ed., 2016, Salvador: Ed. Juspodivm.
10. Nesse sentido: STF, RE 193.503/SP, Pleno, Rel. Min. Carlos Velloso, Rel. p/ o acórdão Min. Joaquim Barbosa, j. 12.06.2006, DJ 24.08.2007; RE 210.029/RS, Rel. Min. Carlos Velloso, j. 12.06.2006, DJ 17.08.2007.- STJ, REsp 876.936/RJ, 1ª Turma, Rel. Min. Luiz Fux, j. 21.10.2008, DJe 13.11.2008; REsp 208068/ SC, Rel. Min. Nancy Andrighi, DJ 08.04.2002.

A legitimação nas ações civis públicas é, portanto:

a) **Extraordinária (substituição processual);**

b) **Concorrente;**

c) **Disjuntiva.**

Por fim, impende destacar que, segundo o entendimento do STJ, a ilegitimidade ativa ou a irregularidade da representação processual não implica a extinção do processo coletivo, competindo ao magistrado abrir oportunidade para o ingresso de outro colegitimado no polo ativo da demanda[11].

3.3.2. O controle da representatividade adequada

Ao estudarmos a influência das *class actions* norte-americanas, mencionamos a chamada representatividade adequada.

Essa análise também é feita no direito brasileiro, e significa verificar se o legitimado "poderá tutelar adequadamente os direitos materiais postos na causa, substituindo os titulares dos direitos materiais sem prejuízo desses direitos"[12].

A adequada representação pode ser prevista pela lei ou avaliada pelo Judiciário. Dois sistemas de aferição são apontados pela doutrina.

Há o sistema *ope legis,* o qual predomina no Brasil, em que a adequação é previamente definida em lei. Apenas o legislador, e não o Poder Judiciário, pode prever os requisitos para a legitimação, requisitos estes arrolados de forma taxativa. Por sua vez, o sistema *ope judicis*, preponderante nos Estados Unidos, confere ao magistrado a incumbência de verificar a adequada representação.

O controle, nestes casos, será realizado no caso concreto, mediante decisão fundamentada e segundo critérios previstos em lei (de forma não taxativa). O modelo também tem sido utilizado no Brasil, por exemplo, em relação ao Ministério Público e os casos em que se versa sobre direitos individuais homogêneos disponíveis, exigindo-se para a legitimação a presença do "relevante interesse público (social)[13].

Quanto os arts. 5º, V, *a*, da LACP e 82, IV, do CDC exigem das associações, por exemplo, que estejam legalmente constituídas há pelo menos um ano, há um controle *ope legis*. O legislador entendeu que tais entidades apenas representam adequadamente os titulares do direito lesado/ameaçado de lesão, se preencherem aqueles requisitos.

---

11. REsp 1388792/SE,Rel. Ministro HERMAN BENJAMIN, SEGUNDA TURMA, Julgado em 06/05/2014,DJE 18/06/2014.
12. JUNIOR, Hermes Zaneti e GARCIA, Leonardo de Medeiros. Op. Cit.
13. JUNIOR, Hermes Zaneti e GARCIA, Leonardo de Medeiros. Op. Cit.

Destaca-se que essa presunção legal não é absoluta! Desse modo, mesmo os legitimados previstos em lei podem ter a representatividade avaliada pelo Judiciário em determinados casos.

O controle *ope judicis* pode ser encontrado em diversos precedentes dos Tribunais Superiores:

JURISPRUDÊNCIA

Os sindicatos possuem legitimidade ativa para demandar em juízo a tutela de direitos subjetivos individuais dos integrantes da categoria, desde que se versem direitos homogêneos e mantenham relação com os fins institucionais do sindicato demandante, atuando como substituto processual (Adequacy Representation). 2. **A pertinência temática é imprescindível para configurar a legitimatio ad causam do sindicato, consoante cediço na jurisprudência do E. S.T.F** na ADI 3472/DF (...) 3. A representatividade adequada sob esse enfoque tem merecido destaque na doutrina; senão vejamos: "(...) A pertinência temática significa que as associações civis devem incluir entre seus fins institucionais a defesa dos interesses objetivados na ação civil pública ou coletiva por elas propostas, dispensada, embora, a autorização de assembleia. Em outras palavras. **a pertinência temática é a adequação entre o objeto da ação e a finalidade institucional.** (...) in A Defesa dos Interesses Difusos em Juízo, Hugo Nigro Mazzilii, São Paulo, Saraiva, 2006, p. 277/278 (STJ, AgRg no REsp 901936/RJ, Rei. Min. Luiz Fux, DJe 16/03/2009).

Com efeito, contanto que não seja exercido de modo a ferir a necessária imparcialidade inerente à magistratura, e sem que decorra de análise eminentemente subjetiva do juiz, ou mesmo de óbice meramente procedimental, é plenamente possível que, excepcionalmente, de modo devidamente fundamentado, o magistrado exerça, mesmo que de oficio, o controle de idoneidade (adequação da representatividade) para aferir/afastar a legitimação ad causam de associação. (STJ, AgRg no REsp 901.936/RJ, Rel. Ministro Luiz Fux, primeira turma, julgado em 16.10.2008, DJe 16.03.2009).

EMENTA: EMBARGOS DE DECLARAÇÃO NA AÇÃO DIRETA DE INCONSTITUCIONALIDADE. (...). **LEGITIMIDADE ATIVA DA DEFENSORIA PÚBLICA PARA AJUIZAR AÇÃO CIVIL PÚBLICA** (INC. II DO ART. 5º DA LEI N. 7.347/1985, ALTERADO PELO ART. 2º DA LEI N. 11.448/2007). TUTELA DE INTERESSES TRANSINDIVIDUAIS (COLETIVOS STRITO SENSU E DIFUSOS) E INDIVIDUAIS HOMOGÊNEOS. ACESSO À JUSTIÇA. NECESSITADO: DEFINIÇÃO SEGUNDO PRINCÍPIOS DE INTERPRETAÇÃO QUE GARANTEM A EFETIVIDADE DAS NORMAS CONSTITUCIONAIS PREVISTAS NOS INCS. XXXV, LXXIV E LXXVIII DO ART. 5º DA CONSTITUIÇÃO DA REPÚBLICA. A legitimidade da Defensoria Pública para ajuizar ação civil pública não está condicionada à comprovação prévia da hipossuficiência dos possíveis beneficiados pela prestação jurisdicional.

Ausência de contradição, omissão ou obscuridade. A questão suscitada pela embargante foi solucionada no julgamento do recurso extraordinário n. 733.433/mg, em cuja tese da repercussão geral se determina: **"a defensoria pública tem legitimidade para a propositura da ação civil pública em ordem a promover a tutela judicial de direitos difusos e coletivos de que sejam titulares, em tese, pessoas necessitadas"** (dj 7.4.2016). Embargos de declaração rejeitados. ARE 1110876 AgR / SP - SÃO PAULO. Rel. Min. Celso de Mello J. 29/06/2018 (grifos nossos)

Passemos, então, ao estudo das especificidades relacionadas a cada legitimado à propositura das ações civis públicas.

3.3.3. Ministério Público

O Ministério Público possui legitimidade ativa para a propositura de demandas coletivas conferida não só pela LACP, mas pela Constituição Federal e outras leis esparsas:

Constituição Federal: propositura de ação civil pública para a defesa do patrimônio público e social e do meio ambiente (art. 129, III);

Lei da Política Nacional do Meio Ambiente - LPNMA (Lei 6.938/1981): legitimidade para promover as ações voltadas à responsabilidade civil por danos ambientais (direitos difusos) – (art. 14, § 1º);

Lei 7.853/1989: propositura de ações civis públicas para a proteção dos direitos difusos e coletivos das pessoas portadoras de deficiência (art. 3º);

Lei 7.913/1989: ação de responsabilidade por danos causados aos investidores no mercado de valores mobiliários (direitos individuais homogêneos) – (art. 1º);

Estatuto da Criança e do Adolescente - ECA (Lei 8.069/1990) - defesa dos direitos supraindividuais afetos às crianças e adolescentes (arts. 201, V, e 210);

Código de Defesa do Consumidor - CDC - defesa dos interesses difusos, coletivos e individuais homogêneos dos consumidores e das vítimas (art. 82, I, c/c o art. 81, parágrafo único);

Estatuto do Idoso - EI (Lei 10.741/2003) - a defesa dos interesses difusos, coletivos e individuais homogêneos do idoso (art. 74, I).

Em relação à ação civil pública, a LACP determina a atuação do órgão também como fiscal da lei (dispõe o art. 5º §1º: "O Ministério Público, se não intervier no processo como parte, atuará **obrigatoriamente** como fiscal da lei").

A ausência de intimação/participação do órgão ministerial na ação, diante da obrigatoriedade prevista na lei, é causa de nulidade processual?

Entende o STJ que a nulidade depende da comprovação do prejuízo, primando pela aplicação da instrumentalidade e observando a possibilidade de convalidação dos atos praticados[14].

O entendimento é consagrado, também, no Código de Processo Civil, ao prever que, nas hipóteses em que é cogente a participação do Ministério Público, a nulidade por falta de sua intervenção somente será decretada após a intimação deste, que deverá se manifestar sobre a presença ou não de prejuízo (art. 279, §2º, do CPC).

Ademais, questiona-se: é possível que o MP, por meio de ação civil pública busque a tutela de qualquer direito difuso, coletivo ou individual homogêneo?

Muito se discute sobre esse tema, tanto na doutrina quanto na jurisprudência.

Esquematizaremos o entendimento que pode ser extraído das discussões e adotado em provas de concursos:

1. DIREITOS DIFUSOS

O Ministério Público **sempre** tem legitimidade.

2. DIREITOS COLETIVOS EM SENTIDO ESTRITO

- Direitos INDISPONÍVEIS: O Ministério Público **sempre** tem legitimidade.

- Direitos DISPONÍVEIS: O Ministério Público tem legitimidade quando presente a **relevância social** do interesse que se busca tutelar.

3. DIREITOS INDIVIDUAIS HOMOGÊNEOS

O Ministério Público tem legitimidade quando presente a RELEVÂNCIA SOCIAL do interesse que se busca tutelar ou se o direito for INDISPONÍVEL.

A corrente prevalece no STF e no STJ[15].

Também pode ser citada sua adoção na súmula nº 7 do Conselho Superior do Ministério Público do Estado de São Paulo.

SÚMULA 7 – CONSELHO SUPERIOR MPE/SP

SÚMULA n.º 7: "O Ministério Público está legitimado à defesa de interesses ou direitos individuais homogêneos de consumidores ou de outros, entendidos como tais os de origem comum, nos termos do art. 81, III, c/c o art. 82, I, do CDC, aplicáveis estes últimos a toda e qualquer ação civil pública, nos termos do art. 21 da Lei nº 7.347/85 (LACP), que tenham relevância social, podendo esta decorrer,

14. STJ, REsp 1207855/SE, Rel. Ministro Mauro Campbell Marques, Segunda Turma, DJe 14/09/2011.
15. STJ, REsp 974.489/PE, Rel. Min. Luiz Fux, j. 25.11.2008, DJ 21.05.2009; STF, AgRg no AgRg no RE 669.371/RS, rei. Min. Francisco Falcão, j. 14.08.2007, DJ 11.10.2007.

exemplificativamente, da natureza do interesse ou direito pleiteado, da considerável dispersão de lesados, da condição dos lesados, da necessidade de garantia de acesso à Justiça, da conveniência de se evitar inúmeras ações individuais, e/ou de outros motivos relevantes."

Diversos casos concretos já foram objeto de apreciação pelos Tribunais Superiores.

O STJ, por exemplo, possui três edições do "Jurisprudências em Teses[16]" (n.º 19, 22 e 25) envolvendo legitimidade ativa no Processo Coletivo, com enunciados acerca do Ministério Público.

Listaremos aqui diversos julgados, tendo em vista a cobrança recorrente em provas de advocacia pública (e ao lado de alguns informaremos concursos de procuradorias que exploraram o conteúdo).

Há legitimidade do Ministério Público para:

a) atuar em defesa dos **direitos difusos, coletivos e individuais homogêneos dos consumidores.**

b) ajuizar ação civil pública visando tutelar **direitos dos consumidores relativos a serviços públicos. (Súmula n. 618/STJ)**

Legitimidade cobrada nas seguintes provas de concursos: VUNESP - 2018 - Câmara de Orlândia - SP - Procurador Jurídico; VUNESP - 2019 - Prefeitura de Poá - SP - Procurador Jurídico;

c) ajuizar ação civil pública com o objetivo de assegurar os interesses individuais indisponíveis, difusos ou coletivos em relação à **infância, à adolescência e aos idosos, mesmo quando a ação vise à tutela de pessoa individualmente considerada.**

d) ajuizar ação civil pública com o objetivo de assegurar **assistência médica e odontológica à comunidade indígena, em razão da natureza indisponível dos bens jurídicos salvaguardados e o status de hipervulnerabilidade dos sujeitos tutelados.**

e) ajuizar ação civil pública com o objetivo de assegurar os interesses individuais indisponíveis, difusos ou coletivos em relação às **pessoas desprovidas de recursos financeiros, mesmo quando a ação vise à tutela de pessoa individualmente considerada.**

16. https://scon.stj.jus.br/SCON/jt/tocedicoes.jsp.

f) ajuizar ação civil pública em defesa de interesses e direitos individuais homogêneos pertencentes a **consumidores decorrentes de contratos de cessão e concessão do uso de jazigos em cemitérios.**

g) ajuizar ação civil pública com o fim de **impedir a cobrança abusiva de mensalidades escolares.**

Legitimidade cobrada nas seguintes provas de concursos: VUNESP - 2018 - Câmara de Orlândia - SP - Procurador Jurídico; VUNESP - 2019 - Prefeitura de Poá - SP - Procurador Jurídico; FCC - 2010 - TCE-AP – Procurador; VUNESP - 2018 - Câmara de Indaiatuba -SP – Procurador Jurídico

h) ajuizar ação civil pública objetivando **a cessação dos jogos de azar.**

i) propor ação civil pública em **defesa do patrimônio público. (Súmula n. 329/STJ)**

Legitimidade cobrada na prova objetiva do seguinte concurso: VUNESP - 2018 - Câmara de Indaiatuba -SP - Procurador Jurídico

j) propor ação civil pública objetivando o **fornecimento de medicamentos e tratamentos médicos, a fim de tutelar o direito à saúde e à vida.**

k) propor ação civil pública em defesa dos **interesses de mutuários do Sistema Financeiro da Habitação, visto que presente o relevante interesse social da matéria.**

Legitimidade cobrada na prova objetiva do seguinte concurso: FCC - 2015 - CNMP - Analista do CNMP – Direito

l) propor ação civil pública com o objetivo de **anular concurso realizado sem a observância dos princípios estabelecidos na Constituição Federal.**

m) propor ação civil pública com o objetivo de **anular Termo de Acordo de Regime Especial - TARE[17].**

n) defesa, em juízo, dos direitos e interesses individuais homogêneos, quando impregnados de relevante natureza social, como sucede com o direito de petição e o direito de obtenção de certidão em repartições públicas. *(STF, RE 472489 AgR/RS, Rel. Min. Celso de Mello, DJe 29-08-2008)*

17. Itens 'a' a 'm' extraídos de edições do "Jurisprudência em Teses" do Superior Tribunal de Justiça.

o) ajuizar ação civil pública contra o departamento de **trânsito** local, em que se busca demonstrar **irregularidades nos procedimentos de fiscalização delegados a empresas particulares.** *(STJ, REsp 808393/DF, Rel. Min. Eliana Calmon, DJe 25/06/2009)*

p) ajuizar ação civil pública visando à **correção dos serviços tabelados no âmbito do SUS, por ocasião do plano real.** *(STJ, REsp 422671/RS, Rel. Min. Francisco Falcão, DJ 30/11/2006)*

q) propor ação civil pública (ACP) com o objetivo de que **cesse a atividade tida por ilegal de, sem autorização do Poder Público, captar antecipadamente a poupança popular, ora disfarçada de financiamento para compra de linha telefônica**, isso na tutela de interesses individuais homogêneos disponíveis. *(STF, RE 163.231-SP, DJ 29/6/2001 e STJ, REsp 635.807-CE, DJ 20/6/2005. REsp 910.192-MG, Rel. Min. Nancy Andrighi, julgado em 2/2/2010)*

r) propor ação civil pública em defesa da vida e da saúde, direitos individuais indisponíveis, tendo por objeto o **fornecimento de cesta de alimentos sem glúten a portadores de doença celíaca**. *(STJ, AgRg no AREsp 91114/MG, Rel. Ministro Humberto Martins, Segunda Turma, DJe 19/02/2013)*

Por outro lado, NÃO há legitimidade do Ministério Público:

a) Estadual para ajuizar ação civil pública objetivando defesa de bem da União, por se tratar de atribuição do Ministério Público Federal. *(STJ, AgRg no REsp 976896/RS, Rel. Ministro Benedito Gonçalves, Primeira Turma, julgado em 06/10/2009, DJe 15/10/2009).*

b) para ajuizar ação civil pública em razão de **suposta ilegalidade no recebimento de valores a título de gratificação natalina por juízes e servidores públicos** *(STJ, AgRg no REsp 672957/RJ, Rel. Min. Mauro Campbell Marques, DJe 01/07/2009).*

c) interpor ação civil pública contra **ex-dirigente de clube de futebol em razão da alegada prática de atos que teriam causado prejuízos de ordem moral e patrimonial à agremiação futebolística.** *(STJ, REsp 1.041.765-MG, Rel. Min. Eliana Calmon, julgado 22/9/2009).*

d) ajuizar ação civil pública contra o INSS com o objetivo de garantir o direito das crianças sob guarda judicial de serem inscritas, no regime geral da previdência social, como beneficiárias na condição de dependentes do segurado guardião, pois se trata de <u>direitos individuais disponíveis</u>. *(STJ, REsp 396.081-RS, Rel. Min. Maria Thereza de Assis Moura, julgado em 2/9/2008).*

O STJ possuía entendimento no sentido da ilegitimidade do Ministério Público para pleitear, em ação civil pública, a indenização decorrente do seguro obrigatório (DPVAT) em benefício do segurado.

O posicionamento foi consagrado no enunciado nº 470 da súmula da Corte.

Ocorre que, em 2014, o Supremo Tribunal Federal[18] se manifestou pela LEGITIMIDADE do órgão ministerial nesse caso, considerando a presença de **interesse social qualificado**, o que levou o STJ a CANCELAR o enunciado da súmula.

O MP possui, portanto, legitimidade ativa para defender beneficiários do seguro obrigatório (DPVAT).

Legitimidade cobrada nos seguintes concursos: VUNESP - 2019 - Prefeitura de Poá - SP - Procurador Jurídico; VUNESP - 2018 - Câmara de Indaiatuba -SP - Procurador Jurídico

3.3.4. Defensoria Pública

A Defensoria Pública foi incluída no rol dos legitimados à propositura de ACP pela Lei nº 11.448/2007.

Destarte, defende-se que essa legitimação poderia ser extraída implicitamente da redação originária da Constituição Federal[19], o que veio a se tornar expresso após a promulgação da EC 80/2014 que alterou a redação do art. 134 do texto constitucional:

CONSTITUIÇÃO FEDERAL

Art. 134. A Defensoria Pública é instituição permanente, essencial à função jurisdicional do Estado, incumbindo-lhe, como expressão e instrumento do regime democrático, fundamentalmente, a orientação jurídica, a promoção dos direitos humanos e a **defesa, em todos os graus, judicial e extrajudicial, dos direitos individuais e coletivos, de forma integral e gratuita, aos necessitados**, na forma do inciso LXXIV do art. 5º desta Constituição Federal. (Redação dada pela Emenda Constitucional nº 80, de 2014) (grifo nosso)

Pergunta-se: como podemos compreender a expressão "necessitados", prevista no texto constitucional e na legislação esparsa? É possível que a Defensoria Pública busque por meio de ACP apenas a tutela de interesses dos carentes de recursos econômicos?

18. STF, RE 631111, Rel. Min. Teori Zavascki, Tribunal Pleno, DJ. 30-10-2014.
19. STJ, REsp 1.264.116/RS. 2ª Turma, Rel. Min. Herman Benjamin, j. 18.10.2011.

Vejamos como a jurisprudência se posiciona:

JURISPRUDÊNCIA

A expressão "necessitados" (art. 134, *caput,* da Constituição), que qualifica, orienta e enobrece a atuação da Defensoria Pública, **deve ser entendida, no campo da Ação Civil Pública, em sentido amplo, de modo a incluir, ao lado dos estritamente carentes de recursos financeiros - os miseráveis e pobres -, os hipervulneráveis (isto é, os socialmente estigmatizados ou excluídos, as crianças, os idosos, as gerações futuras), enfim todos aqueles que, como indivíduo ou classe,** por conta de sua real debilidade perante abusos ou arbítrio dos detentores de poder econômico ou político, 'necessitem' da mão benevolente e solidarista do Estado para sua proteção, mesmo que contra o próprio Estado. Vê-se, então, que a partir da ideia tradicional da instituição forma-se, no Welfare State, um novo e mais abrangente círculo de sujeitos salvaguardados processualmente, isto é, adota-se uma compreensão de minus habentes impregnada de significado social, organizacional e de dignificação da pessoa humana (REsp 1.264.116/RS, Rel. Ministro HERMAN BENJAMIN, SEGUNDA TURMA, julgado em 18/10/2011, DJe 13/04/2012) (STJ, Corte Especial, EREsp 1192577/RS, DJe 13/11/2015) (grifo nosso)

Deve ser conferido ao termo "necessitados" uma interpretação ampla no campo da ação civil pública para fins de atuação inicial da Defensoria Pública, de modo a **incluir, para além do necessitado econômico (em sentido estrito), o necessitado organizacional, ou seja, o indivíduo ou grupo em situação especial de vulnerabilidade existencial.** (STJ, 3ª Turma, REsp 1449416/SC, DJe 29/03/2016). (grifo nosso)

Nesse sentido, conclui-se que "necessitados" é expressão que deve ser interpretada de maneira ampla e, destarte, poderá existir parcela de "não necessitados" que receberá tutela na ACP promovida pela Defensoria Pública.

Por fim, válido destacar no tocante aos direitos difusos, a legitimidade da Defensoria Pública "será ampla (basta que possa beneficiar grupo de pessoas necessitadas), haja vista que o direito tutelado é pertencente a pessoas indeterminadas. No entanto, em se tratando de interesses coletivos em sentido estrito ou individuais homogêneos, diante de grupos determinados de lesados, a legitimação deverá ser restrita às pessoas notadamente necessitadas." (STJ REsp 1192577/RS – enunciado 4 da edição 22 da "Jurisprudência em Teses").

Assim, a Defensoria possui, em relação aos:

a) **Direitos difusos: legitimidade ampla;**

b) **Direitos coletivos em sentido estrito e individuais homogêneos: legitimidade restrita aos necessitados (lembre-se da amplitude desta expressão).**

3.3.5. Entes federativos e órgãos da Administração Direta

Nos termos da LACP e do CDC, a União, os Estados, o Distrito Federal, os Municípios e os órgãos da Administração Direta possuem legitimidade ativa para a propositura de ACP.

Há a mesma previsão em leis esparsas, tais como a Lei de Defesa dos Portadores de Deficiência (Lei 7.853/1989, art. 3º), o Estatuto da Criança e do Adolescente (Lei 8.069/1990, art. 210, II), e o Estatuto do Idoso (Lei 10.741/2003, art. 81, II), em relação aos direitos nelas protegidos.

Os entes federativos e seus órgãos não estão limitados pelo requisito da pertinência temática, podendo buscar a tutela dos mais diversos direitos passíveis de proteção via ação civil pública.

Exemplo já julgado pelo STJ é o da legitimidade do Município para propositura de ACP em defesa dos consumidores:

JURISPRUDÊNCIA

A qualidade moral e técnica necessária para a configuração da pertinência temática e da representatividade adequada tem íntima relação com o respeito das garantias processuais das pessoas substituídas, a legitimidade do provimento jurisdicional com eficácia ampla e a própria instrumentalização da demanda coletiva, evitando o ajuizamento de ações temerárias, sem fundamento razoável, ou propostas por motivos simplesmente políticos ou emulatórios. 6. **Em relação ao Ministério Público e aos entes políticos, que tem como finalidades institucionais a proteção de valores fundamentais, como a defesa coletiva dos consumidores, não se exige pertinência temática e representatividade adequada.** 7. Na hipótese dos autos, o Tribunal de origem recusou legitimidade ao ente político em virtude de ter considerado que o Município estaria defendendo unicamente os direitos do grupo de servidores públicos, por entender que a proteção de direitos individuais homogêneos não estaria incluída em sua função constitucional e por não vislumbrar sua representatividade adequada ou pertinência temática. 8. **Ainda que tenha sido mencionada como causa de pedir e pedido a cobrança da tarifa de "renovação de cadastro" de servidores municipais, é certo que o direito vindicado possui dimensão que extrapola a esfera de interesses puramente particulares dos citados servidores, o que é suficiente para o reconhecimento da legitimidade do ente político para essa primeira fase da tutela coletiva de interesses individuais homogêneos.** 9. Recurso especial conhecido e provido. (STJ, REsp 1509586/SC, Rel. Ministra NANCY ANDRIGHI, TERCEIRA TURMA, julgado em 15/05/2018, DJe 18/05/2018)

QUESTÃO DE CONCURSO

VUNESP - 2016 – Câmara de Marília/SP - Procurador Jurídico - O Município tem legitimidade para a defesa metaindividual do consumidor em juízo.

COMENTÁRIOS: A assertiva reproduz o entendimento do STJ acima exposto.

GABARITO: CORRETO

Ressalta-se que o CDC prevê que mesmo os órgãos/entidades sem personalidade jurídica são dotados de legitimidade. Nesse sentido, o STJ já considerou a legitimação de uma comissão de defesa do consumidor de assembleia legislativa estadual para propositura de ação civil pública em prol de consumidores, dispensando, inclusive, a necessidade de previsão de atuação em juízo no regimento da comissão[20].

3.3.6. Entidades e órgãos da Administração Pública Indireta

Nos termos do art. 5º, III, da LACP, há legitimidade ativa da autarquia, empresa pública, fundação ou sociedade de economia mista.

O CDC, por sua vez, fala em entidades e órgãos da Administração Pública indireta, ainda que sem personalidade jurídica.

Ademais, essa legitimação também é prevista na Lei de Defesa dos Portadores de Deficiência (Lei 7.853/1989, art. 3º).

Diferente do que ocorre com os entes federativos e os órgãos da Administração Direta, em relação à Administração Indireta faz-se necessária a demonstração da pertinência temática.

QUESTÃO DE CONCURSO

VUNESP - 2020 - Prefeitura de São Roque - SP – Advogado - A pertinência temática para o seu ajuizamento não será exigida para os órgãos da administração direta e indireta.

COMENTÁRIOS: A pertinência temática é dispensada apenas em relação aos órgãos da Administração Direta, o que não ocorre com os que integram a Administração Indireta.

GABARITO: ERRADO

O STJ entendeu, todavia, que no caso da Ordem dos Advogados do Brasil, cuja natureza é compreendida majoritariamente como *sui generis,* esse requisito não é exigido:

20. STJ, REsp. 1.098.804/RJ, 3ª Turma, Rel. Min. Nancy Andrighi, j. 02.12.2010, Informativo 458.

JURISPRUDÊNCIA

A legitimidade ativa - fixada no art. 54, XI da Lei n. 8.906/94 - para propositura de ações civis públicas por parte da Ordem dos Advogados do Brasil, seja pelo Conselho Federal, seja pelos conselhos seccionais, deve ser lida de forma abrangente, em razão das finalidades outorgadas pelo legislador à entidade - que possuí caráter peculiar no mundo jurídico -por meio do art. 44, I, da mesma norma; não é possível limitar a atuação da OAB em razão de pertinência temática, uma vez que a ela corresponde a defesa, inclusive judicial, da Constituição Federal, do Estado de Direito e da justiça social, o que, inexoravelmente, inclui todos os direitos coletivos e difusos. Recurso especial provido. (STJ, REsp 1351760/PE, Rei. Ministro Humberto Martins, Segunda Turma, DJe 09/12/2013)

3.3.7. Associações

A representação adequada das associações para a propositura de ações civis públicas exige a presença de dois requisitos:

a) **Estar legalmente constituída (requisito formal) há, pelo menos, 1 (um ano) (requisito temporal);**

a.1) Dispensa do requisito da pré-constituição - Prevê a LACP:

LEI DE AÇÃO CIVIL PÚBLICA (7.347/85)

Art. 5º §4° O requisito da pré-constituição poderá ser dispensado pelo juiz, quando haja **manifesto interesse social evidenciado pela dimensão ou característica do dano, ou pela relevância do bem jurídico a ser protegido.** (Incluído pela Lei nª 8.078, de 11.9.1990) (grifo nosso)

Exemplo de caso analisado pelo STJ:

- **Requisito temporal dispensado: Ação civil pública cujo bem jurídico tutelado é a prestação de informações ao consumidor sobre a existência de glúten em alimentos**, tendo em vista que a solução não se limita aos membros da associação autora, mas todos os consumidores submetidos à situação descrita nos autos. (REsp 1.600.172/GO, 2ª Turma, Rel. Min Herman Benjamin, j. 15.09.2016, DJe. 11.10.2016)

b) **Incluir, entre suas finalidades institucionais, a proteção ao patrimônio público e social, ao meio ambiente, ao consumidor, à ordem econômica, à livre concorrência, aos direitos de grupos raciais, étnicos ou religiosos ou ao patrimônio artístico, estético, histórico, turístico e paisagístico (requisito institucional).**

b.1) Desnecessidade de idêntica correspondência entre a finalidade prevista no estatuto e o objeto da demanda: a Jurisprudência rechaça a legitimidade de associações cuja finalidade é, demasiadamente, genérica, o que pode desvirtuar a representação adequada da coletividade lesada[21]. Não se exige, todavia, que, especificamente, aquele exato direito controvertido corresponda de maneira idêntica à finalidade específica declarada na constituição da associação:

JURISPRUDÊNCIA

PROCESSO CIVIL. AÇÃO CIVIL PÚBLICA. LEGITIMIDADE ATIVA. ASSOCIAÇÃO DE BAIRRO. A ação civil pública pode ser ajuizada tanto pelas associações exclusivamente constituídas para a defesa do meio ambiente quanto por aqueles que formadas por moradores de bairro, visam ao bem-estar coletivo, incluída evidentemente nessa cláusula a qualidade de vida, só preservada enquanto favorecida pelo meio ambiente. (STJ, REsp 31.150-SP, 2ª Turma, relatora Ari Pargendler, julgado em 20/05/1996).

AÇÃO CIVIL PÚBLICA. LEGITIMIDADE. FUNDAÇÃO DE ASSISTÊNCIA SOCIAL À COMUNIDADE DE PESCADORES. DEFESA DO MEIO AMBIENTE. CONSTRUÇÃO. FÁBRICA DE CELULOSE. Embora não constando expressamente em suas finalidades institucionais a proteção do meio ambiente, é a fundação de assistência aos pescadores legitimada a propor ação civil pública para evitar a degradação ao meio ambiente em que vive a comunidade por ela assistida(...). (STJ, AR 497-BA, 1ª Seção, relator Min. Garcia Vieira, julgado em 12/08/1998).

Ponto que também merece destaque é a análise da (des)necessidade de autorização específica dos substituídos para que a associação autora ajuíze a ação civil pública?

O tema, que já foi bastante discutido pela doutrina e pela jurisprudência, ganhou novos contornos após recentes decisões tomadas pelos Tribunais Superiores. Vamos entender a natureza da legitimidade das associações e a necessidade ou não de autorização da coletividade representada por estas na ACP.

Analisemos os seguintes dispositivos legais:

LEI 9.494/97

Art. 2º-A. A sentença civil prolatada em ação de caráter coletivo proposta por entidade associativa, na defesa dos interesses e direitos dos seus associados, abrangerá apenas os substituídos que tenham, na data da propositura da ação, domicílio

21. STJ, REsp 1213614/RJ, Rel. Ministro Luis Felipe Salomão, Quarta Turma, DJe 26/10/2015.

no âmbito da competência territorial do órgão prolator. (Incluído pela Medida provisória nº 2.180-35, de 2001)

Parágrafo único. Nas ações coletivas propostas contra a União, os Estados, o Distrito Federal, os Municípios e suas autarquias e fundações, a petição inicial **deverá obrigatoriamente estar instruída com a ata da assembléia da entidade associativa que a autorizou, acompanhada da relação nominal dos seus associados** e indicação dos respectivos endereços. (Incluído pela Medida provisória nº 2.180-35, de 2001) (grifo nosso)

ECA (LEI 8.069/90)

Art. 210. Para as ações cíveis fundadas em interesses coletivos ou difusos, consideram-se legitimados concorrentemente:

III - as associações legalmente constituídas há pelo menos um ano e que incluam entre seus fins institucionais a defesa dos interesses e direitos protegidos por esta Lei, **dispensada a autorização da assembléia, se houver prévia autorização estatutária**. (grifo nosso)

ESTATUTO DO IDOSO (LEI 10.741/03)

Art. 81. Para as ações cíveis fundadas em interesses difusos, coletivos, individuais indisponíveis ou homogêneos, consideram-se legitimados, concorrentemente:

IV – as associações legalmente constituídas há pelo menos 1 (um) ano e que incluam entre os fins institucionais a defesa dos interesses e direitos da pessoa idosa, **dispensada a autorização da assembléia, se houver prévia autorização estatutária.**

Afinal, a exigência de autorização conferida pelos associados em assembleia, significa que, em relação às associações, a legitimidade tem natureza de representação e não de substituição processual?

O tema foi alvo de recentes mudanças de entendimento por parte dos Tribunais Superiores.

Inicialmente, o STF defendia que as associações eram representantes processuais (e não substitutas), o que exigiria autorização expressa dos representados para lhes conferir legitimidade ad causam.

O que distinguia a representação coletiva da que existe no processo individual, era a dispensa de procuração conferida por cada um dos associados, bastando uma autorização concedida em assembleia para a propositura da ação coletiva.

No julgamento do RE 612.043/PR, em 2017, o STF fixou a seguinte tese de repercussão geral: "A eficácia subjetiva da coisa julgada formada a partir de ação coletiva, de rito ordinário, ajuizada por associação civil na defesa de interesse de associados, somente alcança os filiados, residentes no âmbito da jurisdição do órgão julgador, que o fossem em momento anterior ou até a data da propositura da demanda, constantes da relação juntada à inicial do processo de conhecimento".

A Corte entendia, ademais, que era exigida autorização expressa dos associados (individualmente ou por deliberação em assembleia), não sendo suficiente a previsão genérica no estatuto da associação (RE 573.232).

Em 2018, todavia, foram opostos embargos de declaração em face da tese fixada no RE 612.043/PR, e a Corte os acolheu para esclarecer que "o entendimento firmado alcança tão somente as ações coletivas submetidas ao rito ordinário, as quais tratam de interesses meramente individuais, sem índole coletiva, pois, nessas situações, o autor se limita a representar os titulares do direito controvertido, atuando na defesa de interesses alheios e em nome alheio – <u>o que não ocorre nas ações civis públicas</u>".

Diante desse julgamento, em 2020 o STJ, que seguia a mesma linha[22] do STF, reviu seus julgados, passando também a compreender que **o regime é o de substituição processual, logo a "a autorização para a defesa do interesse coletivo em sentido amplo é estabelecida na definição dos objetivos institucionais, no próprio ato de criação da associação, sendo desnecessária nova autorização ou deliberação em assembleia**". (EDcl no REsp 1405697/MG).

Esse entendimento passa a ter uma importante implicação prática.

Sob a égide da jurisprudência anterior, uma associação não poderia assumir ação coletiva iniciada por outra, pois não contaria com a autorização expressa dos associados ali representados.

Isso agora é possível? Sim! **Uma associação pode assumir ação coletiva iniciada por outra mesmo sem autorização expressa dos associados.**

Segundo o relator do EDcl no REsp 1405697/MG, o Ministro Marco Aurélio Bellizze:

> O microssistema de defesa dos interesses coletivos privilegia o aproveitamento do processo coletivo, possibilitando a sucessão da parte autora pelo Ministério Público ou por algum outro colegitimado, mormente em decorrência da impor-

22. Com base no entendimento anterior, o STJ chegou a decidir que associação de Municípios e Prefeitos não possui legitimidade ativa para tutelar em juízo direitos e interesses das pessoas jurídicas de direito público, tendo em vista que a ação foi proposta pela associação como representante processual e a representação judicial dos Municípios, ativa e passivamente, deve ser exercida por seu Prefeito ou Procurador, conforme previsto no art. 75, III, do CPC/2015. STJ. 1ª Seção. REsp 1.503.007-CE, Rel. Min. Herman Benjamin, julgado em 14/6/2017 (Info 610).

tância dos interesses envolvidos em demandas coletivas (...) esse entendimento tem como base o parágrafo 3º do artigo 5º da Lei da Ação Civil Pública e o artigo 9º da Lei da Ação Popular.

Necessária, portanto, cautela na análise de questões de provas, de modo a assinalar como correto o novo entendimento jurisprudencial, se este for cobrado, ou a literalidade dos dispositivos aqui citados, caso o enunciado indique que a resposta deve ser dada considerando-se o texto legal.

3.3.8. *Sindicatos*

Apesar de considerados como espécie de associações, o que fundamentaria sua legitimidade na LACP e no CDC, válido destacar que os sindicatos também receberam legitimação para a propositura de ações coletivas pela Constituição Federal, que prevê em seu art. 8º, III, que a tais entidades "cabe a defesa dos direitos e interesses coletivos ou individuais da categoria, inclusive em questões judiciais ou administrativas".

Segundo a doutrina, quando a Constituição Federal utiliza no art. 8º, III, a expressão 'direitos coletivos', esta deve ser interpretada em seu sentido amplo, de modo a abranger os difusos, os coletivos sentido estrito e os individuais homogêneos. Nesse sentido, não há óbice para que os sindicatos defendam em juízo, por exemplo, o meio ambiente do trabalho (interesse difuso). Ademais, sua legitimação não se limita à defesa dos seus filiados, estendendo-se a toda categoria. E, vale destacar que, quando atua em juízo na defesa de direitos supraindividuais, o sindicato o faz como substituto processual, desnecessária, portanto, qualquer autorização dos substituídos[23].

4. LITISCONSÓRCIO E INTERVENÇÃO DE TERCEIROS

A LACP permite que o Poder Público e outras associações legitimadas que não sejam partes na ação possam, posteriormente, habilitar-se como litisconsortes.

Vejamos o que dispõe a lei:

LEI DE AÇÃO CIVIL PÚBLICA (7.347/85)

Art. 5º §2º Fica facultado ao Poder Público e a outras associações legitimadas nos termos deste artigo habilitar-se como litisconsortes de qualquer das partes. O litisconsórcio, no caso, será **ulterior** e **facultativo,** e, ao mencionar a expressão "qualquer das partes", o diploma permite que ele seja **ativo** ou **passivo**[24].

23. ANDRADE, Adriano, MASSON Cleber Masson e ANDRADE Landolfo Op. Cit.
24. Exemplo de litisconsórcio passivo facultativo: réus poluidores, nas ações de reparação de danos ambientais, cuja responsabilização é solidária. Isso já foi aplicado pelo STJ (REsp 771.619/RR. 1ªTurma. Rel. Min. Denise Arruda. j.16.12.2008. DJe 11.02.2009).

A LACP também dispõe que:

LEI DE AÇÃO CIVIL PÚBLICA (7.347/85)

Art. 5ª §5°Admitir-se-á o litisconsórcio facultativo entre os Ministérios Públicos da União, do Distrito Federal e dos Estados na defesa dos interesses e direitos de que cuida esta lei. (Incluído pela Lei nª 8.078, de 11.9.1990)

Permite-se, pois, a formação de litisconsórcio entre órgãos do Ministério Público.

A validade do dispositivo é objeto de divergência jurisprudencial e doutrinária. Fala-se, por exemplo, que o ajuizamento da ACP em litisconsórcio só seria possível perante a Justiça Federal, visto que sempre que algum dos ramos do Ministério Público da União figurar no processo aquela será a justiça competente.[25]

O tema foi objeto de recente apreciação pelo STJ, o qual entendeu que o litisconsórcio em ação civil pública, exige a demonstração de alguma razão específica que justifique a presença de ambos os órgãos do MP (no caso MPF e MPE), para evitar prejuízos ao processo, dentre outras razões:

JURISPRUDÊNCIA

A possibilidade, em tese, de atuação do Ministério Público Estadual e do Federal em litisconsórcio facultativo não dispensa a conjugação de interesses afetos a cada um, a serem tutelados por meio da ação civil pública. A defesa dos interesses dos consumidores é atribuição comum a ambos os órgãos ministeriais, o que torna injustificável o litisconsórcio ante a unicidade do Ministério Público, cuja atuação deve pautar-se pela racionalização dos serviços prestados à comunidade. 5. Recurso especial conhecido e parcialmente provido. (RECURSO ESPECIAL Nº 1.254.428 – MG, Rel. Min. João Otávio de Noronha, j. 02.06.2016) (grifo nosso)

Para as provas de concursos, válido memorizar a literalidade do dispositivo, mas caso o enunciado questione o entendimento do STJ, e aponte a necessidade de demonstração da razão pela qual deve ser admitido o litisconsórcio entre os MP's, a assertiva também estará correta.

Impende mencionar que o CDC também menciona a possibilidade de litisconsórcio ulterior de outros indivíduos lesados:

---

25. ZAVASCKI, Teori Albino. Processo coletivo: tutela de direitos coletivos e tutela coletiva de direitos. 4. ed. São Paulo: RT, 2009. p. 128.

CÓDIGO DE DEFESA DO CONSUMIDOR (LEI 8.078/90)

Art. 94. Proposta a ação, será publicado edital no órgão oficial, a fim de que os interessados possam intervir no processo como litisconsortes, sem prejuízo de ampla divulgação pelos meios de comunicação social por parte dos órgãos de defesa do consumidor.

Ainda sobre o tema litisconsórcio, destaca-se o enunciado doutrinário nº 119 do Fórum Permanente de Processualistas Civis, que dispõe:

ENUNCIADO FPPC

Enunciado n. 119. (arts. 116 e 259, III; art. 7 º da lei 7.347/1985[26]): Em caso de relação jurídica plurilateral que envolva diversos titulares do mesmo direito, o juiz deve convocar, por edital, os litisconsortes unitários ativos incertos e indeterminados (art. 259, III), cabendo-lhe, na hipótese de dificuldade de formação do litisconsórcio, oficiar ao Ministério Público, à Defensoria Pública ou a outro legitimado para que possa propor a ação coletiva.

No que diz respeito às modalidades de intervenção de terceiros, em regra, não há impedimentos. Mas é válida a análise de alguns casos específicos:

- Processo em que se discutia a prevenção e a repressão às infrações contra a ordem econômica, possibilidade de assistência simples: intimação do CADE para, querendo, intervir como assistente simples do autor. *(STJ, 1ª Turma, AgRg no REsp 1.125.981/RS, Rel. Min. Napoleão Nunes Maia Filho, j. 28.02.2012, DJe 05.03.12)*
- Vedação de denunciação da lide em demandas consumeristas nas hipóteses do art. 13, p. único do CDC:

CÓDIGO DE DEFESA DO CONSUMIDOR

Art. 13. O comerciante é igualmente responsável, nos termos do artigo anterior, quando: I - o fabricante, o construtor, o produtor ou o importador não puderem ser identificados; II - o produto for fornecido sem identificação clara do seu fabricante, produtor, construtor ou importador; III - não conservar adequadamente os produtos perecíveis.

---

26. Art. 7º Se, no exercício de suas funções, os juízes e tribunais tiverem conhecimento de fatos que possam ensejar a propositura da ação civil, remeterão peças ao Ministério Público para as providências cabíveis.

Parágrafo único. Aquele que efetivar o pagamento ao prejudicado poderá exercer o direito de regresso contra os demais responsáveis, segundo sua participação na causação do evento danoso.

Art. 88. Na hipótese do art. 13, parágrafo único deste código, a ação de regresso poderá ser ajuizada em processo autônomo, facultada a possibilidade de prosseguir-se nos mesmos autos, vedada a denunciação da lide. (grifo nosso)

- Vedação do chamamento ao processo da União nas ações que envolvam a entrega de medicamentos, por se tratar de medida protelatória. *(STJ, REsp 1203244/SC, Rel. Ministro HERMAN BENJAMIN, PRIMEIRA SEÇÃO, julgado em 09/04/2014, DJe 17/06/2014)*

  Sobre o tema: Os entes da Federação, em decorrência da competência comum, são solidariamente responsáveis nas demandas prestacionais na área da saúde e, diante dos critérios constitucionais de descentralização e hierarquização, compete à autoridade judicial direcionar o cumprimento conforme as regras de repartição de competências e determinar o ressarcimento a quem suportou o ônus financeiro. *(STF. Plenário. RE 855178 ED/SE, rel. orig. Min. Luiz Fux, red. p/ o ac. Min. Edson Fachin, julgado em 23/5/2019 - Info 941).*

- Por fim, sobre o *amicus curiae,* impende citar o enunciado doutrinário 127 do Fórum Permanente dos Processualistas Civis:

ENUNCIADO FPPC

Enunciado n. 127: A representatividade adequada exigida do *amicus curiae* não pressupõe a concordância unânime daqueles a quem representa.

4.1. Relação entre demandas

Existe conexão/litispendência entre ações coletivas? E entre uma ação coletiva e outra individual?

Estudaremos neste tópico a relação entre demandas, tanto coletivas quanto entre estas e ações individuais que possuam o mesmo objeto.

A relação entre demandas individuais é definida pela **teoria da tríplice identidade** (partes, pedido e causa de pedir). No processo coletivo, por sua vez, a teoria que explica a identidade entre ações coletivas é a da **identidade da relação jurídica material**, ou seja, o que distingue uma ação da outra é o direito material discutido.

Numa ação coletiva, ainda que o legitimado ativo seja um órgão, entidade, ou um cidadão, a rigor, o autor é a própria coletividade lesada, ali representada. Nesse sentido, ainda que, por exemplo, existam duas ações coletivas ajuizadas por legitimados distintos, com a mesma causa de pedir e o mesmo pedido, haverá litispendência.

Analisemos, então, de forma esquematizada, as seguintes situações e o que elas podem gerar:

4.1.1. *Ação individual x Ação coletiva*

LITISPENDÊNCIA: A propositura de ação coletiva não dá azo à litispendência para a ação individual. As partes na demanda coletiva (legitimados coletivos) e o pedido (interesse difuso ou coletivo ou a tutela genérica de direito individual homogêneo), são distintos das partes e do pedido (que é certo e individualizado) da demanda individual. **Nesse sentido, jamais haverá identidade total entre ação coletiva e individual, logo, não haverá litispendência.** O art. 104 do CDC[27], inclusive, traz essa previsão.

CONEXÃO/CONTINÊNCIA: no que diz respeito à causa de pedir, é possível que haja identidade entre ação individual e coletiva. Trata-se de identidade parcial, que pode gerar conexão ou continência (e não litispendência). A consequência, entretanto, é distinta da gerada quando ocorre identidade parcial entre demandas individuais. Não haverá reunião de causas, mas suspensão da ação individual.

O já citado art. 104 do CDC traz hipótese de suspensão facultativa, requerida pela parte da demanda individual (mas, alerta-se: se o indivíduo não solicitar a suspensão do processo individual, a atitude não configurará renúncia à sua situação jurídica individual). É possível, ademais, que a suspensão seja obrigatória, como no caso de ações individuais multitudinárias[28].

QUESTÃO DE CONCURSO

CESPE - 2019 - MPC-PA - Procurador de Contas - Caso a Associação de Servidores do Estado do Pará proponha ação civil pública para tutelar direitos individuais homogêneos decorrentes de origem comum dos associados, eventual ação individual proposta posteriormente por servidor do estado do Pará com o mesmo objeto e idêntica causa de pedir acarretará em extinção do processo sem resolução do mérito, devido à litispendência.

COMENTÁRIOS: Não há litispendência entre ação individual e ação coletiva.

GABARITO: ERRADO

---

27. CDC: Art. 104. As ações coletivas, previstas nos incisos I e II e do parágrafo único do art. 81, **não induzem litispendência para as ações individuais**, mas os efeitos da coisa julgada erga omnes ou ultra partes a que aludem os incisos II e III do artigo anterior não beneficiarão os autores das ações individuais, **se não for requerida sua suspensão** no prazo de trinta dias, a contar da ciência nos autos do ajuizamento da ação coletiva. (grifos nossos)
28. Ajuizada ação coletiva atinente a macrolide geradora de processos multitudinários, suspendem-se as ações individuais, no aguardo do julgamento da ação coletiva (STJ. 2ª Seção. REsp 1110549/RS, Rel. Min. Sidnei Beneti, julgado em 28/10/2009).

4.1.2. Ação coletiva x Ação coletiva

Entre ações coletivas é possível que exista identidade total (litispendência) e identidade parcial (conexão/continência).

LITISPENDÊNCIA: Os elementos de duas ações coletivas podem ser idênticos e, assim, induzirem litispendência. Imagine a seguinte situação hipotética: ajuizamento de ação popular visando impedir a privatização de uma empresa pública feito numa Vara do Estado de Sergipe e o ajuizamento de uma ação popular que discuta o mesmo objeto em uma Vara do Estado do Mato Grosso.

Pergunta-se: qual a consequência da litispendência no processo coletivo?

Existem duas correntes. A primeira entende que o caso é de extinção da ação repetida, mas permitindo ao legitimado coletivo da demanda extinta a participação na ação remanescente como litisconsorte (nesse sentido, por exemplo, Wambier[29]).

A segunda corrente, por sua vez, leciona que o caso é o de REUNIÃO para julgamento em conjunto, tal qual ocorre nos casos de conexão/continência, ou, não sendo possível, a SUSPENSÃO de uma das ações. A corrente, tem como defensora, por exemplo Ada Grinover[30].

Outrossim, esclarecem Leonardo Andrade, Cleber Masson e Ladolfo Andrade[31]:

> A **competência de foro** da ação civil pública, **de natureza absoluta, não pode ser alterada pela prevenção do juízo onde tramita a ação individual.** Logo, **as ações deverão ser reunidas no juízo da ação civil pública,** a menos que ambos os juízos (da ação civil pública e da ação individual) possuam a mesma competência territorial, caso em que, sendo prevento o juízo da ação individual, atrairá para si a coletiva. (grifos nossos)

No processo coletivo a litispendência pode ocorrer ainda que os legitimados ativos sejam diferentes, havendo identidade apenas de pedidos e causa de pedir. O Superior Tribunal de Justiça entende que, no caso, a identidade das partes deve ser aferida sob a ótica dos possíveis beneficiários do resultado das sentenças[32].

É possível, inclusive, o fenômeno da litispendência entre demandas de ritos diversos, como uma ação civil pública e uma ação popular:

---

29. WAMBIER, Teresa Arruda Alvim. Litispendência em Ações Coletivas. In: MAZZEI, Rodrigo; NOLASCO, Rita Dias (Coord.). Processo civil coletivo. São Paulo: Quartier Latin, 2005.
30. GRINOVER, Ada Pellegrini et al. Código Brasileiro de Defesa do Consumidor comentado pelos autores do anteprojeto. Rio de Janeiro: Forense Universitária, 2004.
31. ANDRADE, Adriano, MASSON Cleber Masson e ANDRADE Landolfo - Interesses difusos e coletivos esquematizado - 6. ed. rev. atual. e ampl.- Rio de Janeiro: Forense; São Paulo: MÉTODO, 2016.
32. STJ, REsp. 1.726.147/SP, 4ª Turma, Rel. Min. Antonio Calors Ferreira, j. 14.05.2019.

JURISPRUDÊNCIA

Nas ações coletivas, para efeito de aferição de litispendência, a identidade de partes deverá ser apreciada sob a ótica dos beneficiários dos efeitos da sentença, e não apenas pelo simples exame das partes que figuram no polo ativo da demanda, ainda que se trate de litispendência entre ações coletivas com procedimentos diversos, como a Ação Civil Pública (procedimento regulado pela Lei 7.347/1985; Ação Popular (procedimento regulado pela Lei 4.717/1965); pelo Mandado de Segurança (procedimento regulado pela Lei 12.016/2009); pela Ação de Improbidade Administrativa (procedimento regulado pela Lei 8.429/1992), etc. (AgRg no REsp 1505359 / PE, 2ª Turma, Min. Rel. Herman Benjamin, j. 22.11.2016, DJe 30.11.2016) (grifo nosso)

<u>**CONEXÃO/CONTINÊNCIA:**</u> Pode existir identidade parcial entre ações coletivas.

Imaginemos duas ações civis públicas tendo como causa de pedir a colocação, por um fornecedor, de produtos defeituosos no mercado.

Em uma das ações foi requerida a condenação do fornecedor na obrigação de consertar, substituir, ou recolher os produtos, e devolver o dinheiro dos consumidores lesados (interesses individuais homogêneos – consumidores determináveis, objeto divisível).

Na outra demanda, por sua vez, foi postulada a condenação do fornecedor na obrigação de abster-se de comercializar novas unidades do produto defeituoso (interesses difusos- consumidores indetermináveis, objeto indivisível). Há, na situação, hipótese de conexão.

Já como hipótese de continência, vislumbre duas ações coletivas cuja causa de pedir seja a utilização, por um fornecedor, de contratos de consumo com cláusulas abusivas.

Em uma das demandas foi requerida a anulação integral de todos os contratos já celebrados, enquanto na outra, foi postulada a anulação das cláusulas ilegais.

O pedido desta última está contido no daquela[33].

Nesses casos, a consequência será a reunião no juízo prevento, ou, não sendo possível, a suspensão de uma das demandas.

Destaca-se que a LACP prevê que "a propositura da ação prevenirá a jurisdição do juízo para todas as ações posteriormente intentadas que possuam a mesma causa de pedir ou o mesmo objeto" (art. 2º, p. único) e, de acordo com o CPC, a propositura ocorre com o protocolo da inicial (art. 312).

33. ANDRADE, Adriano, MASSON Cleber Masson e ANDRADE Landolfo. Op. Cit.

Vale lembrar o seguinte enunciado sumulado:

SÚMULA Nº 489 DO STJ

Reconhecida a continência, devem ser reunidas na Justiça Federal as ações civis públicas propostas nesta e na Justiça estadual.

QUESTÕES DE CONCURSOS

CESPE - 2016 - PGE-AM - Procurador do Estado - O estado do Amazonas, por intermédio de sua procuradoria, ajuizou ação civil pública na justiça estadual do Amazonas, com o objetivo de prevenir danos ao meio ambiente. Paralelamente, o MPF ingressou com ação idêntica na justiça federal, seção judiciária do Amazonas. Assertiva: Nesse caso, as respectivas ações deverão ser reunidas na justiça federal da seção judiciária do Amazonas.

COMENTÁRIOS: Conforme o enunciado sumulado nº 489 do STJ, a identidade de ações coletivas, com a consequente reunião, atrairá a competência da Justiça Federal para o julgamento conjunto, prevalecendo esta, em detrimento da Justiça Estadual.

GABARITO: CORRETO

VUNESP - 2015 - Câmara Municipal de Caieiras - SP - Assessor Jurídico/Procurador Geral - Foram propostas, concomitantemente, pelo Ministério Público Estadual e pela União, ações civis públicas; uma proposta na Justiça Estadual e outra na Federal, configurando continência. Sobre isso, assinale a alternativa correta: Devem ser reunidas na Justiça Federal, pois a continência é causa de modificação de competência, prevalecendo a supremacia da União.

COMENTÁRIOS: Novamente assertiva assentada no enunciado sumulado que indica a reunião das ações na Justiça Federal.

GABARITO: CORRETO

Destaca-se, por fim, que a identidade parcial também pode estar presente em demandas que tramitem sob ritos distintos, assim como ocorre nos casos de litispendência[34].

5. TERMO DE AJUSTAMENTO DE CONDUTA - TAC

5.1. Legitimidade e natureza jurídica

Estatui a LACP que "os órgãos públicos legitimados poderão tomar dos interessados compromisso de ajustamento de sua conduta às exigências legais, mediante cominações, que terá eficácia de título executivo extrajudicial" (Art. 5º § 6º).

34. STJ, CC 57.558/DF, rei. Min. Luiz Fux, j. 12.09.2007, DJe 03.03.2008.

Infere-se do dispositivo que os colegitimados à propositura da ACP atuem na qualidade de substitutos processuais, ou seja, não tenham a titularidade dos direitos que defendem em juízo, é permitido que celebrem acordos.

O compromisso de ajustamento de conduta (CAC), também é conhecido como TAC – termo de ajustamento de conduta e é regulamentado pela Resolução nº 179 de 2017 do CNMP.

Há, de um lado, um órgão tomador do compromisso e, de outro, aquele que se obriga a ajustar suas condutas às exigências legais. Estes firmarão um termo que tem natureza de título executivo extrajudicial (podendo ser judicial se firmado no bojo do processo judicial já existente).

Não há necessidade de testemunhas instrumentárias para que o TAC firmado tenha força executiva. Essa afirmação é importante, pois há questões de concursos que apontam essa necessidade, como as elaboradas pela Banca Vunesp. A própria lei confere ao TAC força de título executivo, sem essa exigência.

A possibilidade de transação extrajudicial também está prevista no art. 211 do ECA, art. 85 da Lei do CADE (Lei 12.529/2011) e no art. 17, §1º da Lei de Improbidade Administrativa (este último merece atenção, pois antes existia vedação legal aos acordos em ações de improbidade, porém o dispositivo teve a redação alterada pela Lei nº 13.964, de 2019, que trouxe permissão para a celebração de "acordo de não persecução cível").

Ressalta-se que é possível celebrar TAC parcial, consistente no chamado "compromisso preliminar". Neste se consegue apenas parte do acordo (relativamente a apenas parte dos legitimados passivos ou parte das obrigações). Firmar o TAC parcial não impede a propositura da ACP contra outros investigados, ou para alcançar outros pedidos. O que caracteriza a sua existência é o fato de haver prosseguimento das apurações para ajuizamento da ACP[35].

Destarte, cuidado com as questões de prova que afirmem a impossibilidade de celebração do acordo após a ocorrência do dano:

QUESTÃO DE CONCURSO

VUNESP - 2019 - Prefeitura de Valinhos - SP – Procurador - O termo de ajustamento de conduta está previsto no § 6° do art. 5° da Lei no 7.347/85. Sobre o tema, é correto afirmar que por ter natureza preventiva, em casos de demandas ambientais, não poderá ser firmado após a ocorrência do dano.

COMENTÁRIOS: É possível a celebração da transação mesmo após a ocorrência do dano.

GABARITO: ERRADO

35. LORDELO, João Paulo. Op. Cit.

Importante entendermos quem está abrangido pelo termo "órgãos públicos" contida no estudado dispositivo da LACP. Quem pode firmar TAC com o legitimado passivo?

Entende-se que a expressão pode abranger tanto os órgãos integrantes da Administração Pública (os quais não ostentam personalidade), como também as instituições (Ministério Público e Defensoria Pública) e pessoas jurídicas de direito público (entes políticos, autarquias). Os sindicatos e fundações privadas, por sua vez, não podem fazê-lo, por possuírem personalidade jurídica de direito privado[36].

QUESTÕES DE CONCURSO

VUNESP - 2017 - Prefeitura de Marília - SP - Procurador Jurídico - O Município tem legitimidade para propor a ação civil pública e firmar termo de ajustamento de conduta com os interessados.

COMENTÁRIOS: O Município, pessoa jurídica de direito público, é legitimado ativo para a propositura de ação civil pública e pode celebrar TAC.

GABARITO: CORRETO

CESPE - 2013 - PG-DF – Procurador - O DF possui legitimidade ativa para realizar compromisso de ajustamento de conduta com aquele que causar lesão a interesse coletivo. Uma vez celebrado, tal compromisso terá eficácia de título executivo extrajudicial.

COMENTÁRIOS: No mesmo sentido da assertiva anterior, o DF pode firmar TAC, o qual tem eficácia de título executivo extrajudicial.

GABARITO: CORRETO

No que diz respeito às sociedades de economia mista e as empresas públicas, as quais possuem personalidade jurídica de direito privado e estão ligadas à Administração Pública, há controvérsia, existindo quem defenda a possibilidade de firmarem TAC desde que sejam prestadoras de serviço público (estando impedidas as exploradoras de atividade econômica)[37].

E as associações privadas?

De acordo com a previsão legal, as associações privadas estão impedidas de firmar compromisso de ajustamento de conduta. Ocorre que, não obstante a ausência de previsão na LACP, o STF entende que é possível que as associações privadas façam transação em processo coletivo:

JURISPRUDÊNCIA

I – Homologação de Instrumento de Acordo Coletivo que prevê o pagamento das diferenças relativas aos Planos Econômicos Bresser, Verão e Collor II, bem como

36. ANDRADE, Adriano, MASSON Cleber Masson e ANDRADE Landolfo. Op. Cit.

37. MAZZILLI, Hugo Nigro. A defesa dos interesses difusos em juízo. 22. ed. São Paulo: Saraiva, 2009.

a não ressarcibilidade de diferenças referentes ao Plano Collor I. **II – Viabilidade do acordo firmado por legitimados coletivos privados, em processo de índole objetiva, dada a existência de notável conflito intersubjetivo subjacente e a necessidade de conferir-se efetividade à prestação jurisdicional. III – Presença das formalidades extrínsecas e das salvaguardas necessárias para a chancela do acordo, notadamente de representatividade adequada, publicidade ampla dos atos processuais, admissão de amici curiae e complementação da atuação das partes pela fiscalização do Ministério Público.** IV – Decisão do Supremo Tribunal Federal que assume o caráter de marco histórico na configuração do processo coletivo brasileiro, como forma de ampliação do acesso à Justiça, diante da disseminação das lides repetitivas no cenário jurídico nacional atual e da possibilidade de solução por meio de processos coletivos. (...) IX – Decisão que não implica qualquer comprometimento desta Suprema Corte com as teses jurídicas veiculadas na avença, especialmente aquelas que pretendam, explícita ou implicitamente, vincular terceiras pessoas ou futuras decisões do Poder Judiciário. (ADPF 165 Acordo, Relator(a): Min. RICARDO LEWANDOWSKI, Tribunal Pleno, julgado em 01/03/2018, ACÓRDÃO ELETRÔNICO DJe-080 DIVULG 31-03-2020 PUBLIC 01-04-2020) (grifo nosso)

Para o Min. Ricardo Lewandoswki, "não faria sentido prever um modelo que autoriza a justiciabilidade privada de direitos e, simultaneamente, deixar de conferir aos entes privados as mais comezinhas faculdades processuais, tais como a de firmar acordos."

Nesse sentido, a **associação privada autora de uma ação civil pública pode celebrar transação com o a parte ré e requerer a extinção do processo**, nos termos do art. 487, III, "b", do CPC.

5.2. Objeto

O TAC pode envolver direitos difusos, coletivos e individuais homogêneos e é possível requerer cumprimento de obrigações de fazer, não fazer e/ou de pagar.

O tomador do compromisso não é titular do interesse em questão, logo, não pode renunciar, ainda que parcialmente, um direito, e "o compromisso deve ser formulado de maneira a fixar apenas o modo, o lugar e o tempo no qual o dano ao interesse transindividual deve ser reparado, ou a ameaça ser afastada, na sua integralidade"[38].

5.3. Cominações

Nos termos do, já estudado, art. 5º, §6º, da LACP, o termo deve ser celebrado "mediante cominações". Nesse sentido, é requisito da celebração a fixação de multa cominatória (multa diária, por exemplo), para o caso de descumprimento.

38. ANDRADE, Adriano, MASSON Cleber Masson e ANDRADE Landolfo. Op. Cit.

5.4. Homologação

Acerca da homologação do TAC, um alerta se faz necessário. Caso o Ministério Público não seja o autor do TAC, a homologação do acordo em juízo dependerá da sua intimação e oitiva, para que atue como fiscal da ordem jurídica[39].

QUESTÃO

CESPE - 2008 - PGE-PB - Procurador do Estado - Se o inquérito civil ou a ação civil pública não forem instaurados pelo Ministério Público, mas por um dos demais legitimados, o compromisso de ajustamento de conduta firmado entre as partes, necessariamente, deverá ser homologado pelo promotor de justiça, e, caso não haja aquiescência do parquet, o acordo deverá ser homologado pelo juiz.

COMENTÁRIOS: Cuidado! Quem homologa é o juiz. O que ocorre é a necessidade de oitiva do MP para atuação como fiscal da lei. Ademais, como veremos mais adiante, apenas o MP pode instaurar inquérito civil.

GABARITO: ERRADO

5.5. Inexistência de coisa julgada

Destaca-se que o compromisso firmado extrajudicialmente não impede a propositura da ACP:

JURISPRUDÊNCIA

AÇÃO CIVIL PÚBLICA. INTERESSE. MP. ACORDO. **Ainda que diante de compromisso, no âmbito administrativo,** realizado mediante a chancela do Ibama com as demandadas, empresas de extração de barro para a confecção de cerâmicas, **o Ministério Público detém interesse de agir e legitimidade para a ação civil pública,** na busca da determinação da exata extensão do dano ambiental causado e sua reparação. **Não há confusão entre as instâncias administrativa e judicial a ponto de obstaculizar o exercício da jurisdição,** quanto mais se as atribuições dos órgãos envolvidos, na defesa do meio ambiente, são concorrentes. (STJ, REsp 265.300-MG, Rei. Min. Humberto Martins, julgado em 21/9/2006). (grifos nossos)

6. INQUÉRITO CIVIL E OUTROS MEIOS DE PROVA

6.1. Inquérito civil: natureza jurídica e demais características

Com o objetivo de colher elementos de convicção para subsidiar o ajuizamento da ação civil pública ou a celebração de termo de ajustamento de conduta, o Ministério Público pode se valer do inquérito civil.

39. JUNIOR, Hermes Zaneti e GARCIA, Leonardo de Medeiros Direito. Coleção Leis Especiais para concursos: Volume 28 - Direitos Difusos – 8ª. ed. rev., ampl. e atual.- Salvador: Juspodivm, 2017.

A LACP dispõe:

LEI DE AÇÃO CIVIL PÚBLICA (7.347/85)

Art. 8º § 1º O Ministério Público poderá instaurar, sob sua presidência, inquérito civil, **OU** requisitar, de qualquer organismo público ou particular, certidões, informações, exames ou perícias, no prazo que assinalar, o qual não poderá ser inferior a 10 (dez) dias úteis. (grifo nosso)

§ 2º Somente nos casos em que a lei impuser sigilo, poderá ser negada certidão ou informação, hipótese em que a ação poderá ser proposta desacompanhada daqueles documentos, cabendo ao juiz requisitá-los.

O inquérito civil é procedimento:

a) **ADMINISTRATIVO;**

b) **PREPARATÓRIO** – que, em regra, antecede o ajuizamento da demanda;

c) **FACULTATIVO** – o órgão ministerial pode ajuizar a ação civil pública sem instaurar inquérito civil quando já possuir elementos para o ajuizamento (*art. 1º, parágrafo único, da Resolução 23/2007 do CNMP: O inquérito civil não é condição de procedibilidade para o ajuizamento das ações a cargo do Ministério Público, nem para a realização das demais medidas de sua atribuição própria*);

d) **PÚBLICO** – sendo o sigilo uma exceção, quando necessário para evitar prejuízos à colheita de provas (analogia ao art. 20 do CPP);

e) **INQUISITORIAL** – uma vez que dispensa o contraditório, o qual é diferido e ocorre durante a ação coletiva. (Há doutrina, minoritária em sentido contrário);

f) **PRIVATIVO DO MINISTÉRIO PÚBLICO** – art. 129, III, da CF.

O conhecimento dessas características tem GRANDE relevância nos estudos para provas de advocacia pública. Há recorrente cobrança, por exemplo, pela Banca Vunesp!

QUESTÕES DE CONCURSO

VUNESP - 2019 - Prefeitura de Itapevi - SP - Analista Jurídico - Procurador Municipal - Assinale a alternativa correta a respeito do inquérito civil. É inquisitório e, por isso, não incidem as garantias constitucionais do contraditório e da ampla defesa durante a instrução do inquérito civil.

COMENTÁRIOS: Uma das características do inquérito civil é a inquisitoriedade. Nesse sentido, o contraditório será diferido, ou seja, exercido apenas na fase processual, após a instauração da ação.

GABARITO: CORRETO

VUNESP - 2018 - PauliPrev - SP - Procurador Autárquico - É competente para a instauração do inquérito civil o mesmo órgão do Ministério Público que possui atribuição para propor a ação civil pública baseada no referido inquérito.

COMENTÁRIOS: O inquérito civil é procedimento cuja atribuição para instauração é privativa do Ministério Público.

GABARITO: CORRETO

VUNESP - 2017 - Prefeitura de Andradina - SP - Assistente Jurídico e Procurador Jurídico - O Ministério Público pode dirigir-se diretamente a qualquer autoridade para buscar os esclarecimentos para a consecução de seus fins institucionais na defesa dos interesses difusos e coletivos, sem necessidade de intermédio do Poder Judiciário.

COMENTÁRIOS: Nos termos do parágrafo 1º do art. 8º da LACP, o órgão ministerial poderá "requisitar, de qualquer organismo público ou particular, certidões, informações, exames ou perícias" a fim de subsidiar a ação civil pública que irá propor. Esta atribuição independe de autorização do Poder Judiciário.

GABARITO: CORRETO

FEPESE – 2016 - PGM Lages/SC – Procurador - É competente para instaurar o inquérito civil: 1. a Defensoria Pública; 2. o Ministério Público; 3. a Associação constituída há pelo menos 1 ano nos termos da lei civil. – - É correta apenas a afirmativa 2.

COMENTÁRIOS: Novamente assertiva que requer do candidato o conhecimento acerca da atribuição PRIVATIVA do Ministério Público para a instauração de inquérito civil.

GABARITO: CORRETO

CAIP-IMES - 2015 - Consórcio Intermunicipal Grande ABC – Procurador - O Ministério Público poderá instaurar, sob sua presidência, inquérito civil, ou requisitar, de qualquer organismo público ou particular, certidões, informações, exames ou perícias, no prazo que assinalar, o qual não poderá ser inferior a 15 (quinze) dias úteis.

COMENTÁRIOS: A assertiva contém erro apenas quanto ao prazo, que é de 10 dias úteis (e não quinze), conforme art. 8º, §1º, da LACP.

GABARITO: ERRADO

6.2. Simultaneidade de procedimentos para apuração do mesmo fato

A apuração em âmbito criminal não obsta que o mesmo fato seja apurado em inquérito civil. Nesse sentido se posiciona o STJ:

JURISPRUDÊNCIA

Ademais, tanto o ordenamento jurídico como a jurisprudência do STJ reconhecem a independência entre as esferas de responsabilização civil, penal e administrativa, de modo que **não socorre os impetrantes a inconformidade quanto à simultaneidade de procedimentos investigatórios para apurar o mesmo fato, especialmente porque são diversos os objetos da investigação civil e policial (a primeira tendente**

a verificar ato de improbidade e a segunda, ilícito penal). (STJ, RMS 37.679/RR, Rei. Ministro Herman Benjamin, Segunda Turma, julgado em 15/08/2013, DJe 02/02/2015). (grifo nosso)

6.3. Efeitos da instauração do inquérito e suas fases

A doutrina esquematiza os efeitos da instauração do inquérito civil[40]:

a) **Interrupção da decadência** - CDC, art. 26, §2°: "Obstam a decadência: III - a instauração de inquérito civil, até seu encerramento";

b) **Possibilidade de serem expedidas requisições e notificações e permissão para condução coercitiva em caso de não comparecimento** - art. 129, VI da CF/88; art. 26, I da LOMPE – Lei Orgânica do Ministério Público;

c) **Possibilidade de requisição de perícias e informações de entes públicos ou de particulares** – prazo não inferior a 10 (dez) dias (art. 8º, §1º da LACP).

Nos termos do art. 10 da LACP constitui crime, punido com pena de reclusão e multa a recusa, o retardamento ou a omissão de dados técnicos indispensáveis à propositura da ação civil, quando requisitados pelo Ministério Público.

d) **Possibilidade de responsabilização civil estatal em razão de prejuízos sofridos com a instauração e o desenvolvimento de inquérito civil que se mostrou temerário, e causou prejuízo ao investigado.**

Ademais, é possível identificar a existência de 3 (três) fases do procedimento:

1ª) INSTAURAÇÃO – que se dá por meio de portaria (a qual pode ser baixada de 3 formas distintas: de ofício; por representação; por requisição do Procurador Geral).

O Superior Tribunal de Justiça admite a instauração mediante denúncia anônima:

JURISPRUDÊNCIA

O simples fato de o Inquérito Civil ter-se formalizado com base em denúncia anônima não impede que o Ministério Público realize administrativamente as investigações para formar juízo de valor sobre a veracidade da notícia. (STJ, RMS 38.010/RJ, Rei. Ministro Herman Benjamin, Segunda Turma, DJe 16/05/2013).

---

40. JUNIOR, Hermes Zaneti e GARCIA, Leonardo de Medeiros. Op. Cit.

2ª) PRODUÇÃO DE PROVAS;

3ª) CONCLUSÃO (arquivamento, celebração de TAC ou ajuizamento da ação coletiva).

6.4. Arquivamento do inquérito

Prevê a LACP:

LEI DE AÇÃO CIVIL PÚBLICA (7347/85)

Art. 9º Se o órgão do Ministério Público, **esgotadas todas as diligências**, se convencer da **inexistência de fundamento** para a propositura da ação civil, **promoverá o arquivamento** dos autos do inquérito civil ou das peças informativas, **fazendo-o fundamentadamente.**

§ 1º Os autos do inquérito civil ou das peças de informação arquivadas **serão remetidos, sob pena de se incorrer em falta grave, no prazo de 3 (três) dias, ao Conselho Superior do Ministério Público.**

§ 2º Até que, em sessão do Conselho Superior do Ministério Público, seja homologada ou rejeitada a promoção de arquivamento, poderão as associações legitimadas apresentar razões escritas ou documentos, que serão juntados aos autos do inquérito ou anexados às peças de informação.

§ 3º A promoção de arquivamento será submetida a exame e deliberação do Conselho Superior do Ministério Público, conforme dispuser o seu Regimento.

§4º Deixando o Conselho Superior de homologar a promoção de arquivamento, designará, desde logo, outro órgão do Ministério Público para o ajuizamento da ação. (grifos nossos)

O Ministério Público não requer e sim **promove** o arquivamento do inquérito civil. Não há qualquer tipo de intervenção judicial.

A doutrina entende que se trata de solução correta, pois a decisão de um dos legitimados ativos, no sentido de não propor a ação, não é matéria que enseje ato de jurisdição, já que não há pretensão deduzida em juízo; ao contrário[41].

Conforme a LACP, o arquivamento deve ser **expresso e fundamentado**. Ademais, o ato se sujeita a controle por parte do Conselho Superior do Ministério Público.

41. MAZZILLI, Hugo Nigro. A defesa dos interesses difusos em juízo. 19ª ed. São Paulo: Saraiva.

6.5. Outros meios de prova

A LACP prevê outras formas de embasamento da ação civil, que pode ser subsidiada mediante informações repassadas ao MP por servidores e juízes, bem como obtidas pelo próprio legitimado coletivo autor da ação:

LEI DE AÇÃO CIVIL PÚBLICA (7347/85)

Art. 6º Qualquer pessoa poderá e o servidor público deverá provocar a iniciativa do Ministério Público, ministrando-lhe informações sobre fatos que constituam objeto da ação civil e indicando-lhe os elementos de convicção.

Art. 7º Se, no exercício de suas funções, os juízes e tribunais tiverem conhecimento de fatos que possam ensejar a propositura da ação civil, remeterão peças ao Ministério Público para as providências cabíveis.

Art. 8º Para instruir a inicial, o interessado poderá requerer às autoridades competentes as certidões e informações que julgar necessárias, a serem fornecidas no prazo de 15 (quinze) dias.

QUESTÃO DE CONCURSO

VUNESP - 2019 - Prefeitura de São José dos Campos - SP – Procurador - Se, no exercício de suas funções, os juízes e tribunais tiverem conhecimento de fatos que possam ensejar a propositura da ação civil, remeterão as peças a quaisquer dos legitimados ativos a fim de que adotem as providências cabíveis.

COMENTÁRIOS: Nos termos do citado art. 7º da LACP, as peças devem ser remetidas ao Ministério Público, não a outros legitimados ativos.

GABARITO: ERRADO

Merece destaque o entendimento do STJ, constante no enunciado 2 da edição nº 25 do "Jurisprudência em Teses", que trata acerca da inversão do ônus da prova:

"É possível a inversão do ônus da prova da ação civil pública em matéria ambiental a partir da interpretação do art. 6º, VIII, da Lei 8.078/1990 c/c o art. 21 da Lei n. 7.347/1985".

Os referidos dispositivos estatuem:

CÓDIGO DE DEFESA DO CONSUMIDOR (LEI 8.078/90)

Art. 6º São direitos básicos do consumidor: VIII - a facilitação da defesa de seus direitos, inclusive com a inversão do ônus da prova, a seu favor, no processo civil, quando, a critério do juiz, for verossímil a alegação ou quando for ele hipossuficiente, segundo as regras ordinárias de experiências.

LEI DE AÇÃO CIVIL PÚBLICA (7.347/85)

Art. 21. Aplicam-se à defesa dos direitos e interesses difusos, coletivos e individuais, no que for cabível, os dispositivos do Título III da lei que instituiu o Código de Defesa do Consumidor.

7. PETIÇÃO INICIAL

A petição inicial deverá observar os requisitos previstos no art. 319 do CPC.

Assim como ocorre no processo individual, no processo coletivo (e estudamos isso quando falamos dos princípios), antes de indeferir a petição inicial, o juiz deve abrir prazo para oportunizar que a parte emende a peça e sane o defeito (art. 321 do CPC).

Destaca-se que o STJ entende possível a emenda da petição inicial da ACP mesmo após ter sido apresentada contestação, o que consagra o princípio da efetividade:

JURISPRUDÊNCIA

RECURSO ESPECIAL. VIOLAÇÃO AO ART. 535 DO CPC/1973. AÇÃO CIVIL PÚBLICA. PETIÇÃO INICIAL INEPTA. PEDIDO GENÉRICO. **EMENDA APÓS A CONSTATAÇÃO. AÇÕES INDIVIDUAIS. JURISPRUDÊNCIA VACILANTE. AÇÕES COLETIVAS. POSSIBILIDADE. PRINCÍPIO DA EFETIVIDADE.** INSTRUMENTO DE ELIMINAÇÃO DA LITIGIOSIDADE DE MASSA. (...) 3. A ação civil pública é instrumento processual de ordem constitucional, destinado à defesa de interesses transindividuais, difusos, coletivos ou individuais homogêneos e a relevância dos interesses tutelados, de natureza social, imprime ao direito processual civil, na tutela destes bens, a **adoção de princípios distintos dos adotados pelo Código de Processo Civil, tais como o da efetividade.** 4. O princípio da efetividade está intimamente ligado ao valor social e **deve ser utilizado pelo juiz da causa para abrandar os rigores da intelecção vinculada exclusivamente ao Código de Processo Civil - desconsiderando as especificidades do microssistema regente das ações civis -, dado seu escopo de servir à solução de litígios de caráter individual. 5. Deveras, a ação civil constitui instrumento de eliminação da litigiosidade de massa**, capaz de dissipar infindos processos individuais, evitando, ademais, a existência de diversidade de entendimentos sobre o mesmo caso, possuindo, ademais, expressivo papel no aperfeiçoamento da prestação jurisdicional, **diante de sua vocação inata de proteger um número elevado de pessoas mediante um único processo. 6. A orientação que recomenda o suprimento de eventual irregularidade na instrução da exordial por meio de diligência**

consistente em sua emenda, prestigia a função instrumental do processo, segundo a qual a forma deve servir ao processo e a consecução de seu fim. A técnica processual deve ser observada não como um fim em si mesmo, mas para possibilitar que os objetivos, em função dos quais ela se justifica, sejam alcançados. 7. Recurso especial a que se nega provimento. (REsp 1279586/PR, Rel. Ministro LUIS FELIPE SALOMÃO, QUARTA TURMA, julgado em 03/10/2017, DJe 17/11/2017) (grifos nossos)

8. CONCESSÃO DE LIMINAR EM AÇÃO CIVIL PÚBLICA

A Lei nº 8.347/92 dispõe, dentre outros temas, sobre a concessão de medidas cautelares contra atos do Poder Público.

Prevê o diploma:

LEI 8.437/92

Art. 2º No mandado de segurança coletivo e **na ação civil pública,** a liminar será concedida, quando cabível, **após a audiência do representante judicial da pessoa jurídica de direito público**, que deverá se pronunciar no prazo de setenta e duas horas. (grifos nossos)

Não havia possibilidade, em regra, de concessão de medida liminar *inaudita altera pars*, pois o representante judicial da pessoa jurídica de direito público, deverá ser intimado para manifestação.

Dissemos em regra, pois os Tribunais Superiores entendiam pela possibilidade de a oitiva prévia ser excepcionalmente dispensada, diante da presença de algum risco ao próprio direito pleiteado ou ausência de prejuízo ao Poder Público.

JURISPRUDÊNCIA

Excepcionalmente, o rigor do disposto no art. 2º da Lei 8.437/92 **deve ser mitigado** em face da **possibilidade de graves danos decorrentes da demora no cumprimento da liminar**, especialmente quando se tratar da saúde de pessoa idosa que necessita de tratamento médico urgente. (STJ, Recurso Especial 860.840/MG, Rel. Min. Denise Arruda, J. 20.03.2007, DJ. 23.04.2007) (grifo nosso)

Estudaremos em capítulo próprio, que a mesma exigência é prevista na Lei do Mandado de Segurança (LMS).

O dispositivo (art. 22, §2º, da Lei 13.016/09), teve sua inconstitucionalidade declarada pelo STF no julgamento da ADI 4269, em 09/06/2021, sob o fundamento de que a previsão restringe o poder geral de cautela do magistrado e, portanto, é incompatível com a Constituição Federal.

Nos termos do art. 1.059 do CPC, aplica-se às tutelas provisórias requeridas contra a Fazenda Pública o regramento da LACP e da LMS.

Nesse sentido, compreende-se que a inconstitucionalidade do dispositivo da lei do *mandamus* atinge o procedimento da ação civil pública.

Destarte, prevê a LACP:

LEI DE AÇÃO CIVIL PÚBLICA (7.347/85)

Art. 12. Poderá o juiz conceder **mandado liminar**, com ou sem justificação prévia, **em decisão sujeita a agravo.**

§ 1º A requerimento de pessoa jurídica de direito público interessada, e para evitar grave lesão à ordem, à saúde, à segurança e à economia pública, poderá o Presidente do Tribunal a que competir o conhecimento do respectivo recurso **suspender a execução da liminar**, em decisão fundamentada, da qual caberá agravo para uma das turmas julgadoras, no prazo de 5 (cinco) dias a partir da publicação do ato.

§2º A **multa cominada liminarmente só será exigível do réu após o trânsito em julgado da decisão favorável ao autor, mas será devida desde o dia em que se houver configurado o descumprimento.** (grifos nossos)

O §1º do art. 12 prevê a chamada "suspensão de segurança". Sobre o instituto, importante lembrar que não tem natureza jurídica de recurso, mas de **incidente processual**, dirigido ao Presidente do Tribunal a que competir o julgamento do recurso contra a liminar. Por isso, a interposição do agravo de instrumento contra liminar concedida nas ações movidas contra o Poder Público e seus agentes não prejudica nem condiciona o julgamento do pedido de suspensão da execução da liminar[42].

O instituto também está previsto em outros diplomas, tais como Lei 8.437/1992 (art. 4º, §1º), Lei do Mandado de Segurança – 12.016/09 (art. 15) e Lei do Habeas Data – 9.507/97 (art. 16).

O §2º, por sua vez, dispõe acerca de multa cominatória, aplicada liminarmente.

42. ANDRADE, Adriano, MASSON Cleber Masson e ANDRADE Landolfo. Op. Cit.

A doutrina destaca que os valores pagos a título de multa (seja liminar, seja fixada na sentença), em regra, serão revertidos aos fundos federal ou estaduais de reparação dos interesses difusos lesados (LACP, art. 13)[43].

Mas há **exceções!**

As multas previstas nos Estatutos do Idoso (EI) e o da Criança e do Adolescente (ECA): o primeiro prevê a destinação das multas ao Fundo do Idoso, ou, onde ele ainda não houver sido instituído, ao Fundo Municipal de Assistência Social, ficando seus valores vinculados ao atendimento ao idoso (art. 84), já o segundo determina que as multas sejam destinadas ao fundo gerido pelo Conselho dos Direitos da Criança e do Adolescente do respectivo município (art. 214).

O regramento quanto ao cumprimento se assemelha à atual redação do CPC:

CÓDIGO DE PROCESSO CIVIL

Art. 537. §3º A decisão que fixa a multa é passível de cumprimento provisório, devendo ser depositada em juízo, permitido o levantamento do valor após o trânsito em julgado da sentença favorável à parte. (Redação dada pela Lei nº 13.256, de 2016)

§4º A multa será devida desde o dia em que se configurar o descumprimento da decisão e incidirá enquanto não for cumprida a decisão que a tiver cominado.

Há previsão de multa também no art. 11:

LEI DE AÇÃO CIVIL PÚBLICA (7.347/85)

Art. 11. Na ação que tenha por objeto o cumprimento de obrigação de fazer ou não fazer, o juiz determinará o cumprimento da prestação da atividade devida ou a cessação da atividade nociva, sob pena de execução específica, **ou de cominação de multa diária**, se esta for suficiente ou compatível, independentemente de requerimento do autor.

A multa diária (astreinte), possui caráter coercitivo (não ressarcitório) e o juiz pode impô-la a requerimento da parte, ou mesmo de ofício.

Vale destacar que, segundo o STJ, "a cominação de astreintes prevista no art. 11 da Lei nº 7.347/85 pode ser direcionada não apenas ao ente estatal, mas também pessoalmente às autoridades ou aos agentes responsáveis pelo cumprimento das determinações judiciais[44]".

43. ANDRADE, Adriano, MASSON Cleber Masson e ANDRADE Landolfo. Op. Cit.

44. STJ, REsp 1111562/RN, Rel. Min. Castro Meira, DJe 18/09/2009

9. SENTENÇA E MEIOS DE IMPUGNAÇÃO

9.1. Sentença

Como estudado no capítulo sobre as normas gerais do processo coletivo, é possível obter em ações coletivas provimentos condenatórios, constitutivos ou meramente declaratórios.

Em relação ao provimento condenatório, podemos ter, em ações civis públicas, decisões de cunho cominatório (obrigações de fazer, não fazer ou de entregar), bem como indenizatório (obrigação de pagar), permitindo-se a cumulação de ambos.

Estudamos, ainda, que é preferível a tutela específica da obrigação e, não sendo possível, aquela que produza o resultado prático equivalente. Inviáveis tais possibilidades, resta a utilização da condenação em dinheiro.

No que diz respeito ao provimento condenatório em obrigação de pagar, dispõe a LACP:

LEI DE AÇÃO CIVIL PÚBLICA (7.347/85)

Art. 13. Havendo condenação em dinheiro, a indenização pelo dano causado reverterá a um fundo gerido por um Conselho Federal ou por Conselhos Estaduais de que participarão necessariamente o Ministério Público e representantes da comunidade, sendo seus recursos destinados à reconstituição dos bens lesados.

§1º Enquanto o fundo não for regulamentado, o dinheiro ficará depositado em estabelecimento oficial de crédito, em conta com correção monetária.

§2º Havendo acordo ou condenação com fundamento em dano causado por ato de discriminação étnica nos termos do disposto no art. 1º desta Lei, a prestação em dinheiro reverterá diretamente ao fundo de que trata o caput e será utilizada para ações de promoção da igualdade étnica, conforme definição do Conselho Nacional de Promoção da Igualdade Racial, na hipótese de extensão nacional, ou dos Conselhos de Promoção de Igualdade Racial estaduais ou locais, nas hipóteses de danos com extensão regional ou local, respectivamente.

Vale lembrar do instituto do *fluid recovery*, estudado no primeiro capítulo. Também será destinada ao fundo previsto na LACP a chamada indenização fluida, não reclamada pelos beneficiários, prevista no art. 100 do CDC.

CÓDIGO DE DEFESA DO CONSUMIDOR (LEI 8.078/90)

Art. 100. Decorrido o prazo de um ano sem habilitação de interessados em número compatível com a gravidade do dano, poderão os legitimados do art. 82 promover a liquidação e execução da indenização devida. Parágrafo único. O produto da

> indenização devida reverterá para o fundo criado pela Lei n° 7.347, de 24 de julho de 1985. (grifo nosso)

Citamos, ademais, que o STJ entende não ser cabível em ACP a condenação, a título de indenização, a entrega de bem móvel para o uso por parte de órgão da Administração Pública[45].

9.2. Recursos

O sistema recursal do processo coletivo é regido, subsidiariamente pelas normas do CPC, quando inexistentes disposições específicas.

Situação em que há regramento específico, encontra-se no art. 14 da LACP, que regulamenta o efeito dos recursos, estatuindo que **"o juiz poderá conferir efeito suspensivo aos recursos, para evitar dano irreparável à parte".**

Observe que há distinção em relação à previsão do CPC. Em relação à apelação, por exemplo, a regra é que seja recebida no efeito suspensivo (art. 1.012, *caput*), exceto nos casos expressamente previstos (art. 1.012, §1º).

Nas ações civis públicas ocorre o inverso. A regra é que o recurso seja recebido apenas no efeito devolutivo, podendo receber duplo efeito no caso de possibilidade de dano irreparável à parte.

9.3. Remessa necessária

A Lei de Ação Popular (4.717/65) prevê em seu art. 19 o reexame necessário quando "a sentença que concluir pela carência ou pela improcedência da ação". O provimento judicial, portanto, estará sujeito ao duplo grau de jurisdição, não produzindo efeitos enquanto não apreciada pelo Tribunal.

Pergunta-se: é possível, diante da ideia de microssistema de processo coletivo, aplicar o dispositivo às ações civis públicas, por analogia? Sim!

Vale lembrar, todavia, que existe ressalva em relação às ações coletivas que versem sobre direitos individuais homogêneos, considerados "acidentalmente coletivos", nas quais não se aplica a regra do art. da LAP sobre remessa necessária[46].

Sobre o tema sentença, remessa necessária e recursos, esclarece, ainda, a doutrina[47]:

---

45. STJ, REsp 802.060/RS, Rel. Min. Luiz Fux, DJe 22.02.2010.
46. RECURSO ESPECIAL 1.374.232-ES, 3ª Turma, Rel. Min. Nancy Andrighi, julgado em 26/09/2017 (Informativo 612).
47. ANDRADE, Adriano, MASSON Cleber Masson e ANDRADE Landolfo. Op. Cit.

1) No que se refere ao reexame necessário, no âmbito das ações civis públicas apenas a **Lei 7.853/1989 (portadores de deficiência) traz norma específica**, determinando que "a sentença que concluir pela carência ou pela improcedência da ação fica sujeita ao duplo grau de jurisdição, não produzindo efeito senão depois de confirmada pelo tribunal" (art. 4º, § 1º). Aos demais casos aplica-se, subsidiariamente, a disciplina do art. 496 do novo CPC.

2) O **ECA** tem peculiaridades recursais que destoam das regras aplicáveis às demais ações civis públicas:

> a. Seus recursos independem de preparo (art. 198, I), tanto em relação ao autor quanto ao réu. Nas demais ações civis públicas, distintamente, o que se dispensa, em caráter absoluto, é apenas o adiantamento do preparo, não o seu pagamento. Este, eventualmente, poderá ser devido ao final do processo (LACP, arts. 17 e 18);
>
> b. O prazo para interpor e responder a apelação é de dez dias (art. 198, II), diferentemente da regra do novo CPC, aplicável às demais ações civis públicas, que é de 15 (art. 1.003, § 5º, e 1.010, § 1º);
>
> c. Os recursos terão preferência de julgamento e dispensarão revisor (art. 198, III). Os idosos, ademais, também têm prioridade no trâmite nos seus processos judiciais, conforme prescreve o art. 71 do Estatuto do Idoso;
>
> d. O juiz pode exercer o juízo de retratação não apenas nos agravos, como também em qualquer apelação (art. 198, VII). Nas apelações nas demais ações civis públicas, diferentemente, vigora o sistema do CPC: o juízo de retratação somente é cabível nas interpostas contra sentenças de indeferimento da petição inicial (art. 331, *caput),* de improcedência liminar (art. 332, §3º), ou nas apelações interpostas contra as sentenças que extinguirem o processo sem resolução do mérito (art. 485, §7º).

10. COISA JULGADA

10.1. Regras gerais

A coisa julgada no processo coletivo é alvo de intensos debates jurisprudenciais e doutrinários.

No processo individual o regime da coisa julgada possui limites objetivos (apenas atinge o dispositivo da sentença), subjetivos (*intra partes* – atinge apenas as partes da demanda) e é produzida *pro et contra,* ou seja, se forma independentemente do resultado do processo (procedência/improcedência).

O processo coletivo, por sua vez, forma coisa julgada com outros limites subjetivos (*erga omnes* ou *ultra partes*), atingindo terceiros (nunca *intra partes*), bem como é formada de modo diverso (*secundum eventum probationis*, com transporte secundum eventum litis (in utilibus)).

O regramento geral está previsto no CDC (arts. 103, 104 e 106), o qual analisaremos de forma esquematizada:

I – **DIREITOS DIFUSOS – COISA JULGADA ERGA OMNES**, exceto se o pedido for julgado improcedente por insuficiência de provas, hipótese em que qualquer legitimado poderá intentar outra ação, com idêntico fundamento valendo-se de nova prova *(coisa julgada secundum eventum probationis)*.

II – **DIREITOS COLETIVOS EM SENTIDO ESTRITO - ULTRA PARTES,** *mas limitadamente ao grupo, categoria ou classe*, salvo improcedência por insuficiência de provas, hipótese em que qualquer legitimado poderá intentar outra ação, com idêntico fundamento valendo-se de nova prova *(coisa julgada secundum eventum probationis)*.

- Nos dois casos acima, os efeitos da coisa julgada não prejudicarão interesses e direitos individuais dos integrantes da coletividade, do grupo, categoria ou classe.

III – **DIREITOS INDIVIDUAIS HOMOGÊNEOS - ERGA OMNES**, apenas no caso de procedência do pedido, para beneficiar todas as vítimas e seus sucessores.

- Neste caso, em caso de improcedência do pedido, os interessados que não tiverem intervindo no processo como litisconsortes poderão propor ação de indenização a título individual (art. 103, §3º - estudaremos em detalhes mais a frente).
- Neste caso, e no de direitos coletivos em sentido estrito (inciso anterior) os efeitos da coisa julgada erga omnes ou ultra partes **não beneficiarão os autores das ações individuais, se não for requerida sua suspensão no prazo de trinta dias, a contar da ciência nos autos do ajuizamento da ação coletiva.**

QUESTÃO DE CONCURSO

VUNESP - 2016 - Prefeitura de Registro - SP – Advogado - Considere que o Ministério Público do Estado de São Paulo ajuizou ação civil pública em face do Município de Registro, visando compelir o Município a disponibilizar transporte escolar gratuito aos estudantes das escolas municipais portadores de deficiência física com dificuldades na locomoção. A partir desses fatos, assinale a alternativa correta. Se a ação for julgada procedente, com eficácia ultra partes, ela pode não beneficiar autores que propuseram ações individuais e não requereram a suspensão de suas ações individuais, mesmo tendo ciência da existência da ação civil pública.

COMENTÁRIOS: Como estudado, os efeitos da coisa julgada *ultra partes* não beneficiarão os autores das ações individuais, se não for requerida sua suspensão no prazo de trinta dias, a contar da ciência nos autos do ajuizamento da ação coletiva.

GABARITO: CORRETO

Para o STJ os efeitos da decisão poderão beneficiar os lesados que não suspenderam suas ações individuais por ausência de ciência quanto à existência da demanda coletiva:

JURISPRUDÊNCIA

Ao disciplinar a execução de sentença coletiva, o art. 104 do Código de Defesa do Consumidor (Lei 8.078/90) dispõe que os Autores devem requerer a suspensão da Ação Individual que veicula a mesma questão em Ação Coletiva, a fim de se beneficiarem da sentença que lhes é favorável no feito coletivo. Todavia, **compete à parte Ré dar ciência aos interessados da existência dessa Ação Coletiva, momento no qual começa a correr o prazo de 30 dias para a parte Autora postular a suspensão do feito individual**. Na hipótese dos autos, omitiu-se a parte Ré de informar o juízo no qual tramitava a Ação Individual acerca da existência da Ação Coletiva proposta pela Associação Nacional dos Servidores da Justiça do Trabalho-ANAJUSTRA, a fim de propiciar ao Autor a opção pela continuidade ou não daquele primeiro feito. **Desta feita, à míngua da ciência inequívoca, não há como recusar à parte Autora a extensão dos efeitos erga omnes decorrentes da coisa julgada na Ação Coletiva**. 3. Recurso Especial da UNIÃO desprovido. (REsp 1593142/DF, Rel. Ministro NAPOLEÃO NUNES MAIA FILHO, PRIMEIRA TURMA, julgado em 07/06/2016, DJe 21/06/2016)

Observamos, portanto, que o regime jurídico da coisa julgada no plano coletivo depende do direito envolvido:

DIREITOS DIFUSOS

a. Sentença PROCEDENTE > Eficácia *erga omnes* (abrange toda a sociedade);

b. Sentença IMPROCEDENTE > Eficácia *erga omnes*, **impedindo nova ação coletiva, salvo no caso de falta de provas** (*secundum eventum probationis*).

Mas atente: a ação individual nunca será prejudicada (pois a transferência é *secundum eventum litis*). No caso de falta de provas, é possível propor nova ação coletiva.

DIREITOS COLETIVOS EM SENTIDO ESTRITO

a. Sentença PROCEDENTE > Eficácia *ultra partes* (abrange toda a classe);

b. Sentença IMPROCEDENTE > Eficácia *ultra partes* (abrange toda a classe), **impedindo nova ação coletiva, salvo no caso de falta de provas** (*secundum eventum probationis*). Mas atente: a ação individual nunca será prejudicada. No caso de falta de provas, é possível propor nova ação coletiva.

DIREITOS INDIVIDUAIS HOMOGÊNEOS

a. Sentença PROCEDENTE > Eficácia *erga omnes* (abrange toda a sociedade);

b. Sentença IMPROCEDENTE > Eficácia *erga omnes*, **impedindo nova ação coletiva, MESMO NO CASO DE FALTA DE PROVAS**[48]. Mas atente-se: a ação individual nunca será prejudicada.

Ao estudarmos os princípios do processo coletivo, vimos que o da máxima eficácia da tutela coletiva objetiva que a coisa julgada apenas beneficie os indivíduos, jamais prejudique. Por tal razão existe o chamado *transporte utilibus* da coisa julgada, que será transportada para a ação individual apenas para beneficiar.

Portanto, mesmo que a improcedente a ação coletiva em direitos individuais homogêneos, na qual não há distinção entre o fundamento da falta de provas, a coisa julgada não impedirá o ajuizamento de ação individual pelo particular.

Existe, no entanto, uma exceção.

No art. 94 do CDC consta a possibilidade de interessados intervirem no processo como litisconsortes.

Como vimos acima, em caso de improcedência do pedido, os interessados que não tiverem intervindo no processo como litisconsortes poderão propor ação de indenização a título individual.

A *contrariu sensu,* o assistente litisconsorcial se sujeitará aos efeitos da coisa julgada AINDA QUE LHE SEJA PREJUDICIAL. Este, sequer poderá propor nova ação no plano individual tratando sobre o que foi discutido e decidido na demanda coletiva.

Apesar de o art. 103, §2º se referir apenas aos direitos individuais homogêneos, entende-se aplicável também aos interesses coletivos e difusos.

10.2. Critério territorial

Estatui a LACP:

LEI DE AÇÃO CIVIL PÚBLICA (7347/85)

Art. 16. **A sentença civil fará coisa julgada erga omnes, nos limites da competência territorial do órgão prolator**, exceto se o pedido for julgado improcedente por insuficiência de provas, hipótese em que qualquer legitimado poderá intentar outra ação com idêntico fundamento, valendo-se de nova prova. (Redação dada pela Lei nº 9.494, de 10.9.1997)

48. REsp 1302596/SP, Rel. Ministro PAULO DE TARSO SANSEVERINO, Rel. p/ Acórdão Ministro RICARDO VILLAS BÔAS CUEVA, SEGUNDA SEÇÃO, julgado em 09/12/2015, DJe 01/02/2016.

A previsão, cuja redação foi alterada pela Lei 9.494/97, a qual disciplina a aplicação da tutela antecipada contra a Fazenda Pública, busca limitar territorialmente os efeitos subjetivos da coisa julgada, de modo que a sentença produzirá efeitos apenas na comarca seção ou subseção judiciária juiz prolator.

A limitação também está prevista no art. 2º-A da citada lei:

LEI 9.494/97

Art. 2º-A. A sentença civil prolatada em **ação de caráter coletivo proposta por entidade associativa, na defesa dos interesses e direitos dos seus associados**, abrangerá apenas os substituídos que tenham, na data da propositura da ação, domicílio no âmbito da competência territorial do órgão prolator. (Incluído pela Medida provisória nº 2.180-35, de 2001)

Parágrafo único. Nas ações coletivas propostas contra a União, os Estados, o Distrito Federal, os Municípios e suas autarquias e fundações, a petição inicial deverá obrigatoriamente estar instruída com a ata da assembleia da entidade associativa que a autorizou, acompanhada da relação nominal dos seus associados e indicação dos respectivos endereços. (Incluído pela Medida provisória nº 2.180-35, de 2001) (grifo nosso)

Inúmeras são as críticas feitas ao dispositivo e sua inconstitucionalidade foi declarada em abril de 2021.

A doutrina já sustentava que os dispositivos normativos que limitavam territorialmente a eficácia subjetiva da decisão coletiva são inconstitucionais e ineficazes, pois impõem exigências absurdas, e permitem o ajuizamento simultâneo de tantas ações civis públicas quantas sejam as unidades territoriais em que se divida a respectiva Justiça mesmo que sejam demandas iguais, envolvendo sujeitos em igualdade de condições[49].

Os dispositivos permitiam a prolação de decisões diferentes e até conflitantes em cada uma delas. Demonstra ter se confundido o legislador, na redação legal, ao trocar os conceitos de limites subjetivos da coisa julgada e de competência.

Como se posiciona a jurisprudência?

As Turmas do STJ divergiam sobre o tema, ora aplicando o dispositivo, ora afastando a limitação territorial que ele prevê.

Em 2016 o tema foi pacificado no âmbito do Tribunal, quando a Corte Especial definiu que **a eficácia das decisões proferidas em ações civis públicas coletivas NÃO**

49. JUNIOR, Fredie Didier e JUNIOR, Hermes Zaneti. Curso de Direito Processual Civil – Processo Coletivo. Vol. 4, 10ª ed., Salvador: Ed. Juspodivm, 2016.

deve ficar limitada ao território da competência do órgão jurisdicional que prolatou a decisão[50].

Esclarecedoras as palavras do Min. Luis Felipe Salomão, no voto que proferiu no julgamento do REsp 1.243.887/PR em 19/10/2011.

Para o Ministro, o art. 16 da LACP confunde coisa julgada e competência territorial, induzindo à errônea interpretação no sentido de que a eficácia da sentença poderia estar limitada territorialmente. A competência territorial limita o exercício da jurisdição, mas não os efeitos da sentença.

Entende, ademais, o Ministro, que no processo individual não ocorre a apontada limitação territorial dos efeitos da sentença, o que, com maior razão, também não pode no processo coletivo, "sob pena de desnaturação desse salutar mecanismo de solução plural das lides. A questão principal, portanto, é de alcance objetivo ("o que" se decidiu) e subjetivo (em relação "a quem" se decidiu), mas não de competência territorial".

O Supremo Tribunal Federal, por sua vez, em abril de 2021, declarou a inconstitucionalidade da previsão.

O Tribunal, por maioria, apreciando o tema 1.075 da repercussão geral, fixou a seguinte tese:

> **"I - É inconstitucional o art. 16 da Lei 7.347/1985, alterada pela Lei 9.494/1997. II - Em se tratando de ação civil pública de efeitos nacionais ou regionais, a competência deve observar o art. 93, II, da Lei 8.078/1990**[51]**. III - Ajuizadas múltiplas ações civis públicas de âmbito nacional ou regional, firma-se a prevenção do juízo que primeiro conheceu de uma delas, para o julgamento de todas as demandas conexas"** (Plenário, Sessão Virtual de 26.3.2021 a 7.4.2021).

Válida a leitura de trechos do voto do Relator Min. Alexandre de Moraes:

> "O juiz é ou não é competente para decidir uma questão? Se sim, a partir da decisão e da coisa julgada, os efeitos e a eficácia da decisão não se confundem com a limitação territorial. Os efeitos têm a ver com os limites da lide. Não se pode confundir limitação territorial de competência com os efeitos"

Com a declaração, houve o consequente restabelecimento do texto original do dispositivo, que é o seguinte: "A sentença civil fará coisa julgada erga omnes, exceto se a ação for julgada improcedente por deficiência de provas, hipótese em que

50. STJ. Corte Especial. EREsp 1134957/SP, Rel. Min. Laurita Vaz, julgado em 24/10/2016

51. Art. 93. Ressalvada a competência da Justiça Federal, é competente para a causa a justiça local: II - no foro da Capital do Estado ou no do Distrito Federal, para os danos de âmbito nacional ou regional, aplicando-se as regras do Código de Processo Civil aos casos de competência concorrente.

qualquer legitimado poderá intentar outra ação com idêntico fundamento, valendo-se de nova prova".

Os efeitos de decisão em ação civil pública não possuem, portanto, limites territoriais.

11. LIQUIDAÇÃO E EXECUÇÃO DA SENTENÇA

11.1. Regras gerais

No processo coletivo a execução segue as seguintes regras:

- A execução compete ao autor coletivo;
- Caso este não o faça em 60 (sessenta dias) do trânsito em julgado da sentença, deve fazê-lo o Ministério Público (princípio da indisponibilidade da execução coletiva). É facultado, ainda, que outro legitimado ativo execute.

Prevê o art. 15 da LACP:

LEI DE AÇÃO CIVIL PÚBLICA (7.347/85)

Art. 15. Decorridos sessenta dias do trânsito em julgado da sentença condenatória, sem que a associação autora lhe promova a execução, deverá fazê-lo o Ministério Público, **facultada igual iniciativa aos demais legitimados**. (Redação dada pela Lei nº 8.078, de 1990) (grifo nosso)

Em relação à competência, aplica-se o regramento do CPC (art. 516), ou seja, em regra, será do mesmo juízo que processou a causa no primeiro grau de jurisdição ou do Tribunal que a tenha processado, no caso de competência originária.

No caso dos direitos difusos e coletivos em sentido estrito têm-se o transporte "in utilibus" da coisa julgada.

O indivíduo lesado pode apresentar a sentença proferida no processo coletivo perante o juízo cível, requerendo apenas a liquidação e o pagamento (pois o direito já foi certificado).

11.2. Especificidades da liquidação/execução em relação aos direitos individuais homogêneos

Nas ações coletivas que buscam a tutela de direitos individuais homogêneos, são proferidas sentenças condenatórias genéricas, que não identificam cada uma das vítimas do evento.

Tais decisões, portanto, têm conteúdo que necessita de complementação, via liquidação, para definição não apenas do *quantum debeatur,* mas da **própria condi-**

ção de vítima do evento reconhecido na sentença (ou de sucessor de uma vítima). Em razão disso, a liquidação dessas sentenças coletivas é denominada como **liquidação imprópria**[52].

O regramento da liquidação/execução está previsto nos arts. 97 a 100 do CDC:

CÓDIGO DE DEFESA DO CONSUMIDOR (LEI 8.078/90)

Art. 97. **A liquidação e a execução de sentença poderão ser promovidas pela vítima e seus sucessores**, assim como pelos legitimados de que trata o art. 82.

Art. 98. **A execução poderá ser coletiva, sendo promovida pelos legitimados de que trata o art. 82, abrangendo as vítimas cujas indenizações já tiveram sido fixadas em sentença de liquidação**, sem prejuízo do ajuizamento de outras execuções.

§ 1° A execução coletiva far-se-á com base em certidão das sentenças de liquidação, da qual deverá constar a ocorrência ou não do trânsito em julgado.

§ 2° É competente para a execução o juízo:

I - da liquidação da sentença ou da ação condenatória, no caso de execução individual;

II - da ação condenatória, quando coletiva a execução.

Art. 99. Em caso de concurso de créditos decorrentes de condenação prevista na Lei n.° 7.347, de 24 de julho de 1985 e de indenizações pelos prejuízos individuais resultantes do mesmo evento danoso, estas terão preferência no pagamento.

Parágrafo único. Para efeito do disposto neste artigo, a destinação da importância recolhida ao fundo criado pela Lei n° 7.347 de 24 de julho de 1985, ficará sustada enquanto pendentes de decisão de segundo grau as ações de indenização pelos danos individuais, salvo na hipótese de o patrimônio do devedor ser manifestamente suficiente para responder pela integralidade das dívidas.

Art. 100. Decorrido o prazo de um ano sem habilitação de interessados em número compatível com a gravidade do dano, poderão os legitimados do art. 82 promover a liquidação e execução da indenização devida.

Parágrafo único. O produto da indenização devida reverterá para o fundo criado pela Lei n° 7.347, de 24 de julho de 1985. (grifos nossos)

Conclui-se:

- Os legitimados (vítimas e sucessores) procedem à liquidação e a execução;
- O legitimado coletivo pode promover a execução das pretensões individuais já liquidadas (art. 98);

52. ANDRADE, Adriano, MASSON Cleber Masson e ANDRADE Landolfo. Op. Cit.

JURISPRUDÊNCIA

O integrante da categoria tem legitimidade para ajuizar execução individual de sentença proveniente de ação coletiva proposta por associação ou sindicato, independentemente de filiação ou autorização expressa no processo de conhecimento. Nesse sentido: STJAgRg no AREsp 302062/DF,Rel. Ministro NAPOLEÃO NUNES MAIA FILHO, PRIMEIRA TURMA, Julgado em 06/05/2014,DJE 19/05/2014.

- *Fluid recovery:* decorrido o prazo de um ano sem habilitação de interessados em número compatível com a gravidade do dano, o valor será revertido ao fundo previsto na LACP;

  Atenção: A Lei 7.913/89 prevê o prazo de 2 anos no caso de ACP que tutele interesses de investidores lesados no mercado de valores mobiliários;

- Se o mesmo fato acarretar condenações para indenização dos danos a direitos difusos ou coletivos, bem como dos interesses individuais homogêneos, o pagamento destes créditos terá preferência sobre o daqueles (art. 99, *caput*).

Sobre o último ponto, esclarece a doutrina que é possível que surja um concurso envolvendo os créditos coletivos e os créditos individuais decorrentes de sentença coletiva ou de sentenças individuais, proferidas em processos individuais referentes ao mesmo evento danoso.

Nesse caso, os credores individuais têm privilégio no recebimento de seus créditos (art. 99 do CDC)[53].

Quanto à competência, é possível que a execução individual seja ajuizada no foro do domicílio do beneficiário? O STJ entende que sim:

JURISPRUDÊNCIA

A liquidação e a execução individual de sentença genérica proferida em ação civil coletiva pode ser ajuizada no foro do domicílio do beneficiário, porquanto os efeitos e a eficácia da sentença não estão circunscritos a lindes geográficos, mas aos limites objetivos e subjetivos do que foi decidido, levando-se em conta, para tanto, sempre a extensão do dano e a qualidade dos interesses metaindividuais postos em juízo (arts. 468, 472 e 474, CPC e 93 e 103, CDC). (Tese julgada sob o rito

53. JUNIOR, Fredie Didier e JUNIOR, Hermes Zaneti. Op. Cit.

do art. 543-C do CPC/1973 - TEMA 480) – Nesse sentido: AgRg no AREsp 302062/DF, Rel. Ministro NAPOLEÃO NUNES MAIA FILHO, PRIMEIRA TURMA, julgado em 06/05/2014, DJe 19/05/2014 (grifo nosso)

11.3. Prazo prescricional para ajuizamento da execução individual

- **Prazo: 5 anos**

JURISPRUDÊNCIA

Para os efeitos do art. 543-C do Código de Processo Civil, foi fixada a seguinte tese: **"No âmbito do Direito Privado, é de cinco anos o prazo prescricional para ajuizamento da execução individual em pedido de cumprimento de sentença proferida em Ação Civil Pública"**. (REsp 1273643/PR, Rel. Ministro SIDNEI BENETI, SEGUNDA SEÇÃO, julgado em 27/02/2013, DJe 04/04/2013). (grifo nosso)

- **Termo *a quo:* trânsito em julgado da ação coletiva**

JURISPRUDÊNCIA

Fincada a inaplicabilidade do CDC à hipótese, deve-se firmar a tese repetitiva no sentido de que o prazo prescricional para a execução individual é contado do trânsito em julgado da sentença coletiva, sendo desnecessária a providência de que trata o art. 94 da Lei n. 8.078/90. 10. Embora não tenha sido o tema repetitivo definido no REsp 1.273.643/PR, essa foi a premissa do julgamento do caso concreto naquele feito. **11. Em outros julgados do STJ, encontram-se, também, pronunciamentos na direção de que o termo a quo da prescrição para que se possa aforar execução individual de sentença coletiva é o <u>trânsito em julgado</u>, sem qualquer ressalva à necessidade de efetivar medida análoga à do art. 94 do CDC.** (REsp 1388000/PR, Rel. Ministro NAPOLEÃO NUNES MAIA FILHO, Rel. p/ Acórdão Ministro OG FERNANDES, PRIMEIRA SEÇÃO, julgado em 26/08/2015, DJe 12/04/2016) (grifos nossos)

- **Interrupção da prescrição**

JURISPRUDÊNCIA

Na execução individual de sentença coletiva contra a Fazenda Pública, quando já iniciada a execução coletiva, o prazo quinquenal para a propositura do título individual, nos termos da Súmula n. 150/STF, **interrompe-se com a propositura**

da execução coletiva, voltando a correr, após essa data, pela metade. (REsp 1121138/RS, Rel. Ministra LAURITA VAZ, Rel. p/ Acórdão Ministro MARCO AURÉLIO BELLIZZE, QUINTA TURMA, julgado em 20/02/2014, DJe 01/09/2014) (grifo nosso)

11.4. Retenção de honorários na execução

O STJ entende que não é possível que o ente sindical retenha os honorários de advogados por ele contratados exclusivamente, sem autorização dos filiados:

JURISPRUDÊNCIA

Trata-se na origem de execução de título judicial oriundo de ação coletiva promovida por Sindicato na condição de substituto processual. No Recurso Especial discute-se a possibilidade de destacar os honorários contratuais no precatório ou RPV expedido em favor dos substituídos sem que haja autorização dos últimos ou procuração outorgada por eles aos citados causídicos. 3. **Ainda que seja ampla a legitimação extraordinária do sindicato para defesa de direitos e interesses dos integrantes da categoria que representa, inclusive para liquidação e execução de créditos, a retenção sobre o montante da condenação do que lhe cabe por força de honorários contratuais só é permitida com a apresentação do contrato celebrado com cada um dos filiados, nos temos do art. 22, § 4º, da, Lei 8.906194, ou, ainda, com a autorização deles para tanto. O contrato pactuado exclusivamente entre o Sindicato e o advogado não vincula os filiados substituídos, em face da ausência da relação jurídica contratual entre estes e o advogado.** Precedente: REsp 931.036/RS, Rel. Ministra Nancy Andrighi, Terceira Turma, julgado em 24/11/2009, DJe 2/12/2009 4. Recurso especial não provido. (REsp 1464567/PB, Rel. Ministro HERMAN BENJAMIN, SEGUNDA TURMA, julgado em 03/02/2015, DJe 11/02/2015) (grifo nosso)

11.5. Execução de sentença proferida por Tribunal de Contas

Discute-se acerca da legitimidade para execução de título executivo extrajudicial decorrente de condenação proferida pelo Tribunal de Contas. Cabe ao Ministério Público? O próprio TC pode fazê-lo?

Vejamos, em tópicos, o que entendem os Tribunais Superiores:

- STF: A execução de multa aplicada pelo Tribunal de Contas pode ser proposta apenas pelo ente público beneficiário da condenação, **afastando-se** a legitimidade ativa do Ministério Público para a referida execução (ARE 823.347 RG/MA, Tribunal Pleno, Rel. Min. GILMAR MENDES, DJe de 28.10.2014). No mesmo sentido: STJ, REsp 1464226/MA, Rel. Ministro MAURO CAMPBELL MARQUES, SEGUNDA TURMA, julgado em 20/11/2014, DJe 26/11/2014.

➤ STF: Legitimidade para executar multa imposta pelo Tribunal de Contas do Estado (TCE) - O artigo 71, § 3º, da Constituição Federal não outorgou ao TCE legitimidade para executar suas decisões das quais resulte imputação de débito ou multa. Competência do **titular do crédito** constituído a partir da decisão – o ente público prejudicado. (AI 826676 AgR, Relator(a): Min. GILMAR MENDES, Segunda Turma, julgado em 08/02/2011, DJe. 23-02-2011)

QUESTÃO DE CONCURSO

CESPE - 2019 - MPC-PA - Procurador de Contas - A respeito das competências e da legitimidade do Ministério Público no âmbito de ação civil pública, é correto afirmar, à luz do entendimento do STF, que o Ministério Público tem legitimidade para ajuizar execução de sentença condenatória patrimonial proferida por tribunal de contas.

COMENTÁRIOS: A assertiva contém incorreção, pois, como vimos, o STF tem entendimento em sentido contrário, ou seja, o Ministério Público não pode executar a sentença proferida pela Corte de Contas, o que deve ser feito pelo ente público titular do crédito constituído com a decisão.

GABARITO: ERRADO

12. CUSTAS E SUCUMBÊNCIA

A LACP prevê para a ação coletiva isenção de toda e qualquer despesa, a fim de possibilitar maior facilidade no acesso à justiça, principalmente porque tais ações são de grande importância social[54].

Nos termos da lei “não haverá adiantamento de custas, emolumentos, honorários periciais e quaisquer outras despesas, nem condenação da associação autora, salvo comprovada má-fé, em honorários de advogado, custas e despesas processuais” (art. 18).

Impende salientar que pode ser considerado litigante de má-fé não apenas a associação autora, mas qualquer outro legitimado ativo a quem a lei conferiu legitimidade para estar em juízo.

A multa pode ser aplicada, inclusive, ao Ministério Público:

JURISPRUDÊNCIA

O Ministério Público, em ação civil pública e nas suas subsidiárias, só pode ser condenado ao pagamento de honorários advocatícios e despesas processuais em caso de comprovada má-fé. (STJ, REsp 457289/MG, Rei. Min. João Otávio de Noronha, DJ 18/08/2006)

54. JUNIOR, Hermes Zaneti e GARCIA, Leonardo de Medeiros. Op. Cit.

Não merece reforma o aresto recorrido que se encontra em consonância com a jurisprudência assente desta Corte no sentido que não se mostra cabível a condenação do Parquet em honorários quando tratar-se de ação civil pública, execução e correlatos embargos, exceto quando houver prova da má-fé do Ministério Público. Precedente: REsp 896.679/RS, Rei. Min. Luiz Fux, DJ de 12.5.2008. (STJ, AgRg no Ag 1042206/SP, Rei. Min. Mauro Campbell Marques, DJe 15/12/2008)

Não obstante a previsão do art. 18, no sentido de que, em ACP, não haverá adiantamento de honorários periciais, o perito não pode exercer sua atividade sem receber uma remuneração. Por tal razão, o STJ entende que a responsabilidade pelo pagamento será transferida à Fazenda Pública a qual está vinculada o órgão ministerial, já que tal ônus não poderia ser repassado ao réu:

JURISPRUDÊNCIA

Não é possível se exigir do Ministério Público o adiantamento de honorários periciais em ações civis públicas. Ocorre que a referida isenção conferida ao Ministério Público em relação ao adiantamento dos honorários periciais não pode obrigar que o perito exerça seu ofício gratuitamente, tampouco transferir ao réu o encargo de financiar ações contra ele movidas. Dessa forma, considera-se aplicável, por analogia, a Súmula n. 232 desta Corte Superior ("A Fazenda Pública, quando parte no processo, fica sujeita à exigência do depósito prévio dos honorários do perito"), a **determinar que a Fazenda Pública ao qual se acha vinculado o Parquet arque com tais despesas.** (REsp 1253844/SC, Rel. Ministro MAURO CAMPBELL MARQUES, PRIMEIRA SEÇÃO, julgado em 13/03/2013, DJe 17/10/2013)

PROCESSUAL CIVIL. AGRAVO INTERNO NO RECURSO ORDINÁRIO EM MANDADO DE SEGURANÇA. AÇÃO CIVIL PÚBLICA. HONORÁRIOS PERICIAIS. ADIANTAMENTO. ÔNUS ATRIBUÍDO À FAZENDA PÚBLICA À QUAL SE ACHAR VINCULADO O PARQUET. REGRA GERAL DO ART. 91 DO CPC/2015. AFASTAMENTO EM FACE DA PREVALÊNCIA DA REGRA ESPECIAL DO ART. 18 DA LEI Nº 7.347/1985. CLÁUSULA DE RESERVA DE PLENÁRIO. ART. 97 DA CONSTITUIÇÃO FEDERAL. INAPLICABILIDADE. 1. A jurisprudência desta Corte é firme no sentido de que **não é possível exigir do Ministério Público o adiantamento de honorários periciais em ações civis públicas, devendo ser aplicada a Súmula nº 232/STJ, segundo a qual a Fazenda Pública à qual o Parquet se achar vinculado deve arcar com referida despesa**. 2. O Superior Tribunal de Justiça já se manifestou sobre a prevalência da regra especial prevista no art. 18 da Lei n. 7.347/1985 em detrimento da regra geral do art. 91 do CPC/2015. 3. Uma vez que não foi declarada a inconstitucionalidade do art. 91 do CPC/2015, não há que se falar em aplicabilidade do art. 97 da Constituição

Federal ao caso concreto. Nesse sentido: AgInt no AREsp 697.335/SP, Rel. Ministro GURGEL DE FARIA, PRIMEIRA TURMA, DJe 18/10/2017. 4. É irrelevante a existência de decisão monocrática em sentido contrário, no âmbito do Supremo Tribunal Federal (ACO 1.560/MS, da lavra do em. Ministro RICARDO LEWANDOWSKI, de 13/12/2018), ante a ausência de efeito vinculante e, outrossim, porque a questão diz respeito à interpretação da legislação federal, cuja última palavra compete a este Superior Tribunal. Nesse sentido, mutatis mutandis: EDCL no MS 17.371/DF, Rel. Ministro Arnaldo ESTEVES Lima, PRIMEIRA SEÇÃO, DJe 18/04/2013. 5. Agravo interno não provido. (STJ; AgInt-RMS 61.877; Proc. 2019/0281753-4; SP; Primeira Turma; Rel. Min. Sérgio Kukina; Julg. 16/12/2019; DJE 19/12/2019) (grifos nossos)

QUESTÕES DE CONCURSO

CESPE- TCE-RN- Assessor Técnico Jurídico- 2015 - Consoante entendimento do STJ, caso o Ministério Público requeira a realização de perícia em ação civil pública, a despesa com os honorários do perito será arcada pela fazenda pública à qual se acha vinculado o parquet.

COMENTÁRIOS: A assertiva reproduz de forma correta o entendimento exposto acima. O perito não poderá ficar sem sua remuneração, ônus que será arcado pela Fazenda Pública a que se ache vinculado o Ministério Público que requereu a perícia.

GABARITO: CORRETO

FCC - 2016 - Prefeitura de Campinas - SP – Procurador - Em ação civil pública proposta pelo Ministério Público Estadual em face de determinado Município, é requerida prova pericial complexa, de elevado custo. Diante da recusa do expert em receber os honorários periciais somente ao final do processo, o parquet postula a inversão do ônus da prova e o adiantamento dos honorários periciais pelo Município, no que é atendido pelo Juízo. Nos termos da jurisprudência predominante do Superior Tribunal de Justiça, o adiantamento dos honorários periciais, neste caso hipotético, deverá ser custeado pela Fazenda Estadual.

COMENTÁRIOS: Novamente a assertiva cobra o tema estudado acima e traz, de forma correta, o entendimento do STJ.

GABARITO: CORRETO

Pergunta-se: o art. 18 (isenção de custas e honorários) aplica-se apenas ao autor sucumbente ou também ao réu?

Havia divergência jurisprudencial no âmbito dos órgãos fracionários do STJ.

Há precedente da Primeira Turma, por exemplo, no sentido de aplicação da isenção apenas para o legitimado coletivo (REsp 896.679/RS, Rel. Ministro Luiz Fux, Primeira Turma, julgado em 01.04.2008, DJe 12.05.2008).

Ocorre que no julgamento de embargos de divergência, em 2018, a Corte Especial decidiu que a isenção também é aplicável ao réu:

JURISPRUDÊNCIA

PROCESSUAL CIVIL. EMBARGOS DE DIVERGÊNCIA EM AGRAVO EM RECURSO ESPECIAL. DISSENSO CONFIGURADO ENTRE O ARESTO EMBARGADO E ARESTO PARADIGMA ORIUNDO DA QUARTA TURMA. **AÇÃO CIVIL PÚBLICA INTENTADA PELA UNIÃO. CONDENAÇÃO DA PARTE REQUERIDA EM HONORÁRIOS ADVOCATÍCIOS. AUSÊNCIA DE MÁ-FÉ. DESCABIMENTO. ART. 18 DA LEI N. 7.347/1985. PRINCÍPIO DA SIMETRIA.** EMBARGOS DE DIVERGÊNCIA A QUE SE NEGA PROVIMENTO. 1. **Trata-se de recurso interposto em ação civil pública, de que é autora a União, no qual pleiteia a condenação da parte requerida em honorários advocatícios, sob o fundamento de que a regra do art. 18 da Lei n. 7.347/1985 apenas beneficia o autor, salvo quando comprovada má**-fé. 2. O acórdão embargado aplicou o princípio da simetria, para reconhecer que o benefício do art. 18 da Lei n. 7.347/1985 se aplica, igualmente, à parte requerida, visto que não ocorreu má-fé. Assim, o dissenso para conhecimento dos embargos de divergência ocorre pelo confronto entre o aresto embargado e um julgado recente da eg. Quarta Turma, proferido nos EDcl no REsp 748.242/RJ, Rel. Ministro Antônio Carlos Ferreira, Quarta Turma, julgado em 12/4/2016, DJe 25/4/2016. 3. **Com efeito, o entendimento exposto pelas Turmas, que compõem a Primeira Seção desta Corte, é no sentido de que, "em favor da simetria, a previsão do art. 18 da Lei 7.347/1985 deve ser interpretada também em favor do requerido em ação civil pública. Assim, a impossibilidade de condenação do Ministério Público ou da União em honorários advocatícios - <u>salvo comprovada má-fé</u> - impede serem beneficiados quando vencedores na ação civil pública"** (STJ, AgInt no AREsp 996.192/SP, Rel. Ministro Benedito Gonçalves, Primeira Turma, DJe 30/8/2017). No mesmo sentido: AgInt no REsp 1.531.504/CE, Rel. Ministro Mauro Campbell Marques, Segunda Turma, DJe 21/9/2016; AgInt no REsp 1.127.319/SC, Rel. Ministro Sérgio Kukina, Primeira Turma, DJe 18/8/2017; AgInt no REsp 1.435.350/RJ, Rel. Ministro Humberto Martins, Segunda Turma, DJe 31/8/2016; REsp 1.374.541/RJ, Rel. Ministro Gurgel de Faria, Primeira Turma, DJe 16/8/2017. 4. **De igual forma, mesmo no âmbito da Terceira e Quarta Turmas do Superior Tribunal de Justiça, ainda que o tema não tenha sido analisado sob a óptica de a parte autora ser ente de direito público** - até porque falece, em tese, competência àqueles órgãos fracionários quando num dos polos da demanda esteja alguma pessoa jurídica de direito público -, **o princípio da simetria foi aplicado em diversas oportunidades**: AgInt no REsp 1.600.165/SP, Rel. Ministro Moura Ribeiro, Terceira Turma, julgado em 20/6/2017, DJe 30/6/2017; REsp 1.438.815/RN, Rel. Ministra Nancy Andrighi, Terceira Turma, julgado em 22/11/2016, DJe 1º/12/2016; REsp 1.362.084/RJ, Rel. Ministro Luis Felipe Salomão, Quarta Turma, julgado em 16/5/2017, DJe 1º/8/2017. 5. Dessa forma, **deve-se privilegiar, no âmbito desta Corte Especial, o entendimento dos órgãos fracionários deste Superior Tribunal de Justiça, no sentido de que, em razão da simetria, descabe a condenação em**

honorários advocatícios da parte requerida em ação civil pública, quando inexistente má-fé, de igual sorte como ocorre com a parte autora, por força da aplicação do art. 18 da Lei n. 7.347/1985. 6. Embargos de divergência a que se nega provimento. (EAREsp 962.250/SP, Rel. Ministro OG FERNANDES, CORTE ESPECIAL, julgado em 15/08/2018, DJe 21/08/2018). (grifos nossos)

Como vimos, o STJ entende que a isenção também pode ser aplicada ao réu, de modo que este não tenha que arcar com custas/honorários.

Imagine que o autor da ação não seja o Ministério Público ou uma entidade de direito público, mas uma fundação privada ou uma associação civil. Caso estas se consagrem vencedoras na demanda, a isenção será aplicada ao réu e elas não terão direito aos honorários advocatícios? Para a 2ª Turma do STJ: não! Tais entidades terão direito aos honorários em seu favor.

Observe esse julgado recentíssimo da 2ª Turma da Corte Cidadã:

JURISPRUDÊNCIA

Por conta do princípio da simetria, a previsão do art. 18 da Lei 7.347/1985 deve ser interpretada também em favor do réu, quando se tratar de demanda ajuizada pelo Parquet ou outro colegitimado estatal, ressalvadas associações e fundações privadas, que recebem tratamento privilegiado e diferenciado no domínio da ação civil pública. 2. O espírito de facilitação do acesso à justiça, que informa e orienta o processo civil coletivo, vem cabalmente realçado no art. 18 da Lei da Ação Civil Pública: "Nas ações de que trata esta lei, não haverá adiantamento de custas, emolumentos, honorários periciais e quaisquer outras despesas, nem condenação da associação autora, salvo comprovada má-fé, em honorários de advogado, custas e despesas processuais". 3. **Nos termos da jurisprudência do STJ, a vedação de condenação do Ministério Público ou entidades estatais em honorários advocatícios - salvo comprovada má-fé - impede que sejam beneficiados quando vencedores na ação civil pública. Evidentemente, tal orientação não se deve aplicar a demandas propostas por associações e fundações privadas, pois, do contrário, barrado de fato estaria um dos objetivos mais nobres e festejados da Lei 7.347/1985, ou seja, viabilizar e ampliar o acesso à justiça para a sociedade civil organizada**. Tudo com o agravante de que **não seria razoável, sob enfoque ético e político, equiparar ou tratar como "simétricos" grandes grupos econômicos/instituições do Estado e organizações não governamentais (de moradores, ambientais, de consumidores, de pessoas com necessidades especiais, de idosos, etc)**. (...) 5. Recurso Especial não provido. (REsp 1796436/RJ, Rel. Ministro HERMAN BENJAMIN, SEGUNDA TURMA, julgado em 09/05/2019, DJe 18/06/2019) (grifos nossos)

Apesar de o julgado advir de órgão fracionário, não se podendo afirmar que será o posicionamento consolidado da Corte, importante o conhecimento da decisão, pois poderá vir em provas, sobretudo da banca Cespe/Cebraspe.

Destaca-se, ainda, a **decisão monocrática** proferida pelo **Min. Lewandowski na ACO 1560 (STF)**. O ministro entendeu que o **CPC/15 promoveu superação do entendimento do STJ**, pois em seu art. 91, §1º disciplinou o adiantamento de honorários pelo MP de forma detalhada, e a regra aplica-se supletivamente à ação civil pública.

Entendeu, ademais, que o Ministério Público goza de capacidade orçamentária e teve tempo razoável, desde a vigência do novo CPC, para se organizar financeiramente. Nesse sentido, o órgão deve adiantar os valores devidos a título de honorários em ações coletivas em relação às provas por ele requeridas.

Aguardemos novas decisões sobre o tema.

O STJ, em julgado estudado em tópico anterior, chegou a mencionar que não iria seguir a linha adotada pelo Ministro do STF, pois entende que a decisão não tem caráter vinculante.

Em provas, orienta-se o candidato a marcar como correta a assertiva que traga expressamente o conteúdo da decisão. Não se aconselhar tomar como base decisões monocráticas ou de órgãos fracionários para compreender que aquele é o entendimento consolidado da Corte Superior.

13. PRESCRIÇÃO

A LACP não contém dispositivo que discipline o prazo prescricional para ajuizamento da ação.

Pergunta-se: é possível aplicar, subsidiariamente, o prazo de 5 (cinco) anos previsto no art. 21 da Lei de Ação Popular?

Diversas decisões do STJ[55] aplicaram esse entendimento. Entende-se que, diante do microssistema de tutela coletiva, é possível utilizar a norma da LAP para concluir que o prazo prescricional da ação civil pública é de 5 anos.

Esse prazo se aplica às ações coletivas de consumo?

O tema é polêmico e há divergência entre os órgãos fracionários do STJ.

No informativo 648, a Corte divulgou que "**o prazo de 5 (cinco) anos para o ajuizamento da ação popular não se aplica às ações coletivas de consumo**" (STJ, 3ª Turma. REsp 1.736.091-PE, Rel. Min. Nancy Andrighi, julgado em 14/05/2019).

---

55. STJ, 4ª Turma, AgRg no REsp 1.173.874/RS. Rel. Min. Antonio Carlos Ferreira, j. 17/03/2015, DJe 24/03/2015; STJ, 3ª Turma, EDcl no REsp 1.276.072/PR, Rel. Min. Paulo de Tarso Sanseverino, j. 19/09/2013, DJe 24/09/2013; STJ, 2ª Turma, AgRg no REsp 1.185.347/RS, Rel. Min. Humberto Martins, j. 17.04.2012, DJe 25.04Z012.

Ocorre que há julgados em sentido contrário: STJ. 1ª Turma. AgInt no AREsp 814391/RN, Rel. Min. Napoleão Nunes Maia Filho, julgado em 27/05/2019. STJ. 2ª Turma. REsp 1660385/RJ, Rel. Min. Herman Benjamin, julgado em 05/10/2017. STJ. 3ª Turma. REsp 1473846/SP, Rel. Min. Ricardo Villas Bôas Cueva, julgado em 21/02/2017.

Observe que não se trata de entendimento consolidado, existindo decisão contrária proferida no mesmo mês daquela divulgada em informativo.

Para fins de prova organizada pela Banca Cespe, cuidado, pois esta costuma cobrar o que é divulgado em informativo.

Precisamos aguardar se haverá superação da divergência.

QUADRO-RESUMO - Capítulo II

AÇÃO CIVIL PÚBLICA

Lei nº 7.347 de 24 de julho de 1958

A LACP disciplina as ações de responsabilidade por danos (morais e patrimoniais) causados ao rol de bens jurídicos previsto em seu art. 1º;

A ACP, todavia, pode ser movida em defesa de diversos outros direitos previstos na legislação (ideia de microssistema): PNMA, Lei de Improbidade, ECA, etc.

"Responsabilidade por danos" – apenas tutela ressarcitória? Não! Provimentos de quaisquer naturezas (condenatórios, constitutivos, ou meramente declaratórios) bem como a cumulação de pedidos.

CUMULAÇÃO DE CONDENAÇÕES

Súmula 629-STJ: Quanto ao dano ambiental, é admitida a condenação do réu à obrigação de fazer ou à de não fazer cumulada com a de indenizar. (STJ. 1ª Seção. Aprovada em 12/12/2018, DJe 17/12/2018).

STJ: "a logicidade hermenêutica do art. 3º da Lei 7.347/1985 permite a cumulação das condenações em obrigações de fazer ou não fazer e indenização pecuniária em sede de ação civil pública, a fim de possibilitar a concreta e cabal reparação do dano ambiental pretérito, já consumado. Microssistema de tutela coletiva". (2ª Turma. RECURSO ESPECIAL 1269494/MG, Rel. Min. Eliana Calmon, julgado em 24/09/2013).

Princípio ambiental da reparação integral.

OBJETO

Rol (exemplificativo) de direitos que podem ser tutelados via ação civil pública:

- meio-ambiente;
- consumidor;
- bens e direitos de valor artístico, estético, histórico, turístico e paisagístico;
- qualquer outro interesse difuso ou coletivo;
- por infração da ordem econômica;
- ordem urbanística;
- honra e à dignidade de grupos raciais, étnicos ou religiosos;
- patrimônio público e social.

PEDIDO

Controle de Constitucionalidade?

A jurisprudência do Supremo Tribunal Federal tem reconhecido que se pode pleitear a inconstitucionalidade de determinado ato normativo na ação civil pública, desde que *incidenter tantum*. Veda-se, no entanto, o uso da ação civil pública para alcançar a declaração de inconstitucionalidade com efeitos erga omnes. No caso, o pedido de declaração de inconstitucionalidade da Lei 754/1994 é meramente incidental, constituindo-se verdadeira causa de pedir. (RECURSO EXTRAORDINÁRIO 424. 993/DF, Pleno, Rel. Min. Joaquim Barbosa, j. 12.09.2007, DJe 19.10.2007).

Arguição como questão prejudicial. Controle difuso. Efeitos *inter partes*.

Dano moral coletivo

Conceito: injusta lesão à esfera moral de certa comunidade, ou seja, viola-se certos valores coletivos (exemplo: publicidade enganosa).

Primeiro momento: a condenação em dano extrapatrimonial coletivo era objetivo de divergência entre Turmas do STJ. Para a 1ª Turma, por exemplo, a vítima do dano moral deveria ser, necessariamente, uma pessoa, logo, o dano moral não poderia ter caráter de transindividualidade. (REsp 598281/MG, Rel. Min. Luiz Fux, DJ 01.06.2006);

Entendimento atual: Cabimento, em tese, da condenação à indenização de danos morais coletivos em ação civil pública (STJ, EREsp 1.367.923/RJ, Rel. Min. João Otávio de Noronha, Corte Especial, j. 15/2/2017, DJe 15/3/2017). Exemplos: situações de tutela do meio ambiente e direitos dos consumidores.

Judicialização de políticas públicas

Política pública: Conjunto de conjunto de normas (Poder Legislativo), atos (Poder· Executivo) e decisões (Poder Judiciário) por meio das quais é possível implementar os objetivos fundamentais previstos no art. 3º da Constituição Federal. Prestações positivas (obrigações de fazer) por parte do Estado.

Mínimo existencial: relação com a dignidade da pessoa humana. Conteúdo mínimo que deve ser garantido ao indivíduo (saúde, educação, saneamento básico etc.).

Reserva do possível: limitações fáticas e jurídicas à efetivação dos direitos fundamentais prestacionais. Reserva do financeiramente possível – limitações orçamentárias.

A Administração Pública pode se valer da teoria da reserva do possível para justificar a ausência de implementação de determinada política pública? Sim, apenas quando estiver diante de: Impossibilidade fática ou jurídica (inclui-se a orçamentária); Direito não considerado parte do "mínimo existencial".

A Administração Pública já foi compelida pelos Tribunais Superiores a, por exemplo:

- realizar obras de acessibilidade em prédios públicos;
- realizar obras emergenciais em estabelecimento prisional;
- manter quantidade mínima de medicamento em estoque;
- reformar cadeias públicas ou a construir novas unidades prisionais;
- a suprir a carência de professores em unidades de ensino público;
- a assegurar vagas em creches e pré-escolas da rede pública para crianças até determinada idade.

Vedações

Art. 1º, parágrafo único, da LACP - Não cabe, em ACP, postulações que envolvam:

- Tributos;
- Contribuições previdenciárias;
- FGTS;
- Outros fundos de natureza institucional cujos beneficiários podem ser individualmente determinados.

Situações já admitidas pela jurisprudência:

- Condenação por improbidade administrativa de agente público que tenha cobrado taxa por valor superior ao custo do serviço prestado, ainda que a causa de pedir envolva questões tributárias (STJ, REsp 1.387.960-SP);
- Anulação de acordo de concessão de benefício fiscal tributário lesivo ao patrimônio público (exemplo: Termo de Acordo de Regime Especial – TARE). (STJ, AgRg no AREsp 513145/DF);
- Discriminação da contribuição de iluminação pública (COSIP), nas contas de energia elétrica (STJ, REsp 1.010.130/MG);
- Pretensão relativa a benefício previdenciário (STF, RE 549.419/DF) – Cuidado! Contribuição previdenciária não, pois é tributo;
- Análise da legalidade da cobrança de tarifas públicas (preços públicos) – como as cobradas pelas concessionárias e permissionárias de serviços públicos. Tarifa não é tributo nem contribuição; envolve relação de consumo. (STF, RE 228.177/MG);
- Tese de Repercussão Geral fixada pelo STF (tema 850): O Ministério Público tem legitimidade para a propositura de ação civil pública em defesa de direitos sociais relacionados ao FGTS". - Mas e a vedação ligada ao FGTS? A lei objetiva evitar que as ações coletivas sejam vulgarizadas, manejadas com o intento de simples movimentação de contas fundiárias, atendendo a interesses individualizados. No caso analisado pelo Supremo, a proteção buscada relaciona-se a direitos sociais, que, embora ligados ao FGTS, possuem amplitude coletiva.

COMPETÊNCIA

Dois são os critérios gerais que determinam a competência para processo e julgamento das ações civis públicas o do local do **dano e o da extensão do dano.**

LACP, Art 2º As ações previstas nesta Lei serão propostas no foro do local onde ocorrer o dano cujo juízo terá competência funcional para processar e julgar a causa.

CDC, Art 93:

Dano local → foro onde ocorreu ou deveria ocorrer o dano

Dano regional ou nacional → foro da capital dos Estados ou do DF.

ATENÇÃO: No caso de dano de âmbito nacional, não há exclusividade de foro do Distrito Federal. O dispositivo invoca competências concorrentes.

Territorial ou Funcional?

O legislador utilizou um critério territorial (local do dano), mas conferiu natureza absoluta (inderrogável pela vontade das partes). Em concursos atenção à literalidade da lei, que indica o critério funcional.

Foro por prerrogativa de função não se aplica às ações civis públicas Juiz natural é o juiz de primeiro grau.

Competência originária do STF o litígio entre Estado estrangeiro ou organismo internacional e a União, o Estado, o Distrito Federal ou o Território causas e os conflitos entre a União e os Estados, a União e o Distrito Federal, ou entre uns e outros, inclusive as respectivas entidades da administração indireta OU a ação em que todos os membros da magistratura sejam direta ou indiretamente interessados, e aquela em que mais da metade dos membros do tribunal de origem estejam impedidos ou sejam direta ou indiretamente interessados. (art 102, 'f' e 'n' da CF).

Delegação de competência

Comarca que não é sede da Justiça Federal: não se admite a delegação para a Justiça Estadual.

LEGITIMIDADE

São legitimados ativos (art 5º, LACP c/c art 82 CDC):

- o Ministério Público;
- a Defensoria Pública;

- a União, os Estados, os Municípios e o Distrito Federal;
- as entidades e órgãos da Administração Pública, direta ou indireta (empresa pública, fundação ou sociedade de economia mista), ainda que sem personalidade jurídica, especificamente destinados à defesa dos interesses e direitos transindividuais;
- as associações legalmente constituídas há pelo menos um ano e que incluam entre seus fins institucionais a defesa dos interesses e direitos transindividuais;
- sindicatos.

A legitimação nas ações civis públicas é:

a) Extraordinária (substituição processual) o legitimado ativo defende, em nome próprio, direito alheio (pertencente à coletividade ou a um grupo);

b) Concorrente não é exclusiva, qualquer um dos órgãos ou entidades listados podem propor a ação;

c) Disjuntiva não há exigência de que os legitimados atuem em conjunto O litisconsórcio, se existente, será facultativo.

Representatividade adequada

O controle da representatividade existe a fim de verificar se o legitimado "poderá tutelar adequadamente os direitos materiais postos na causa, substituindo os titulares dos direitos materiais sem prejuízo desses direitos" (Hermes Zanetti e Leonardo Garcia).

Controle ***ope legis***: a adequação é previamente definida em lei (predominante no Brasil);

Controle ***ope judicis***: realizado pelo Judiciário diante de um caso concreto.

Com efeito, contanto que não seja exercido de modo a ferir a necessária imparcialidade inerente à magistratura, e sem que decorra de análise eminentemente subjetiva do juiz, ou mesmo de óbice meramente procedimental, é plenamente possível que, excepcionalmente, de modo devidamente fundamentado, o magistrado exerça, mesmo que de ofício, o controle de idoneidade (adequação da representatividade) para aferir/afastar a legitimação ad causam de associação (AgRg no REsp 901 936 / Rel Ministro Luiz Fux, primeira turma, julgado em 16 10 2008 DJe 16 03 2009.

Ministério Público

Direitos difusos: O Ministério Público sempre tem legitimidade.

Direitos coletivos em sentido estrito:

- Direitos INDISPONÍVEIS: O Ministério Público sempre tem legitimidade;
- Direitos DISPONÍVEIS: O Ministério Público tem legitimidade quando presente a relevância social do interesse que se busca tutelar.

Direitos individuais homogêneos: O Ministério Público tem legitimidade quando presente a RELEVÂNCIA SOCIAL do interesse que se busca tutelar ou se o direito for INDISPONÍVEL.

LACP, art 5º § 1º: "O Ministério Público, se não intervier no processo como parte, atuará obrigatoriamente como fiscal da lei.

Situações já analisadas pelos Tribunais Superiores (controle ope judicis da representatividade adequada:

O Ministério Público pode:

- atuar em defesa dos direitos difusos, coletivos e individuais homogêneos dos consumidores;
- ajuizar ação civil pública visando tutelar direitos dos consumidores relativos a serviços públicos (Súmula nº 618/STJ);
- ajuizar ação civil pública com o fim de impedir a cobrança abusiva de mensalidades escolares;
- propor ação civil pública em defesa do patrimônio público (Súmula nº 329 /STJ);

• propor ação civil pública em defesa dos interesses de mutuários do Sistema Financeiro da Habitação visto que presente o relevante interesse social da matéria;

• defender beneficiários do seguro obrigatório (DPVAT) - Interesse social qualificado (STF).

O Ministério Público NÃO pode:

• ajuizar ação civil pública em razão de suposta ilegalidade no recebimento de valores a título de gratificação natalina por juízes e servidores públicos (STJ, AgRg no REsp 672957/RJ);

• interpor ação civil pública contra ex dirigente de clube de futebol em razão da alegada prática de atos que teriam causado prejuízos de ordem moral e patrimonial à agremiação futebolística (STJ, REsp 1041765/MG)

• ajuizar ação civil pública contra o INSS com o objetivo de garantir o direito das crianças sob guarda judicial de serem inscritas, no regime geral da previdência social, como beneficiárias na condição de dependentes do segurado guardião, pois se trata de direitos individuais disponíveis (REsp 396081/RS).

Defensoria Pública

CF, Art 134. A Defensoria Pública é instituição permanente, essencial à função jurisdicional do Estado, incumbindo lhe, como expressão e instrumento do regime democrático, fundamentalmente, a orientação jurídica, a promoção dos direitos humanos e a defesa, em todos os graus judicial e extrajudicial, dos direitos individuais e coletivos de forma integral e gratuita, aos necessitados na forma do inciso LXXIV do art 5 º desta Constituição Federal (Redação dada pela Emenda Constitucional nº 80 de 2014).

Quem são os necessitados? Os carentes de recursos financeiros, os hipervulneráveis (isto é, os socialmente estigmatizados ou excluídos, as crianças, os idosos, as gerações futuras necessitado organizacional, ou seja, o indivíduo ou grupo em situação especial de vulnerabilidade existencial).

Defensoria possui, em relação aos:

- Direitos difusos legitimidade ampla;

- Direitos coletivos em sentido estrito e individuais homogêneos legitimidade restrita aos necessitados (lembre se da amplitude desta expressão).

Entes políticos e Administração Direta

União, os Estados, o Distrito Federal, os Municípios e os órgãos da Administração Direta: Não estão limitados pelo requisito da pertinência temática.

STJ: legitimidade do Município para propositura de ACP em defesa dos consumidores - *Em relação ao Ministério Público e aos entes políticos, que tem como finalidades institucionais a proteção de valores fundamentais como a defesa coletiva dos consumidores, não se exige pertinência temática e representatividade adequada* (REsp 1509586/Rel. Ministra Nancy Andrighi, Terceira Turma, julgado em 15 05 2018 DJe 18 05 2018)

Entidades e órgãos da Administração Indireta

Autarquia, empresa pública, fundação, sociedade de economia mista e demais entidades e órgãos da Administração Pública indireta, ainda que sem personalidade jurídica: Diferente do que ocorre com os entes federativos e os órgãos da Administração Direta, em relação à Administração Indireta faz se necessária a demonstração da pertinência temática.

STJ: Em relação à OAB, cuja natureza é compreendida majoritariamente como sui generis, esse requisito não é exigido (REsp 1351760/Segunda Turma, DJe 09.12.2013).

Associações

A representação adequada das associações para a propositura de ações civis públicas exige a presença de dois requisitos:

a) Estar legalmente constituída (requisito formal) há, pelo menos, 1 (um ano) (requisito temporal);

OBS.: Dispensa do requisito da pré-constituição - Prevê a LACP Art 5º, §4º que "o requisito da pré constituição poderá ser dispensado pelo juiz, quando haja manifesto interesse social evidenciado pela dimensão ou característica do dano, ou pela relevância do bem jurídico a ser protegido".

b) Incluir, entre suas finalidades institucionais, a proteção ao patrimônio público e social, ao meio ambiente, ao consumidor, à ordem econômica, à livre concorrência, aos direitos de grupos raciais, étnicos ou religiosos ou ao patrimônio artístico, estético, histórico, turístico e paisagístico requisito institucional.

OBS.: Desnecessidade de idêntica correspondência entre a finalidade prevista no estatuto e o objeto da demanda (desde que a finalidade prevista não seja genérica).

Autorização dos associados?

Lei nº 9.494/97, Art. 2º-A, Parágrafo único: Nas ações coletivas propostas contra a União, os Estados, o Distrito Federal, os Municípios e suas autarquias e fundações, a petição inicial deverá obrigatoriamente estar instruída com a ata da assembleia da entidade associativa que a autorizou, acompanhada da relação nominal dos seus associados e indicação dos respectivos endereços. (Incluído pela Medida provisória nº 2.180-35 de 2001)

A exigência de autorização conferida pelos associados em assembleia, significa que, em relação às associações, a legitimidade tem natureza de representação e não de substituição processual?

<u>Evolução jurisprudencial</u>

1º Momento: STF - as associações eram representantes processuais (e não substitutas), o que exigiria autorização expressa dos representados para lhes conferir legitimidade ad causam A autorização deveria ser específica (RE 612.043/PR 2017).

2º Momento: STF - "o entendimento firmado alcança tão somente as ações coletivas submetidas ao rito ordinário, as quais tratam de interesses meramente individuais, sem índole coletiva o que não ocorre nas ações civis públicas (Edcl no RE 612.043/PR 2018).

3º Momento: STJ - reviu sua jurisprudência em 2020 o regime é o de substituição processual, logo a "a autorização para a defesa do interesse coletivo em sentido amplo é estabelecida na definição dos objetivos institucionais, no próprio ato de criação da associação, sendo desnecessária nova autorização ou deliberação em assembleia (EDcl no REsp 1405697/MG).

<u>Implicações práticas</u>

Entendimento anterior: uma associação não poderia assumir ação coletiva iniciada por outra, pois não contaria com a autorização expressa dos associados ali representados.

Isso agora é possível? Sim! Uma associação pode assumir ação coletiva iniciada por outra mesmo sem autorização expressa dos associados. O microssistema de defesa dos interesses coletivos privilegia o aproveitamento do processo coletivo possibilitando a sucessão da parte autora pelo Ministério Público ou por algum outro colegitimado, mormente em decorrência da importância dos interesses envolvidos em demandas coletivas esse entendimento tem como base o parágrafo 3 º do artigo 5 º da Lei da Ação Civil Pública e o artigo 9º da Lei da Ação Popular (STJ, EDcl no REsp 1405697 /MG)

Sindicatos

Constituição Federal, art. 8º, III: a tais entidades "cabe a defesa dos direitos e interesses coletivos ou individuais da categoria, inclusive em questões judiciais ou administrativas".

A expressão 'direitos coletivos' deve ser interpretada em seu sentido amplo, de modo a abranger os difusos, os coletivos sentido estrito e os individuais homogêneos.

Quando atua em juízo na defesa de direitos supraindividuais, o sindicato o faz como substituto processual, desnecessária, portanto, qualquer autorização dos substituídos.

LITISCONSÓRCIO

LACP, Art. 5º, §2º: Fica facultado ao Poder Público e a outras associações legitimadas nos termos deste artigo habilitar se como litisconsortes de quaisquer das partes

Será ulterior e facultativo e pode ser ativo ou passivo.

Exemplo de litisconsórcio passivo facultativo réus poluidores, nas ações de reparação de danos ambientais, cuja responsabilização é solidária. Isso já foi aplicado pelo STJ (REsp 771 619/RR, 1ª Turma, Rel. Min Denise Arruda, DJe 11.02.2009).

Litisconsórcio ulterior de indivíduos lesados: CDC, Art. 94 - Proposta a ação, será publicado edital no órgão oficial, a fim de que os interessados possam intervir no processo como litisconsortes sem prejuízo de ampla divulgação pelos meios de comunicação social por parte dos órgãos de defesa do consumidor.

INTERVENÇÃO DE TERCEIROS

Em regra, não há impedimentos.

Nas ações para fornecimento de medicamentos, apesar de a obrigação ser solidária entre Municípios, Estados e União, o STJ entende pela vedação do chamamento ao processo da União, por se tratar de medida protelatória. (REsp 1203244/SC, Rel. Ministro Herman Benjamin, Primeira Seção, DJe 17.06.2014)

RELAÇÃO ENTRE DEMANDAS

Existe conexão/litispendência entre ações coletivas? E entre uma ação coletiva e outra individual?

- Relação entre demandas individuais teoria da tríplice identidade (pedido e causa de pedir).
- Relação entre demandas coletivas a teoria que explica a identidade entre ações coletivas é a da identidade da relação jurídica material O que distingue uma ação da outra é o direito material discutido.

Ação Individual X Ação Coletiva

LITISPENDÊNCIA: Não há. Partes e pedidos distintos O pedido na demanda individual é certo e individualizado A demanda coletiva envolve direitos coletivos. Nesse sentido, jamais haverá identidade total entre ação coletiva e individual, logo, não haverá litispendência (art 104 do CDC).

CONEXÃO/CONTINÊNCIA: É possível a identidade da causa de pedir. Há possibilidade de suspensão (facultativa art 104 CDC) da ação individual caso o agente deseje se valer dos efeitos da coisa julgada coletiva.

OBS.: A competência de foro da ação civil pública, de natureza absoluta não pode ser alterada pela prevenção do juízo onde tramita a ação individual. Logo, as ações deverão ser reunidas no juízo da ação civil pública, a menos que ambos os juízos (da ação civil pública e da ação individual) possuam a mesma competência territorial caso em que, sendo prevento o juízo da ação individual, atrairá para si a coletiva (Cleber Masson e Landolfo Andrade).

Ação Coletiva x Ação Coletiva

Entre ações coletivas é possível que exista identidade total e identidade parcial.

LITISPENDÊNCIA: Possível. Os elementos de duas ações coletivas podem ser idênticos e, assim, induzirem litispendência.

Consequência:

1ª Corrente: Extinção da ação repetida e possibilidade de o legitimado ingressar como litisconsorte na ação remanescente (Wambier).

2ª Corrente Reunião para julgamento conjunto ou, caso não seja possível, a suspensão de uma (Ada Grinover).

As partes podem ser diferentes: STJ - a identidade das partes deve ser aferida sob a ótica dos possíveis beneficiários do resultado das sentenças (REsp 1726147/SP 4 ª Turma, j 14.05.2019) e ainda que se trate de litispendência entre ações coletivas com procedimentos diversos, exemplo ACP e ação popular (AgRg no REsp 1505359/PE, 2ª Turma, j 22.11.2016).

CONEXÃO/CONTINÊNCIA: Pode existir identidade de pedidos e causas de pedir, ou o pedido de uma pode estar contido no da outra.

Consequência: reunião no juízo prevento, ou, não sendo possível, a suspensão de uma das demandas (Súmula 489 do STJ Reconhecida a continência, devem ser reunidas na Justiça Federal as ações civis públicas propostas nesta e na Justiça estadual).

TERMO DE AJUSTAMENTO DE CONDUTA

LACP: "os órgãos públicos legitimados poderão tomar dos interessados compromisso de ajustamento de sua conduta às exigências legais, mediante cominações, que terá eficácia de título executivo extrajudicial" (Art. 5º § 6 - Previsão também no art. 211 do ECA, art. 85 da Lei do CADE (Lei 12 529 2011) e no art. 17, §1 º da Lei de Improbidade Administrativa).

As partes firmarão um termo que tem natureza de título executivo extrajudicial (podendo ser judicial se firmado no bojo do processo judicial já existente).

Pode ser firmado mesmo após a ocorrência do dano.

Quem pode celebrar? Quem são os "órgãos públicos"? Órgãos integrantes da Administração Pública (os quais não ostentam personalidade) e as instituições (Ministério Público e Defensoria Pública) e pessoas jurídicas de direito público (entes políticos, autarquias).

Os sindicatos e fundações privadas, por sua vez, não podem fazê-lo, por possuírem personalidade jurídica de direito privado

Sociedades de economia mista e as empresas públicas há controvérsia, existindo quem defenda a possibilidade de firmarem TAC desde que sejam prestadoras de serviço público (estando impedidas as exploradoras de atividade econômica)

IMPORTANTE: De acordo com a previsão legal, as associações privadas estão impedidas de firmar compromisso de ajustamento de conduta. Ocorre que, não obstante a ausência de previsão na LACP, o STF entende que é possível que as associações privadas façam transação em processo coletivo ADPF 165, Relator(a) Min. Ricardo Lewandowski, Tribunal Pleno, julgado em 01.03.2018.

Por fim o compromisso firmado extrajudicialmente não impede a propositura da ACP Não forma coisa julgada, portanto.

INQUÉRITO CIVIL

O inquérito civil é procedimento:

- ADMINISTRATIVO;
- PREPARATÓRIO: que, em regra, antecede o ajuizamento da demanda;
- FACULTATIVO: o órgão ministerial pode ajuizar a ação civil pública sem instaurar inquérito civil quando já possuir elementos para o ajuizamento (art. 1º, parágrafo único, da Resolução 23/2007 do CNMP. O inquérito civil não é condição de procedibilidade para o ajuizamento das ações a cargo do Ministério Público, nem para a realização das demais medidas de sua atribuição própria);
- PÚBLICO: sendo o sigilo uma exceção, quando necessário para evitar prejuízos à colheita de provas (analogia ao art. 20 do CPP);
- INQUISITORIAL: uma vez que dispensa o contraditório, o qual é diferido e ocorre durante a ação coletiva (há doutrina, minoritária em sentido contrário);
- PRIVATIVO DO MINISTÉRIO PÚBLICO: art. 129 III, da CF.

PROCESSAMENTO DA ACP

Petição Inicial

Requisitos do art, 319 do CPC e o STJ entende possível a emenda da petição inicial da ACP mesmo após ter sido apresentada contestação o que consagra o princípio da efetividade (STJ, REsp 1279586/ PR, Rel. Ministro Luis Felipe Salomão, 4ª T., julgado em 03.10.2017).

Liminar

Lei 8.437/92: Não há possibilidade, em regra, de concessão de medida liminar inaudita altera pars, pois o representante judicial da pessoa jurídica de direito público, deverá ser intimado para manifestação (em 72 horas).

STJ já excepcionou em casos de possibilidade de graves danos decorrentes da demora no cumprimento da liminar (exemplos saúde de pessoa idosa - Resp 860840/MG; possibilidade da ocorrência de danos ambientais - Decisão Monocrática, Agravo de Instrumento nº 1 294 964 /PA).

A decisão que concede a medida liminar é recorrível por agravo.

Art. 12, §1º: prevê o cabimento de suspensão de liminar (suspensão de segurança).

SENTENÇA E MEIOS DE IMPUGNAÇÃO

Sentença

Possível obter em ações civis públicas provimentos condenatórios, constitutivos ou meramente declaratórios

Em relação ao provimento condenatório, podemos ter, em ações civis públicas, decisões de cunho cominatório (obrigações de fazer, não fazer ou de entregar), bem como indenizatório (obrigação de pagar), permitindo se a cumulação de ambos

Recursos

Em regra, a apelação (e demais recursos) tem efeito devolutivo Art. 14: "O juiz poderá conferir efeito suspensivo aos recursos, para evitar dano irreparável à parte"

Remessa necessária

Aplica-se por analogia o regramento da ação popular art. 19 da Lei de Ação Popular (reexame invertido).

COISA JULGADA

CDC, arts. 103, 104 e 106

DIREITOS DIFUSOS: COISA JULGADA ERGA OMNES, exceto se o pedido for julgado improcedente por insuficiência de provas, hipótese em que qualquer legitimado poderá intentar outra ação, com idêntico fundamento valendo se de nova prova *(coisa julgada secundum eventum probationis).*

DIREITOS COLETIVOS EM SENTIDO ESTRITO: ULTRA PARTES, mas limitadamente ao grupo, categoria ou classe, salvo improcedência por insuficiência de provas, hipótese em que qualquer legitimado poderá intentar outra ação, com idêntico fundamento valendo se de nova prova *(coisa julgada secundum eventum probationis).*

Nos dois casos acima, os efeitos da coisa julgada não prejudicarão interesses e direitos individuais dos integrantes da coletividade, do grupo, categoria ou classe.

DIREITOS INDIVIDUAIS HOMOGÊNEOS: ERGA OMNES apenas **no caso de procedência** do pedido, para beneficiar todas as vítimas e seus sucessores.

Neste caso, em caso de improcedência do pedido, os interessados que não tiverem intervindo no processo como litisconsortes poderão propor ação de indenização a título individual (art. 103, §3º)

Neste caso, e no de direitos coletivos em sentido estrito (inciso anterior) os efeitos da coisa julgada erga omnes ou ultra partes não beneficiarão os autores das ações individuais, se não for requerida sua suspensão no prazo de trinta dias a contar da ciência nos autos do ajuizamento da ação coletiva.

Para o STJ os efeitos da decisão poderão beneficiar os lesados que não suspenderam suas ações individuais por ausência de ciência quanto à existência da demanda coletiva Ciência inequívoca (REsp 1593142/DF).

CRITÉRIO TERRITORIAL

LACP, Art. 16. A sentença civil fará coisa julgada erga omnes, nos limites da competência territorial do órgão prolator exceto se o pedido for julgado improcedente por insuficiência de provas, hipótese em que qualquer legitimado poderá intentar outra ação com idêntico fundamento, valendo se de nova prova (Redação dada pela Lei nº 9 494 de 10.9.1997).

Lei 9.494/97, Art. 2º-A. A sentença civil prolatada em ação de caráter coletivo proposta por entidade associativa, na defesa dos interesses e direitos dos seus associados, abrangerá apenas os substituídos que tenham, na data da propositura da ação, domicílio no âmbito da competência territorial do órgão prolator. (Incluído pela Medida provisória nº 2.180 -35 de 2001).

STJ: Em 2016 o tema foi pacificado no âmbito do Tribunal, quando a Corte Especial definiu que a eficácia das decisões proferidas em ações civis públicas coletivas NÃO deve ficar limitada ao território da competência do órgão jurisdicional que prolatou a decisão (EREsp 1134957/SP Rel Min Laurita Vaz, julgado em 24.10.2016).

O art. 16 da LACP confunde coisa julgada e competência territorial, induzindo à errônea interpretação no sentido de que a eficácia da sentença poderia estar limitada territorialmente A competência territorial limita o exercício da jurisdição, mas não os efeitos da sentença.

STF: O Tribunal, por maioria, apreciando o tema 1.075 da repercussão geral, fixou a seguinte tese: "I - É inconstitucional o art. 16 da Lei 7.347/1985, alterada pela Lei 9.494/1997. II - Em se tratando de ação civil pública de efeitos nacionais ou regionais, a competência deve observar o art. 93, II, da Lei 8.078/1990. III - Ajuizadas múltiplas ações civis públicas de âmbito nacional ou regional, firma-se a prevenção do juízo que primeiro conheceu de uma delas, para o julgamento de todas as demandas conexas". Plenário, Sessão Virtual de 26.3.2021 a 7.4.2021.

Nesse sentido NÃO prospera a limitação territorial prevista no art. 16 da LACP, podendo a decisão proferida na ação coletiva ter alcance nacional.

LIQUIDAÇÃO/EXECUÇÃO DA SENTENÇA

A execução compete ao autor coletivo. Caso este não o faça em 60 (sessenta dias) do trânsito em julgado da sentença, deve fazê-lo o Ministério Público (princípio da indisponibilidade da execução coletiva). É facultado, ainda, que outro legitimado ativo execute.

Especificidades da liquidação/execução em relação aos direitos individuais homogêneos

São proferidas sentenças condenatórias genéricas, que não identificam cada uma das vítimas do evento. Necessitam de complementação, via liquidação, para definição não apenas do *quantum debeatur* mas da própria condição de vítima do evento reconhecido na sentença (ou de sucessor de uma vítima) – liquidação imprópria.

A liquidação e a execução individual de sentença genérica proferida em ação civil coletiva pode ser ajuizada no foro do domicílio do beneficiário (STJ AgRg no AREsp 302062/DF).

Prazo para ajuizamento da execução individual da sentença coletiva

No âmbito do Direito Privado, é de cinco anos o prazo prescricional para ajuizamento da execução individual em pedido de cumprimento de sentença proferida em Ação Civil Pública" (STJ, REsp 1273643 / PR Rel. Ministro Sidnei Beneti, Segunda Seção, julgado em 27.02.2013).

Termo inicial: Trânsito em julgado da ação coletiva (STJ, REsp 1388000/PR, Rel. Ministro Napoleão Nunes Maia Filho, Primeira Seção, julgado em 26.08.2015, DJe 12.04.2016).

CUSTAS E SUCUMBÊNCIA

LACP: isenção de toda e qualquer despesa, a fim de possibilitar maior facilidade no acesso à justiça "Não haverá adiantamento de custas, emolumentos, honorários periciais e quaisquer outras despesas, nem condenação da associação autora salvo comprovada má fé, em honorários de advogado, custas e despesas processuais" (art 18).

Abrange qualquer legitimado, inclusive o Ministério Público.

Perito não pode exercer sua atividade sem receber uma remuneração. Por tal razão, o STJ entende que a responsabilidade pelo pagamento dos honorários periciais será transferida à Fazenda Pública a qual está vinculada o órgão ministerial, já que tal ônus não poderia ser repassado ao réu (REsp 1253844/SC Rel. Ministro Mauro Campbell Marques, Primeira Seção, julgado em 13.03.2013 DJe 17.10.2013).

O art. 18 (isenção de custas e honorários) também se aplica também ao réu. (STJ, EAREsp 962 250 /SP, Rel. Ministro Og Fernandes, Corte Especial, julgado em 15.08.2018, DJe 21.08.2018). A Corte ressalva o caso das associações e fundações privadas, quando ocupam o polo ativo, as quais recebem tratamento privilegiado e diferenciado no domínio da ação civil pública (STJ, REsp 1796436/RJ, Rel. Ministro Herman Benjamin, Segunda Turma, julgado em 09.05.2019 DJe 18 06 2019).

PRESCRIÇÃO

A LACP não contém dispositivo que discipline o prazo prescricional para ajuizamento da ação. Para o STJ, diante do microssistema de tutela coletiva, é possível utilizar a norma da LAP para concluir que o prazo prescricional da ação civil pública é de 5 anos (STJ, 4ª Turma, AgRg no REsp 1.173.874/RS, Rel. Min. Antonio Carlos Ferreira, j 17.03.2015).

Aplicação do prazo às ações coletivas de consumo: divergência entre os órgãos fracionários do STJ.

No informativo 648 a Corte divulgou que "o prazo de 5 anos para o ajuizamento da ação popular não se aplica às ações coletivas de consumo" (3ª Turma, REsp 1736091/PE, Rel. Min Nancy Andrighi, julgado em 14.05.2019).

Ocorre que há julgados da 1ª Turma em sentido contrário (AgInt no AREsp 814391/RN Rel. Min. Napoleão Nunes Maia Filho, julgado em 27.05.2019).

CAPÍTULO III

AÇÃO POPULAR

A Ação Popular é um instrumento de democracia participativa previsto na Constituição Federal, que permite o controle dos atos da Administração Pública por parte do cidadão.

Destaca-se que a ação popular está em nosso ordenamento jurídico desde a Constituição Imperial de 1824, e foi regulamentada em 1965 com a promulgação da Lei nº 4.717/65. Trata-se de mecanismo de tutela de interesses transindividuais, espécie do gênero "ação coletiva em sentido amplo".

Por compor o microssistema de tutela coletiva, aplica-se, subsidiariamente, ao seu procedimento, as regras da Lei de Ação Civil Pública e do Código de Defesa do Consumidor.

Passemos ao estudo do regramento dessa importante forma de controle popular dos atos praticados pela Administração Pública.

1. CABIMENTO (OBJETO)

A ação popular possui objeto é menos amplo que o das outras espécies de ação coletiva, pois se limita a determinadas espécies de **direitos difusos.**

O art. 1º da Lei 4.717/65 prevê o cabimento da ação popular para a anulação ou a declaração de nulidade de atos lesivos ao **patrimônio** de determinados órgãos e entidades, mas a Constituição Federal de 1988 ampliou esse objeto. Prevê o texto constitucional:

CONSTITUIÇÃO FEDERAL

Art. 5º LXXIII - qualquer cidadão é parte legítima para propor ação popular que vise a **anular ato lesivo** ao patrimônio público ou de entidade de que o Estado participe, **à moralidade administrativa, ao meio ambiente e ao patrimônio histórico e cultural**, ficando o autor, salvo comprovada má-fé, isento de custas judiciais e do ônus da sucumbência; (grifos nossos)

Considera-se patrimônio, inclusive, os bens e direitos de valor econômico, artístico, estético, histórico ou turístico[1].

Pergunta-se: quais órgãos/entidades possuem o patrimônio protegido por meio de AP?

Dispõe a LAP:

LEI DA AÇÃO POPULAR (4.717/65)

Art. 1º Qualquer cidadão será parte legítima para pleitear a anulação ou a declaração de nulidade de atos lesivos ao patrimônio **da União, do Distrito Federal, dos Estados, dos Municípios, de entidades autárquicas, de sociedades de economia mista** (Constituição, art. 141, § 38), **de sociedades mútuas de seguro nas quais a União represente os segurados ausentes, de empresas públicas, de serviços sociais autônomos, de instituições ou fundações para cuja criação ou custeio o tesouro público haja concorrido ou concorra com mais de cinquenta por cento do patrimônio ou da receita ânua, de empresas incorporadas ao patrimônio da União, do Distrito Federal, dos Estados e dos Municípios, e de quaisquer pessoas jurídicas ou entidades subvencionadas pelos cofres públicos.**

(...)

§ 2º Em se tratando de instituições ou fundações, para cuja criação ou custeio o tesouro público concorra com menos de cinquenta por cento do patrimônio ou da receita ânua, bem como de pessoas jurídicas ou entidades subvencionadas, as consequências patrimoniais da invalidez dos atos lesivos terão por limite a repercussão deles sobre a contribuição dos cofres públicos. (grifos nossos)

Da leitura do dispositivo depreende-se que patrimônio público compreende o patrimônio da(s):

- **Administração Pública Direta e Indireta**;
- **Sociedades mútuas de seguro** nas quais a União **represente** os segurados ausentes;
- Empresas **incorporadas** ao patrimônio da União, do Distrito Federal, dos Estados e dos Municípios;
- Instituições ou fundações para cuja criação ou custeio o tesouro público haja concorrido ou concorra com **mais** de cinquenta por cento do patrimônio ou da receita ânua;

1. Art. 1º, §1º, da LAP.

- Pessoas jurídicas ou entidades subvencionadas pelos cofres públicos e instituições ou fundações, para cuja criação ou custeio o tesouro público concorra com **menos** de cinquenta por cento do patrimônio ou da receita ânua, apenas em relação às contribuições dos cofres públicos feitas a tais pessoas jurídicas.

Em relação à esta última categoria, deve-se ter atenção. Nestes casos, a invalidez do ato lesivo com repercussão patrimonial terá um limite: a parcela de contribuição dos cofres públicos. Os valores de natureza privada, portanto, não serão afetados.

Por fim, salienta-se em relação ao cabimento, que, como estudado alhures, a ação popular veicula um pedido declaratório de nulidade ou anulatório de um ato. Ocorre que tal pedido não se aplica a qualquer tipo de ato.

Consideram-se sindicáveis por meio de ação popular os **atos administrativos,** inclusive os que assumem a forma de norma (exemplos: decretos e resoluções).

1.1. Atos nulos e anuláveis

O art. 2º da LAP prevê um rol (exemplificativo) de vícios que podem inquinar de nulidade o ato administrativo, constando em seu parágrafo único o conceito de cada espécie de vicio:

SÃO NULOS OS LESIVOS AO PATRIMÔNIO PÚBLICO NOS CASOS DE:
A) INCOMPETÊNCIA - fica caracterizada quando o ato **não se incluir nas atribuições legais do agente** que o praticou;
B) VÍCIO DE FORMA - consiste na **omissão ou na observância incompleta ou irregular de formalidades** indispensáveis à existência ou seriedade do ato;
C) ILEGALIDADE DO OBJETO - o **resultado do ato importa em violação** de lei, regulamento ou outro ato normativo;
D) INEXISTÊNCIA DOS MOTIVOS - se verifica quando a **matéria de fato ou de direito**, em que se fundamenta o ato, é **materialmente inexistente ou juridicamente inadequada ao resultado** obtido;
E) DESVIO DE FINALIDADE - se verifica quando o agente pratica o ato visando a **fim diverso** daquele previsto, explícita ou implicitamente, **na regra de competência.**

Trata-se de conceitos bastante explorados em provas de concursos.

QUESTÃO DE CONCURSO

FCC – 2011 - PGE/RO- Procurador do Estado Substituto - No que se refere à disciplina da Ação Popular é correto afirmar que é considerado nulo o ato lesivo ao patrimônio da União, dos Estados, dos Municípios, e das outras entidades previstas na Lei no 4.717/65, por motivo de ilegalidade do objeto, quando:

A) o agente pratica o ato visando a fim diverso daquele previsto, explícita ou implicitamente, na regra de competência.

COMENTÁRIO: Incorreta. Aponta o conceito de desvio de finalidade.

B) o ato não se incluir nas atribuições legais do agente que o praticou.

COMENTÁRIO: Incorreta. Aponta o conceito de incompetência.

C) há observância incompleta de formalidades indispensáveis à existência ou seriedade do ato.

COMENTÁRIO: Incorreta. Aponta o conceito de vício de forma.

D) o resultado do ato importa em violação de lei, regulamento ou outro ato normativo.

COMENTÁRIO: Correto. Aponta o conceito de ilegalidade do objetivo, como questionado no enunciado.

E) a matéria de fato ou de direito, em que se fundamenta o ato, é materialmente inexistente ou juridicamente inadequada ao resultado obtido.

COMENTÁRIO: Incorreta. Aponta o conceito de inexistência dos motivos.

GABARITO: D

O art. 3º da LAP, por sua vez, indica que os atos lesivos "cujos vícios não se compreendam nas especificações do artigo anterior, serão anuláveis, segundo as prescrições legais, enquanto compatíveis com a natureza deles".

Válida a análise, ainda, de algumas situações específicas.

1.2. Lei de efeito concreto

A ação popular não pode fazer as vezes de uma ação direta de inconstitucionalidade. Nesse sentido, não é possível que o cidadão busque por meio deste tipo de demanda a declaração de inconstitucionalidade de dispositivos de lei de efeitos gerais e abstratos.

Permite-se, contudo, a análise de atos lesivos decorrentes de leis que regulam situações que produzem efeitos concretos. Nesse sentido já decidiu o STJ:

JURISPRUDÊNCIA

É possível juridicamente a ação popular contra lei de efeitos concretos, como soi ser a que prevê dispêndios realizáveis com o dinheiro público, ainda que uma das causas de pedir seja a inconstitucionalidade da norma por contravenção ao art. 36, do ADCT e 165, 9º, da Constituição Federal de 1988. O que se revela incabível é o STJ, guardião da legislação infraconstitucional, analisar essa suposta lesão ao ordenamento maior, no âmbito do recurso especial, sob pena de usurpação da competência constitucional do E. STF. 3. Deveras, **a anulação dos atos administrativos subsequentes calcados nestas premissas é juridicamente possível em sede de ação popular, tanto mais que, nesses casos, a análise da inconstitucionalidade**

é empreendida incidenter tantum via controle difuso, encampado pelo Direito Nacional. Precedentes do STF e do STJ. (STJ, REsp 501854/SC, Rei. Min. Luiz Fux, DJ 24/11/2003) (grifos nossos)

QUESTÃO DE CONCURSO

FCC - 2015 - CNMP - Analista do CNMP – Direito - Na ação popular é correto afirmar que se pode impugnar ato administrativo e lei de efeito concreto.

COMENTÁRIOS: Assertiva correta. O que não se admite em ação popular é que o pedido se dirija à invalidade de lei de conteúdo genérico e abstrato, já que a ação estaria sendo utilizada como sucedâneo de ação direta de inconstitucionalidade.

GABARITO: CORRETO

Impende destacar que não é necessária a citação dos parlamentares que atuaram no respectivo processo legislativo no processo de ação popular, que visa desconstituir ato praticado sob a forma de lei[2].

1.3. Acordo homologado em juízo

Admite-se em ação popular a anulação de acordo homologado judicialmente.

O art. 966, §4º, do CPC dispõe que "os atos de disposição de direitos, praticados pelas partes ou por outros participantes do processo e homologados pelo juízo, bem como os atos homologatórios praticados no curso da execução, estão sujeitos à anulação, nos termos da lei".

Decisões homologatórias de acordos, portanto, não são passíveis de reforma mediante a propositura de ação rescisória, podendo ser invalidadas através de ações anulatórias.

Nesse sentido, precedentes do STJ:

JURISPRUDÊNCIA

PROCESSUAL CIVIL- **DECISÃO JUDICIAL HOMOLOGATÓRIA DE ACORDO EM AÇÃO DE DESAPROPRIAÇÃO- ANULABILIDADE POR AÇÃO POPULAR**. 1. A decisão judicial que homologa acordo entre os litigantes do processo não produz coisa julgada material, podendo ser anulada a avença por ação diversa da rescisória. Precedentes. 2. Recurso especial improvido. (STJ, REsp 536762/RS, Rei. Min. Eliana Calmon, DJ 15/08/2005).

A ação anulatória, prevista no art. 486, do CPC, tem por finalidade desconstituir o ato processual, homologado judicialmente, enquanto que o alvo da ação

2. STJ, EREsp 188873/RS, Rel. Min. Francisco Peçanha Martins, DJ 05/08/2002.

rescisória, do art. 485, do CPC, é a sentença transitada em julgado, que faz coisa julgada material. O efeito pretendido pela primeira é a anulação do ato enquanto que na rescisória é a prolação de nova sentença no judicium rescisorium. 3. A ação rescisória somente é cabível quando houver sentença de mérito propriamente dita, que é aquela em que o magistrado põe fim ao processo analisando os argumentos suscitados pelas partes litigantes e concluindo-a com um ato de inteligência e soberania. 4. **A sentença que homologa a transação fundamentando-se no conteúdo da avença, é desconstituível por meio de ação rescisória** fulcrada no art. 485, VIII, do CPC. (...) 6. **Acordo extrajudicial homologado por sentença, em sede de ação civil pública, com a concordância expressa do órgão ministerial, e lesivo aos interesses da administração pública, é passível de anulação, in abstracto, na forma do art. 486, do CPC, sob os fundamentos que autorizam a ação popular.** 7. **In casu, a ação popular assume cunho declaratório porquanto o ato lesivo o foi subjetivamente complexo, passando pelo crivo do Parquet e do juízo.** Propriedade da ação, in genere, porquanto a possibilidade jurídica do pedido não implica em acolhimento do pleito meritório. 8. Recurso especial provido. (STJ, REsp 450431/PR, Rei. Ministro LUIZ FUX, PRIMEIRATURMA, julgado em 18/09/2003, DJ 20/10/2003) (grifos nossos)

QUESTÃO DE CONCURSO

CESPE – 2010 – AGU - Procurador Federal - A sentença homologatória de acordo firmado entre as partes, em sede de processo de desapropriação, não pode ser anulada por meio de ação popular, mesmo que caracterizado o desvio de finalidade.

COMENTÁRIO: Diversamente do que a assertiva indica, conforme entendimento legal e jurisprudencial, o acordo homologado em juízo pode ser invalidado por meio de ação anulatória, inclusive a ação popular.

GABARITO: ERRADO

1.4. Atos judiciais

A hipótese estudada anteriormente não pode ser confundida com a anulação de atos judiciais em geral.

Não se admite a propositura de ação popular para impugnar atos judiciais típicos, de natureza jurisdicional.

Explica-se: a via própria para a impugnação de atos judiciais é a recursal (também cabíveis ações autônomas de impugnação ou incidentes como a suspensão de segurança).

Ocorre que o Poder Judiciário, assim como o legislador e os administradores públicos, também pratica atos administrativos. Estes sim, podem ser invalidados por meio de ação popular. Neste caso, trata-se de atos judiciais atípicos, de natureza administrativa.

JURISPRUDÊNCIA

AÇÃO POPULAR PROMOVIDA CONTRA DECISÃO EMANADA DO SUPERIOR TRIBUNAL DE JUSTIÇA – AUSÊNCIA DE COMPETÊNCIA ORIGINÁRIA DO SUPREMO TRIBUNAL FEDERAL – INADMISSIBILIDADE DA AÇÃO POPULAR CONTRA ATO DE CONTEÚDO JURISDICIONAL- AÇÃO POPULAR DE QUE NÃO SE CONHECE- AGRAVO IMPROVIDO. O PROCESSO E O JULGAMENTO DE AÇÕES POPULARES CONSTITUCIONAIS (CF. ART. 5º, LXXIII) NÃO SE INCLUEM NA ESFERA DE COMPETÊNCIA ORIGINÁRIA DO SUPREMO TRIBUNAL FEDERAL. - (...) **NÃO CABE AÇÃO POPULAR CONTRA ATOS DE CONTEÚDO JURISDICIONAL - Revela-se inadmissível o ajuizamento de ação popular em que se postule a desconstituição de ato de conteúdo jurisdicional (AO 672-DF, Rei. Min. CELSO DE MELLO). - Os atos de conteúdo jurisdicional - precisamente por não se revestirem de caráter administrativo - estão excluídos do âmbito de incidência da ação popular, notadamente porque se acham sujeitos a um sistema específico de impugnação, quer por via recursal, quer mediante utilização de ação rescisória.** Doutrina. Jurisprudência. Tratando-se de ato de índole jurisdicional, cumpre considerar que este, ou ainda não se tornou definitivo- podendo, em tal situação, ser contestado mediante utilização dos recursos previstos na legislação processual -, ou, então, já transitou em julgado, hipótese em que, havendo decisão sobre o mérito da causa, expor-se-á à possibilidade de rescisão (CPC, art. 485). (STF, AGRPET-2018/SP, Rei. Min. Celso de Mello, DJ 16-02-01).

QUESTÃO DE CONCURSO

CESPE – 2004 – PGE/CE – Procurador do Estado - É inadmissível o ajuizamento de ação popular que busca invalidar ato de conteúdo jurisdicional.

COMENTÁRIOS: Os atos judiciais típicos não podem ser invalidados por meio de ação popular, o que deve ser feito mediante o uso de recursos ou ações autônomas de impugnação. Apenas atos sem conteúdo jurisdicional, atos judiciais atípicos, praticados pelo Poder Judiciário (atos administrativos) podem ser anulados via ação popular.

GABARITO: CORRETO

1.5. Atos discricionários

O Poder Judiciário não pode anular atos administrativos invalidando ou substituindo opções administrativas e critérios técnicos adotados pela Administração. A valoração da conveniência e oportunidade na prática de um ato é privativa desta[3].

3. MEIRELLES, Hely Lopes, Mandado de Segurança, Ação Popular, Ação Civil Pública, Mandado de Injunção, Habeas Data, 13. ed., São Paulo: RT, 1989.

O tema já foi explorado pela Banca Cespe em prova de Defensoria Pública, e pode vir a ser cobrado também em concursos de Procuradorias.[4]

Não obstante, com base no princípio da juridicidade permite-se a análise da legitimidade dos atos discricionários tendo como parâmetro todo o ordenamento jurídico e não apenas a lei (princípio da legalidade). Ademais, é possível o controle de atos discricionários no tocante aos seus elementos vinculados[5].

1.6. Demonstração de prejuízo ao erário

A propositura de ação popular e a declaração da invalidade do ato impugnado exigem a demonstração de prejuízo ao erário? Não!

A jurisprudência dos Tribunais Superiores relativiza a exigência de prejuízo ao Erário, pois as ofensas previstas na LAP são vistas como lesões implícitas. Requer-se, portanto, apenas a demonstração da ilegalidade e da lesividade do ato para a admissibilidade da ação.

Entende o STJ:

JURISPRUDÊNCIA

1. O Superior Tribunal de Justiça possui firme orientação de que um dos pressupostos da Ação Popular é a lesão ao patrimônio público. Ocorre que a Lei 4.717/1965 deve ser interpretada de forma a possibilitar, por meio de Ação Popular, a mais ampla proteção aos bens e direitos associados ao patrimônio público, em suas várias dimensões (cofres públicos, meio ambiente, moralidade administrativa, patrimônio artístico, estético, histórico e turístico). 2. Para o cabimento da Ação Popular, basta a ilegalidade do ato administrativo por ofensa a normas específicas ou desvios dos princípios da Administração Pública, dispensando-se a demonstração de prejuízo material. 3. Hipótese em que a Corte de origem concluiu que "o então Gestor Público Municipal atentou contra os princípios da administração pública, com violação da legalidade, impessoalidade, moralidade e eficiência, desviando a finalidade de sua atuação para satisfazer sentimento pessoal alheio à ética e à moral (...) 7. Agravo Interno não provido. (STJ, AgInt no AREsp 949377, Rel. Min. Herman Benjamin, 20/04/2017). (grifo nosso)

4. DPE/PI - CESPE- 2009: "Quando um cidadão ajuíza ação popular, o Poder Judiciário está autorizado a invalidar opções administrativas ou substituir critérios técnicos por outros que repute mais convenientes ou oportunos." Gabarito: Errado.

5. JUNIOR, Hermes Zaneti e GARCIA, Leonardo de Medeiros Direito. Coleção Leis Especiais para concursos: Volume 28 - Direitos Difusos – 8ª. ed. rev., ampl. e atual.- Salvador: Juspodivm, 2017.

QUESTÕES DE CONCURSO

FCC - 2016 - Prefeitura de Campinas - SP – Procurador - Em tema de Ação Popular, de acordo com a posição prevalecente nos Tribunais Superiores, é correto afirmar: o Supremo Tribunal Federal prevalece a tese de que a lesão material ao patrimônio público é condição essencial para a propositura de ação popular e para o julgamento de seu mérito.

COMENTÁRIOS: A comprovação do prejuízo ao patrimônio público não é requisito para o processamento da ação popular.

GABARITO: ERRADO

CESPE - 2015 - TCU - Procurador do Ministério Público - Em caso de ação popular visando a condenação por desvio de dinheiro público, o prejuízo ao erário poderá ser presumido.

COMENTÁRIOS: O prejuízo deve ser demonstrado, não há essa presunção. Para que haja a condenação no ressarcimento ao Erário, deve existir prova de dano efetivo. Observe a diferença entre esta assertiva e a anterior. O prejuízo ao patrimônio não é requisito para a propositura da ação popular, porém a condenação ressarcitória exige prova de prejuízo.

GABARITO: ERRADO

2. LEGITIMIDADE

2.1. Legitimidade ativa

Tanto a Constituição Federal (art. 5º, LXXIII) quanto o art. 1º da Lei da Ação Popular (4.717/65) conferem legitimidade ativa ao **CIDADÃO** para a propositura da ação.

Pergunta-se: quem é considerado cidadão?

A doutrina responde no sentido de se tratar do nacional (brasileiro nato ou naturalizado) que esteja em pleno gozo dos direitos políticos. Exige-se a cidadania ativa (direito ao voto), logo, se o nacional está com seus direitos políticos suspensos não terá legitimidade ativa para propor ação popular[6].

O requisito exigido é a CIDADANIA, e a condição de eleitor é requerida apenas como meio de prova do preenchimento de tal requisito. Em questões de concurso deve-se estar atento de modo a não assinalar assertivas que indiquem que a legitimidade ativa é do eleitor.

LEGITIMIDADE ATIVA → CIDADÃO

Destarte, a prova da cidadania deverá ser feita com o título eleitoral ou documento correspondente[7].

6. ANDRADE, Adriano, MASSON Cleber Masson e ANDRADE Landolfo - Interesses difusos e coletivos esquematizado - 6. ed. rev. atual. e ampl.- Rio de Janeiro: Forense; São Paulo: MÉTODO, 2016.
7. LAP, Art. 1º, § 3º A prova da cidadania, para ingresso em juízo, será feita com o título eleitoral, ou com documento que a ele corresponda.

QUESTÕES DE CONCURSO

FUNRIO - 2018 - AL-RR - Procurador - De acordo com a Constituição de 1988, qualquer cidadão brasileiro pode questionar judicialmente atos lesivos ao patrimônio público, bem como a moralidade administrativa, o meio ambiente e o patrimônio histórico e cultural. Sobre o ingresso de uma ação popular, o Superior Tribunal de Justiça (STJ) entendeu que:

- São necessários três pressupostos: a condição de eleitor do proponente, a ilegalidade ou ilegitimidade do ato e a lesividade decorrente do ato praticado.

COMENTÁRIOS: No julgamento do REsp. 802.378/SP, Rel. Min. Luiz Fux, DJ 4.6.2007, o STJ definiu que constituem pressupostos para a propositura da ação popular a condição de eleitor, a ilegalidade e a lesividade do ato impugnado.

GABARITO: CORRETO

- É necessária a comprovação do pleno exercício de cidadania do proponente, ou seja, ele estar em dia com a justiça eleitoral.

COMENTÁRIOS: O requisito exigido é a prova da cidadania, o que deve ser demonstrado com a apresentação do título de eleitor ou documento equivalente. Estar em pleno gozo dos direitos políticos não significa, necessariamente, que o cidadão está em dia com as obrigações perante a justiça eleitoral.

GABARITO: ERRADO

VUNESP - 2016 - IPSMI - Procurador - A respeito da ação popular, assinale a alternativa correta. Pode ser proposta por qualquer brasileiro nato ou naturalizado.

COMENTÁRIOS: Muito cuidado! Exige-se a prova da CIDADANIA. O brasileiro, ainda que nato ou naturalizado, que não comprove estar em gozo dos direitos políticos não tem legitimidade para propor ação popular. Não há, repetimos, necessária relação entre a naturalidade brasileira e a cidadania, esta existente apenas para os que possuem legitimidade eleitoral ativa. Inalistáveis ou inalistados, por exemplo, não são considerados cidadãos para fins de propositura da ação popular.

GABARITO: ERRADO

CESPE – 2008 – PGE-CE – Procurador - Qualquer pessoa é parte legítima para propor ação popular que vise anular ato lesivo ao patrimônio público, à moralidade administrativa, ao meio ambiente e ao patrimônio histórico e cultural.

COMENTÁRIOS: Pegadinha clássica! Centenas de questões colocam o "qualquer pessoa" e o candidato que faz uma leitura apressada da assertiva pode errar. Memorizem: o CIDADÃO é a parte legitimada ativa em ação popular.

GABARITO: ERRADO

2019 – METROCAPITAL - Procurador Jurídico (PGM CONCHAS SP) – Prova Subjetiva - A Associação dos Moradores do Bairro da Felicidade, do Município Alfa, regularmente constituída, é conhecida na região por sua combatividade contra serviços e políticas públicas municipais que considera inviáveis. Referida associação julga inadequado que o Município preste serviços de recolhimento de lixo sem instituir taxa que recaia sobre as empresas situadas em seu território, maiores usuárias do serviço. Crê que esta parcela do erário deveria ser aplicada nas finalidades de educação e saúde. Em sua vigília, a associação em questão propõe ação popular contra o Município Alfa e seu Prefeito Municipal, autuada perante a 13a Vara da Fazenda Pública do Foro da Comarca de Alfa, requeren-

do, no mérito, que o Juiz institua referida taxa no âmbito municipal ou, subsidiariamente, que sejam os Réus condenados em obrigação de fazer consistente na instituição da taxa de recolhimento de lixo a ser paga por todas as empresas, indistintamente, situadas no território do Município, pois a Autora considera lesivo que o erário municipal custeie tal serviço público, que poderia ser pago com tributo próprio tendo como contribuintes os seus maiores usuários. Faz, ainda, pedido condenatório específico contra o Prefeito Municipal para reparação aos cofres públicos do quanto pago à empresa prestadora dos serviços até então. Na condição de Procurador do Município Alfa, adote a medida processual adequada se opondo ao pedido autoral, enfrentando todos os argumentos apresentados na ação popular, mediante a exposição dos fundamentos fáticos e jurídicos pertinentes.

COMENTÁRIOS: A peça processual cabível é a contestação e uma das preliminares de mérito é a ilegitimidade ativa da Associação, já que a ação popular apenas pode ser movida, em regra, por cidadão. No espelho, a Banca constou como fundamentação: art. 5º, LXXIII, CF, ou art. 1º, § 3º, da Lei 4.717/65 ou art. 337, XI, NCPC ou Súmula nº 365 do STF.

Alguns questionamentos surgem a partir da constatação de que o cidadão é aquele que pode votar:

1) **O menor eleitor é legitimado?**
2) **O estrangeiro residente no país pode propor a ação?**
3) **Pessoa jurídica tem legitimidade ativa?**
4) **E o Ministério Público?**
5) **Há necessidade de comprovação do domicílio eleitoral?**

2.2. Menor de idade

O art. 14, §1º, II, *c*, da Constituição Federal dispõe que são facultativos o alistamento eleitoral e o voto dos maiores de dezesseis e menores de dezoito anos de idade.

Nesse sentido, é possível que o menor (desde que maior de dezesseis anos), tenha capacidade eleitoral ativa, logo, seja considerado cidadão e legitimado ativo para a propositura de ação popular.

Destaca-se que NÃO é exigida assistência ou representação para o ajuizamento da ação. Ao menor eleitor basta a comprovação da cidadania.

QUESTÃO DE CONCURSO

CESPE – 2010 – AGU - Procurador Federal - Existe estreita relação entre a capacidade processual e a capacidade para o exercício de direitos, de modo que a primeira quase sempre pressupõe a segunda, sem embargo da existência de exceções, como na hipótese da ação popular, que pode ser ajuizada por eleitor de dezesseis anos de idade.

COMENTÁRIOS: Como estudado, o maior de dezesseis e menor de dezoito anos de idade pode ser eleitor, e, consequentemente, possuir legitimidade para propor ação popular. Nesse caso específico, o menor detém capacidade processual, o que não ocorre com ações processuais de rito comum, nas quais seria necessária a assistência/representação para o ajuizamento.

GABARITO: CORRETO

2.3. Estrangeiro

Nos termos do art. 14, §2º, da Constituição Federal, o estrangeiro é inalistável, logo, não pode propor ação popular pois lhe falta o requisito da cidadania: a condição de eleitor.

A CF também prevê que, aos portugueses com residência permanente no País, se houver reciprocidade em favor de brasileiros, serão atribuídos, em regra, os direitos inerentes ao brasileiro (art. 12, §1º).

Há então, uma hipótese na qual um estrangeiro poderá propor ação popular: o português equiparado, que se alistou e detém a condição de cidadão.

QUESTÃO DE CONCURSO

CESPE - 2013 - TRF - 5ª REGIÃO - Juiz Federal - Em sede de ação popular, admite-se o controle da representatividade adequada em cada caso concreto, segundo o modelo *ope judicis*, de modo que, mesmo provada a condição de eleitor ou cidadão português equiparado, a legitimidade ainda poderá ser recusada pelo juiz.

COMENTÁRIOS: O controle da legitimidade em ação popular é *ope legis*. A Constituição Federal e a LAP conferem ao cidadão a legitimidade para a propositura da demanda. Provada a condição de eleitor (seja nacional ou português equiparado), o requisito estará preenchido.

GABARITO: ERRADO

2.4. Pessoa jurídica

O STF possui entendimento sumulado no sentido da ilegitimidade ativa da pessoa jurídica para a propositura de ação popular:

SÚMULA Nº 365 DO STF

Pessoa jurídica não pode propor ação popular.

2.5. Ministério Público

Acerca do papel do órgão ministerial na ação popular, dispõe a LAP:

LEI DA AÇÃO POPULAR (4.717/65)

Art. 6º § 4º O Ministério Público acompanhará a ação, cabendo-lhe apressar a produção da prova e promover a responsabilidade, civil ou criminal, dos que nela incidirem, **sendo-lhe vedado, em qualquer hipótese, assumir a defesa do ato impugnado ou dos seus autores**. (grifos nossos)

O Ministério Público não tem, portanto, legitimidade ativa (não custa lembrar: apenas o CIDADÃO pode propor ação popular) e apenas atuará no polo ativo nos casos em que o legitimado deixe de assumir a titularidade da ação (hipótese de sucessão processual – se o autor desiste, por exemplo, o MP assume)[8] – o tema será estudado em capítulo próprio.

A norma citada proíbe que o MP assuma a defesa do ato impugnado ou daqueles que o praticaram. O órgão não pode, portanto, sustentar, no mérito, a validade do ato impugnado, ou defender a ausência de responsabilidade dos seus autores.

Segundo a doutrina[9], o dispositivo não impede, porém, que o MP aponte a presença de uma questão processual de ordem pública contrária aos interesses do autor, como, por exemplo, a ausência de uma condição da ação, ou de um pressuposto processual.

Destarte, o *Parquet* atuará como fiscal da lei, acompanhando os atos processuais e tem legitimidade para propor ação rescisória e interpor recursos (art. 19, §2º, da LAP).

2.6. Ação popular multilegitimatária

A Lei Orgânica do Ministério Público (Lei nº 8.625/93) prevê a competência do MP para a propositura de ação civil pública que vise a anulação ou a declaração de nulidade de atos lesivos ao patrimônio público ou à moralidade administrativa do Estado ou de Município, de suas administrações indiretas ou fundacionais ou de entidades privadas de que participem (art. 25, IV, *b*).

Há corrente doutrinária[10] no sentido de que essa previsão ampliou a legitimidade da ação popular, atribuída pela Constituição apenas ao cidadão, incluindo os colegitimados à Ação Civil Pública. Essa ACP, portanto, é uma espécie de ação popular, que se convencionou chamar de **ação popular multilegitimatária.**

A expressão já foi utilizada pelo STJ. Cita-se um precedente:

JURISPRUDÊNCIA

A identidade entre a ação popular e a ação civil pública é tão grande que gerou a possibilidade entender alguns casos de ACP como **ações populares multilegitimárias**. Assim, se a lesividade ou a ilegalidade do ato administrativo atingem o

8. JUNIOR, Hermes Zaneti e GARCIA, Op. Cit.
9. ANDRADE, Adriano, MASSON Cleber Masson e ANDRADE Landolfo. Op. Cit.
10. GRINOVER, Ada Pellegrini. "Uma nova modalidade de legitimação à ação popular. Possibilidade de conexão, continência e litispendência." In: Ação civil pública: Lei 7.347/85- Reminiscências e reflexões após dez anos de aplicação. Coord. Édis Milaré. São Paulo. Editora RT.

interesse difuso, passível é a propositura da Ação Civil Pública fazendo às vezes de uma Ação Popular multilegitimária. (STJ, REsp 401.964/RO, Rel. Ministro Luiz Fux, DJ 11.11.2002).

2.7. Domicílio Eleitoral

Embora seja exigida a capacidade ativa eleitoral, não é requisito exigido na ação popular que o eleitor resida no domicílio eleitoral da propositura da demanda.

Nesse sentido se posiciona o Superior Tribunal de Justiça:

JURISPRUDÊNCIA

PROCESSUAL CIVIL. AÇÃO POPULAR. **ELEITOR COM DOMCÍLIO ELEITORAL EM MUNICÍPIO ESTRANHO ÀQUELE EM QUE OCORRERAM OS FATOS CONTROVERSOS.** IRRELEVÂNCIA. LEGITIMIDADE ATIVA. CIDADÃO. TÍTULO DE ELEITOR. MERO MEIO DE PROVA.(...) Note-se que a legitimidade ativa é deferida a cidadão. A afirmativa é importante porque, ao contrário do que pretende o recorrente, a legitimidade ativa não é do eleitor; mas do cidadão. O que ocorre é que a Lei n. 4.717/65, par seu art. 1º, § 3º, define que a cidadania será provada por título de eleitor. Vê-se, portanto, que **a condição de eleitor não é condição de legitimidade ativa, mas apenas e tão-só meio de prova documental da cidadania, daí porque pouco importa qual o domicílio eleitoral do autor da ação popular.** Aliás, trota-se de uma exceção à regra da liberdade probatória (sob a lógica tanto da atipicidade como da não-taxatividade dos meios de provas) previsto no art. 332, CPC. **O art. 42, p. único, do Código Eleitoral estipula um requisito para o exercício da cidadania ativa em determinada circunscrição eleitoral, nada tendo a ver com prova da cidadania. Aliás, a redação é claro no sentido de que aquela disposição é apenas para efeitos de inscrição eleitoral, de alistamento eleitoral, e nada mais.** Aquele que não é eleitor em certa circunscrição eleitoral não necessariamente deixa de ser eleitor; podendo apenas exercer sua cidadania em outra circunscrição. **Se for eleitor; é cidadão para fins de ajuizamento de ação popular. O indivíduo não é cidadão de tal ou qual Município, é "apenas" cidadão, bastando, para tanto, ser eleitor. Não custa mesmo asseverar que o instituto do "domicílio eleitoral" não guarda tanta sintonia com o exercício da cidadania, e sim com a necessidade de organização e fiscalização eleitorais.** (...) (STJ, REsp 1242800/MS, Rel. Min. Mauro Campbel Marques, Segunda Turma, DJe 14/06/2011) (grifos nossos)

QUESTÃO DE CONCURSO

VUNESP - 2014 - Prefeitura de São José do Rio Preto - SP - Procurador do Município - Sobre a ação popular proposta por cidadão residente no município em que também é eleitor, mas sobre fatos que ocorreram em outro município, assinale a alternativa correta. A condição de eleitor é prova da cidadania, sendo irrelevante seu domicílio eleitoral para fixar sua legitimidade para propor a ação.

COMENTÁRIOS: Como exposto, não se exige que o cidadão tenha domicílio eleitoral na circunscrição em que será proposta a ação.

GABARITO: CORRETO

2.8. Natureza da legitimidade ativa

Prevalece o entendimento no sentido de que a legitimidade ativa na ação popular tem natureza legitimação extraordinária (substituição processual). O cidadão defende em nome próprio, interesse alheio (da Administração Pública ou da coletividade).[11]

Assim como na ação civil pública, há aqui legitimidade concorrente (todos os cidadãos podem propor a demanda) e disjuntiva (não se exige que os cidadãos atuem em conjunto, admitindo-se a propositura individual ou a formação de litisconsórcio facultativo, bem como a habilitação de outro cidadão como assistente do autor).

LEI DA AÇÃO POPULAR (4.717/65)

Art. 6º § 5º É facultado a qualquer cidadão habilitar-se como litisconsorte ou assistente do autor da ação popular.

2.9. Legitimidade passiva

LEI DA AÇÃO POPULAR (4.717/65)

Art. 6º A ação será proposta **contra as pessoas públicas ou privadas e as entidades referidas no art. 1º, contra as autoridades, funcionários ou administradores que houverem autorizado, aprovado, ratificado ou praticado o ato impugnado, ou que, por omissas, tiverem dado oportunidade à lesão, e contra os beneficiários diretos do mesmo.**

§ 1º Se não houver benefício direto do ato lesivo, ou se for ele indeterminado ou desconhecido, a ação será proposta somente contra as outras pessoas indicadas neste artigo.

11. ANDRADE, Adriano, MASSON Cleber Masson e ANDRADE Landolfo - Interesses difusos e coletivos esquematizado - 6. ed. rev. atual. e ampl.- Rio de Janeiro: Forense; São Paulo: MÉTODO, 2016.

De acordo com a previsão legal, portanto, a legitimidade passiva será das pessoas de direito público e privado mencionadas no art. 1º, das autoridades, administradores e funcionários (o que abrange ocupantes de cargos e funções públicas, inclusive agentes contratados), bem como dos beneficiários diretos.

Pergunta-se: há, no caso, litisconsórcio passivo necessário? Sim! Mas não será unitário, ou seja, o juiz não terá de decidir o mérito de modo uniforme para todos os litisconsortes (o litisconsórcio é simples).

Nesse sentido se posiciona o STJ:

JURISPRUDÊNCIA

AÇÃO POPULAR. LITISCONSÓRCIO PASSIVO NECESSÁRIO NÃO UNITÁRIO. (...) O artigo 47 do Código de Processo Civil estabelece que, por disposição de lei ou dada a natureza da relação jurídica, decidirá o Juiz de modo uniforme para todos os litisconsortes, devendo todos ser citados. **Em se tratando de ação popular, que tem por objeto a desconstituição de ato jurídico, por força da disposição legal (art. 6º da Lei n. 4.717/65), estabelece-se o litisconsórcio necessário, mas não unitário, porquanto, visando a ação a desconstituição de ato administrativo, poder-se-á mostrar prescindível a presença no polo passivo do agente que, embora tenha se beneficiado do ato impugnado, não participou de sua elaboração.** (STJ, REsp 258122/PR, Rei. Min. João Otávio de Noronha, DJ 05/06/2007)

Outro questionamento é feito: quem é considerado beneficiário direto do ato lesivo e, consequentemente, legitimado passivo na ação popular?

Para o STJ, aquele que se beneficia indiretamente, ou seja, apenas episódica e circunstancialmente pelo ato ou omissão lesivos, não é legitimado passivo, pois o benefício é apenas reflexo, não direto, como exige a lei:

JURISPRUDÊNCIA

PROCESSUAL CIVIL – AÇÃO POPULAR – LESIVIDADE – LEGITIMIDADE PASSIVA AD CAUSAM – AUTORIDADE PARTÍCIPE DO ATO IMPUGNADO. 1. A orientação do STJ é reiterada no sentido de que a procedência da ação popular pressupõe nítida configuração da existência dos requisitos da ilegalidade e da lesividade. 2. São legitimadas passivas ad causam, nos termos do art. 6º da Lei n. 4.717/65, as pessoas que houverem autorizado, aprovado, ratificado ou praticado o ato impugnado, ou que dele tenham se beneficiado diretamente. 3. **O legislador, ao estabelecer a norma prevista no art. 6º da Lei n. 4.717/65, sujeitou à ação o beneficiário direto do ato, não se enquadrando nessa categoria os que apenas episódica e circunstancialmente tenham sido beneficiados. 4. Beneficiário indireto é aquele que não**

guarda relação de causalidade necessária e suficiente com o ato ou fato apontado como irregular na ação popular. 5. Recurso especial parcialmente conhecido e, nessa parte, improvido. (STJ, REsp 234388/SP, Rel. Min. João Otávio de Noronha, j. 01/08/2005) (grifo nosso)

Imaginemos que uma empresa contrate, sem licitação, com o Poder Público, e realize a alienação de bens muito acima do valor de mercado. A empresa é beneficiária direta do ato ilegal, pois obteve lucro de forma indevida.

O diretor responsável pela atividade ilícita que recebeu uma comissão em razão da alienação fraudulenta, também é beneficiário direto, logo, deve compor o polo passivo da ação.

Por sua vez, um indivíduo que faça utilização do bem adquirido belo Poder Público, é beneficiário indireto (o benefício é reflexo), assim, em razão da ausência de vínculo direto com à ilegalidade perpetrada, não é legitimado passivo[12].

2.10. Legitimidade passiva ulterior

A LAP permite que legitimados passivos necessários sejam incluídos no polo passivo, ainda que o processo já esteja em curso, o que não redunda em anulabilidade/nulidade dos atos já praticados.

Estatui o diploma:

LEI DA AÇÃO POPULAR (4717/65)

Art. 7º § 2º (...) III - Qualquer pessoa, beneficiada ou responsável pelo ato impugnado, cuja existência ou identidade **se torne conhecida no curso do processo e antes de proferida a sentença final de primeira instância**, deverá ser **citada para a integração do contraditório, sendo-lhe restituído o prazo para contestação e produção de provas**, salvo, quanto a beneficiário, se a citação se houver feito na forma do inciso anterior *(citação por edital)*. (grifos nossos)

Importante destacar marco temporal para inclusão de beneficiários ou responsáveis pelo ato impugnado: ANTES da prolação da sentença.

Destarte, o prazo para contestação e produção de provas será restituído ao réu incluído na demanda, exceto no caso de se tratar de beneficiário direto do ato que foi citado por edital.

12. NEVES, Daniel Amorim Assumpção. Manual de processo coletivo: volume único – 4ª ed. atual, e ampl. - Salvador: Ed. Juspodivm, 2020.

2.11. Legitimação bifronte da pessoa jurídica de direito público ou privado (intervenção móvel)

O art. 6º, § 3º, da LAP prevê a possibilidade de a pessoa jurídica de direito público ou de direito privado citadas, adotarem algumas posturas processuais, inclusive a mudança de polo.

O dispositivo prevê:

LEI DA AÇÃO POPULAR (4717/65)

Art. 6º § 3º A pessoas jurídica de direito público ou de direito privado, cujo ato seja objeto de impugnação, **poderá abster-se de contestar o pedido, ou poderá atuar ao lado do autor, desde que isso se afigure útil ao interesse público,** a juízo do respectivo representante legal ou dirigente. (grifos nossos)

Ao ser cientificada da lide, portanto, pode a pessoa jurídica (tanto de direito público, quanto de direito privado, reitera-se) responsável pelo ato impugnado:

a) Apresentar contestação (ou outro meio de resposta);
b) Assumir posição neutra, abstendo-se de responder acerca do ato que se pretende invalidar;
c) Deslocar-se de polo, caso verifique que a migração se afigura útil ao interesse público, passando a atuar no processo ao lado do autor popular.

Quanto a esta última postura, a possibilidade de migração de polo é chamada de **intervenção móvel, legitimação bifronte da pessoa jurídica ou migração pendular.**

Destaca-se que há entendimento doutrinário consagrado em enunciado, no sentido de que o instituto pode ser aplicado às demais espécies de ações coletivas (ação civil pública, por exemplo):

ENUNCIADO FPPC

Enunciado n. 667. (arts. 6º, 8º e 18; art. 6º, § 3º, da Lei nº 4.717/1965) Admite-se a migração de polos nas ações coletivas, desde que compatível com o procedimento.

Dois detalhes são relevantes:

- A mudança de polo só é admitida quando demonstrado o **interesse público, a juízo exclusivo do representante legal ou dirigente da pessoa jurídica;**
- O STJ entende que a migração configura **reconhecimento implícito dos pedidos.**

JURISPRUDÊNCIA

AÇÃO CIVIL PÚBLICA. NULIDADE DE AUTORIZAÇÃO E LICENÇA AMBIENTAL. RESPONSABILIDADE DO ESTADO. LITISCONSÓRCIO PASSIVO FACULTATIVO. **MIGRAÇÃO DE ENTE PÚBLICO PARA O POLO ATIVO. INTERESSE PÚBLICO.** POSSIBILIDADE. 1. Trata-se, na origem, de Ação Civil Pública ajuizada pelo Ministério Público do Estado de São Paulo contra a Fazenda Pública do mesmo Estado para discutir a declaração de nulidade de licenças ambientais expedidas pelo DEPRN que autorizaram, ilegalmente, a intervenção em Área de Preservação Permanente. 2. **A jurisprudência do STJ é no sentido de que o deslocamento de pessoa jurídica de Direito Público do polo passivo para o ativo na Ação Civil Pública é possível quando presente o interesse público, a juízo do representante legal ou do dirigente,** nos moldes do art. 6º, § 3º, da Lei 4.717/1965, combinado com o art. 17, § 3º, da Lei de Improbidade Administrativa. 3. O Estado responde – em regime jurídico de imputação objetiva e solidária, mas de execução subsidiária – pelo dano ambiental causado por particular que se valeu de autorização ou licença ilegalmente expedida, cabendo ao autor da Ação Civil Pública, como é próprio da solidariedade e do litisconsórcio passivo facultativo, escolher o réu na relação processual em formação. **Se a ação é movida simultaneamente contra o particular e o Estado, admite-se que este migre para o polo ativo da demanda. A alteração subjetiva, por óbvio, implica reconhecimento implícito dos pedidos, sobretudo os de caráter unitário (p. ex., anulação dos atos administrativos impugnados), e só deve ser admitida pelo juiz, em apreciação ad hoc, quando o ente público demonstrar, de maneira concreta e indubitável, que de boa-fé e eficazmente tomou as necessárias providências saneadoras da ilicitude, bem como medidas disciplinares contra os servidores ímprobos, omissos ou relapsos.** 4. No presente caso ficou assentado pelo Tribunal de Justiça que o Estado de São Paulo embargou as obras do empreendimento e instaurou processo administrativo para apurar a responsabilidade dos agentes públicos autores do irregular licenciamento ambiental. Também está registrado que houve manifesto interesse em migrar para o polo ativo da demanda. 5. Recurso Especial provido. (STJ, REsp 1391263/SP, Rel. Ministro HERMAN BENJAMIN, SEGUNDA TURMA, DJe 07/11/2016)

QUESTÃO DE CONCURSO

FCC - 2016 - Prefeitura de Campinas - SP – Procurador - O Superior Tribunal de Justiça tem admitido que o Poder Público migre para o polo ativo da ação em relação a um ou a alguns dos pedidos cumulados e mantenha-se no polo passivo em relação aos demais. Tem admitido ainda, que o Poder Público migre para o polo ativo da ação mesmo após a apresentação da contestação.

COMENTÁRIOS: O STJ entende que é possível a decomposição dos pedidos formulados, razão pela qual o poder público pode assumir o polo ativo em relação a um dos pedidos cumulados e manter-se no polo passivo em relação aos demais. Nesse sentido: REsp 791.042/PR, Rel. Ministro Luiz Fux, 1ª Turma, j. 19/10/2006.

GABARITO: CORRETO

Destaca-se que a conclusão da Corte Cidadã é no sentido de não existir preclusão do direito, pois a LAP não traz limitação quanto ao momento em que deve ser realizada a migração, e o seu art. 17 preceitua que a entidade pode, ainda que tenha contestado a ação, proceder à execução da sentença na parte que lhe caiba. Assim, fica evidente a viabilidade de composição do polo ativo **a qualquer tempo**[13].

Por fim, vale citar que há previsão legal de aplicação do dispositivo da LAP que trata da intervenção móvel nas ações de improbidade administrativa[14].

3. COMPETÊNCIA

A LAP regulamenta a competência para processamento e julgamento da ação popular em seu artigo 5º. Vejamos:

LEI DA AÇÃO POPULAR (4.717/65)

Art. 5º **Conforme a origem do ato impugnado**, é competente para conhecer da ação, processá-la e julgá-la **o juiz que, de acordo com a organização judiciária de cada Estado, o for para as causas que interessem à União, ao Distrito Federal, ao Estado ou ao Município.**

§1º Para fins de competência, **equiparam-se** atos da União, do Distrito Federal, do Estado ou dos Municípios os atos das **pessoas criadas ou mantidas por essas pessoas jurídicas de direito público, bem como os atos das sociedades de que elas sejam acionistas e os das pessoas ou entidades por elas subvencionadas ou em relação às quais tenham interesse patrimonial.**

§2º Quando o pleito interessar **simultaneamente à União e a qualquer outra pessoas ou entidade, será competente** o **juiz das causas da União**, se houver; quando **interessar simultaneamente ao Estado e ao Município, será competente o juiz das causas do Estado**, se houver.

§3º A propositura da ação **prevenirá a jurisdição** do juízo para todas as ações, que forem posteriormente intentadas contra as mesmas partes e sob os mesmos fundamentos. (grifos nossos)

Nos termos do *caput*, a regra de competência é definida conforme a **origem do ato impugnado,** de acordo com a organização judiciária de cada Estado.

Cumpre salientar que o **juízo de primeiro grau** (estadual ou federal) é o competente para conhecer e julgar a causa, independentemente de quem seja a auto-

13. REsp 945.238/SP, Rel. Ministro HERMAN BENJAMIN, SEGUNDA TURMA, julgado em 09/12/2008, DJe 20/04/2009.

14. LIA (Lei nº 8.429/92): Art. 17, §3º No caso de a ação principal ter sido proposta pelo Ministério Público, aplica-se, no que couber, o disposto no §3º do art. 6º da Lei no 4.717, de 29 de junho de 1965.

ridade impugnada - o que significa dizer que, **em ação popular, não há foro por prerrogativa de função.**

JURISPRUDÊNCIA

AÇÃO ORIGINÁRIA. QUESTÃO DE ORDEM. AÇÃO POPULAR. COMPETÊNCIA ORIGINÁRIA DO SUPREMO TRIBUNAL FEDERAL: NÃO-OCORRÊNCIA. PRECEDENTES. 1. **A competência para julgar ação popular contra ato de qualquer autoridade, até mesmo do Presidente da República, é, via de regra, do juízo competente de primeiro grau.** Precedentes. (AO 859-QO/AP, Red. p/ o acórdão Min. MAURÍCIO CORRÊA)

AÇÃO POPULAR. AUSÊNCIA DE COMPETÊNCIA ORIGINÁRIA DO STF – A jurisprudência do Supremo Tribunal Federal – quer sob a égide da vigente Constituição republicana, quer sob o domínio da Carta Política anterior – firmou-se no sentido de reconhecer que **não se incluem na esfera de competência originária da Corte Suprema o processo e o julgamento de ações populares constitucionais, ainda que ajuizadas contra atos do Presidente da República, das Mesas da Câmara dos Deputados e do Senado Federal ou de quaisquer outras autoridades cujas resoluções estejam sujeitas, em sede de mandado de segurança, à jurisdição imediata do STF**. Precedentes. (Pet 1.641/DF, Rel. Min. CELSO DE MELLO)

(grifos nossos)

QUESTÕES DE CONCURSO

A Banca CESPE chegou a cobrar em 3 oportunidades, em provas seguidas, a ausência de competência do STF para julgar ação popular proposta em face do Presidente da República.

PGE/PE- 2009 - Na hipótese de figurar o presidente da República no polo passivo de uma ação popular, a competência será do STF.

PGE/CE – 2008 - Compete ao STF julgar ação popular ajuizada contra o presidente da República.

PGE/PB – 2008 – Ação popular proposta contra o presidente da República é de competência originária do STF.

GABARITO: Em todas - **ERRADO**

Pode-se concluir que em NENHUM caso o STF julgará ação popular? Não.

Existem duas situações previstas na Constituição Federal que podem atrair a **competência originária** do Supremo:

1) as ações em que **todos os membros da magistratura** forem direta ou indiretamente interessados, **ou se mais da metade dos membros do tribunal** de origem estiver impedida ou for direta ou indiretamente interessada (CF, art. 102, I, *n*);
2) as ações propostas contra o **Conselho Nacional de Justiça ou contra o Conselho Nacional do Ministério Público** (CF, art. 102, I, *r*).

Em relação à segunda hipótese, vale salientar a evolução jurisprudencial do STF.

A Corte interpretava restritivamente o art. 102, I, *r*, da CF/88, pois compreendia que somente teria competência para julgar os casos em que o CNJ e o CNMP tivessem personalidade judiciária para figurar no feito. Nesse sentido, o STF seria competente para ações nas quais os referidos Conselhos figurem no polo passivo, tais como mandados de segurança, de injunção, habeas corpus e habeas data).

As ações ordinárias que impugnassem atos do CNJ e CNMP, por sua vez, deveriam ser julgadas pela Justiça Federal de 1ª instância, nos termos do art. 109, I, da CF/88[15].

Há, todavia, novas decisões do STF que indicam alteração de entendimento e sinalizam o abandono da interpretação restritiva.

Em 2018, a 2ª Turma decidiu que compete ao STF apreciar ação ordinária ajuizada contra ato do Conselho Nacional de Justiça[16].

Instada novamente a se manifestar em 2019, a 2ª Turma decidiu que compete ao Supremo Tribunal Federal processar e julgar, originariamente, as ações contra os atos proferidos pelo Conselho Nacional de Justiça – CNJ, **no desempenho de sua atividade-fim**[17].

Em seu voto, esclareceu a Min, Cármen Lúcia que não há como se inferir do disposto na alínea 'r' do inciso I do art. 102 da Constituição da República, restrição ao instrumento processual a ser utilizado, como ocorre, por exemplo com as autoridades mencionadas na alínea 'd' do mesmo dispositivo[18].

Para a relatora, portanto, quando desejou restringir, o Constituinte o fez expressamente, o que não foi o caso das ações contra atos do CNJ (o que se aplica ao CNMP).

Há competência do Supremo Tribunal Federal, portanto, para proceder ao controle de legalidade e constitucionalidade dos atos regulamentares do Conselho, praticados no exercício da sua atividade-fim, o que, no caso do CNJ é exercida com base no art. 103-B, § 4º, I, da CF/88[19].

---

15. STF. 1ª Turma. AO 1894 AgR, Rel. Min. Roberto Barroso, julgado em 07/08/2018.
16. STF. 2ª Turma. Rcl 15551 AgR/GO, Rel. Min. Cármen Lúcia, julgado em 26/11/2019 (Info 961).
17. STF, Rcl 15551 AgR, Relator(a): CÁRMEN LÚCIA, Segunda Turma, julgado em 26/11/2019, PROCESSO ELETRÔNICO DJe-131 DIVULG 27-05-2020 PUBLIC 28-05-2020.
18. CF/88, Art. 102. Compete ao Supremo Tribunal Federal, precipuamente, a guarda da Constituição, cabendo-lhe: (...) d) o habeas corpus, sendo paciente qualquer das pessoas referidas nas alíneas anteriores; o mandado de segurança e o habeas data contra atos do Presidente da República, das Mesas da Câmara dos Deputados e do Senado Federal, do Tribunal de Contas da União, do Procurador-Geral da República e do próprio Supremo Tribunal Federal.
19. CF/88, Art. 103-B, §4º Compete ao Conselho o controle da atuação administrativa e financeira do Poder Judiciário e do cumprimento dos deveres funcionais dos juízes, cabendo-lhe, além de outras atribuições que lhe forem conferidas pelo Estatuto da Magistratura: I - zelar pela autonomia do Poder Judiciário e pelo cumprimento do Estatuto da Magistratura, podendo expedir atos regulamentares,

Por fim, a própria Corte já decidiu ser competente para julgar ação popular quando se tratar de pedido próprio de mandado de segurança coletivo contra ato do Presidente da República.

O caso envolveu a análise da legalidade da nomeação de Ministros de Estado pelo Chefe do Executivo Federal.

Alegavam os autores populares a violação da moralidade administrativa.

Sobre a espécie de ação e a competência para julgamento, esclareceu o relator, o Ministro Luiz Fux:

> Tanto por meio de ação popular quanto por meio de Mandado de Segurança coletivo é possível pleitear, em nome da coletividade, a anulação de ato administrativo com fundamento na violação à moralidade. Ocorre que a mudança da classe processual, a princípio, acarretaria importante consequência prática, qual seja, a mudança na competência para conhecer da ação coletiva. Isso porque o art. 102, I, d, da Constituição atribuiu ao Supremo Tribunal Federal competência originária para processar e julgar o Mandado de Segurança contra ato do Presidente da República. A corrente moderna da instrumentalidade do processo preconiza a primazia da substância sobre a forma, sendo dever do operador do direito investigar a essência dos institutos e atos jurídicos para perseguir os objetivos pretendidos pelo legislador. Por isso é que se faz necessário privilegiar a essência da tutela jurisdicional pleiteada ao juízo em detrimento do nomen juris designado à "ação". Do contrário, seria subvertida a lógica do constituinte, que buscou proteger os atos administrativos do Presidente da República, reservando ao Supremo o papel de Juiz Natural quanto a eventuais acusações de ilegalidade ou abuso de poder. Na medida em que a inicial aponta ao Presidente da República ato coator supostamente afrontoso à moralidade administrativa, revela-se competente esta Corte, tanto quanto seria para conhecer de Mandado de Segurança coletivo nas mesmas condições.

Nesse sentido, restou decidido:

JURISPRUDÊNCIA

O Supremo Tribunal Federal é competente para processar e julgar ação popular cujo pedido seja próprio de Mandado de Segurança coletivo contra ato de presidente da república, "ex vi" do artigo 102, I, *d*, da Constituição.

no âmbito de sua competência, ou recomendar providências; (Incluído pela Emenda Constitucional nº 45, de 2004).

Outro ponto merece atenção: Há outras hipóteses de competência da Justiça Federal para processar a ação popular?

Da leitura do caput e § 1º do citado art. 5º da LAP[20], poderíamos extrair que o mero interesse patrimonial da União, ou o fato desta ser acionista ou subvencionar a entidade que praticou o ato impugnado são determinantes para fixar a competência da Justiça Federal.

Esclarece, todavia, a doutrina, que o os fatores apontados no dispositivo não são determinantes para fixar a competência da Justiça Federal, o que ocorre apenas quando a União for parte, assistente ou oponente e tenha interesse jurídico (art. 109, I, da CF), ou estejam presentes outras hipóteses do art. 109 da CF[21].

Analisemos, ainda, o que dispõe o art. 20 da LAP:

LEI DA AÇÃO POPULAR (4.717/65)

Art. 20. Para os fins desta lei, consideram-se entidades autárquicas:

a) o serviço estatal descentralizado com personalidade jurídica, custeado mediante orçamento próprio, independente do orçamento geral;

b) as pessoas jurídicas especialmente instituídas por lei, para a execução de serviços de interesse público ou social, custeados por tributos de qualquer natureza ou por outros recursos oriundos do Tesouro Público;

c) as entidades de direito público ou privado a que a lei tiver atribuído competência para receber e aplicar contribuições parafiscais.

De acordo com entendimento doutrinário[22], essa equiparação feita, embora permita a incidência da LAP para impugnar os atos lesivos à moralidade administrativa ou patrimônio de tais entidades, não as torna autarquias federais para o fim de fixar a competência da Justiça Federal determinada no art. 109 da CF.

Válido destacar o entendimento do STJ no sentido que a manifestação de interesse da União no feito após a prolação da sentença na Justiça Estadual faz com que a competência de eventual apelação seja do TRF:

20. LAP, Art. 5º, §1º Para fins de competência, equiparam-se atos da União, do Distrito Federal, do Estado ou dos Municípios os atos das pessoas criadas ou mantidas por essas pessoas jurídicas de direito público, bem como os atos das sociedades de que elas sejam acionistas e os das pessoas ou entidades por elas subvencionadas ou em relação às quais tenham interesse patrimonial.
21. ANDRADE, Adriano, MASSON Cleber Masson e ANDRADE Landolfo. Op. Cit
22. ANDRADE, Adriano, MASSON Cleber Masson e ANDRADE Landolfo. Op. Cit.

JURISPRUDÊNCIA

PROCESSUAL CIVIL. **CONFLITO NEGATIVO DE COMPETÊNCIA INSTAURADO ENTRE JUÍZOS ESTADUAL E FEDERAL. APELAÇÃO EM AÇÃO POPULAR. MANIFESTAÇÃO DE INTERESSE DA UNIÃO E INCRA PARA FIGURAR NO PÓLO ATIVO DA DEMANDA FORMULADO APÓS A SENTENÇA. COMPETÊNCIA DA JUSTIÇA FEDERAL**. SÚMULAS 150, 224, 254/STJ. PRECEDENTES DO STJ. COMPETÊNCIA DO TRIBUNAL REGIONAL FEDERAL DA 12 REGIÃO. (...) Efetivamente, é incontroverso que a manifestação da União e do INCRA ocorreu após a sentença proferida pelo Juízo Estadual em primeiro grau de jurisdição, depois da intimação determinada pelo Desembargador Relator dos recursos de apelação no Tribunal Regional Federal da 12 Região. 3. Tal premissa permite afirmar que no momento da sentença o Juízo Estadual era competente para decidir a demanda, o que afasta a necessidade de reconhecer eventual nulidade do julgado. **O entendimento do Superior Tribunal de Justiça em hipóteses similares é no sentido de que o pedido de intervenção de ente federal após a sentença proferida pelo Juízo Estadual desloca a competência para o julgamento da apelação ao Tribunal Regional Federal.** (STJ, CC 110.869/DF, Rei. Ministro Mauro Campbell Marques, Primeira Seção, DJe 17 /09/2013)[23]

Embora a competência para apreciar o recurso passe a ser do TRF, os atos anteriormente praticados pela Justiça Estadual não são anulados.

Por fim, relevante é a análise de recente decisão do STJ, em ação popular envolvendo dano ambiental, da qual extrai-se o entendimento no sentido de que em regra, o autor pode ajuizar a ação popular no foro de seu domicílio, mesmo que o dano tenha ocorrido em outro local, mas diante das peculiaridades do caso, deverão ser julgadas pelo juízo do local do fato.

O caso concreto envolveu o rompimento da Barragem de Brumadinho/MG, desastre que ocasionou dano ambiental de grande proporção.

Segue a decisão da Corte (apesar de extenso, revela-se importante o conhecimento de seu teor):

JURISPRUDÊNCIA

CONFLITO NEGATIVO DE COMPETÊNCIA. DIREITO AMBIENTAL. DESASTRE DE BRUMADINHO. ROMPIMENTO DE BARRAGEM DA EMPRESA VALE DO RIO DOCE. AÇÃO POPULAR. LEI 4.717/1965. COMPETÊNCIA PARA JULGAR A AÇÃO POPULAR QUANDO JÁ EM ANDAMENTO AÇÃO CIVIL PÚBLICO COM OBJETO ASSEMELHADO. DISTINGUISHING. TEMA AMBIENTAL. FORO DO LOCAL DO FATO. APLICAÇÃO

23. Tema explorado na prova de Promotor de Justiça do MP/MG, em 2014, pela Banca FUNDEP.

SUBSIDIÁRIA DA LEI DE AÇÃO CIVIL PÚBLICA. (...) 2. O juiz suscitado entendeu que o foro competente, na situação específica dos autos, não se enquadraria na regra geral do domicílio do autor, haja vista que, em virtude da defesa do interesse coletivo, o processamento da ação seria mais bem realizado no local da ocorrência do ato que o cidadão pretende ver anulado. O juiz suscitante, por sua vez, defende que o julgamento poderá ser atribuído à Vara Federal do domicílio do peticionante. A JURISPRUDÊNCIA DO STJ À LUZ DAS CIRCUNSTÂNCIAS PECULIARES DO CASO CONCRETO 3. **Não se desconhece a jurisprudência do STJ favorável a que, sendo igualmente competentes o juízo do domicílio do autor popular e o do local onde houver ocorrido o dano (local do fato), a competência para examinar o feito é daquele em que menor dificuldade haja para o exercício da Ação Popular**. A propósito: CC 47.950/DF, Rel. Ministra Denise Arruda, Primeira Seção, DJ 7/5/2007, p. 252; CC 107.109/RJ, Rel. Ministro Castro Meira, Primeira Seção, DJe 18/3/2010. (...) 5. **A hipótese dos autos apresenta inegáveis peculiaridades que a distinguem dos casos anteriormente enfrentados pelo STJ, o que impõe adoção de solução mais consentânea com a imprescindibilidade de se evitar tumulto processual em demanda de tamanha magnitude social, econômica e ambiental. Assim, necessário superar, excepcionalmente, a regra geral contida nos precedentes invocados, nos moldes do que dispõe o art. 489, § 1º, VI, do CPC/2015. De fato a tragédia ocorrida em Brumadinho/MG invoca solução prática diversa, a fim de entregar, da melhor forma possível, a prestação jurisdicional à população atingida**. (...) 9. **Assim, a regra geral do STJ não será aplicada aqui, porque deve ser usada quando a Ação Popular for isolada. Contudo, na atual hipótese, tem-se que a Ação Popular estará competindo e concorrendo com várias outras Ações Populares e Ações Civis Públicas, bem como com centenas, talvez milhares, de ações individuais, razão pela qual, em se tratando de competência concorrente, deve ser eleito o foro do local do fato**. AÇÃO POPULAR EM TEMAS AMBIENTAIS 8. Deveras a Lei de Ação Popular (Lei 4.717/1965) não contém regras de definição do foro competente. À época de sua edição, ainda não vigorava a Lei da Ação Civil Pública (Lei 7.347/1985); portanto se utilizava, até então, o CPC, subsidiariamente. Todavia, **com a promulgação da retromencionada Lei 7.347/1985, a aplicação subsidiária do CPC passou a ser reservada àqueles casos para os quais as regras próprias do processo coletivo também não se revelassem suficientes. 9. Nesse contexto, a definição do foro competente para a apreciação da Ação Popular, máxime em temas como o de direito ambiental, reclama a aplicação, por analogia, da regra pertinente contida no artigo 2º da Lei da Ação Civil Pública**. Tal medida se mostra consentânea com os princípios do Direito Ambiental, por assegurar a apuração dos fatos pelo órgão judicante que detém maior proximidade com o local do dano e, portanto, revela melhor capacidade de colher as provas de maneira célere e de examiná-las no contexto de sua produção. 10. **É verdade que, ao instituir a Ação Popular, o legislador constituinte buscou privilegiar o exercício da fiscalização e**

da própria democracia pelo cidadão. Disso não decorre, contudo, que as Ações Populares devam ser sempre distribuídas no foro mais conveniente a ele; neste caso, o de seu domicílio. Isso porque, casos haverá, como o destes autos, em que a defesa do interesse coletivo será mais bem realizada no local do ato que, por meio da ação, o cidadão pretenda ver anulado. (...) **AUSÊNCIA DE PREJUÍZO PARA O AUTOR DA AÇÃO POPULAR** 11. Cumpre destacar que, devido ao processamento eletrônico, as dificuldades decorrentes da redistribuição para local distante do domicílio do autor são significativamente minimizadas, se não totalmente afastadas, em decorrência da possibilidade de acesso integral aos autos por meio do sistema de movimentação processual. COMPETÊNCIA DO LOCAL DO FATO 12. **Na presente hipótese, é mais razoável determinar que o foro competente para julgamento desta Ação Popular seja o do local do fato. Logo, como medida para assegurar a efetividade da prestação jurisdicional e a defesa do meio ambiente, entende-se que a competência para processamento e julgamento do presente feito é da 17ª Vara Federal da Seção Judiciária do Estado de Minas Gerais.** (...) (CC 164.362/MG, Rel. Ministro HERMAN BENJAMIN, PRIMEIRA SEÇÃO, julgado em 12/06/2019, DJe 19/12/2019) (grifos nossos).

4. PROCEDIMENTO

O artigo 7º da Lei de Ação Popular prevê que a ação seguirá o rito ordinário do Código de Processo Civil (Novo CPC: rito comum), com algumas particularidades.

4.1. Liminares

O art. 5º, § 4º, da LAP, prevê que "na defesa do patrimônio público caberá a suspensão liminar do ato lesivo impugnado".

Como estudado, a CF/88 incluiu o meio ambiente e a moralidade administrativa dentre os objetos da ação popular. Forçoso concluir que em relação a tais bens também se aplicam os provimentos liminares.

São aplicáveis, de forma subsidiária, as regras previstas no Código de Processo Civil, tais como as normas sobre tutela de urgência (cautelar e antecipada) e evidência.

Há, ademais, possibilidade de suspensão da eficácia da liminar ou da decisão (suspensão de segurança), aplicando-se o art. 4º da Lei 8.437/92.

LEI 8.437/92

Art. 4º Compete ao presidente do tribunal, ao qual couber o conhecimento do respectivo recurso, suspender, em despacho fundamentado, a execução da liminar nas ações movidas contra o Poder Público ou seus agentes, a requerimento do

Ministério Público ou da pessoa jurídica de direito público interessada, em caso de manifesto interesse público ou de flagrante ilegitimidade, e para evitar grave lesão à ordem, à saúde, à segurança e à economia públicas.

Nesse sentido entende o STJ[24].

Dois aspectos sobre a aplicação do disposto na Lei 8.437/92 merecem destaque:

Prevê o art. 1º, § 1º, da referida lei que "não será cabível, no juízo de primeiro grau, medida cautelar inominada ou a sua liminar, quando impugnado ato de autoridade sujeita, na via de mandado de segurança, à competência originária de tribunal".

Ocorre que o § 2º do mesmo dispositivo estatui que o disposto acima não se aplica aos processos de ação popular e de ação civil pública.

Esclarece o STJ[25] que o art. 1º da Lei 8.437/92 veda liminares em favor daquele que litiga contra o Estado, mas a vedação não se opera no processo de ação popular, pois nesta o autor não atua como adversário do Poder Público, mas como seu substituto processual.

Outrossim, dispõe o art. 2º da lei que "no mandado de segurança coletivo e na ação civil pública, a liminar será concedida, quando cabível, após a audiência do representante judicial da pessoa jurídica de direito público, que deverá se pronunciar no prazo de setenta e duas horas".

Para o Superior Tribunal de Justiça essa norma não é aplicável à ação popular[26].

Nesse sentido, **a concessão de liminar em ação popular NÃO exige intimação do representante judicial da pessoa jurídica de direito público ré na demanda para manifestação nos autos.**

Por fim, ressalta-se que a Corte entende que a execução de multa diária (astreintes) por descumprimento de obrigação fixada em liminar concedida em ação popular independe do trânsito em julgado da sentença final condenatória e pode ser realizada nos mesmos autos[27].

24. STJ, REsp 1001838/RJ, Rel. Min. Teori Albino Zavascki, DJe 23/04/2008.
25. STJ, RMS 5621/ RS, Rel. Min. Humberto Gomes de Barros, DJ 07/08/1995.
26. STJ, REsp 693110/MG, Rel. Min. Elina Calmon, DJ 22/05/2006.
27. STJ, REsp 1.098.028- SP, Rel. Min. Luiz Fux, julgado em 9/2/2010.

4.2. Citação

Estatui a LAP:

LEI DA AÇÃO POPULAR (4.717/65)

I - Ao despachar a inicial, o juiz ordenará:

a) além da **citação dos réus**, a intimação do representante do Ministério Público;

b) a requisição, às entidades indicadas na petição inicial, dos documentos que tiverem sido referidos pelo autor (art. 1º, § 6º[28]), bem como a de outros que se lhe afigurem necessários ao esclarecimento dos fatos, fixando prazos de 15 (quinze) a 30 (trinta) dias para o atendimento.

II - **Quando o autor o preferir, a citação dos beneficiários far-se-á por edital com o prazo de 30 (trinta) dias**, afixado na sede do juízo e publicado três vezes no jornal oficial do Distrito Federal, ou da Capital do Estado ou Território em que seja ajuizada a ação. A publicação será gratuita e deverá iniciar-se no máximo 3 (três) dias após a entrega, na repartição competente, sob protocolo, de uma via autenticada do mandado.

Logo quando do recebimento da inicial, portanto, o juiz determinará a citação do réu e dos beneficiários do ato impugnado.

Em relação à citação por edital, embora haja divergência, o STJ acolhe a corrente doutrinária[29] no sentido de que se trata de mera opção à escolha do autor, ainda que o beneficiário esteja perfeitamente identificado (diferente do que prevê o CPC, no qual esta espécie de citação exige que o réu seja desconhecido ou incerto, ou esteja em local incerto – art. 256)[30].

4.3. Resposta

Há diversas diferenças entre as regras da ação popular e a sistemática do CPC.

Dispõe a LAP:

---

28. Art. 1º § 6º Somente nos casos em que o interesse público, devidamente justificado, impuser sigilo, poderá ser negada certidão ou informação. / § 7º Ocorrendo a hipótese do parágrafo anterior, a ação poderá ser proposta desacompanhada das certidões ou informações negadas, cabendo ao juiz, após apreciar os motivos do indeferimento, e salvo em se tratando de razão de segurança nacional, **requisitar umas e outras;** feita a requisição, o processo correrá em segredo de justiça, que cessará com o trânsito em julgado de sentença condenatória. (grifo nosso)

29. SILVA, José Afonso da. Ação popular constitucional: doutrina e processo. 2. ed. rev. ampl. e aum. São Paulo: Malheiros, 2007.

30. STJ, AgRg 456.9431RJ, 2º Turma, Rel. Min. João Otávio de Noronha, j. 18.05.2004, DJ 28.06.2004.

LEI DA AÇÃO POPULAR (4717/65)

Art. 7º, IV - O prazo de contestação é de **20 (vinte) dias, prorrogáveis por mais 20 (vinte),** a requerimento do interessado, **se particularmente difícil a produção de prova documental,** e será **comum a todos** os interessados, correndo da entrega em cartório do mandado cumprido, ou, quando for o caso, do decurso do prazo assinado em edital. (grifos nossos)

Esquematizando, temos:

- **Prazo de contestação: 20 DIAS;**
- **Prorrogáveis por mais 20 dias –** desde que seja particularmente difícil a produção de prova documental;
- **A prorrogação** não pode ser concedida de ofício pelo juiz**; depende de requerimento do interessado;**
- O prazo **é comum** (ou seja, não se aplica o prazo em dobro para os litisconsortes com diferentes procuradores, previsto no art. 229 do CPC/2015);
- O prazo é **contado da entrega em cartório do mandado cumprido ou do decurso do prazo assinado em edital.**

Pergunta-se: aplica-se a dobra de prazo para a Fazenda Pública apresentar contestação?

Dispõe o art. 183 do CPC que "a União, os Estados, o Distrito Federal, os Municípios e suas respectivas autarquias e fundações de direito público gozarão de prazo em dobro para todas as suas manifestações processuais, cuja contagem terá início a partir da intimação pessoal".

Por sua vez, o § 2º do mesmo dispositivo diz que "não se aplica o benefício da contagem em dobro quando a lei estabelecer, de forma expressa, prazo próprio para o ente público". O entendimento que prevalece na doutrina é no sentido da **inaplicabilidade da dobra de prazo para a contestação na ação popular**[31]**.**

Em relação aos **recursos, o prazo será contado em dobro** para o Poder Público, já que não há prazo próprio previsto em lei.

Ainda sobre a resposta do réu, importante destacar que o STJ entende **incabível a reconvenção em sede de ação popular:**

31. CUNHA, Leonardo Carneiro da. A Fazenda Pública em juízo - 14. ed. rev., atual e ampl. - Rio de Janeiro: Forense, 2017.

JURISPRUDÊNCIA

PROCESSUAL CIVIL. RECURSO ESPECIAL. **AÇÃO POPULAR. RECONVENÇÃO. IMPOSSIBILIDADE.** DANO MORAL. AFERIÇÃO. SÚMULA 07/STJ. 1. A ação popular é um dos mais antigos meios constitucionais de participação do cidadão nos negócios públicos, na defesa da sociedade e dos relevantes valores a que foi destinada. **Admitir o uso da reconvenção produziria efeito inibitório do manejo desse importante instrumento de cidadania, o que o constituinte procurou arredar, quando isentou o autor das custas processuais e do ônus da sucumbência.** 2. **O instituto da reconvenção exige, como pressuposto de cabimento, a conexão entre a causa deduzida em juízo e a pretensão contraposta pelo réu.** A conexão de causas, por sua vez, dá-se por coincidência de objeto ou causa de pedir. 3. Na hipótese, existe clara diversidade entre a ação popular e a reconvenção. Enquanto a primeira objetiva a anulação de ato administrativo e tem como causa de pedir a suposta lesividade ao patrimônio público, a segunda visa à indenização por danos morais e tem como fundamento o exercício abusivo do direito à ação popular. 4. **O pedido reconvencional pressupõe que as partes estejam litigando sobre situações jurídicas que lhes são próprias. Na ação popular, o autor não ostenta posição jurídica própria, nem titulariza o direito discutido na ação, que é de natureza indisponível. Defende-se, em verdade, interesses pertencentes a toda sociedade**. É de se aplicar, assim, o parágrafo único do art. 315 do CPC, que não permite ao réu, "em seu próprio nome, reconvir ao autor, quando este demandar em nome de outrem". (...) 6. Recurso especial improvido. (REsp 72.065/RS, Rel. Ministro CASTRO MEIRA, SEGUNDA TURMA, julgado em 03/08/2004, DJ 06/09/2004, p. 185) (grifos nossos)

QUESTÃO DE CONCURSO

FCC - 2016 - Prefeitura de Campinas - SP – Procurador - O Superior Tribunal de Justiça tem admitido, excepcionalmente, a utilização de reconvenção em ação popular, nos casos de indenização por danos morais que tenha como fundamento o exercício abusivo do direito de ação.

COMENTÁRIOS: A assertiva aponta de forma incorreta o entendimento da Corte, a qual afasta a possibilidade de apresentação de contestação pelo autor da ação popular.

GABARITO: ERRADO

Há doutrina[32] nesse sentido, porém, impende citarmos entendimento doutrinário em sentido contrário, de Fredie Didier Jr. e Hermes Zaneti[33]. Válida a leitura da fundamentação do posicionamento dos autores:

32. MEIRELLES, Hely Lopes. Mandado de Segurança, ação popular, ação civil pública, mandado de injunção, Habeas Data. 21 ed. São Paulo: Malheiros, 1999.

> O réu na ação popular, enquanto cidadão, também tem legitimidade para propor a ação popular; nada impede, a princípio, que proponha ação popular contra aquele que promoveu inicialmente a ação popular de que é réu; essa ação popular reconvencional pode ser conexa com a causa principal (e muito possivelmente o será, até mesmo em razão de eventual prejudicialidade ou preliminaridade); assim, impedir a reconvenção seria postura de muito pouco valor prático. É que, propondo demanda autônoma, haveria reunião dos processes por conexão (art. 5º, §3º, Lei nº 4.717/65). Nos dois casos autor e réu estarão em defesa dos direitos do grupo de pessoas titulares dos direitos coletivos e, portanto, o interesse tutelado permitirá a reconvenção, podendo ambas ser julgadas procedentes.

Em provas de concursos tem prevalecido que o uso desse meio de resposta é inviável, em razão da posição do cidadão autor, que age na defesa de toda a coletividade, e não de direito próprio. Se o enunciado pede a posição do STJ, inclusive, deve ser assinalada a impossibilidade de ação reconvencional proposta pelo réu.

4.4. Provas

A LAP permite que o cidadão, autor popular, utilize certidões e informações requeridas das entidades cujo patrimônio é protegido pelo diploma para instruir a petição inicial.

Estatui a lei:

LEI DA AÇÃO POPULAR (4.717/65)

Art. 1º § 4º Para instruir a inicial, o cidadão poderá requerer às entidades, a que se refere este artigo, **as certidões e informações que julgar necessárias, bastando para isso indicar a finalidade das mesmas.**

§ 5º As certidões e informações, a que se refere o parágrafo anterior, **deverão ser fornecidas dentro de 15 (quinze) dias** da entrega, sob recibo, dos respectivos requerimentos, **e só poderão ser utilizadas para a instrução de ação popular.**

§ 6º **Somente nos casos em que o interesse público, devidamente justificado, impuser sigilo, poderá ser negada certidão ou informação.**

§ 7º Ocorrendo a hipótese do parágrafo anterior, a ação poderá ser proposta desacompanhada das certidões ou informações negadas, cabendo ao juiz, após apreciar os motivos do indeferimento, **e salvo em se tratando de razão de segurança nacional,** requisitar umas e outras; feita a requisição, o processo correrá em segredo de justiça, que cessará com o trânsito em julgado de sentença condenatória. (grifos nossos)

33. JUNIOR, Fredie Didier e JUNIOR, Hermes Zaneti. Curso de Direito Processual Civil – Processo Coletivo. Vol. 4, 10ª ed., Salvador: Ed. Juspodivm, 2016.

Não devem ser confundidos os seguintes prazos:

Entrega de certidões, informações ou documentos:

a) requeridos pela parte: 15 dias (art. 1º, § 5º);

b) determinados pelo juiz: 15 a 30 dias (art. 7º, I, 'b').

LEI DA AÇÃO POPULAR (4717/65)

Art. 7º A ação obedecerá ao procedimento ordinário, previsto no Código de Processo Civil, observadas as seguintes normas modificativas:

I - Ao despachar a inicial, o juiz ordenará:

b) a requisição, às entidades indicadas na petição inicial, dos documentos que tiverem sido referidos pelo autor (art. 1º, § 6º), bem como a de outros que se lhe afigurem necessários ao esclarecimento dos fatos, fixando prazos de 15 (quinze) a 30 (trinta) dias para o atendimento.

Destaca-se a previsão do §2º que diz: "Se os documentos e informações não puderem ser oferecidos nos prazos assinalados, **o juiz poderá autorizar prorrogação dos mesmos, por prazo razoável**" (grifo nosso).

A lei prevê, ainda, que a ausência da entrega da documentação, seja a requerida pelo autor, seja a determinada pelo juiz, configura o crime de desobediência:

LEI DA AÇÃO POPULAR (4717/65)

Art. 8º Ficará sujeita à pena de desobediência, **salvo motivo justo devidamente comprovado**, a autoridade, o administrador ou o dirigente, que deixar de fornecer, no prazo fixado no art. 1º, § 5º, ou naquele que tiver sido estipulado pelo juiz (art. 7º, n. I, letra "b"), informações e certidão ou fotocópia de documento necessários à instrução da causa.

Parágrafo único. O prazo contar-se-á do dia em que entregue, sob recibo, o requerimento do interessado ou o ofício de requisição (art. 1º, § 5º, e art. 7º, n. I, letra "b").

Interessante mencionar que a tipificação é alvo de polêmica, pois a jurisprudência[34], tradicionalmente, entende que o delito de desobediência apenas pode ter como sujeito ativo um particular, sendo inaplicável aos agentes da administração.

34. STJ, RHC 7.990/MG, Rel. Min. Fernando Gonçalves, 6ª Turma, j. 29.10.98/STF, RP 211/DF, Rel. Min. Nelson Hungria, j. 26/05/1954.

Precedentes recentes do STJ[35], todavia, apontam que o funcionário público pode ser sujeito ativo do delito do art. 330 do Código Penal (desobediência), desde que o agente não seja hierarquicamente subordinado ao emitente da ordem legal e tenha atribuições para cumpri-la.

Na doutrina[36], prevalece o entendimento no sentido de que o crime pode ser praticado por funcionário público, desde que a ordem legal não seja relacionada às suas funções. Há, também, precedente do STF[37] que acolhe esta corrente.

Em provas de concurso, deve-se ter atenção quanto à cobrança da literalidade do dispositivo. Caso a questão cobre a letra da lei, o candidato deve assinalar como correta a afirmação de que há possibilidade de o funcionário público responder por desobediência.

Ainda sobre o tema produção de provas em ação popular, prevê a LAP a possibilidade de oitiva de testemunhas, bem como a produção de prova pericial:

LEI DA AÇÃO POPULAR (4.717/65)

Art. 7º V - Caso não requerida, até o despacho saneador, a produção de prova testemunhal ou pericial, o juiz ordenará vista às partes por 10 (dez) dias, para alegações, sendo-lhe os autos conclusos, para sentença, 48 (quarenta e oito) horas após a expiração desse prazo; havendo requerimento de prova, o processo tomará o rito ordinário.

Ambas as espécies de provas devem ser requeridas até o despacho saneador.

Os dispositivos do CPC que tratam sobre requisição de documento em poder da parte ou de terceiros, são aplicáveis às ações populares (arts. 396 e 401[38], por exemplo).

Ademais, o art. 6º, § 4º, da LAP preceitua que "o Ministério Público acompanhará a ação, cabendo-lhe apressar a produção da prova".

35. Nesse sentido: STJ, RHC 85031/DF, Rel. Min. Maria Thereza de Assis Moura, 6ª Turma, j. 19/10/17.
36. NUCCI, Guilherme de Souza, Código Penal Comentado – 17a Edição, Rio de Janeiro: Forense, 2017/GRECO, Rogério. Curso de Direito Pena I: parte especial. Volume 4. 6ª Ed. Rio de Janeiro: Impetus, 2010.
37. STF, Pet 1999, Rel. Min. Néri da Silveira, j. 30/10/2001.
38. CPC, Art. 396. O juiz pode ordenar que a parte exiba documento ou coisa que se encontre em seu poder. (...) Art. 401. Quando o documento ou a coisa estiver em poder de terceiro, o juiz ordenará sua citação para responder no prazo de 15 (quinze) dias.

4.5. Desistência e absolvição de instância

Dispõe o art. 9º, da LAP:

LEI DA AÇÃO POPULAR (4717/65)

Art. 9º Se o autor desistir da ação ou der motivo à absolvição da instância, serão publicados editais nos prazos e condições previstos no art. 7º, inciso II, ficando assegurado a **qualquer cidadão, bem como ao representante do Ministério Público**, dentro do prazo de 90 (noventa) dias da última publicação feita, promover o prosseguimento da ação. (grifos nossos)

Inicialmente, esclarece-se que o termo absolvição de instância (previsto na codificação processual civil vigente à época da promulgação da LAP – CPC/1939), deve ser entendido como extinção do processo sem julgamento de mérito. (art. 485, CPC/2015).

De acordo com a lei, se o autor popular dá causa à extinção do processo sem resolução do mérito (exemplo: por não promover os atos e diligências que lhe competiam, abandona a causa por mais de 30 dias – art. 485, III, do CPC) ou desistir o Ministério Público, ou qualquer cidadão, depois da publicação dos editais, poderá promover o prosseguimento da ação.

Ocorre, pois, sucessão processual: o autor deixa de ser parte e a relação jurídica processual passa a ser composta, no polo ativo, por outro cidadão, ou pelo Ministério Público.

QUESTÃO DE CONCURSO

FCC - 2016 - Prefeitura de Campinas - SP – Procurador - Na hipótese de adesão ao pedido autoral pelas pessoas jurídicas de direito público ou de direito privado, cujo ato seja objeto de impugnação, havendo desistência do autor original da ação popular, tais pessoas jurídicas poderão promover sozinhas o prosseguimento da ação.

COMENTÁRIOS: A sucessão processual no caso de desistência ocorrerá a partir do ingresso de outro cidadão ou do Ministério Público no polo ativo da demanda. Não há essa possibilidade para as pessoas jurídicas de direito público ou privado, ainda que tenham aderido ao pedido do autor. Válido lembrar que pessoa jurídica não é legitimada ativa em ação popular.

GABARITO: ERRADO

Pergunta-se: o MP pode atuar como autor de ação popular? Em tese, sim! Como sucessor processual.

O MP não é legitimado ativo para a propositura, não pode ajuizar a ação, mas pode estar no polo ativo, logo, deve-se ter cuidado com assertivas de provas de concursos.

Para o Ministério Público não se trata de uma faculdade, mas um dever. Ademais, recorde-se do princípio da obrigatoriedade mitigada previsto no art. 5º da LACP:

LEI DE AÇÃO CIVIL PÚBLICA (7.347/85)

Art. 5º § 3º Em caso de **desistência infundada ou abandono** da ação por associação legitimada, o Ministério Público ou outro legitimado assumirá a titularidade ativa.

Nesse sentido, se os motivos da desistência forem devidamente justificados, o MP não é obrigado a prosseguir com a demanda.

4.6. Julgamento antecipado da lide

Dispõe o CPC que o juiz julgará antecipadamente o pedido, proferindo sentença com resolução de mérito, quando não houver necessidade de produção de outras provas (art. 355, I) e o réu for revel, lhe forem aplicados os efeitos da revelia e não houver requerimento de produção de prova (art. 355, II).

O dispositivo pode ser aplicado à ação popular? Sim! Mas apenas a previsão do inciso I, pois em ação coletiva não há revelia. Nesse sentido é o posicionamento do STJ[39].

4.7. Sentença

Nos termos da LAP, a sentença deve ser proferida no prazo de 15 (quinze) dias do recebimento dos autos pelo magistrado, caso não tenha sido prolatada em audiência. Estatui o diploma:

LEI DA AÇÃO POPULAR (4.717/65)

Art. 7º VI - A sentença, quando não prolatada em audiência de instrução e julgamento, **deverá ser proferida dentro de 15 (quinze) dias do recebimento dos autos pelo juiz.**

Parágrafo único. O proferimento da sentença além do prazo estabelecido privará o juiz da inclusão em lista de merecimento para promoção, durante 2 (dois) anos, e acarretará a perda, para efeito de promoção por antiguidade, de tantos dias quantos forem os do retardamento, salvo motivo justo, declinado nos autos e comprovado perante o órgão disciplinar competente.

39. STJ, 1ª Turma, REsp 97.308-MT, Rel. Min. Garcia Vieira, DJU 20.4.98.

Apesar de se tratar de prazo impróprio, o parágrafo único estabelece uma sanção para o juiz que deixa de observá-lo. O legislador priorizou a celeridade no julgamento do remédio constitucional ora estudado.

A doutrina[40] entende que após a CF/88 e a publicação da Lei Orgânica da Magistratura Nacional (Lei Complementar 35/1979), que preveem as hipóteses que impedem a inclusão do magistrado na lista de merecimento (LOMAN, art. 44, parágrafo único), ou obstam-no de ser promovido (CF, art. 93, II, *e*), e sobre os prazos de duração dessas sanções, torna-se incabível a aplicação do citado parágrafo do art. 7º da LAP.

Em provas objetivas de concursos, deve-se adotar o entendimento da lei, caso seja cobrada sua literalidade. Em provas subjetivas, válido mencionar o entendimento doutrinário.

Pergunta-se: qual a natureza da sentença proferida na AP?

Dispõe a lei:

LEI DA AÇÃO POPULAR (4.717/65)

Art. 11. A sentença que, julgando procedente a ação popular, **decretar a invalidade do ato** impugnado, **condenará ao pagamento** de perdas e danos os responsáveis pela sua prática e os beneficiários dele, ressalvada a ação regressiva contra os funcionários causadores de dano, quando incorrerem em culpa. Trata-se de decisão de cunho, preponderantemente, desconstitutivo, uma vez que promove a anulação ou a decretação de nulidade de atos lesivos aos bens tutelados (este é o pedido principal).

O provimento também é condenatório e vale destacar que, segundo o STJ[41], a condenação em perdas e danos independe de requerimento expresso. Não há falar-se em sentença *extra petita* nesse caso.

QUESTÃO DE CONCURSO

RHS Consult - 2016 - Prefeitura de Paraty - RJ – Procurador - A natureza da decisão na ação popular é desconstitutiva-condenatória.

COMENTÁRIOS: Além da natureza desconstitutiva, uma vez que declara a nulidade ou decreta a anulação do ato lesivo, a decisão tem cunho condenatório. Haverá condenação ao pagamento de perdas e danos aos responsáveis pela prática do ato e aos beneficiários dele.

GABARITO: CORRETO

40. ANDRADE, Adriano, MASSON Cleber Masson e ANDRADE Landolfo. Op. Cit.
41. STJ, REsp 439051/RO, Rel. Min. Teori Albino Zavascki, DJ 01/02/2005.

Questiona-se, ademais, se a sentença, na ação popular, pode determinar a aplicação de sanção política, administrativa ou criminal.

Poderia o juiz aplicar, por exemplo, a pena da improbidade administrativa? Não!

Dispõe o art. 15 da LAP que a responsabilização deverá ser feita através de outro processo:

LEI DA AÇÃO POPULAR (4.717/65)

Art. 15. Se, no curso da ação, ficar provada a infringência da lei penal ou a prática de falta disciplinar a que a lei comine a pena de demissão ou a de rescisão de contrato de trabalho, o juiz, "ex-officio", **determinará a remessa de cópia autenticada das peças necessárias às autoridades ou aos administradores a quem competir aplicar a sanção**. (grifos nossos).

4.8. Remessa necessária invertida

Os arts. 496 e seguintes do CPC disciplinam a remessa necessária (também chamada de reexame necessário, remessa obrigatória ou duplo grau de jurisdição obrigatório).

Ao ser proferida uma sentença em face da Fazenda Pública, a análise e confirmação pelo Tribunal (remessa necessária) é condição indispensável para que a decisão transite em julgado[42].

Na LAP, todavia, o reexame necessário é chamado de invertido, pois, ao contrário do que prevê o CPC, ocorrerá quando a sentença concluir pela carência ou improcedência da ação, ou seja, quando proferida em desfavor do autor popular, não das entidades de direito público.

Estatui o diploma:

LEI DA AÇÃO POPULAR (4.717/65)

Art. 19. A sentença que concluir pela **carência ou pela improcedência** da ação está **sujeita ao duplo grau de jurisdição**, não produzindo efeito senão depois de confirmada pelo tribunal (...).

A remessa *ex officio*, portanto, não se opera a favor do Poder Público, mas sim do interesse coletivo.

42. Súmula 423 do STF: "Não transita em julgado a sentença por haver omitido o recurso 'ex officio', que se considera interposto 'ex lege'".

QUESTÕES DE CONCURSOS

FCC – 2008 – PGM São Paulo/SP - Procurador - A sentença que julgar procedente ação popular, onde são litisconsortes passivos a Câmara de Vereadores e o Município, produzirá efeito imediato se não for recorrida por apelação.

COMENTÁRIOS: Assertiva correta, pois apenas a sentença de improcedência ou que declare a carência da ação se sujeitará ao reexame necessário. Procedente o pedido do autor, a decisão terá eficácia imediata, caso não seja objeto de recurso.

GABARITO: CORRETO

FEPESE – 2016 – PGM Lages/SC – Procurador - A sentença que concluir pela carência ou pela improcedência da ação está sujeita ao duplo grau de jurisdição, não produzindo efeito senão depois de confirmada pelo tribunal.

COMENTÁRIOS: A assertiva reproduz a literalidade do art. 19 da LAP.

GABARITO: CORRETO

Outrossim, para o STJ:

- O art. 19 aplica-se:
  - às sentenças de improcedência nas ações civis públicas (microssistema de tutela coletiva)[43];
  - às ações de improbidade administrativa[44].

- Porém, não se aplica:
  - às ações coletivas que tutelam direitos individuais homogêneos (considerados acidentalmente coletivos)[45].

Salienta-se que, no reexame necessário, o STJ entende aplicável o efeito translativo dos recursos, ou seja, admite-se que o Tribunal analise matérias de ordem pública que, embora suscitadas, não foram decididas na sentença:

JURISPRUDÊNCIA

I - **Recurso originado por ação popular** que buscava a anulação de contrato celebrado entre Município e Advogado para assessoramento na área tributária visando ao aumento de ISS. Pedia a condenação do profissional à devolução integral dos valores percebidos. II -A ação restou parcialmente procedente para anular o contrato ao

43. STJ, REsp. 1.108.542/SC, Rel. Min. Castro Meira, j. 19/05/2009.
44. EREsp 1220667/MG, Rel. Min. Herman Benjamin, julgado em 24/05/2017.
45. REsp 1374232/ES, Rel. Ministra Nancy Andrighi, julgado em 26/09/2017.

entendimento de que não era hipótese de inexigibilidade, sendo necessária licitação, condenando-se o Advogado à devolução de apenas 75% do valor recebido. VI - **"No reexame necessário, as questões decididas pelo juiz singular são devolvidas em sua totalidade para exame pelo Tribunal ad quem. Há também a ocorrência do efeito translativo, segundo o qual as matérias de ordem pública e as questões suscitadas e discutidas no processo, ainda que a sentença não as tenha julgado por inteiro, devem ser objeto de análise em sede de duplo grau de jurisdição.** Mitigação da Súmula 45 do STJ: "No reexame necessário, é defeso, ao tribunal, agravar a condenação imposta à Fazenda Pública" (REsp nº 440.248/SC, Rei. Min. DENISE ARRUDA, DJ de 05.09.2:005, p. 206). VII - Recursos especiais improvidos. (STJ, REsp 856388/SP, Rel. Min. Francisco Falcão, DJ 24/05/2007) (grifos nossos)

4.9. Recursos

Nos termos da parte final do caput do art. 19 da LAP, a **sentença que julgar a ação procedente** será impugnável por **apelação, com efeito suspensivo.**

Das **decisões interlocutórias** proferidas durante o processo, será cabível o recurso de **agravo de instrumento** (art. 19, §1º).

A Lei confere legitimidade para interposição de recursos em face de decisões proferidas contra o autor, a qualquer cidadão e ao Ministério Público (art. 19, §2º).

4.10. Coisa julgada

Estatui a LAP:

LEI DA AÇÃO POPULAR (4717/65)

Art. 18. A sentença terá eficácia de coisa julgada oponível **"erga omnes"**, exceto no caso de haver sido a ação julgada improcedente por deficiência de prova; neste caso, qualquer cidadão poderá intentar outra ação com idêntico fundamento, valendo-se de nova prova. (grifos nossos)

Esclarece a doutrina[46] que o dispositivo determina que a imutabilidade dos efeitos da sentença depende da sua espécie: de procedência ou de improcedência. Nesse sentido, a coisa julgada material forma-se *secundum eventum litis.* Caso a sentença seja favorável (de procedência), sempre haverá formação de coisa julgada material.

46. ANDRADE, Adriano, MASSON Cleber Masson e ANDRADE Landolfo. Op. Cit.

Se, todavia, houver julgamento desfavorável ao autor, nem sempre se produzirá coisa julgada material. Esta dependerá do fundamento da improcedência e só existirá se houver conjunto probatório suficiente, juízo de certeza.

Não se forma a coisa julgada material, no entanto, quando houver sido a ação julgada improcedente por falta de provas. Assim, a coisa julgada material é *secundum eventum probationis*.

Ademais, o diploma não repete a restrição do art. 16 da Lei de Ação Civil Pública (Lei nº 7.347/85), que limita os efeitos da coisa julgada ao território do órgão prolator. Mas, vale lembrar, que, para o STF e o STJ, NÃO prospera a limitação territorial prevista no art. 16 da LACP, podendo a decisão proferida na ação coletiva ter alcance nacional.

Vale lembrar que, no caso de procedência, aplica-se o regime do CDC, já estudado, e haverá a possibilidade de transporte *in utilibus* da coisa julgada formada na ação coletiva, ou seja, esta poderá será transportada para beneficiar o autor de uma ação individual.

4.11. Execução

Diante de uma ação popular cuja sentença determine a condenação em obrigação de pagar, demonstrado o valor da lesão durante a fase de conhecimento, a quantia será fixada na decisão. Caso contrário, será necessário realizar a apuração do valor através de liquidação.

Esse entendimento é extraído do art. 14, da LAP que dispõe:

LEI DA AÇÃO POPULAR (4.717/65)

Art. 14. Se o valor da lesão ficar provado no curso da causa, será indicado na sentença; se depender de avaliação ou perícia, será apurado na execução.

Será aplicado, ademais, o regramento do CPC, de forma subsidiaria.

Os parágrafos 1º e 2º do citado dispositivo estabelecem parâmetros para a fixação do valor da condenação em determinadas situações:

LEI DA AÇÃO POPULAR (4.717/65)

Art. 14 § 1º Quando a lesão resultar da falta ou isenção de qualquer pagamento, a condenação imporá o pagamento devido, com acréscimo de juros de mora e multa legal ou contratual, se houver.

§ 2º Quando a lesão resultar da execução fraudulenta, simulada ou irreal de contratos, a condenação versará sobre a reposição do débito, com juros de mora.

O § 3º, por sua vez, excepciona a regra da impenhorabilidade salarial, pois dispõe que, quando o réu condenado for funcionário público (perceber dos cofres públicos), a execução far-se-á por desconto em folha até o integral ressarcimento do dano causado, se assim mais convier ao interesse público.

Por fim, o § 4º estatui que "a parte condenada a restituir bens ou valores ficará sujeita a sequestro e penhora, desde a prolação da sentença condenatória".

Pergunta-se: a quem compete perseguir a cobrança? Quem tem atribuição para dar início à fase de execução?

Segundo a LAP:

LEI DA AÇÃO POPULAR (4.717/65)

Art. 16. Caso decorridos **60 (sessenta) dias da publicação da sentença condenatória de segunda instância**, sem que o autor ou terceiro promova a respectiva execução, **o representante do Ministério Público a promoverá nos 30 (trinta) dias seguintes, sob pena de falta grave.**

Art. 17. É sempre permitida às pessoas ou entidades referidas no art. 1º, ainda que hajam contestado a ação, promover, **em qualquer tempo,** e no que as beneficiar a execução da sentença contra os demais réus. (grifos nossos)

São legitimados à execução, portanto:

- o autor;
- terceiros: outros cidadãos e as entidades do art. 1º[47], ainda que tenham permanecido no polo passivo, e desde que a execução da sentença possa beneficiá-las (exemplo: pleitear a recomposição do patrimônio por elas gerido[48]);
- subsidiariamente o Ministério Público, quando nem o autor, nem terceiros executarem a sentença no prazo de 60 dias da publicação desta.

---

47. União, Distrito Federal, Estados, Municípios, entidades autárquicas, sociedades de economia mista, sociedades mútuas de seguro nas quais a União represente os segurados ausentes, empresas públicas, serviços sociais autônomos, instituições ou fundações para cuja criação ou custeio o tesouro público haja concorrido ou concorra com mais de cinquenta por cento do patrimônio ou da receita ânua, empresas incorporadas ao patrimônio da União, do Distrito Federal, dos Estados e dos Municípios. Além destas, instituições ou fundações, para cuja criação ou custeio o tesouro público concorra com menos de cinquenta por cento do patrimônio ou da receita ânua, bem como pessoas jurídicas ou entidades subvencionadas em relação à parte oriunda da contribuição dos cofres públicos.

48. ANDRADE, Adriano, MASSON Cleber Masson e ANDRADE Landolfo. Op. Cit.

No que diz respeito à atribuição subsidiária do MP, não se pode confundir o regramento da LAP com o da LACP:

AÇÃO CIVIL PÚBLICA: O MP promoverá a execução caso o legitimado não o faça em 60 dias do **trânsito em julgado** da sentença condenatória
AÇÃO POPULAR: Se o autor não promove a execução no prazo de 60 sessenta dias da **publicação da sentença condenatória** de segunda instância, o MP deve fazê-lo em 30 dias após esse prazo

Ainda sobre execução, destaca-se que, segundo o STJ, não há necessidade de caução para fins de execução provisória. Para a Corte, o autor, na ação popular, é substituto processual do Poder Público. Se este não está sujeito à prestação de caução em execuções, o mesmo regramento deve ser aplicado ao autor popular[49].

4.12. Custas

Acerca do regime de custas processuais, dispõe a LAP:

LEI DA AÇÃO POPULAR (4.717/65)

Art. 10. **As partes só pagarão custas e preparo a final.**

Art. 12. A sentença incluirá **sempre**, na condenação dos réus, o pagamento, ao autor, das custas e demais despesas, judiciais e extrajudiciais, diretamente relacionadas com a ação e comprovadas, bem como o dos honorários de advogado.

Art. 13. A sentença que, apreciando o fundamento de direito do pedido, julgar a **lide manifestamente temerária**, condenará o autor ao pagamento do **décuplo das custas.** (grifos nossos)

Os dispositivos devem ser lidos à luz da CF/88, que consagra uma imunidade tributária (embora mencione o termo isenção), relacionada à ação popular:

CONSTITUIÇÃO FEDERAL

Art. 5º LXXIII - qualquer cidadão é parte legítima para propor ação popular que vise a anular ato lesivo ao patrimônio público ou de entidade de que o Estado participe, à moralidade administrativa, ao meio ambiente e ao patrimônio histórico e cultural, **ficando o autor, salvo comprovada má-fé, isento de custas judiciais e do ônus da sucumbência.**

49. STJ, RMS 2.366-MG, Rel. Min. Peçanha Martins, DJU 11.3.96.

O que podemos concluir a partir da análise conjugada dos dispositivos citados? Esquematizando entendimento doutrinário[50], temos que:

- Sentença de Procedência: ônus da sucumbência (custas, despesas de honorários) – réus;
- Sentença de improcedência, ou de extinção por falta de condição ou pressuposto processual:

  - Se houve litigância de má-fé por parte do autor, este irá arcar com os ônus da sucumbência. E caso a má-fé consista em lide manifestamente temerária, será devida multa, paga pelo autor ao réu, no valor do décuplo das custas;

  - Inexistente má-fé/lide temerária: o autor estará isento dos ônus da sucumbência.

Segundo o STJ[51] art. 18 da LACP, aplica-se às ações populares, logo, nestas também não haverá adiantamento de custas, emolumentos, honorários periciais e quaisquer outras despesas processuais.

QUESTÃO DE CONCURSO

VUNESP - 2016 - IPSMI – Procurador - O autor da ação popular é isento de custas judiciais, salvo se a ação for julgada improcedente. Nesse caso, dispensa-se o recolhimento retroativo dos valores, sendo obrigatório, porém, o pagamento das custas judiciais a partir de então.

COMENTÁRIOS: O autor é isento de custas, salvo comprovada má-fé.

GABARITO: ERRADO

4.13. Prescrição

A LAP prevê em seu art. 21 que a ação nela prevista **prescreve em 5 (cinco) anos.**

Discute-se a respeito da natureza do prazo, se prescricional, como prevê o texto legal, ou decadencial.

Há correntes nos dois sentidos e não há consenso doutrinário, mas interessante posicionamento é apresentado por Hermes Zaneti e Leonardo Garcia[52], para os quais deve-se analisar cada capítulo da sentença. Assim, será decadencial o prazo da tutela constitutiva negativa (anulação do ato) e prescricional o prazo para a tutela condenatória (ressarcimento dos prejuízos aos cofres públicos).

50. ANDRADE, Adriano, MASSON Cleber Masson e ANDRADE Landolfo. Op. Cit.
51. STJ, Ag 11033851MG, 2ª Turma, Rel. Min. Eliana Calmon, j. 14.04.2009, DJe 08.05.2009.
52. JUNIOR, Hermes Zaneti e GARCIA, Leonardo de Medeiros. Op. Cit.

Em seus julgados, os Tribunais Superiores falam em prazo prescricional e destaca-se que ele se inicia na data da prática do ato lesivo[53].

Por fim, impende relembrar os seguintes pontos:

- Imprescritibilidade da pretensão de reparação dos danos ambientais[54];
- Imprescritibilidade da ação de ressarcimento ao erário em caso de atos de improbidade praticados **dolosamente**[55];
- Prescritibilidade da ação de reparação de danos à Fazenda Pública decorrente de ilícito civil[56];
- Prescritibilidade da pretensão de ressarcimento ao erário fundada em decisão de Tribunal de Contas[57].

QUADRO-RESUMO - Capítulo III

AÇÃO POPULAR

(Lei nº 4.717/65)

Instrumento de democracia popular;

Controle dos atos praticados pela Administração Pública;

Objeto: determinadas espécies de direitos difusos (objeto menos amplo quando comparado às outras ações coletivas);

Art. 1º LAP: anulação ou a declaração de nulidade de atos lesivos ao patrimônio de determinados órgãos e entidades;

Art. 5º, LXXIII, CF/88: Ampliação – patrimônio público (inclusive o histórico e cultural), moralidade administrativa, meio ambiente.

Art. 1º, ***caput*** e § 2º, LAP: Patrimônio público compreende o patrimônio da(s):

- Administração Pública Direta e Indireta;
- Sociedades mútuas de seguro nas quais a União represente os segurados ausentes;
- Empresas incorporadas ao patrimônio da União, do Distrito Federal, dos Estados e dos Municípios;
- Instituições ou fundações para cuja criação ou custeio o tesouro público haja concorrido ou concorra com <u>mais</u> de cinquenta por cento do patrimônio ou da receita ânua;
- Pessoas jurídicas ou entidades subvencionadas pelos cofres públicos e instituições ou fundações, para cuja criação ou custeio o tesouro público concorra com <u>menos</u> de cinquenta por cento do patrimônio ou da receita ânua, apenas em relação às contribuições dos cofres públicos feitas a tais pessoas jurídicas. *(a invalidez do ato lesivo com repercussão patrimonial terá um limite: a parcela de contribuição dos cofres públicos. Os valores de natureza privada, portanto, não serão afetados).*

53. STJ, REsp 7820671MG, 2ª Turma, Rel. Min. Castro Meira, j. 13.02.2007; DJ 27.02.2007.
54. SILVA, Flavia Regina Ribeiro da. Ação popular ambiental. São Paulo: RT. 2008 e MAZZILLI, Hugo Nigro. A defesa dos interesses difusos em juízo. 22. ed. São Paulo: Saraiva, 2009.
55. STF. Plenário. RE 852475/SP, Rel. Min. Alexandre de Moraes, j. em 08.08.2018.
56. STF, RE 669069/MG, Rel, Min. Teori Zavascki, j. 03.02.2016.
57. STF, RE 636.886, Rel. Min. Alexandre de Moraes j. 20.04.2020.

<table>
<tr><td>

NULIDADE

(Art. 2º, LAP)

São nulos os atos lesivos ao patrimônio público, nos casos de:

a) incompetência: caracterizada quando o ato não se incluir nas atribuições legais do agente que o praticou;

b) vício de forma: consiste na omissão ou na observância incompleta ou irregular de formalidades indispensáveis à existência ou seriedade do ato;

c) ilegalidade do objeto: ocorre quando o resultado do ato importa em violação de lei, regulamento ou outro ato normativo;

d) inexistência dos motivos: se verifica quando a matéria de fato ou de direito, em que se fundamenta o ato, é materialmente inexistente ou juridicamente inadequada ao resultado obtido;

e) desvio de finalidade: se verifica quando o agente pratica o ato visando a fim diverso daquele previsto, explícita ou implicitamente, na regra de competência.

E se o vício não se encaixa nessas espécies, a lei diz que o ato viciado será ANULÁVEL (art. 3ª, LAP).

</td></tr>
<tr><td>

OBJETO

Lei de efeito concreto? AP não pode fazer as vezes de ADI, pretendendo a inconstitucionalidade de lei de efeitos gerais e abstratos. Mas: "é possível juridicamente a ação popular contra lei de efeitos concretos, como soi ser a que prevê dispêndios realizáveis com o dinheiro público, ainda que uma das causas de pedir seja a inconstitucionalidade da norma. Deveras, a anulação dos atos administrativos subseqüentes calcados nestas premissas é jurídicamente possível em sede de ação popular, tanto mais que, nesses casos, a análise da inconstitucionalidade é empreendida incidenter tantum via controle difuso, encampado pelo Direito Nacional. Precedentes do STF e do STJ" (STJ, REsp 501854/SC, Rei. Min. Luiz Fux, DJ 24/11/2003).

Acordo homologado em juízo? CPC - Decisões homologatórias de acordos não são passíveis de reforma mediante a propositura de ação rescisória, podendo ser invalidadas através de ações anulatórias. Nesse sentido, cabe ação popular (Vide: STJ - REsp 536762/RS e REsp 450431/PR).

Atos judiciais? Não se admite a propositura de ação popular para impugnar atos judiciais típicos, de natureza jurisdicional. A via adequada para tanto é a recursal! É possível, todavia, invalidar atos administrativos praticados pelo Judiciário (atos judiciais atípicos).

A propositura de ação popular e a declaração da invalidade do ato impugnado exigem a demonstração de prejuízo ao erário? Não! A jurisprudência dos Tribunais Superiores relativiza a exigência de prejuízo ao Erário, pois as ofensas previstas na LAP são vistas como lesões implícitas. Nesse sentido: STJ, AgInt no AREsp 949377, Rel. Min. Herman Benjamin, 20/04/2017.

</td></tr>
<tr><td>

LEGITIMIDADE ATIVA

Constituição Federal (art. 5º, LXXIII) e LAP (art. 1º): Legitimidade ativa do CIDADÃO.

Quem é cidadão? O nacional (brasileiro nato ou naturalizado) que esteja em pleno gozo dos direitos políticos. Exige-se a cidadania ativa (direito ao voto).

O requisito é a CIDADANIA. A condição de eleitor é requerida como meio de prova. A legitimidade não é do eleitor.

O menor eleitor é legitimado? Sim! Independentemente de assistência ou representação.

O estrangeiro residente no país pode propor a ação? Apenas o português equiparado, que se alistou e detém a condição de cidadão.

Pessoa jurídica tem legitimidade ativa? Não! Súmula 365 do STF.

E o Ministério Público? Atua como fiscal da ordem jurídica ou atua como titular da ação caso o legitimado abandone/desista (sucessão processual). CUIDADO – A Lei VEDA que o MP, em qualquer hipótese, assuma a defesa do ato impugnado ou dos seus autores (art. 6º, §4º).

</td></tr>
</table>

Há necessidade de comprovação do domicílio eleitoral? Não! STJ: a condição de eleitor não é condição de legitimidade ativa, mas apenas e tão-só meio de prova documental da cidadania, daí porque pouco importa qual o domicílio eleitoral do autor da ação popular. (STJ, REsp 1242800/MS).

Natureza da legitimidade ativa: legitimação extraordinária (substituição processual). O cidadão defende em nome próprio, interesse alheio (da Administração Pública ou da coletividade).

Legitimidade concorrente (todos os cidadãos podem propor a demanda) e disjuntiva (não se exige que os cidadãos atuem em conjunto, admitindo-se a propositura individual ou a formação de litisconsórcio facultativo, bem como a habilitação de outro cidadão como assistente do autor).

AÇÃO POPULAR MULTILEGIMATÁRIA

Lei Orgânica do Ministério Público (Lei nº 8.625/93): competência do MP para a propositura de ação civil pública que vise a anulação ou a declaração de nulidade de atos lesivos ao patrimônio público ou à moralidade administrativa do Estado ou de Município, de suas administrações indiretas ou fundacionais ou de entidades privadas de que participem (art. 25, IV, ***b***).

Ada Pelegrini Grinover: essa previsão ampliou a legitimidade da ação popular, atribuída pela Constituição apenas ao cidadão, incluindo os colegitimados à Ação Civil Pública.

A identidade entre a ação popular e a ação civil pública é tão grande que gerou a possibilidade entender alguns casos de ACP como ações populares multilegitimárias. Assim, se a lesividade ou a ilegalidade do ato administrativo atingem o interesse difuso, passível é a propositura da Ação Civil Pública fazendo às vezes de uma Ação Popular multilegitimária. (STJ, REsp 401.964/RO, Rel. Ministro Luiz Fux, DJ 11.11.2002).

LEGITIMIDADE PASSIVA

Art. 6º A ação será proposta contra as pessoas públicas ou privadas e as entidades referidas no art. 1º, contra as autoridades, funcionários ou administradores que houverem autorizado, aprovado, ratificado ou praticado o ato impugnado, ou que, por omissas, tiverem dado oportunidade à lesão, e contra os beneficiários diretos do mesmo.

§ 1º Se não houver benefício direto do ato lesivo, ou se for ele indeterminado ou desconhecido, a ação será proposta somente contra as outras pessoas indicadas neste artigo.

Há, no caso, litisconsórcio passivo necessário? Sim! Mas não será unitário, ou seja, o juiz não terá de decidir o mérito de modo uniforme para todos os litisconsortes (o litisconsórcio é simples).

Legitimidade passiva ulterior: A LAP permite que legitimados passivos necessários sejam incluídos no polo passivo, ainda que o processo já esteja em curso, o que não redunda em anulabilidade/nulidade dos atos já praticados.

Art. 7º § 2º (...) III - Qualquer pessoa, beneficiada ou responsável pelo ato impugnado, cuja existência ou identidade se torne conhecida no curso do processo e antes de proferida a sentença final de primeira instância, deverá ser citada para a integração do contraditório, sendo-lhe restituído o prazo para contestação e produção de provas, salvo, quanto a beneficiário, se a citação se houver feito na forma do inciso anterior (citação por edital – não poderá contestar novamente; já foi nomeado curador especial).

Marco temporal para inclusão de beneficiários ou responsáveis pelo ato impugnado: ANTES da prolação da sentença.

LEGITIMAÇÃO BIFRONTE

Legitimação bifronte da pessoa jurídica de direito público ou privado (intervenção móvel OU migração pendular):

Art. 6º § 3º A pessoas jurídica de direito público ou de direito privado, cujo ato seja objeto de impugnação, poderá abster-se de contestar o pedido, ou poderá atuar ao lado do autor, desde que isso se afigure útil ao interesse público, a juízo do respectivo representante legal ou dirigente.

Ao ser cientificada da lide, portanto, pode a pessoa jurídica (tanto de direito público, quanto de direito privado, reitera-se) responsável pelo ato impugnado:

- Apresentar contestação (ou outro meio de resposta);
- Assumir posição neutra, abstendo-se de responder acerca do ato que se pretende invalidar;
- Deslocar-se de polo, caso verifique que a migração se afigura útil ao interesse público, passando a atuar no processo ao lado do autor popular.

STJ: A migração configura reconhecimento implícito dos pedidos. (REsp 1391263/SP, SEGUNDA TURMA, DJe 07/11/2016).

STJ: É possível a decomposição dos pedidos formulados, razão pela qual o poder público pode assumir o polo ativo em relação a um dos pedidos cumulados e manter-se no polo passivo em relação aos demais. Nesse sentido: REsp 791.042/PR, Rel. Ministro Luiz Fux, 1ª Turma, j. 19/10/2006.

STJ: Não existe preclusão do direito, pois a LAP não traz limitação quanto ao momento em que deve ser realizada a migração, e o seu art. 17 preceitua que a entidade pode, ainda que tenha contestado a ação, proceder à execução da sentença na parte que lhe caiba. Assim, fica evidente a viabilidade de composição do polo ativo a qualquer tempo.

COMPETÊNCIA

A regra de competência é definida conforme a origem do ato impugnado, de acordo com a organização judiciária de cada Estado.

O juízo de primeiro grau (estadual ou federal) é o competente para conhecer e julgar a causa, independentemente de quem seja a autoridade impugnada - o que significa dizer que, em ação popular, não há foro por prerrogativa de função.

COMPETÊNCIA ORIGINÁRIA DO STF? Nas seguintes hipóteses:

- As ações em que todos os membros da magistratura forem direta ou indiretamente interessados, ou se mais da metade dos membros do tribunal de origem estiver impedida ou for direta ou indiretamente interessada (CF, art. 102, I, *n*);
- As ações propostas contra o Conselho Nacional de Justiça ou contra o Conselho Nacional do Ministério Público (CF, art. 102, I, *r*).
- Ação popular quando se tratar de pedido próprio de mandado de segurança coletivo contra ato do Presidente da República. (Pet 8104, Tribunal Pleno, julgado em 06/12/2019 - O caso envolveu a análise da legalidade da nomeação de Ministros de Estado pelo Chefe do Executivo Federal).

PROCEDIMENTO

Liminares

São aplicáveis, de forma subsidiária, as regras previstas no Código de Processo Civil, tais como as normas sobre tutela de urgência (cautelar e antecipada) e evidência.

Há, ademais, possibilidade de suspensão da eficácia da liminar ou da decisão (suspensão de segurança), aplicando-se o art. 4º da Lei 8.437/92.

O art. 1º da Lei 8.437/92, veda liminares em favor daquele que litiga contra o Estado: STJ - a vedação não se opera no processo de ação popular, pois nesta o autor não atua como adversário do Poder Público, mas como seu substituto processual. (RMS 5621/ RS).

Resposta do Réu

Quando do recebimento da inicial o juiz determinará a citação do réu e dos beneficiários do ato impugnado.

Art. 7º, IV, LAP: Prazo de contestação: 20 DIAS, prorrogáveis por mais 20 dias – desde que seja particularmente difícil a produção de prova documental;

A prorrogação não pode ser concedida de ofício pelo juiz; depende de requerimento do interessado;

O prazo é comum (ou seja, não se aplica o prazo em dobro para os litisconsortes com diferentes procuradores, previsto no art. 229 do CPC/2015);

Não se aplica o prazo em dobro para a Fazenda Pública.

STJ: entende incabível a reconvenção em sede de ação popular. REsp 72.065/RS

Sentença
Art. 11, LAP, A sentença que, julgando procedente a ação popular, decretar a invalidade do ato impugnado, condenará ao pagamento de perdas e danos os responsáveis pela sua prática e os beneficiários dele, ressalvada a ação regressiva contra os funcionários causadores de dano, quando incorrerem em culpa. Natureza: decisão de cunho, preponderantemente, desconstitutivo, uma vez que promove a anulação ou a decretação de nulidade de atos lesivos aos bens tutelados (este é o pedido principal). O provimento também é condenatório. STJ: a condenação em perdas e danos independe de requerimento expresso. REsp 439051/RO, Rel. Min. Teori Albino Zavascki, DJ 01/02/2005.
REEXAME NECESSÁRIO INVERTIDO
LAP, Art. 19. A sentença que concluir pela carência ou pela improcedência da ação está sujeita ao duplo grau de jurisdição, não produzindo efeito senão depois de confirmada pelo tribunal (...). A remessa *ex officio*, portanto, não se opera a favor do Poder Público, mas sim do interesse coletivo. Lembremos que para o STJ: o art. 19 aplica-se: às sentenças de improcedência nas ações civis públicas (microssistema de tutela coletiva); às ações de improbidade administrativa. Porém, não se aplica: às ações coletivas que tutelam direitos individuais homogêneos (considerados acidentalmente coletivos).
RECURSOS
A sentença que julgar a ação procedente será impugnável por apelação, com efeito suspensivo. (Art. 19, ***caput***, parte final) Das decisões interlocutórias proferidas durante o processo, será cabível o recurso de agravo de instrumento (art. 19, §1º). A Lei confere legitimidade para interposição de recursos em face de decisões proferidas contra o autor, a qualquer cidadão e ao Ministério Público (art. 19, § 2º).
COISA JULGADA E EXECUÇÃO
Art. 18. A sentença terá eficácia de coisa julgada oponível "erga omnes", exceto no caso de haver sido a ação julgada improcedente por deficiência de prova; neste caso, qualquer cidadão poderá intentar outra ação com idêntico fundamento, valendo-se de nova prova. São legitimados à execução: o autor; terceiros: outros cidadãos e as entidades do art. 1º, ainda que tenham permanecido no polo passivo, e desde que a execução da sentença possa beneficiá-las (exemplo: pleitear a recomposição do patrimônio por elas gerido); subsidiariamente o Ministério Público, quando nem o autor, nem terceiros executarem a sentença no prazo de 60 dias da publicação desta. STJ: não há necessidade de caução para fins de execução provisória. Para a Corte, o autor, na ação popular, é substituto processual do Poder Público. Se este não está sujeito à prestação de caução em execuções, o mesmo regramento deve ser aplicado ao autor popular (RMS 2.366-MG).
CUSTAS
(Arts. 10 a 13, LAP) Sentença de Procedência: ônus da sucumbência (custas, despesas de honorários) – réus; Sentença de improcedência, ou de extinção por falta de condição ou pressuposto processual: Se houve litigância de má-fé por parte do autor, este irá arcar com os ônus da sucumbência. E caso a má-fé consista em lide manifestamente temerária, será devida multa, paga pelo autor ao réu, no valor do décuplo das custas; Inexistente má-fé/lide temerária: o autor estará isento dos ônus da sucumbência. STJ: art. 18 da LACP, aplica-se às ações populares, logo, nestas também não haverá adiantamento de custas, emolumentos, honorários periciais e quaisquer outras despesas processuais. (Ag 11033851MG)

PRESCRIÇÃO

LAP prevê em seu art. 21 que a ação nela prevista prescreve em 5 (cinco) anos.

Atenção:

- Imprescritibilidade da pretensão de reparação dos danos ambientais;
- Imprescritibilidade da ação de ressarcimento ao erário em caso de atos de improbidade praticados dolosamente;
- Prescritibilidade da ação de reparação de danos à Fazenda Pública decorrente de ilícito civil;
- Prescritibilidade da pretensão de ressarcimento ao erário fundada em decisão de Tribunal de Contas.

CAPÍTULO IV

MANDADO DE SEGURANÇA COLETIVO

1. CONSIDERAÇÕES INICIAIS

O mandado de segurança, espécie de remédio constitucional, trata-se de ação de natureza cível, voltada à tutela de direitos líquidos e certos, não tuteláveis por habeas data ou habeas corpus, contra atos ofensivos de agentes públicos ou privados no exercício de funções públicas[1].

O chamado "remédio heroico" (também conhecido como *writ* ou *mandamus*), de origem inglesa, surgiu no ordenamento jurídico brasileiro com a promulgação da Constituição de 1934. Atualmente, encontra-se previsto no art. 5º, incisos LXIX e LXX da CF/88, e é regulamentado pela Lei 12.016, de 07.08.2009:

CONSTITUIÇÃO FEDERAL

Art. 5º LXIX - conceder-se-á mandado de segurança para proteger direito líquido e certo, não amparado por habeas corpus ou habeas data, quando o responsável pela ilegalidade ou abuso de poder for autoridade pública ou agente de pessoa jurídica no exercício de atribuições do Poder Público.

LEI Nº 12.016/09

Art. 1º Conceder-se-á mandado de segurança para proteger direito líquido e certo, não amparado por *habeas corpus* ou *habeas data*, sempre que, ilegalmente ou com abuso de poder, qualquer pessoa física ou jurídica sofrer violação ou houver justo receio de sofrê-la por parte de autoridade, seja de que categoria for e sejam quais forem as funções que exerça.

---

1. ANDRADE, Adriano, MASSON Cleber Masson e ANDRADE Landolfo - Interesses difusos e coletivos esquematizado - 6. ed. rev. atual. e ampl.- Rio de Janeiro: Forense; São Paulo: MÉTODO, 2016.

Trata-se de gênero que abrange duas espécies: o mandado de segurança individual e o mandado de segurança coletivo - este último, é também espécie do gênero ação coletiva.

Ao MS coletivo aplicam-se, quando compatíveis, todas as lições doutrinárias e entendimentos jurisprudenciais relacionados ao remédio de natureza individual, existindo peculiaridades no que diz respeito à legitimidade ativa e ao objeto. Ademais, há incidência de diplomas inseridos no microssistema de tutela coletiva, tais como a LACP (Lei 7.347/85) e o CDC (Lei 8.078/90).

Destaca-se que o mandado de segurança coletivo é instituto genuinamente brasileiro, sem previsão em qualquer outro ordenamento jurídico.

Seus pressupostos gerais são os mesmos do MS individual, quais sejam:

- Ato **ilegal** ou praticado com **abuso de poder**;
- Ato que causou **lesão ou ameaça de lesão a direito**;
- Responsável pela ilegalidade ou abuso de poder, necessariamente, **autoridade ou agente no exercício de atribuições do Poder Público**;
- Direito lesado ou ameaçado **líquido e certo**, ou seja, demonstrável de plano, documentalmente, **sem necessidade de dilação probatória**;
- Situação que **não** esteja dentre as que permitem a impetração de **habeas corpus ou habeas data.**

Mas há um pressuposto específico: **a transindividualidade do direito.**

A doutrina tece críticas à LMS no que tange à disciplina do MS coletivo. Aduz-se que o diploma limitou o cabimento, sendo insuficiente quanto à regulamentação de um importante instituto consagrado constitucionalmente como direito fundamental[2].

Passemos ao estudo das disposições legais e das discussões doutrinárias e jurisprudenciais acerca do MS coletivo.

2. LEGITIMIDADE

Tanto a Constituição Federal quanto a Lei do MS preveem um rol de legitimados à propositura do mandado de segurança de natureza coletiva:

CONSTITUIÇÃO FEDERAL

Art. 5º LXX - o mandado de segurança coletivo pode ser impetrado por:

a) partido político com representação no Congresso Nacional;

2. JUNIOR, Hermes Zaneti e GARCIA, Leonardo de Medeiros Direito. Coleção Leis Especiais para concursos: Volume 28 - Direitos Difusos – 8ª. ed. rev., ampl. e atual.- Salvador: Juspodivm, 2017.

b) organização sindical, entidade de classe ou associação legalmente constituída e em funcionamento há pelo menos um ano, em defesa dos interesses de seus membros ou associados.

LEI Nº 12.016/09

Art. 21. O mandado de segurança coletivo pode ser impetrado por **partido político com representação no Congresso Nacional,** na defesa de seus interesses legítimos relativos a seus integrantes ou à finalidade partidária, ou por **organização sindical, entidade de classe** ou **associação legalmente constituída e em funcionamento há, pelo menos, 1 (um) ano,** em defesa de direitos líquidos e certos da **totalidade, ou de parte**, dos seus membros ou associados, na forma dos seus estatutos e desde que pertinentes às suas finalidades, **dispensada, para tanto, autorização especial.** (grifos nossos)

Todas as entidades legitimadas atuam no polo ativo como substitutas processuais (legitimidade extraordinária), uma vez que defendem, em nome próprio, direito alheio[3].

Vejamos as particularidades de cada um dos legitimados ativos.

2.1. Partidos políticos

Enquanto a Constituição Federal prevê como único requisito para a legitimidade dos partidos políticos a existência de representação no Congresso Nacional (basta que a entidade esteja representada por um Deputado ou um Senador – efetivo, não suplente), a LMS dispõe que tais entidades utilizarão o *writ* "na defesa de seus interesses legítimos relativos a seus integrantes ou à finalidade partidária".

A previsão infraconstitucional é alvo de discussões doutrinárias. A lei está exigindo que o partido demonstre pertinência temática para propor a ação?

Há corrente que entende que, embora a redação do dispositivo legal se manifeste restritiva, o diploma deve ser lido em compasso com a Constituição Federal. Ação de natureza constitucional que é, e tratando-se de garantia fundamental, o mandado de segurança coletivo não poderia ser restringido pela lei[4].

Uma segunda corrente defende a existência do requisito, estando os partidos autorizados a defender, exclusivamente, interesses de natureza política dos seus filiados[5].

3. STF, RMS 21.514, 2ª Turma, Rel. Min. Marco Aurélio, j. 27-4-1993.
4. NERY JUNIOR, Nelson; NERY, Rosa Maria de Andrade. Código de Processo Civil comentado e legislação processual civil extravagante. 11. ed. rev., ampl. e atual. São Paulo: RT, 2010.
5. FUX, Luiz. Mandado de segurança. Rio de Janeiro: Forense, 2010

O entendimento majoritário é no sentido o partido político está legitimado a manejar o *mandamus* coletivo, demonstrada a pertinência temática, ou seja, desde que se busque a tutela de interesses políticos de seus integrantes OU os relacionados à finalidade partidária.

Nesse sentido, entendeu o STF que o partido político NÃO pode, por exemplo, impetrar MS coletivo para impugnar uma alíquota tributária em favor de todos os indivíduos:

JURISPRUDÊNCIA

CONSTITUCIONAL. PROCESSUAL CIVIL. MANDADO DE SEGURANÇA COLETIVO. LEGITIMIDADE ATIVA AD CAUSAM DE PARTIDO POLÍTICO. IMPUGNAÇÃO DE EXIGÊNCIA TRIBUTÁRIA. IPTU. 1. Uma exigência tributária configura interesse de grupo ou classe de pessoas, só podendo ser impugnada por eles próprios, de forma individual ou coletiva. Precedente: RE nº 213.631, rel. Min. Ilmar Galvão, DJ 07/04/2000. 2. **O partido político não está, pois, autorizado a valer-se do mandado de segurança coletivo para, substituindo todos os cidadãos na defesa de interesses individuais, impugnar majoração de tributo**. 3. Recurso extraordinário conhecido e provido. (RE 196184/AM, Plenário, Rel. Min. Ellen Gracie, j. 27.10.2004)

2.2. Associações

A CF/88 e a LMS estatuem que é legitimada à propositura da demanda coletiva a associação legalmente constituída e em funcionamento há, pelo menos, 1 (um) ano.

As normas deixam clara a exigência de **constituição ânua**, com o objetivo de evitar a lide temerária e a constituição de associações apenas para ajuizar o mandado de segurança coletiva. Há, no caso, o controle da adequada representação feito pela lei (*ope legis*).

Pode-se aplicar, por analogia, o disposto no art. 5º, § 4º, da Lei 7.347/85 (LACP)[6], de modo a permitir que associação constituída a menos de 1 ano impetre MS coletivo?

O STF entende que NÃO:

JURISPRUDÊNCIA

AGRAVO INTERNO EM MANDADO DE SEGURANÇA. TRIBUNAL DE CONTAS DA UNIÃO (TCU). ILEGITIMIDADE ATIVA. ASSOCIAÇÃO CONSTITUÍDA HÁ MENOS DE UM ANO. ARTIGO 5º, LXX, *b*, CF. REQUISITO TAXATIVO. AGRAVO NÃO PROVIDO. 1.

6. LACP, Art. 5º §4° O requisito da pré-constituição poderá ser dispensado pelo juiz, quando haja manifesto interesse social evidenciado pela dimensão ou característica do dano, ou pela relevância do bem jurídico a ser protegido. (Incluído pela Lei nª 8.078, de 11.9.1990)

A jurisprudência da Suprema Corte é pacífica no sentido de que o requisito taxativo de que a associação deva estar legalmente constituída e em funcionamento há pelo menos um ano da impetração é condição para o desenvolvimento válido e regular do mandado de segurança coletivo, sem o qual a impetrante é carecedora do direito de ação, acarretando a extinção do processo. Inteligência do art. 5º, inciso LXX, alínea b, da Constituição Federal. Precedentes. 2. Agravo interno não provido. (MS 33801 AgR, Relator(a): Min. DIAS TOFFOLI, Segunda Turma, julgado em 01/09/2017, PROCESSO ELETRÔNICO DJe-212 DIVULG 18-09-2017 PUBLIC 19-09-2017) (grifo nosso)

O citado art. 21 da LMS dispensa a autorização dos associados para a impetração do MS coletivo, tendo em vista que a legitimidade foi conferida às associações pela própria CF.

JURISPRUDÊNCIA

O mandado de segurança coletivo configura hipótese de **substituição processual,** por meio da qual o impetrante, no caso a associação, atua em nome próprio defendendo direito alheio, pertencente aos associados ou parte deles, **sendo desnecessária, para a impetração do *mandamus*, apresentação de autorização dos substituídos ou mesmo lista nominal.** Por tal razão, os efeitos **da decisão proferida em mandado de segurança coletivo beneficiam todos os associados, ou parte deles cuja situação jurídica seja idêntica àquela tratada no decisum, sendo irrelevante se a filiação ocorreu após a impetração do writ**. STJ. 2ª Turma. AgInt no REsp 1841604-RJ, julgado em 22/04/2020 (Info 670).

Outrossim, pergunta-se: associação pode tutelar através do *writ* coletivo direitos e interesses de pessoas jurídicas de direito público?

O STF e o STJ respondem negativamente:

JURISPRUDÊNCIA

PROCESSUAL CIVIL E ADMINISTRATIVO. ASSOCIAÇÃO DE MUNICÍPIOS. IMPOSSIBILIDADE DE ATUAÇÃO PARA TUTELAR DIREITOS DOS MUNICÍPIOS EM REGIME DE REPRESENTAÇÃO PROCESSUAL (...) 6. Nos moldes do art. 12, II, do CPC/1973 e do art. 75, III, do CPC/2015, **a representação judicial dos Municípios, ativa e passivamente, deve ser exercida por seu Prefeito ou Procurador. A representação do ente municipal não pode ser exercida por associação de direito privado.** Precedentes: RMS 34.270/MG, Rel. Ministro Teori Albino Zavascki, Primeira Turma, julgado em 25/10/2011, DJe 28/10/2011; AgRg no AREsp 104.238/CE, Relator Ministro

Francisco Falcão, DJe 7/5/2012; REsp 1.446.813/CE, Rel. Ministro Mauro Campbell Marques, Segunda Turma, julgado em 20/11/2014, DJe 26/11/2014; AgRg no RMS 47.806/PI, Rel. Ministro Herman Benjamin, Segunda Turma, DJe 5/8/2015 7. "**A tutela em juízo dos direitos e interesses das pessoas de direito público tem regime próprio, revestido de garantias e privilégios de direito material (v.g.: inviabilidade de confissão, de renúncia, ou de transação) e de direito processual (v.g.: prazos especiais, reexame necessário, intimações pessoais), em face, justamente, da relevante circunstância de se tratar da tutela do patrimônio público**. Nesse panorama, **é absolutamente incompatível com o sentido e a finalidade da instituição desse regime especial e privilegiado,** bem como da natureza das pessoas de direito público e do regime jurídico de que se revestem seus agentes políticos, seus representantes judiciais e sua atuação judicial, **imaginar a viabilidade de delegação, a pessoa de direito privado, sob forma de substituição processual por entidade associativa, das atividades típicas de Estado, abrindo mão dos privilégios e garantias processuais que lhe são conferidas em juízo, submetendo-se ao procedimento comum**" (voto do Min. Teori Albino Zavascki no RMS 34.270/MG) 8. **Em qualquer tipo de ação, permitir que os Municípios sejam representados por associações equivaleria a autorizar que eles dispusessem dos privilégios materiais e processuais estabelecidos pela lei em seu favor, o que não é possível diante do princípio da indisponibilidade do interesse público**. (...) 10. Recurso Especial não provido. (STJ. 1ª Seção. REsp 1.503.007-CE, Rel. Min. Herman Benjamin, j. em 14/6/2017 - Informativo 610). (grifos nossos)

Destaca-se, ademais, que também se exige das associações a pertinência temática.

2.3. Entidades de classe e sindicatos

O requisito da constituição há pelo menos um ano não é exigida das entidades de classe e dos sindicatos. Essa é, inclusive, a interpretação feita pelo STF[7].

A LMS dispensa a autorização dos associados para a impetração do *mandamus*, entendimento também consagrado em enunciado sumulado do STF:

SÚMULA 629 DO STF

A impetração de mandado de segurança coletivo por entidade de classe em favor dos associados independe da autorização destes.

7. STF, RE 198.919/DF, 1ª Turma, Rel. Min. limar Galvão, DJ 24/09/99.

Também se encontra sumulado o posicionamento da Corte no sentido de que a pretensão veiculada na ação não necessita interessar à toda a categoria de associados:

SÚMULA 630 DO STF

A entidade de classe tem legitimação para o mandado de segurança ainda quando a pretensão veiculada interesse apenas a uma parte da respectiva categoria.

No mesmo sentido o, já citado, art. 21 da LMS.

QUESTÃO DE CONCURSO

IADES - 2019 - CRN - 3ª Região (SP e MS) – Advogado - Determinada autoridade pública, ao praticar ato no exercício de atribuições do poder público, fere direito líquido e certo não amparado por habeas corpus ou habeas data de parte dos nutricionistas inscritos no Conselho Regional de Nutrição da 3ª Região. Quanto às ações constitucionais, tendo por base o caso hipotético narrado, é correto afirmar que o Conselho Regional de Nutrição da 3ª Região tem legitimidade para impetrar mandado de segurança coletivo; entretanto, em razão de a pretensão veiculada não ser de interesse de toda a categoria, não poderá impetrá-lo.

COMENTÁRIOS: A entidade de classe poderá impetrar o MS coletivo ainda que a pretensão interesse apenas à parte da categoria. Trata-se de previsão legal e jurisprudencial sumulada.

GABARITO: CORRETO

O requisito da pertinência temática também é exigido de tais entidades, restringindo-se sua atuação à defesa dos interesses dos membros ou associados.

Não se faz necessário, todavia, que o direito defendido via MS coletivo seja peculiar da classe representada. Cita-se precedente do STF:

JURISPRUDÊNCIA

CONSTITUCIONAL. PROCESSUAL CIVIL. MANDADO DE SEGURANÇA COLETIVO. SUBSTITUIÇÃO PROCESSUAL. AUTORIZAÇÃO EXPRESSA. OBJETO A SER PROTEGIDO PELA SEGURANÇA COLETIVA. C.F., art. 5º, LXX, "b". I. - A legitimação das organizações sindicais, entidades de classe ou associações, para a segurança coletiva, é extraordinária, ocorrendo, em tal caso, substituição processual. C.F., art. 5º, LXX. II. - Não se exige, tratando-se de segurança coletiva, a autorização expressa aludida no inciso XXI do art. 5º da Constituição, que contempla hipótese de representação. III. - **O objeto do mandado de segurança coletivo será um direito dos associados, independentemente de guardar vínculo com os fins próprios da entidade impetrante do writ, exigindo-se, entretanto, que o direito esteja compreendido na titularidade dos associados e que exista ele em razão das atividades exercidas**

pelos associados, mas não se exigindo que o direito seja peculiar, próprio, da classe. IV. - R.E. conhecido e provido. (STF, RE 193382/SP, Plenário, Rel. Min. Carlos Velloso, j. 28/06/1996. (grifo nosso)

O caso analisado pelo Supremo envolvia a legitimidade para impugnar tributo que incidia sobre a renda dos associados. A Corte entendeu pela possibilidade da impetração, ainda que a renda tenha sido fruto das atividades por eles exercidas, e não se tratando de um direito peculiar da classe de trabalhadores defendida pelo *mandamus.*

Sabemos que o remédio constitucional ora estudado não é cabível para a tutela de interesses meramente individuais, todavia é possível sua utilização para proteger direitos de parte dos membros da entidade.

Por fim, válido citar o entendimento do STF e do STJ acerca da necessidade de registro do sindicato no Ministério do Trabalho para a atuação deste como substituto processual em MS coletivo.

A primeira Turma do STF possuía precedente no qual entendia que a legitimidade do sindicato para atuar como substituto processual no mandado de segurança coletivo exigia tão somente a existência jurídica, ou seja, o registro no cartório próprio, sendo indiferente estarem ou não os estatutos arquivados e registrados no Ministério do Trabalho[8].

Ocorre que o referido órgão fracionário do STF alterou seu entendimento, passando a defender que **a legitimidade dos sindicatos para representação de determinada categoria depende do devido registro no Ministério do Trabalho**[9].

Qual o fundamento utilizado pela Corte?

Para garantir a obediência ao princípio da unicidade sindical (art. 8º, II, da CF/88), de modo a permitir que o Ministério do Trabalho controle as inscrições e impeça que exista mais de um sindicato, da mesma categoria profissional ou econômica, na mesma base territorial.

Conclui-se que, mesmo que o sindicato seja registrado no cartório, apenas passará a ter existência legal e legitimidade para representar os trabalhadores após o registro no Ministério do Trabalho.

No mesmo sentido já decidiu o STJ, aduzindo que é indispensável o registro do Sindicato no Ministério do Trabalho para ingresso em juízo na defesa de seus filiados[10].

8. STF, RE 370.834, Rel. min. Marco Aurélio, j. 30-8-2011, 1ª Turma.
9. STF. RE 740434 AgR/MA, Rel. Min. Luiz Fux, julgado em 19/2/2019, 1ª Turma (Info 931).
10. STJ. 2ª Turma. AgRg no AREsp 608.253/SP, Rel. Min. Mauro Campbell Marques, julgado em 20/04/2017.

2.4. Ministério Público

O STJ confere legitimidade ativa ao MP para a interposição de mandado de segurança coletivo, ainda que o órgão não se encontre previsto no rol constitucional:

JURISPRUDÊNCIA

PROCESSUAL CIVIL. AGRAVO REGIMENTAL NO AGRAVO DE INSTRUMENTO. ART. 545 DO CPC. AÇÃO CIVIL PÚBLICA. USO IRREGULAR DO SOLO URBANO. ESTABELECIMENTO COMERCIAL SITUADO EM ÁREA RESIDENCIAL. LEGITIMIDADE E INTERESSE DE AGIR DO PARQUET. ARTS. 127 E 129, III, DA CF/88, E 1º DA LEI 7.347/85. (...) 1. O Ministério Público está legitimado a defender os interesses transindividuais, quais sejam os difusos, os coletivos e os individuais homogêneos. 2. A Carta de 1988, ao evidenciar a importância da cidadania no controle dos atos da Administração, com a eleição dos valores imateriais do art. 37, da CF/1988 como tuteláveis judicialmente, coadjuvados por uma série de instrumentos processuais de defesa dos interesses transindividuais, criou um **microssistema de tutela de interesses difusos referentes à probidade da administração pública, nele encartando-se a Ação Cautelar Inominada, Ação Popular, a Ação Civil Pública e o Mandado de Segurança Coletivo, como instrumentos concorrentes na defesa desses direitos eclipsados por cláusulas pétreas**. 3. Deveras, é mister concluir que **a nova ordem constitucional erigiu um autêntico 'concurso de ações' entre os instrumentos de tutela dos interesses transindividuais e, a fortiori, legitimou o Ministério Público para o manejo dos mesmos.** 4. Sob esse enfoque, a Carta Federal outorgou ao Ministério Público a incumbência de promover a defesa dos interesses individuais indisponíveis, podendo, para tanto, exercer outras atribuições previstas em lei, desde que compatível com sua finalidade institucional (CF/1988, arts. 127 e 129). (...) 9. Agravo regimental desprovido. (STJ, AgRg no Ag 1249132/SP, Rel. Ministro LUIZ FUX, PRIMEIRA TURMA, julgado em 24/08/2010, DJe 09/09/2010) (grifos nossos)

Na doutrina essa tese ainda encontra resistência, mas vale citar que a Banca Cespe[11] adota o entendimento no sentido de que o Ministério Público pode impetrar mandado de segurança coletivo para a defesa de direitos transindividuais.

2.5. Entes federativos

O STF, por sua vez, entende que o rol de legitimados pela CF/88 é taxativo, nesse sentido, afastou a legitimidade de Estado-membro para a impetração de MS coletivo:

11. Cita-se a prova objetiva do MP/RO realizada em 2010.

JURISPRUDÊNCIA

(...) MANDADO DE SEGURANÇA COLETIVO: QUESTÃO DE LEGITIMIDADE EXTRAORDINÁRIA DE ESTADO-MEMBRO EM DEFESA DE INTERESSES DA SUA POPULAÇÃO. (...) **Ao Estado-membro não se outorgou legitimação extraordinária para a defesa, contra ato de autoridade federal** no exercício de competência privativa da União, seja para a tutela de interesses difusos de sua população – que é restrito aos enumerados na lei da ação civil pública (Lei 7.347/1985) –, seja **para a impetração de mandado de segurança coletivo, que é objeto da enumeração taxativa do art. 5º, LXX, da Constituição.** Além de não se poder extrair mediante construção ou raciocínio analógicos, a alegada legitimação extraordinária não se explicaria no caso, porque, na estrutura do federalismo, o Estado-membro não é órgão de gestão, nem de representação dos interesses de sua população, na órbita da competência privativa da União. (STF, MS 21.059, Rel. Min. Sepúlveda Pertence, j. 5-9-1990, DJ de 19-10-1990). (grifo nosso)

2.6. Defensoria Pública

Em relação à Defensoria Pública, o STJ defende a ausência de legitimidade para a impetração do *writ* de natureza coletiva:

JURISPRUDÊNCIA

RECURSO EM MANDADO DE SEGURANÇA. FALTA DE LEGITIMIDADE DA DEFENSORIA PÚBLICA PARA IMPETRAR MANDADO DE SEGURANÇA COLETIVO. IMPETRAÇÃO GENÉRICA. DECLARAÇÃO DE DIREITO EM TESE. SEGURANÇA NORMATIVA. NÃO CABIMENTO. RECURSO A QUE SE NEGA PROVIMENTO. 1. **O rol dos legitimados a impetrar mandado de segurança coletivo previsto no art. 5º, inciso LXX, da Constituição Federal, assim como no art. 21 da Lei nº 12.016/2009, não elenca a Defensoria Pública**. 2. Considerando que a impetração se deu em nome próprio, como sustentado pela Defensoria Pública neste recurso, incabível o mandamus porquanto a pretensão consubstancia pedido de declaração, em tese, do direito, finalidade para a qual não se presta o writ. 3. Desse modo, **é incabível o writ porque a Defensoria Pública não tem legitimidade para impetrar mandado de segurança coletivo** e também porque não se admite mandado de segurança normativo. 4. Recurso ordinário a que se nega provimento. (STJ, RMS 49.257/DF, Rel. Ministra MARIA THEREZA DE ASSIS MOURA, SEXTA TURMA, julgado em 03/11/2015, DJe 19/11/2015) (grifos nossos)

Há doutrina[12], todavia, que defende a legitimidade da DP, em razão das previsões constitucionais relacionadas à legitimação para a propositura de ação civil pública, mas, sobretudo, por força da previsão dos II, VIII, e IX do art. 4º da Lei Complementar 80/1994 (Lei Orgânica da Defensoria), que evidenciam a importância de que o órgão também atue no âmbito do direito processual coletivo.

3. OBJETO

A LMS prevê que o objeto do mandado de segurança coletivo são os direitos coletivos e individuas homogêneos:

LEI Nº 12.016/09

Art. 21. Parágrafo único. **Os direitos protegidos pelo mandado de segurança coletivo podem ser:**
I - **coletivos,** assim entendidos, para efeito desta Lei, os transindividuais, de natureza indivisível, de que seja titular grupo ou categoria de pessoas ligadas entre si ou com a parte contrária por uma relação jurídica básica;
II - **individuais homogêneos**, assim entendidos, para efeito desta Lei, os decorrentes de origem comum e da atividade ou situação específica da totalidade ou de parte dos associados ou membros do impetrante. (grifos nossos)

De acordo com a literalidade da lei, os direitos difusos não estão abarcados pela tutela via mandado de segurança coletivo. Esse entendimento deve ser levado para as provas objetivas, quando cobrado o texto legal.

Ocorre que há corrente doutrinária[13] no sentido de que a regra é flagrantemente inconstitucional, por violar o princípio da inafastabilidade da jurisdição (art. 5º, XXXV, da CF /88), além de estar em descompasso com a evolução da tutela coletiva no direito brasileiro.

A tese prevalece na doutrina e recebe a acolhida do STF. Cita-se o voto da Min. Ellen Gracie, no julgamento RE 196.184/SP, em 27.10.2004:

> À agremiação partidária, não pode ser vedado o uso do mandado de segurança coletivo em hipóteses concretas em que estejam em risco, por exemplo, o patrimônio histórico, cultural ou ambiental de determinada comunidade. Assim, **se o partido político entender que determinado direito difuso se encontra**

12. BUENO, Cassio Scarpinella. A Nova Lei do Mandado de Segurança - Comentários Sistemáticos à Lei n. 12.016, de 7-8-2009. 2. ed. São Paulo: Saraiva, 2010.
13. JUNIOR, Fredie Didier e JUNIOR, Hermes Zaneti. Curso de Direito Processual Civil – Processo Coletivo. Vol. 4, 10ª ed., Salvador: Ed. Juspodivm, 2016.

ameaçado ou lesado por qualquer ato da administração, poderá fazer uso do mandado de segurança coletivo, que não se restringira apenas aos assuntos relativos a direitos políticos e nem a seus integrantes[14]. (grifo nosso)

Alerta-se que, em provas de concursos, a corrente jurisprudencial e doutrinária deve ser assinalada quando o enunciado não questionar a literalidade da LMS.

Em síntese, temos que o objeto do MS coletivo para:

- A lei: são os Direitos Coletivos e Individuais Homogêneos;
- A doutrina majoritária, o STF e o STJ: abrange Direitos Difusos, Coletivos e Individuais Homogêneos.

4. COMPETÊNCIA

A regra de competência do mandado de segurança coletivo contém um importante traço que a diferencia das demais espécies de ação coletiva, pois é determinada em razão status funcional da autoridade coatora.

Nos termos da CF:

- Compete ao STF:

a) processar e julgar, originariamente, o mandado de segurança contra atos do Presidente da República, das Mesas da Câmara dos Deputados e do Senado Federal, do Tribunal de Contas da União, do Procurador-Geral da República e do próprio Supremo Tribunal Federal (CF, art. 102, I, *d*);

b) julgar, em recurso ordinário, o mandado de segurança decidido em única instância, pelos Tribunais Superiores (CF, art. 102, II, *a*).

- Compete ao STJ:

a) processar e julgar, originariamente, os mandados de segurança contra ato de Ministro de Estado, dos Comandantes da Marinha, do Exército e da Aeronáutica ou do próprio Tribunal (CF, art. 105, I, *b*);

b) julgar, em recurso ordinário, os mandados de segurança decididos em única instância pelos Tribunais Regionais Federais ou pelos tribunais dos Estados, do Distrito Federal e Territórios, quando denegatória a decisão (CF, art. 105, II, *b*).

- Compete aos Tribunais Regionais Federais processar e julgar, originariamente, os mandados de segurança contra ato do próprio Tribunal, ou de juiz federal (CF, art. 108, I, c).

14. No mesmo sentido: STJ, REsp 700.206/MG, Rel. Ministro Luiz Fux, 1ª Turma, julgado em 09/03/2010, DJe 19/03/2010.

- Compete à Justiça do Trabalho processar e julgar o mandado de segurança quando o ato questionado envolver matéria sujeita à sua jurisdição. (CF, art. 114, IV).
- Ressalvadas as competências acima citadas, compete aos juízes federais julgar os mandados de segurança contra os atos de autoridades federais (art. 109, VIII).

A LMS dispõe acerca das autoridades que são consideradas autoridades federais para fins de impetração do MS:

LEI Nº 12.016/09

Art. 2º Considerar-se-á federal a autoridade coatora se as consequências de ordem patrimonial do ato contra o qual se requer o mandado houverem de ser suportadas pela União ou entidade por ela controlada.

Exemplo de entidade federal cuja presença no polo passivo atrairá a competência da Justiça Federal é a Ordem dos Advogados do Brasil (OAB). Nesse sentido:

JURISPRUDÊNCIA

RECURSO EXTRAORDINÁRIO. AGRAVO REGIMENTAL. MANDADO DE SEGURANÇA COLETIVO IMPETRADO PELA OAB EM DEFESA DE SEUS MEMBROS. COMPETÊNCIA: JUSTIÇA FEDERAL. ART. 109, I DA CONSTITUIÇÃO. (...) 2. O art. 109, I da Constituição não faz distinção entre as várias espécies de ações e procedimentos, bastando, para a determinação da competência da Justiça Federal, a presença num dos polos da relação processual de qualquer dos entes arrolados na citada norma. Precedente: RE 176.881. 3. **Presente a Ordem dos Advogados do Brasil - autarquia federal de regime especial - no polo ativo de mandado segurança coletivo impetrado em favor de seus membros, a competência para julgá-lo é da Justiça Federal, a despeito de a autora não postular direito próprio.** 4. Agravo regimental parcialmente provido, tão-somente para esclarecer que o acolhimento da preliminar de incompetência acarretou o provimento do recurso extraordinário. (STF, RE 266.689 AgR, rel. min. Ellen Gracie, j. 17-8-2004, 2ª Turma) (grifo nosso)

5. LIMINARES

Os requisitos para a concessão de liminares são os mesmos exigidos no mandado de segurança individual: fundamento relevante (*fummus bonis* iuris) e risco de ineficácia da medida (*periculum in mora*):

LEI Nº 12.016/09

Art. 7º Ao despachar a inicial, o juiz ordenará: (...) III - que se suspenda o ato que deu motivo ao pedido, quando houver **fundamento relevante e do ato impugnado puder resultar a ineficácia da medida**, caso seja finalmente deferida, sendo facultado exigir do impetrante caução, fiança ou depósito, com o objetivo de assegurar o ressarcimento à pessoa jurídica. (grifos nossos)

Havia, todavia, uma exigência específica, que diz respeito à oitiva do representante judicial da pessoa jurídica de direito público, antes da concessão da medida liminar. Não caberia, portanto, liminar *inaudita altera pars.*

Estatui a LMS:

LEI Nº 12.016/09

Art. 22 § 2º No mandado de segurança coletivo, a liminar **só poderá ser concedida após a audiência do representante judicial da pessoa jurídica de direito público, que deverá se pronunciar no prazo de 72 (setenta e duas) horas.** (grifo nosso)

Como estudamos no capítulo referente à ACP, rata-se de regra que também está prevista no art. 2º da Lei 8.347/92.

O dispositivo teve a inconstitucionalidade declarada pelo STF em 2021. Considerou-se que a norma restringe o poder geral de cautela do magistrado. (ADI 4296 – 09.06.2021 acórdão ainda não publicado).

A LMS prevê, ademais, limitações/vedações às concessões de liminares:

LEI Nº 12.016/09

Art. 7º § 2º **Não será concedida medida liminar que tenha por objeto a compensação de créditos tributários**, a **entrega de mercadorias e bens provenientes do exterior**, a **reclassificação ou equiparação de servidores públicos** e a **concessão de aumento ou a extensão de vantagens ou pagamento de qualquer natureza**.

No julgamento da citada ADI 4296, o STF declarou a inconstitucionalidade das restrições.

Segundo a Corte, "é inconstitucional ato normativo que vede ou condicione a concessão de medida liminar na via mandamental". Isso porque, "impedir ou condicionar a concessão de medida liminar caracteriza verdadeiro obstáculo à efetiva prestação jurisdicional e à defesa do direito líquido e certo do impetrante".

6. COISA JULGADA

No mandado de segurança coletivo a coisa julgada forma-se *ultra partes*, ou seja, limitadamente aos membros do grupo ou categoria substituídos pelo autor coletivo.

O art. 22 da LMS estatui:

LEI Nº 12.016/09

Art. 22. No mandado de segurança coletivo, a sentença fará **coisa julgada limitadamente aos membros do grupo ou categoria substituídos pelo impetrante.** (grifo nosso)

Destaca-se que a jurisprudência do STF e do STJ indicam ser desnecessária a indicação dos endereços dos membros da categoria, pois os efeitos da coisa julgada abrangerão todos, ainda que domiciliados em locais diversos:

JURISPRUDÊNCIA

TRIBUTÁRIO. PROCESSUAL CIVIL. MANDADO DE SEGURANÇA COLETIVO. DESNECESSIDADE DE INDICAÇÃO DO ENDEREÇO DOS ASSOCIADOS. EXISTÊNCIA DE INTERESSE PROCESSUAL. AUSÊNCIA DE OMISSÃO. ART. 535, II, DO CPC DE 1973. FALTA DE PREQUESTIONAMENTO. SÚMULA 211/STJ4. É desnecessária a indicação dos endereços dos associados, tendo em vista que a sentença, decorrente do julgamento de Mandado de Segurança coletivo, beneficiará todos aqueles que se apresentarem substituídos pela associação - independentemente de seus domicílios. (AgInt no REsp 1.603.862/PE, Rel. Ministro Og Fernandes, Segunda Turma, DJe 22/3/2017). 5. O Supremo Tribunal Federal ratificou o entendimento de que **os efeitos da substituição processual em ações coletivas extravasam o âmbito simplesmente individual para irradiarem-se a ponto de serem encontrados no patrimônio de várias pessoas que formam uma categoria, sendo desnecessária a indicação dos endereços em que se encontram domiciliados os substituídos, uma vez que, logicamente, os efeitos de eventual vitória na demanda coletiva beneficiará todos os integrantes dessa categoria, independentemente de onde se encontrem domiciliados.** 6. Recurso Especial conhecido parcialmente e, nessa parte, provido. (STJ, REsp 1669078/SC, Rel. Ministro Herman Benjamin, Segunda Turma, julgado em 27/06/2017, DJe 30/06/2017)

A LMS não prevê a restrição subjetiva, como dispõe a Lei nº 9.494/97, segundo qual a sentença beneficia apenas os membros da associação autora, muito embora preveja a expressão membros "substituídos pela impetrante".

No mandado de segurança coletivo, estejam ou não associados à impetrante, serão beneficiados todos os titulares do direito defendido na ação.

O grupo ou categoria substituída são compostos da totalidade dos titulares do direito, independentemente de vínculo associativo[15].

Ainda em relação à coisa julgada, entende-se que esta se perfaz *secundum eventum litis* e *secundum eventum probationis*, independentemente da espécie de direito coletivo tutelado (difuso, coletivo ou individual homogêneo) ou seja:

- Sentença de procedência: forma coisa julgada material;
- Sentença de improcedência – depende do fundamento:

  - Se houver denegação da segurança por **ausência de direito líquido e certo** do autor, confirmada em cognição pela e exauriente, **haverá coisa julgada material**. Demonstrada a partir de documentação suficiente a inexistência do direito do autor, não será possível reapreciar a controvérsia nem mesmo através de ação ordinária;

  - Caso a denegação se fundamente **na insuficiência de provas, não haverá coisa julgada**[16]. Segundo a doutrina[17], nesse caso, a questão poderá ser rediscutida em um novo processo coletivo (até mesmo num novo mandado de segurança coletivo), ou, ainda, caso trate de interesses individuais homogêneos, também por meio de ações individuais.

7. LITISPENDÊNCIA

O julgamento do mandado de segurança coletivo não prejudica a apreciação de demanda individual. Nesse sentido, prevê a LMS:

LEI Nº 12.016/09

Art. 22. § 1º O mandado de segurança coletivo **não induz litispendência** para as ações individuais, mas os efeitos da coisa julgada não beneficiarão o impetrante a título individual se não requerer a **desistência** de seu mandado de segurança no prazo de **30 (trinta) dias** a contar da ciência comprovada da impetração da segurança coletiva.

Não há, portanto, falar-se em litispendência entre a ação coletiva e as individuais, porém para que o indivíduo se beneficie dos efeitos da coisa julgada formada naquela (transporte *in utilibus* da coisa julgada), deverá requerer a DESISTÊNCIA

15. ANDRADE, Adriano, MASSON Cleber Masson e ANDRADE Landolfo. Op. Cit.
16. Nesse sentido, inclusive, há enunciado sumulado do STF: Súmula 304 - Decisão denegatória de mandado de segurança, não fazendo coisa julgada contra o impetrante, não impede o uso da ação própria.
17. ANDRADE, Adriano, MASSON Cleber Masson e ANDRADE Landolfo. Op. Cit.

da sua demanda individual dentro do prazo de trinta dias da ciência do ajuizamento do MS coletivo.

Há disposição sobre o tema na Lei do Mandado de Injunção (Lei 13.300/2016), e no CDC (neste há duas diferenças). Vejamos as regras previstas nestes diplomas através de um quadro comparativo:

MANDADO DE SEGURANÇA COLETIVO	Os efeitos da coisa julgada não beneficiarão o impetrante a título individual se não requerer a **DESISTÊNCIA** de seu mandado de segurança no prazo de **30 (trinta) dias** a contar da **ciência comprovada da impetração da segurança coletiva.**
MANDADO DE INJUNÇÃO COLETIVO	O mandado de injunção coletivo não induz litispendência em relação aos individuais, mas os efeitos da coisa julgada não beneficiarão o impetrante que não requerer a **DESISTÊNCIA** da demanda individual no prazo de **30 (trinta) dias** a contar da **ciência comprovada da impetração coletiva.**
CDC	As ações coletivas, previstas nos incisos I e II e do parágrafo único do art. 81, não induzem litispendência para as ações individuais, mas os efeitos da coisa julgada *erga omnes* ou *ultra partes* a que aludem os incisos II e III do artigo anterior não beneficiarão os autores das ações individuais, se não for requerida sua **SUSPENSÃO** no prazo de **trinta dias**, a contar da **ciência nos autos do ajuizamento da ação coletiva.**

No CDC não se exige a desistência, mas a suspensão da demanda individual, bem como há previsão da forma de ciência da impetração coletiva que deve ocorrer nos autos da ação individual.

Nas leis do mandado de segurança e mandado de injunção não há essa disposição, constando apenas o prazo para a desistência, que será contado da ciência da impetração, mas não a forma como esta deve se dar.

Em provas de concursos os detalhes são importantes!

QUADRO-RESUMO - Capítulo IV

MANDADO DE SEGURANÇA COLETIVO
Lei 12.016/09 (LMS)
Considerações iniciais: Espécie de remédio constitucional. Ação de natureza cível, voltada à tutela de direitos líquidos e certos, não tuteláveis por habeas data ou habeas corpus, contra atos ofensivos de agentes públicos ou privados no exercício de funções públicas (art. 5º, LXIX, da CF e art. 1º da LMS);
Ao MS coletivo aplicam-se, quando compatíveis, todas as lições doutrinárias e entendimentos jurisprudenciais relacionados ao remédio de natureza individual, existindo peculiaridades no que diz respeito à legitimidade ativa e ao objeto.

LEGITIMIDADE Art. 21, LMS. O mandado de segurança coletivo pode ser impetrado por partido político com representação no Congresso Nacional, na defesa de seus interesses legítimos relativos a seus integrantes ou à finalidade partidária, ou por organização sindical, entidade de classe ou associação legalmente constituída e em funcionamento há, pelo menos, 1 (um) ano, em defesa de direitos líquidos e certos da totalidade, ou de parte, dos seus membros ou associados, na forma dos seus estatutos e desde que pertinentes às suas finalidades, dispensada, para tanto, autorização especial. (grifos nossos)
Partidos Políticos Constituição Federal: prevê como único requisito para a legitimidade dos partidos políticos a existência de representação no Congresso Nacional (basta que a entidade esteja representada por um Deputado ou um Senador – efetivo, não suplente). LMS: tais entidades utilizarão o writ "na defesa de seus interesses legítimos relativos a seus integrantes ou à finalidade partidária". A lei exige, então pertinência temática? Há críticas, mas prevalece que sim. O partido político está legitimado a manejar o mandamus coletivo, demonstrada a pertinência temática, ou seja, desde que se busque a tutela de interesses políticos de seus integrantes OU os relacionados à finalidade partidária. EX: STF - O partido político não está, pois, autorizado a valer-se do mandado de segurança coletivo para, substituindo todos os cidadãos na defesa de interesses individuais, impugnar majoração de tributo. (RE 196184/AM)
Associações A CF/88 e a LMS estatuem que é legitimada à propositura da demanda coletiva a associação legalmente constituída e em funcionamento há, pelo menos, 1 (um) ano. Pode-se aplicar, por analogia, o disposto no art. 5º, § 4º, da Lei 7.347/85 (LACP), de modo a permitir que associação constituída a menos de 1 ano impetre MS coletivo? *LACP, Art. 5º § 4° O requisito da pré-constituição poderá ser dispensado pelo juiz, quando haja manifesto interesse social evidenciado pela dimensão ou característica do dano, ou pela relevância do bem jurídico a ser protegido. (Incluído pela Lei nº 8.078, de 11.9.1990):* NÃO! A jurisprudência da Suprema Corte é pacífica no sentido de que o requisito taxativo de que a associação deva estar legalmente constituída e em funcionamento há pelo menos um ano da impetração é condição para o desenvolvimento válido e regular do mandado de segurança coletivo, sem o qual a impetrante é carecedora do direito de ação, acarretando a extinção do processo (STF, MS 33801 AgR, Relator(a): Min. DIAS TOFFOLI, Segunda Turma, julgado em 01/09/2017). Art. 21: dispensa a autorização dos associados para a impetração do MS coletivo, tendo em vista que a legitimidade foi conferida às associações pela própria CF. O mandado de segurança coletivo configura hipótese de substituição processual, por meio da qual o impetrante, no caso a associação, atua em nome próprio defendendo direito alheio, pertencente aos associados ou parte deles, sendo desnecessária, para a impetração do mandamus, apresentação de autorização dos substituídos ou mesmo lista nominal. Por tal razão, os efeitos da decisão proferida em mandado de segurança coletivo beneficiam todos os associados, ou parte deles cuja situação jurídica seja idêntica àquela tratada no decisum, sendo irrelevante se a filiação ocorreu após a impetração do writ. STJ. 2ª Turma. AgInt no REsp 1841604-RJ, julgado em 22/04/2020 (Info 670). Exige-se, todavia, demonstração da pertinência temática. A associação pode tutelar através do *writ* coletivo direitos e interesses de pessoas jurídicas de direito público? NÃO! STF E STJ: A representação judicial dos Municípios, ativa e passivamente, deve ser exercida por seu Prefeito ou Procurador. A representação do ente municipal não pode ser exercida por associação de direito privado. Não há viabilidade de delegação, a pessoa de direito privado, sob forma de substituição

processual por entidade associativa, das atividades típicas de Estado, abrindo mão dos privilégios e garantias processuais que lhe são conferidas em juízo, submetendo-se ao procedimento comum. Em qualquer tipo de ação, permitir que os Municípios sejam representados por associações equivaleria a autorizar que eles dispusessem dos privilégios materiais e processuais estabelecidos pela lei em seu favor, o que não é possível diante do princípio da indisponibilidade do interesse público. (STJ, 1ª Seção. REsp 1.503.007-CE/ STF: AgRg no RMS 47.806/PI)

Entidades de Classe e Sindicatos

Súmula 629, STF: A impetração de mandado de segurança coletivo por entidade de classe em favor dos associados independe da autorização destes.

Súmula 630, STF: A entidade de classe tem legitimação para o mandado de segurança ainda quando a pretensão veiculada interesse apenas a uma parte da respectiva categoria.

O requisito da pertinência temática também é exigido de tais entidades, restringindo-se sua atuação à defesa dos interesses dos membros ou associados.

MUDANÇA DE ENTENDIMENTO - A legitimidade dos sindicatos para representação de determinada categoria depende do devido registro no Ministério do Trabalho. STF. RE 740434 AgR/MA, Rel. Min. Luiz Fux, julgado em 19/2/2019, 1ª Turma (Info 931). No mesmo sentido: STJ. 2ª Turma. AgRg no AREsp 608.253/SP.

Ministério Público, Entes Federativos e Defensoria Pública

O STJ confere legitimidade ativa ao MP para a interposição de mandado de segurança coletivo, ainda que o órgão não se encontre previsto no rol constitucional. (AgRg no Ag 1249132/SP)

O STF, por sua vez, entende que o rol de legitimados pela CF/88 é taxativo, nesse sentido, afastou a legitimidade de Estado-membro para a impetração de MS coletivo (STF, MS 21.059).

Em relação à Defensoria Pública, o STJ defende a ausência de legitimidade para a impetração do writ de natureza coletiva (RMS 49.257/DF).

OBJETO

Art. 21, parágrafo único, LMS: Os direitos protegidos pelo mandado de segurança coletivo podem ser coletivos e individuais homogêneos.

De acordo com a literalidade da lei, os direitos difusos não estão abarcados pela tutela via mandado de segurança coletivo. Esse entendimento deve ser levado para as provas objetivas, quando cobrado o texto legal. MAS> Doutrina e jurisprudência: Direitos difusos também!

STF - RE 196.184/SP, em 27.10.2004: À agremiação partidária, não pode ser vedado o uso do mandado de segurança coletivo em hipóteses concretas em que estejam em risco, por exemplo, o patrimônio histórico, cultural ou ambiental de determinada comunidade. Assim, se o partido político entender que determinado direito difuso se encontra ameaçado ou lesado por qualquer ato da administração, poderá fazer uso do mandado de segurança coletivo, que não se restringira apenas aos assuntos relativos a direitos políticos e nem a seus integrantes.

PROCESSAMENTO

Liminares

Os requisitos para a concessão de liminares são os mesmos exigidos no mandado de segurança individual: fundamento relevante (***fummus bonis iuris***) e risco de ineficácia da medida (periculum in mora) – art. 7º, III, LMS.

Exigência específica: diz respeito à oitiva do representante judicial da pessoa jurídica de direito público, antes da concessão da medida liminar. Não caberá, portanto, liminar inaudita altera pars. Art. 22 § 2º No mandado de segurança coletivo, a liminar só poderá ser concedida após a audiência do representante judicial da pessoa jurídica de direito público, que deverá se pronunciar no prazo de 72 (setenta e duas) horas.

Assim como na ACP: a regra pode ser excepcionada em casos concretos nos quais se verifique que o atendimento da exigência gerará risco de dano irreparável ou de difícil reparação aos bens que se pretendem tutelar na ação
Coisa julgada No mandado de segurança coletivo a coisa julgada forma-se ultra partes, ou seja, limitadamente aos membros do grupo ou categoria substituídos pelo autor coletivo. Art. 22. No mandado de segurança coletivo, a sentença fará coisa julgada limitadamente aos membros do grupo ou categoria substituídos pelo impetrante. STF e do STJ: indicam ser desnecessária a indicação dos endereços dos membros da categoria, pois os efeitos da coisa julgada abrangerão todos, ainda que domiciliados em locais diversos. A coisa julgada é, ainda, *secundum eventum litis* e *secundum eventum probationis*: - Sentença de procedência: forma coisa julgada material; - Sentença de improcedência – depende do fundamento: - Se houver denegação da segurança por ausência de direito líquido e certo do autor, confirmada em cognição pela e exauriente, haverá coisa julgada material. Demonstrada a partir de documentação suficiente a inexistência do direito do autor, não será possível reapreciar a controvérsia nem mesmo através de ação ordinária; - Caso a denegação se fundamente na insuficiência de provas, não haverá coisa julgada. Segundo a doutrina, nesse caso, a questão poderá ser rediscutida em um novo processo coletivo (até mesmo num novo mandado de segurança coletivo), ou, ainda, caso trate de interesses individuais homogêneos, também por meio de ações individuais.

CAPÍTULO V

MANDADO DE INJUNÇÃO COLETIVO

1. CONSIDERAÇÕES INICIAIS

O mandado de injunção foi criado com a Constituição Federal de 1988, a qual dispõe:

> **CONSTITUIÇÃO FEDERAL**
>
> Art. 5º LXXI - conceder-se-á mandado de injunção sempre que a falta de norma regulamentadora torne inviável o exercício dos direitos e liberdades constitucionais e das prerrogativas inerentes à nacionalidade, à soberania e à cidadania;

Trata-se de instrumento do processo constitucional que busca tutelar direitos subjetivos em face de omissão do legislador ou de outro órgão incumbido de poder regulatório[1].

Criou-se, portanto, uma ferramenta contra a omissão estatal em relação à regulamentação de normas constitucionais de eficácia limitada. Assim como a ADO (ação direta de inconstitucionalidade por omissão), o instituto surgiu, portanto, para sanar a chamada "síndrome de inefetividade das normas constitucionais".

Nesse sentido, aponta a doutrina[2] que são requisitos para a impetração do MI:

- A existência de norma constitucional desprovida de aplicabilidade imediata (eficácia limitada), que consagre direitos, liberdades e prerrogativas inerentes à nacionalidade, à soberania e à cidadania;

1. MENDES, Gilmar Ferreira e BRANCO, Paulo Gustavo Gonet. Curso de direito constitucional. – 12. ed. rev. e atual. – São Paulo, Saraiva, 2017.
2. GONÇALVES, Bernardo Fernandes. Curso de Direito Constitucional. 9. ed. rev., ampl. e atual. Salvador: Juspodivm, 2017.

- O dever estatal de editar as normas infraconstitucionais que regulamentem e tornem integralmente efetivos os direitos, as liberdades e as prerrogativas previstas na norma constitucional de eficácia limitada;
- A omissão do Poder Público em cumprir o dever de editar a norma regulamentadora.

QUESTÕES DE CONCURSO

CESPE - 2019 - MPC-PA - Procurador de Contas - É cabível mandado de injunção para exigir do Poder Legislativo a edição de regulamentação dos direitos do nascituro.

COMENTÁRIOS: Como estudado, é necessário que esteja presente, dentre outros requisitos, o dever de legislar. A questão cobrou o conhecimento da jurisprudência do STF, no sentido da ausência de dever de regulamentação pelo legislador no caso dos direitos do nascituro. Para a Corte, "embora a Constituição Federal confira à família especial proteção do Estado, mediante assistência a cada um de seus membros, e imponha ao Estado, à família e à sociedade o dever de assegurar à criança, ao adolescente e ao jovem todos os direitos elencados no art. 227, **não é possível extrair, dos dispositivos do texto constitucional anteriormente transcritos, especial proteção aos direitos do nascituro, tampouco a imposição, ao legislador, do dever de regulamentar esses direitos**, como quer o impetrante, o que torna incabível o writ. Isso porque, inexistente a previsão do direito na Constituição Federal, tampouco do dever de regulamentação, não há falar em omissão legislativa que possa ser imputada às autoridades impetradas". (STF 6.591-DF).

No mesmo sentido: AGRAVO REGIMENTAL NO **MANDADO DE INJUNÇÃO. DIREITOS DO NASCITURO**. AUSÊNCIA DE IMPOSIÇÃO CONSTITUCIONAL DO DEVER DE LEGISLAR. AGRAVO REGIMENTAL DESPROVIDO. (...) 2. A **jurisprudência desta Corte é remansosa no sentido do descabimento do mandado de injunção quando inexistir um direito constitucional que não possa ser exercido por ausência de norma regulamentadora** (Precedente: MI 5.470 AgR, Rel. Min. Celso de Mello, Plenário, DJe 20/11/2014). 3. Agravo Regimental DESPROVIDO. (STF - MI 6591 AgR, Relator(a): Min. LUIZ FUX, Tribunal Pleno, julgado em 16/06/2016, PROCESSO ELETRÔNICO DJe-136 DIVULG 29-06-2016 PUBLIC 30-06-2016)

(grifos nossos)

GABARITO: ERRADO

CESPE - 2019 - MPC-PA - Procurador de Contas Mandado de injunção não é o meio próprio para requerer a concessão de aposentadoria especial em função do exercício de atividade insalubre.

COMENTÁRIOS: Mais uma assertiva que cobra entendimento jurisprudencial. Em relação ao tema tratado no enunciado, já existe súmula vinculante que permite o exercício do direito, razão falta interesse de agir para a interposição do MI. Nesse sentido, entendeu o STF:

"No que diz respeito à aposentadoria especial de servidores públicos que exerçam atividades sob condições prejudiciais à saúde ou à integridade física (CF/1988, art. 40, § 4º, III), **a matéria já está pacificada por este Tribunal, por meio da Súmula Vinculante** 33, tendo ficado caracterizada a omissão inconstitucional na hipótese. 5. Nos termos do art. 103-A da CF/88, **a referida súmula tem efeito vinculante em relação aos demais órgãos do Poder Judiciário e à Administração Pública direta e indireta, nas esferas federal, estadual e municipal. Eventual contrariedade à súmula enseja propositura de reclamação perante o STF** (CF/1988, art. 103- A, § 3º). 6.

Assim, **a parte autora não possui interesse processual para impetrar mandado de injunção, já que a autoridade administrativa não poderá alegar a ausência de lei específica para indeferir pedidos relativos à aposentadoria especial de servidores públicos** que alegam exercer atividades sob condições prejudiciais à saúde ou à integridade física. (STF, MI 6.323, Rel. Min. Roberto Barroso, dec. monocrática, j. 2-5-2014) (grifos nossos)

GABARITO: CORRETO

CPCON - 2019 - Prefeitura de Boa Ventura - PB – Advogado - Conceder-se-á Mandado de Injunção sempre que a falta de norma regulamentadora torne inviável o exercício dos direitos e liberdades constitucionais e das prerrogativas inerentes à nacionalidade, à soberania, à cidadania e ao meio ambiente.

COMENTÁRIOS: Os direitos, liberdades e prerrogativas tutelados via MI são aqueles inerentes à nacionalidade, à soberania e à cidadania. O meio ambiente, embora receba proteção pelo microssistema de tutela coletiva, não consta nesse rol.

GABARITO: ERRADO

A ausência de disciplina legislativa traçando as regras procedimentais, dificultava a eficiência do instituto.

O rito do mandado de segurança servia como disciplina processual base para a utilização do remédio constitucional, bem como, em relação ao MI coletivo, utilizava-se as normas dos diplomas que compõem o microssistema de tutela coletiva (LACP e Título III do CDC, por exemplo).

O diploma regulamentador do mandado de injunção só veio a ser promulgado em 2016, com a edição da lei 13.300.

A referida lei prevê em seu artigo 1º que o diploma disciplina o processo e o julgamento tanto do MI individual quanto coletivo (este, objeto de nosso estudo).

Nos termos da LMI, será possível impetrar mandado de injunção nas seguintes hipóteses:

LEI Nº 13.300/2016

Art. 2º Conceder-se-á mandado de injunção sempre que a **falta total ou parcial** de norma regulamentadora torne inviável o exercício dos direitos e liberdades constitucionais e das prerrogativas inerentes à nacionalidade, à soberania e à cidadania.

Parágrafo único. Considera-se **parcial** a regulamentação quando forem **insuficientes as normas editadas** pelo órgão legislador competente. (grifos nossos)

Podemos identificar a existência das seguintes espécies de mandado de injunção:

- Mandado de injunção **TOTAL**: há falta de norma regulamentadora de norma constitucional;

- Mandado de injunção **PARCIAL**: há normas insuficientes para viabilizar o exercício do direito;

Não se deve confundir a utilização do MI para a declaração de omissão parcial, ou seja, ausência de normas suficientes para regulamentação do direito, com o questionamento acerca da efetividade da norma. Para o STF "se existe a norma regulamentadora, não será o mandado de injunção o meio apropriado para questionar a efetividade da norma regulamentadora". (STF - MI 6735 AgR, Relator(a): Min. Ricardo Lewandowski, Tribunal Pleno, julgado em 25/05/2018) – O tema foi cobrado pelo CESPE, em 2019, no concurso de Procurador de Contas do MPC-PA.

- Mandado de injunção **INDIVIDUAL**: impetrado por pessoas físicas e jurídicas para viabilizar direitos individuais;
- Mandado de injunção **COLETIVO**: impetrado por um dos legitimados previstos na lei, a fim de viabilizar direitos das coletividades.

Passemos ao estudo desta última espécie, instrumento de tutela coletiva.

2. LEGITIMIDADE

2.1. Legitimidade ativa

Estatui a LMI que são legitimados à propositura do mandado coletivo:

LEI Nº 13.300/2016

Art. 12. O mandado de injunção coletivo pode ser promovido:

I - pelo **Ministério Público**, quando a tutela requerida for especialmente relevante para a **defesa da ordem jurídica**, do **regime democrático** ou dos **interesses sociais ou individuais indisponíveis**;

II - por **partido político com representação no Congresso Nacional**, para assegurar o exercício de **direitos, liberdades e prerrogativas de seus integrantes ou relacionados com a finalidade partidária**;

III - por **organização sindical, entidade de classe ou associação legalmente constituída e em funcionamento há pelo menos 1 (um) ano**, para assegurar o exercício de **direitos, liberdades e prerrogativas em favor da totalidade ou de parte de seus membros ou associados**, na forma de seus estatutos e desde que pertinentes a suas finalidades, dispensada, para tanto, autorização especial;

IV - pela **Defensoria Pública**, quando a tutela requerida for especialmente relevante para a **promoção dos direitos humanos e a defesa dos direitos individuais e coletivos dos necessitados**, na forma do inciso LXXIV do art. 5º da Constituição Federal[3]. (grifos nossos)

Vê-se que a norma amplia o rol previsto na lei que regulamenta o mandado de segurança e que, em todos os incisos, há uma preocupação com a "representação adequada".

2.2. Ministério Público

O órgão ministerial poderá propor o mandado de injunção coletivo "quando a tutela requerida for especialmente relevante para a defesa da ordem jurídica, do regime democrático ou dos interesses sociais ou individuais indisponíveis" (art. 12, I, da LMI).

O dispositivo repete as previsões constantes da CF/88 e do CPC/2015:

CONSTITUIÇÃO FEDERAL

Art. 127. O Ministério Público é instituição permanente, essencial à função jurisdicional do Estado, incumbindo-lhe a defesa da ordem jurídica, do regime democrático e dos interesses sociais e individuais indisponíveis.

CÓDIGO DE PROCESSO CIVIL

Art. 176. O Ministério Público atuará na defesa da ordem jurídica, do regime democrático e dos interesses e direitos sociais e individuais indisponíveis.

O MP possui, portanto, ampla, abrangente, legitimação no que diz respeito ao MI.

A doutrina defende, ademais, a obrigatória atuação do órgão ministerial como fiscal do ordenamento jurídico (*custus iuris*) em todas as espécies de ações coletivas, o que inclui o mandado de injunção desta natureza[4].

Seria inaplicável, portanto, o art. 7º, *in fine*, da LMI, que dispõe que após a apresentação de informações pelo impetrado o MP será ouvido e, com ou sem seu parecer, os autos irão conclusos para decisão.

---

3. CF, Art. 5º, LXXIV - o Estado prestará assistência jurídica integral e gratuita aos que comprovarem insuficiência de recursos;
4. JUNIOR, Fredie Didier e JUNIOR, Hermes Zaneti. Op. Cit.

2.3. Partido político com representação no Congresso Nacional

Nos termos da lei, o partido político com representação no Congresso Nacional, poderá impetrar mandado de injunção coletivo "para assegurar o exercício de direitos, liberdades e prerrogativas de seus integrantes ou relacionados com a finalidade partidária".

Há quem defenda a inconstitucionalidade da limitação, aduzindo a legitimação dos partidos não pode estar restrita aos interesses dos seus integrantes ou relacionados com a finalidade partidária.

A legitimidade não deve ser universal, é preciso a verificação da adequada representação, mas compreende-se que a limitação imposta pela lei ofende a CF, pois esta não restringiu a atuação dos partidos quando a previu em relação ao mandado de segurança coletivo[5].

2.4. Organização sindical, entidade de classe ou associação legalmente constituída e em funcionamento há pelo menos 1 (um) ano

A redação da LMI é similar à previsão da lei do mandado de segurança, conferindo legitimidade para que essas entidades utilizem o instrumento coletivo "para assegurar o exercício de direitos, liberdades e prerrogativas em favor da totalidade ou de parte de seus membros ou associados, na forma de seus estatutos e desde que pertinentes a suas finalidades, dispensada, para tanto, autorização especial".

Como estudado no capítulo referente ao mandado de segurança, exige-se a demonstração da pertinência temática e a impetração não depende de autorização dos membros ou associados.

2.5. Defensoria Pública

Quando a tutela requerida for especialmente relevante para a promoção dos direitos humanos e a defesa dos direitos individuais e coletivos dos necessitados, a Defensoria Pública terá legitimidade para a propositura de mandado de injunção coletivo.

A LMI inova ao incluir a DP no rol de legitimados, o que não fora feito pela legislação que rege o mandado de segurança (legitimidade negada pela jurisprudência do STJ[6], como visto em tópico anterior).

---

5. JUNIOR, Hermes Zaneti e GARCIA, Leonardo de Medeiros. Op. Cit.
6. STJ, RMS 49.257/DF, Rel. Ministra Maria Thereza De Assis Moura, Sexta Turma, j. 03/11/2015, DJe 19/11/2015.

A inclusão da Defensoria consagra a determinação constitucional no sentido de que "o Estado prestará assistência jurídica integral e gratuita aos que comprovarem insuficiência de recursos" (CF, art. 5º, LXXIV).

2.6. Desistência da ação pelo legitimado ativo

O STF já foi instado a se manifestar acerca do pedido de desistência do mandado de injunção coletivo após o início do julgamento do processo e entendeu pela impossibilidade:

JURISPRUDÊNCIA

MANDADO DE INJUNÇÃO. ARTIGO 5º, LXXI, DA CB/88. QUESTÃO DE ORDEM. AÇÃO DE ÍNDOLE CONSTITUCIONAL. PEDIDO DE DESISTÊNCIA TARDIO. JULGAMENTO INICIADO. NÃO CABIMENTO. CONTINUIDADE DO PROCESSAMENTO DO FEITO. 1. **É incabível o pedido de desistência formulado após o início do julgamento por esta Corte, quando a maioria dos Ministros já havia se manifestado favoravelmente à concessão da medida.** 2. O **mandado de injunção coletivo, bem como a ação direta de inconstitucionalidade, não pode ser utilizado como meio de pressão sobre o Poder Judiciário ou qualquer entidade**. 3. Sindicato que, na relação processual, é legitimado extraordinário para figurar na causa; sindicato que postula em nome próprio, na defesa de direito alheio. **Os substitutos processuais não detêm a titularidade dessas ações. O princípio da indisponibilidade é inerente às ações constitucionais. 4. Pedido de desistência rejeitado**. Prosseguimento do mandado de injunção. (STF, MI 712/PA QO, Tribunal Pleno, Rel. Min. EROS GRAU, J. 15/10/2007). (grifos nossos)

Segundo a Corte, portanto, os legitimados extraordinários (substitutos processuais), não detém a titularidade das ações constitucionais, e, em razão do princípio da indisponibilidade, não podem desistir do processo quando já iniciado seu julgamento.

2.7. Legitimidade passiva

Art. 2º da LMI estatui que integrará a relação jurídica processual "como impetrado, o Poder, o órgão ou a autoridade com atribuição para editar a norma regulamentadora".

Tanto o mandado de injunção individual quanto o coletivo, portanto, deverá ser impetrado contra o Poder, o órgão ou a autoridade com atribuição para editar a regulamentação da norma constitucional de eficácia limitada objeto da ação.

3. COMPETÊNCIA

A regra de competência do mandado de injunção coletivo dependerá da autoridade responsável pela elaboração da norma regulamentadora.

Nos termos da CF[7], o STF: possui competência para:

- processar e julgar, originariamente o mandado de injunção, quando a elaboração da norma regulamentadora for atribuição:
  - do Presidente da República;
  - do Congresso Nacional;
  - da Câmara dos Deputados;
  - do Senado Federal;
  - das Mesas de uma dessas Casas Legislativas;
  - do Tribunal de Contas da União;
  - de um dos Tribunais Superiores;
  - ou do próprio Supremo Tribunal Federal.
- julgar, em recurso ordinário o mandado de injunção decidido em única instância pelos Tribunais Superiores, se denegatória a decisão.

O STJ[8], por sua vez, detém competência para:

- processar e julgar, originariamente o mandado de injunção, quando a elaboração da norma regulamentadora for atribuição:
  - de órgão, entidade ou autoridade federal;
  - da administração direta ou indireta;
  - **excetuados** os casos de competência do Supremo Tribunal Federal e dos órgãos da Justiça Militar, da Justiça Eleitoral, da Justiça do Trabalho e da Justiça Federal.

Compete ao TSE[9] julgar em grau de recurso mandado de injunção denegado pelo TRE.

Por fim, nos termos do art. 125, § 1º da CF, compete aos Estados definirem a organização de sua Justiça por meio da Constituição Estadual, logo, a competência para julgamento de MI pode vir prevista pelo constituinte derivado.

Cita-se o exemplo do Estado de São Paulo, onde o julgamento de mandado de injunção contra atos omissivos de autoridades estaduais e municipais é da competência originária do TJ (art. 74, V, da CE/SP).

Não havendo previsão de competência originária, não há impedimento para que juízes de primeiro grau julguem mandados de injunção.

---

7. CF, Art. 102, I, 'q' e II, 'a'.
8. CF, Art. 105, I, 'h'.
9. CF, 121, § 4º, V.

4. EFEITOS DA SENTENÇA

Algumas correntes de criação jurisprudencial surgiram na tentativa de esclarecer a eficácia da decisão que concede o mandado de injunção.

As correntes dividem-se em: teoria não concretista e teoria concretista; esta última subdivide-se em geral, individual, direta e intermediária.

4.1. Teoria não concretista

Adotada pelo STF nos MI 107 e MI 20, a teoria significa que cabe ao Judiciário **reconhecer a mora** legislativa, porém não lhe é permitido determinar prazo ao legislador, nem implementar ou viabilizar o exercício do direito ao autor/autores do mandado de injunção.

A decisão, portanto, é **meramente declaratória**, em que se reconhece a inércia do legislador e **recomenda-se** que este supra a mora.

4.2. Teoria concretista

A teoria preconiza que concessão do MI "concretiza" o direito pleiteado. **Viabiliza-se o exercício do direito** até que sobrevenha a norma regulamentadora, o que independe da atuação do órgão omisso.

O STF avançou e passou a adotar esta teoria no julgamento dos MI 670/ES, MI 708/DF e MI 712/PA, movidos por sindicatos que buscavam assegurar o direito de greve para os servidores públicos a eles associados, tendo em vista a inexistência de lei regulamentadora do art. 37, VII, da CF/88[10].

A natureza da decisão para a teoria concretista, **em regra, é constitutiva**, mas poderá ter cunho condenatório, executivo ou mandamental, a depender da adoção das subespécies da teoria, quais sejam:

- **Concretista geral:** efeitos *erga omnes*. O Judiciário elabora a norma regulamentadora, suprindo a omissão, e aplica a todos indistintamente;
- **Concretista individual:** efeitos *inter partes*. Implementa-se o direito constitucional apenas para as partes do caso concreto;

10. CF, Art. 37. A administração pública direta e indireta de qualquer dos Poderes da União, dos Estados, do Distrito Federal e dos Municípios obedecerá aos princípios de legalidade, impessoalidade, moralidade, publicidade e eficiência e, também, ao seguinte: VII - o direito de greve será exercido nos termos e nos limites definidos em lei específica.

- **Concretista individual direta**: o direito é implementado ou viabilizado de forma imediata pelo Judiciário;
- **Concretista individual intermediária**: o Poder Judiciário fixa prazo para que o órgão omisso supra a mora legislativa. Permanecendo a ausência de edição da norma, o julgador tomará as medidas necessárias para implementar o direito buscado.

Disciplinando os efeitos da decisão concessiva do mandando de injunção, a Lei nº 13.300/2016 prevê:

LEI Nº 13.300/2016

Art. 8º Reconhecido o estado de mora legislativa, será deferida a injunção para:

I - **determinar prazo razoável** para que o impetrado promova a edição da norma regulamentadora;

II - **estabelecer as condições em que se dará o exercício** dos direitos, das liberdades ou das prerrogativas reclamados **ou, se for o caso, as condições em que poderá o interessado promover ação própria** visando a exercê-los, **caso não seja suprida a mora legislativa no prazo determinado.**

Parágrafo único. Será dispensada a determinação a que se refere o inciso I do caput quando comprovado que o impetrado deixou de atender, em mandado de injunção anterior, ao prazo estabelecido para a edição da norma.

Qual a teoria adotada pela Lei 13.300/2016?

Em relação ao mandado de injunção individual, da leitura do dispositivo conclui-se que, em regra, o legislador adota a teoria concretista individual intermediária (art. 8º, I), ou seja, o órgão julgador deve determinar prazo para que o impetrado supra a omissão. Decorrido o prazo sem suprimento da mora, abre-se a possibilidade de o Judiciário estipular condições para o exercício do direito ou para a propositura de ação própria.

Há, todavia, a possibilidade de ocorrer o que preconiza a teoria concretista individual direta, pois prevê o parágrafo único do citado artigo que no caso do descumprimento de ordem em mandado de injunção anterior, será dispensada a exigência de previsão de prazo para suprimento da lacuna, partindo, desde logo, o Judiciário para o estabelecimento de condições para o exercício do direito.

E para o mandado de injunção coletivo, a lei adotou a teoria concretista geral ou individual? Estudaremos no próximo tópico.

5. COISA JULGADA

Ao analisar a eficácia da decisão que concede o mandado de segurança individual, surgiram algumas teorias doutrinárias, sintetizadas na seguinte tabela[11]:

Teoria da subsidiariedade	Teoria da independência jurisdicional	Teoria da resolutividade
O Poder Judiciário somente declara a mora legislativa, nos moldes da ação direta de inconstitucionalidade por omissão. (Manoel Gonçalves Ferreira Filho).	A sentença de MI possui caráter constitutivo erga omnes. Cabe ao Poder Judiciário editar a norma geral, estendendo de forma abstrata a todos, inclusive os que não pleitearam a tutela.	A sentença de MI produz a norma para o caso concreto com natureza constitutiva *inter partes*. É a **posição majoritária da doutrina**: José Carlos Barbosa Moreira, Luís Roberto Barroso, José Afonso da Silva, Calmos de Passos.

A LMI, todavia, prevê que, no mandado de injunção coletivo, os efeitos da coisa julgada são, em regra, *ultra partes,* limitadamente às pessoas integrantes da coletividade, do grupo, da classe ou da categoria substituídos pelo impetrante.

Há, no entanto, exceções:

LEI Nº 13.300/2016

Art. 13. No mandado de injunção coletivo, a sentença fará coisa julgada limitadamente às pessoas integrantes da coletividade, do grupo, da classe ou da categoria substituídos pelo impetrante, **sem prejuízo do disposto nos §§ 1º e 2º do art. 9º.**

Art. 9º § 1º **Poderá ser conferida eficácia** *ultra partes* ou ***erga omnes*** à decisão, **quando isso for inerente ou indispensável ao exercício do direito, da liberdade ou da prerrogativa objeto da impetração.**

O art. 13, conjugado ao § 1º do art. 9º, permite, portanto, que seja dada eficácia *erga omnes* à decisão tomada em mandado de injunção coletivo (teoria concretista geral).

O dispositivo também permite a aplicação do §2º do art. 9º, que dispõe: "transitada em julgado a decisão, seus efeitos poderão ser estendidos aos casos análogos por decisão monocrática do relator".

O caput do art. 9º determina uma espécie de eficácia temporal limitada, pois a decisão produzirá efeitos até o advento da norma regulamentadora. Se a norma regulamentadora for editada antes da decisão, estará prejudicada a impetração, caso em que o processo será extinto sem resolução de mérito (art. 11, parágrafo único).

11. CAVALCANTE, Márcio André Lopes em Comentários à Lei 13.300/2016 – Disponível em: https://www.buscadordizerodireito.com.br/juscom/artigo/71e63ef5b7249cfc60852f0e0f5bf4c8 - Acesso em 26.06.2020

QUESTÃO DE CONCURSO

FUNDEP (Gestão de Concursos) - 2018 - INB – Advogado - Na hipótese de elaboração da norma regulamentadora ou de adoção da providência administrativa necessária após o ajuizamento do mandado de injunção, este deve ser remetido à casa legislativa responsável pela omissão, que providenciará parecer elucidativo acerca das providências adotadas e reencaminhará para julgamento do mérito pelo Superior Tribunal de Justiça.

COMENTÁRIOS: Conforme prevê a LMI o que ocorrerá na situação em que, após o ajuizamento, seja editada a norma anteriormente inexistente, será proferida decisão terminativa no processo (resolução sem extinção do mérito). Há perda do objeto, já que a mora legislativa fora sanada.

GABARITO: ERRADO

Caso a norma regulamentadora seja editada de **forma superveniente** à concessão do MI, ela produzirá efeitos *ex nunc* em relação aos beneficiados pela decisão transitada em julgado, salvo se a aplicação da norma editada lhes for mais favorável (art. 11, *caput*).

Ademais, prevê o art. 9º, §3º que "o indeferimento do pedido por insuficiência de prova não impede a renovação da impetração fundada em outros elementos probatórios" (coisa julgada *secundum eventum probationis*).

Interessante previsão é a do art. 10, que dispõe:

LEI Nº 13.300/2016

Art. 10. Sem prejuízo dos efeitos já produzidos, **a decisão poderá ser revista, a pedido de qualquer interessado, quando sobrevierem relevantes modificações das circunstâncias de fato ou de direito.**

Parágrafo único. A ação de revisão observará, no que couber, o procedimento estabelecido nesta Lei.

Quando sobrevierem relevantes modificações das circunstâncias de fato ou de direito (cláusula *rebus sic stantibus*), será possível o manejo de ação de revisão.

Não se trata de ação rescisória, que visa desconstituir os efeitos da coisa julgada, mas apenas da possibilidade de revisão da decisão (tal como ocorre em ações de alimentos), em razão de mudanças fáticas ou jurídicas.

Diz-se[12] que a decisão na ação de MI transita em julgado, mas é dada com a cláusula rebus sic stantibus.

12. LENZA, Pedro. Direito Constitucional esquematizado – Coleção esquematizado/Coordenador Pedro Lenza – 24. ed. – São Paulo: Saraiva Educação, 2020.

6. LITISPENDÊNCIA

De modo semelhante à lei que regulamenta o mandado de segurança, prevê a LMI:

> **LEI Nº 13.300/2016**
>
> Art. 13. Parágrafo único. O mandado de injunção coletivo não induz litispendência em relação aos individuais, mas os efeitos da coisa julgada não beneficiarão o impetrante que não requerer a **desistência da demanda individual no prazo de 30 (trinta) dias** a contar da ciência comprovada da impetração coletiva.

Deve ser dada ciência inequívoca ao autor individual para que este desista da sua demanda e possa ser beneficiado pela coisa julgada coletiva.

QUESTÃO DE CONCURSO

IBFC - 2019 - FSA-SP - Advogado I - O Mandado de Injunção foi criado pelo legislador constituinte brasileiro e consagrado pela primeira vez na Constituição de 1988. No que se refere ao Mandado de Injunção, assinale a alternativa correta: O Mandado de Injunção coletivo não induz litispendência em relação aos individuais.

COMENTÁRIOS: A assertiva reproduz o art. 13, primeira parte, que dispõe a ausência de litispendência entre mandado de injunção individual a coletivo.

GABARITO: CORRETO

QUADRO-RESUMO - Capítulo V

MANDADO DE INJUNÇÃO
O mandado de injunção foi criado com a Constituição Federal de 1988, a qual dispõe: Art. 5º LXXI - conceder-se-á mandado de injunção sempre que a falta de norma regulamentadora torne inviável o exercício dos direitos e liberdades constitucionais e das prerrogativas inerentes à nacionalidade, à soberania e à cidadania; Criou-se, portanto, uma ferramenta contra a omissão estatal em relação à regulamentação de normas constitucionais de eficácia limitada.
Requisitos
A existência de norma constitucional desprovida de aplicabilidade imediata (eficácia limitada), que consagre direitos, liberdades e prerrogativas inerentes à nacionalidade, à soberania e à cidadania; O dever estatal de editar as normas infraconstitucionais que regulamentem e tornem integralmente efetivos os direitos, as liberdades e as prerrogativas previstas na norma constitucional de eficácia limitada; A omissão do Poder Público em cumprir o dever de editar a norma regulamentadora.
Lei 13.300/2016
O diploma regulamentador do mandado de injunção só veio a ser promulgado em 2016, com a edição da lei 13.300. A referida lei prevê em seu artigo 1º que o diploma disciplina o processo e o julgamento tanto do MI individual quanto coletivo (este, objeto de nosso estudo).

Espécies

Mandado de injunção TOTAL: há falta de norma regulamentadora de norma constitucional;

Mandado de injunção PARCIAL: há normas insuficientes para viabilizar o exercício do direito.

OBS.: Não se deve confundir a utilização do MI para a declaração de omissão parcial, ou seja, ausência de normas suficientes para regulamentação do direito, com o questionamento acerca da efetividade da norma. Para o STF "se existe a norma regulamentadora, não será o mandado de injunção o meio apropriado para questionar a efetividade da norma regulamentadora". (STF - MI 6735 AgR, Relator(a): Min. Ricardo Lewandowski, Tribunal Pleno, julgado em 25/05/2018)

Mandado de injunção INDIVIDUAL: impetrado por pessoas físicas e jurídicas para viabilizar direitos individuais.

Mandado de injunção COLETIVO: impetrado por um dos legitimados previstos na lei, a fim de viabilizar direitos das coletividades

MANDADO DE INJUNÇÃO COLETIVO

LEGITIMIDADE ATIVA

O mandado de injunção coletivo pode ser promovido:

- pelo Ministério Público;
- por partido político com representação no Congresso Nacional;
- por organização sindical, entidade de classe ou associação legalmente constituída e em funcionamento há pelo menos 1 (um) ano;
- pela Defensoria Pública.

Ministério Público

O órgão ministerial poderá propor o mandado de injunção coletivo "quando a tutela requerida for especialmente relevante para a defesa da ordem jurídica, do regime democrático ou dos interesses sociais ou individuais indisponíveis.

A doutrina defende, ademais, a obrigatória atuação do órgão ministerial como fiscal do ordenamento jurídico (*custus iuris*) em todas as espécies de ações coletivas, o que inclui o mandado de injunção desta natureza.

Partido político com representação no Congresso Nacional

Nos termos da lei, o partido político com representação no Congresso Nacional, poderá impetrar mandado de injunção coletivo "para assegurar o exercício de direitos, liberdades e prerrogativas de seus integrantes ou relacionados com a finalidade partidária".

Há quem defenda a inconstitucionalidade da limitação, aduzindo a legitimação dos partidos não pode estar restrita aos interesses dos seus integrantes ou relacionados com a finalidade partidária.

Organização sindical, entidade de classe ou associação legalmente constituída e em funcionamento há pelo menos 1 (um) ano

A redação da LMI é similar à previsão da lei do mandado de segurança, conferindo legitimidade para que essas entidades utilizem o instrumento coletivo "para assegurar o exercício de direitos, liberdades e prerrogativas em favor da totalidade ou de parte de seus membros ou associados, na forma de seus estatutos e desde que pertinentes a suas finalidades, dispensada, para tanto, autorização especial".

Como estudado no capítulo referente ao mandado de segurança, exige-se a demonstração da pertinência temática e a impetração não depende de autorização dos membros ou associados.

Defensoria Pública

Quando a tutela requerida for especialmente relevante para a promoção dos direitos humanos e a defesa dos direitos individuais e coletivos dos necessitados, a Defensoria Pública terá legitimidade para a propositura de mandado de injunção coletivo.

A LMI inova ao incluir a DP no rol de legitimados, o que não fora feito pela legislação que rege o mandado de segurança (legitimidade negada pela jurisprudência do STJ).

Desistência da ação pelo legitimado ativo

O STF já foi instado a se manifestar acerca do pedido de desistência do mandado de injunção coletivo após o início do julgamento do processo e entendeu pela impossibilidade (STF, MI 712/PA QO, Tribunal Pleno, Rel. Min. EROS GRAU, J. 15/10/2007).

Segundo a Corte, portanto, os legitimados extraordinários (substitutos processuais), não detém a titularidade das ações constitucionais, e, em razão do princípio da indisponibilidade, não podem desistir do processo quando já iniciado seu julgamento.

LEGITIMIDADE PASSIVA

Art. 2º da LMI estatui que integrará a relação jurídica processual "como impetrado, o Poder, o órgão ou a autoridade com atribuição para editar a norma regulamentadora".

COMPETÊNCIA

A regra de competência do mandado de injunção coletivo dependerá da autoridade responsável pela elaboração da norma regulamentadora.

O STF: possui competência para processar e julgar, originariamente o mandado de injunção, quando a elaboração da norma regulamentadora for atribuição:

- do Presidente da República;
- do Congresso Nacional;
- da Câmara dos Deputados;
- do Senado Federal;
- das Mesas de uma dessas Casas Legislativas;
- do Tribunal de Contas da União;
- de um dos Tribunais Superiores;
- ou do próprio Supremo Tribunal Federal.

Bem como julgar, em recurso ordinário o mandado de injunção decidido em única instância pelos Tribunais Superiores, se denegatória a decisão.

O STJ, por sua vez, detém competência para processar e julgar, originariamente o mandado de injunção, quando a elaboração da norma regulamentadora for atribuição:

- de órgão, entidade ou autoridade federal;
- da administração direta ou indireta;
- excetuados os casos de competência do Supremo Tribunal Federal e dos órgãos da Justiça Militar, da Justiça Eleitoral, da Justiça do Trabalho e da Justiça Federal.

Compete ao TSE julgar em grau de recurso mandado de injunção denegado pelo TRE.

Por fim, nos termos do art. 125, §1º da CF, compete aos Estados definirem a organização de sua Justiça por meio da Constituição Estadual, logo, a competência para julgamento de MI pode vir prevista pelo constituinte derivado.

EFEITOS DA SENTENÇA E COISA JULGADA

Teoria não concretista: cabe ao Judiciário reconhecer a mora legislativa, porém não lhe é permitido determinar prazo ao legislador, nem implementar ou viabilizar o exercício do direito ao autor/autores do mandado de injunção. Decisão declaratória.

Teoria concretista: Viabiliza-se o exercício do direito até que sobrevenha a norma regulamentadora, o que independe da atuação do órgão omisso. Decisão constitutiva. Subespécies:

- Concretista geral: efeitos *erga omnes*. O Judiciário elabora a norma regulamentadora, suprindo a omissão, e aplica a todos indistintamente;

- Concretista individual: efeitos *inter partes*. Implementa-se o direito constitucional apenas para as partes do caso concreto.

- Concretista individual direta: o direito é implementado ou viabilizado de forma imediata pelo Judiciário.

- Concretista individual intermediária: o Poder Judiciário fixa prazo para que o órgão omisso supra a mora legislativa. Permanecendo a ausência de edição da norma, o julgador tomará as medidas necessárias para implementar o direito buscado.

A LMI prevê:

Art. 8º Reconhecido o estado de mora legislativa, será deferida a injunção para:

I - determinar prazo razoável para que o impetrado promova a edição da norma regulamentadora;

II - estabelecer as condições em que se dará o exercício dos direitos, das liberdades ou das prerrogativas reclamados ou, se for o caso, as condições em que poderá o interessado promover ação própria visando a exercê-los, caso não seja suprida a mora legislativa no prazo determinado.

Parágrafo único. Será dispensada a determinação a que se refere o inciso I do caput quando comprovado que o impetrado deixou de atender, em mandado de injunção anterior, ao prazo estabelecido para a edição da norma.

Em relação ao mandado de injunção individual, da leitura do dispositivo conclui-se que, em regra, o legislador adota a teoria concretista individual intermediária (art. 8º, I). Há, todavia, a possibilidade de ocorrer o que preconiza a teoria concretista individual direta, pois prevê o parágrafo único do citado artigo.

No mandado de injunção coletivo, os efeitos da coisa julgada são, em regra, ultra partes, limitadamente às pessoas integrantes da coletividade, do grupo, da classe ou da categoria substituídos pelo impetrante. Exceção:

Art. 9º § 1º Poderá ser conferida eficácia ultra partes ou erga omnes à decisão, quando isso for inerente ou indispensável ao exercício do direito, da liberdade ou da prerrogativa objeto da impetração.

O §2º do art. 9º, que dispõe: "transitada em julgado a decisão, seus efeitos poderão ser estendidos aos casos análogos por decisão monocrática do relator".

Se a norma regulamentadora for editada antes da decisão, estará prejudicada a impetração, caso em que o processo será extinto sem resolução de mérito (art. 11, parágrafo único).

Caso a norma regulamentadora seja editada de forma superveniente à concessão do MI, ela produzirá efeitos ***ex nunc*** em relação aos beneficiados pela decisão transitada em julgado, salvo se a aplicação da norma editada lhes for mais favorável (art. 11, caput).

A decisão na ação de MI transita em julgado, mas é dada com a cláusula rebus sic stantibus, pois a decisão poderá ser revista, a pedido de qualquer interessado, quando sobrevierem relevantes modificações das circunstâncias de fato ou de direito.

LITISPENDÊNCIA

Art. 13 Parágrafo único. O mandado de injunção coletivo não induz litispendência em relação aos individuais, mas os efeitos da coisa julgada não beneficiarão o impetrante que não requerer a desistência da demanda individual no prazo de 30 (trinta) dias a contar da ciência comprovada da impetração coletiva.

CAPÍTULO VI

DEFESA DO CONSUMIDOR

1. CONSIDERAÇÕES INICIAIS

A Constituição Federal consagra a defesa do consumidor como direito fundamental (art. 5º, XXXII[1]) - 3ª geração - e como princípio da ordem econômica (art. 170, V[2]).

Para regulamentar as previsões constitucionais, foi promulgado o Código de Defesa do Consumidor (CDC) - Lei nº 8.078, de 11 de setembro de 1990.

O Código faz parte do microssistema de tutela coletiva e sua conjugação com a LACP constitui a principal base normativa para a aplicação das demais leis que buscam proteger os interesses transindividuais.

Destaca-se que a Lei 8.078/90 traz disposições que constituem normas de ordem pública, indisponíveis, de natureza social, que prevalecem sobre o interesse das partes. Não são dispositivas, portanto.

Nesse sentido entende o STJ:

JURISPRUDÊNCIA

CÓDIGO DE DEFESA DO CONSUMIDOR. NORMA DE ORDEM PÚBLICA. DERROGAÇÃO DA LIBERDADE CONTRATUAL. **O caráter de norma pública atribuído ao Código de Defesa do Consumidor derroga a liberdade contratual para ajustá-la aos parâmetros da lei** (...). (STJ, REsp 292942/MG, Rel. Min. Sálvio de Figueiredo Teixeira, DJ 07.05.2001)

DIREITO DO CONSUMIDOR. ADMINISTRATIVO. NORMAS DE PROTEÇÃO E DEFESA DO CONSUMIDOR. ORDEM PÚBLICA E INTERESSE SOCIAL. (...) As normas de proteção e defesa do consumidor têm índole de "ordem pública e interesse social".

---

1. CF, Art. 5º, XXXII - o Estado promoverá, na forma da lei, a defesa do consumidor.
2. Art. 170. A ordem econômica, fundada na valorização do trabalho humano e na livre iniciativa, tem por fim assegurar a todos existência digna, conforme os ditames da justiça social, observados os seguintes princípios: V - defesa do consumidor.

São, portanto, indisponíveis e inafastáveis, pois resguardam valores básicos e fundamentais da ordem jurídica do Estado Social, daí a impossibilidade de o consumidor delas abrir mão ex ante e no atacado. (STJ, REsp 586316/MG, Rei. Min. Herman Benjamin, DJe 19/03/2009)

(grifos nossos)

Destaca-se que, não sendo o caso de contratos de execução diferida e prazo indeterminado, o CDC não pode retroagir para alcançar contrato celebrado e com eficácia produzida anteriormente à sua vigência[3].

2. CONCEITOS

Costuma-se estudar, em processo coletivo, apenas o Título III do CDC, o que fizemos quando analisamos, por exemplo, os aspectos da teoria geral do processo coletivo (litispendência, coisa julgada, execução, dentre outros), todavia os concursos de advocacia pública vêm explorando conceitos e regras constantes das demais partes do diploma.

Aponta a doutrina[4] que o CDC somente se aplica às relações jurídicas de consumo, ou seja, aquelas formadas entre consumidor e fornecedor, tendo como objeto a aquisição ou utilização de produtos ou serviços pelo consumidor. Nesse sentido, mostra-se indispensável o conhecimento acerca dos conceitos de 'consumidor', 'fornecedor', 'produto' e 'serviço'.

2.1. Consumidor

Nos termos do art. 2º do CDC, considera-se consumidor "toda pessoa física ou jurídica que adquire ou utiliza produto ou serviço como destinatário final".

De acordo com a doutrina[5], duas correntes se formaram a fim de tentar explicar o alcance da expressão "destinatário final". As correntes são denominadas de finalistas e maximalistas:

3. STJ, REsp 248155/SP, Rel. Min. Sálvio de Figueiredo Teixeira, DJ 23.05.2000/STJ, Resp 331.860/RJ, Rel. Min.Carlos Alberto Menezes Direito, DJ 05.08.2002.
4. ANDRADE, Adriano, MASSON Cleber Masson e ANDRADE Landolfo. Op. Cit.
5. GARCIA, Leonardo de Medeiros. Leis Especiais para Concursos - v.1 - Direito do Consumidor – Editora Juspodivm, 10ª, 2016.

CORRENTE FINALISTA	CORRENTE MAXIMALISTA
A doutrina finalista (ou subjetiva), parte do conceito econômico de consumidor, propondo que a interpretação da expressão destinatário final seja restrita. Nesse sentido, somente o consumidor, parte mais vulnerável na relação contratual merece a especial tutela. Para os finalistas, consumidor seria o não profissional, ou seja, aquele que adquire ou utiliza um produto para uso próprio ou de sua família. O destinatário final é o que retira o bem do mercado ao adquirir ou simplesmente utilizar (destinatário final fático) ou aquele que coloca um fim na cadeia de produção (destinatário final econômico), e não aquele que utiliza o bem para continuar a produzir, já que está transformando e utilizando o bem para oferecê-lo a outrem, cliente ou consumidor do produto ou serviço. **PALAVRAS-CHAVE:** **- Conceito econômico de consumidor;** **- Conceito subjetivo;** **- Destinatário fático e econômico.**	A teoria maximalista se baseia no conceito jurídico de consumidor, logo o destinatário final seria somente o destinatário fático, pouco importando a destinação econômica que lhe deva sofrer o bem. Assim, para os maximalistas, a definição de consumidor é puramente objetiva, e independe da finalidade da aquisição ou do uso do produto ou serviço, podendo até mesmo haver intenção de lucro. **PALAVRAS-CHAVE:** **- Conceito jurídico de consumidor;** **- Conceito objetivo;** **- Destinatário fático.**

Para o STJ a teoria finalista **é a que** melhor indica a diretriz para a interpretação do conceito de consumidor. A Corte admite, entretanto, certo abrandamento (mitigação) dessa teoria quando diante da presença de uma vulnerabilidade no caso concreto, seja técnica, jurídica, econômica etc.

Cita-se importante precedente da 3ª Turma, na qual são apontados tanto a adoção do finalismo mitigado (também chamado de aprofundado ou abrandado) quanto os conceitos das variadas espécies de vulnerabilidade:

JURISPRUDÊNCIA

CONSUMIDOR. DEFINIÇÃO. ALCANCE. TEORIA FINALISTA. REGRA. MITIGAÇÃO. FINALISMO APROFUNDADO. CONSUMIDOR POR EQUIPARAÇÃO. VULNERABILIDADE. 1. **A jurisprudência do STJ se encontra consolidada no sentido de que a determinação da qualidade de consumidor deve, em regra, ser feita mediante aplicação da teoria finalista, que, numa exegese restritiva do art. 2º do CDC, considera destinatário final tão somente o destinatário fático e econômico do bem ou serviço,** seja ele pessoa física ou jurídica. 2. **Pela teoria finalista, fica excluído da proteção do CDC o consumo intermediário, assim entendido como aquele cujo produto retorna para as cadeias de produção e distribuição, compondo o custo (e, portanto, o preço final) de um novo bem ou serviço.** Vale dizer, só pode ser considerado consumidor, para fins de tutela pela Lei nº 8.078/90, aquele que exaure a função econômica do bem ou serviço, excluindo-o de forma definitiva do mercado de consumo. 3. **A jurisprudência do STJ, tomando por base o conceito de consumidor por equiparação previsto no art. 29 do CDC, tem evoluído para uma aplicação temperada da teoria finalista frente às pessoas jurídicas, num processo que a doutrina vem denominando finalismo aprofundado**, consistente em se admitir que, **em determinadas hipóteses, a pessoa jurídica adquirente de um produto ou serviço pode ser equiparada à condição de consumidora, por apresentar frente ao fornecedor alguma vulnerabilidade**, que constitui o princípio-motor da política nacional das relações de consumo, premissa expressamente fixada no art. 4º, I, do CDC, que legitima toda a proteção conferida ao consumidor. 4. **A doutrina tradicionalmente aponta a existência de três modalidades de vulnerabilidade: técnica (ausência de conhecimento específico acerca do produto ou serviço objeto de consumo), jurídica (falta de conhecimento jurídico, contábil ou econômico e de seus reflexos na relação de consumo) e fática (situações em que a insuficiência econômica, física ou até mesmo psicológica do consumidor o coloca em pé de desigualdade frente ao fornecedor).** Mais recentemente, **tem se incluído também a vulnerabilidade informacional (dados insuficientes sobre o produto ou serviço capazes de influenciar no processo decisório de compra).** 5. A despeito da identificação in abstracto dessas espécies de vulnerabilidade, **a casuística poderá apresentar novas formas de vulnerabilidade aptas a atrair a incidência do CDC à relação de consumo.** Numa relação interempresarial, para além das hipóteses de vulnerabilidade já consagradas pela doutrina e pela jurisprudência, a relação de dependência de uma das partes frente à outra pode, conforme o caso, caracterizar uma vulnerabilidade legitimadora da aplicação da Lei nº 8.078/90, mitigando os rigores da teoria finalista e autorizando a equiparação da pessoa jurídica compradora à condição de consumidora. (STJ, REsp. 1195642/RJ, 3ª Turma, Rel. Min. Nancy Andrigui, j. 13.11.2012) (grifos nossos)

Para a Corte, portanto, permite-se a mitigação da teoria finalista para autorizar a incidência do Código de Defesa do Consumidor - CDC nas hipóteses em que a parte (pessoa física ou jurídica), apesar de não ser destinatária final do produto ou serviço, apresenta-se em situação de vulnerabilidade.

QUESTÕES DE CONCURSO

CESPE - 2014 - PGE-BA - Procurador do Estado - As pessoas jurídicas de direito público podem ser consideradas consumidores, desde que presente a vulnerabilidade na relação jurídica.

COMENTÁRIOS: Pessoas jurídicas podem ser consideradas consumidoras, conforme previsão legal. A vulnerabilidade destas não é presumida, mas, analisando-se o caso concreto, pode-se, conforme o entendimento do STJ, verificar que a entidade é vulnerável, portanto, consumidora, para fins de incidência da proteção do CDC.

GABARITO: CORRETO

Quadrix - 2019 - CRF-PR - Advogado - Pessoas jurídicas não podem ser enquadradas na condição de consumidoras por faltar-lhes a condição de vulneráveis.

COMENTÁRIOS: Presente a vulnerabilidade, aferível casuisticamente, a pessoa jurídica poderá ser considerada consumidora.

GABARITO: ERRADO

Outrossim, com base nas disposições do CDC, a doutrina[6] distingue:

Consumidor stricto sensu ou standard	Consumidor equiparado
Toda pessoa física ou jurídica que adquire ou utiliza produto ou serviço como destinatário final (art. 2º, *caput*)	**A coletividade de pessoas, ainda que indetermináveis, que haja intervindo nas relações de consumo (art. 2º parágrafo único)** **Todas as vítimas de danos ocasionados pelo fornecimento de produto ou serviço defeituoso (art. 17) - Chamados de bystanders.** **Todas as pessoas determináveis ou não, expostas às práticas comerciais ou contratuais abusivas (art. 29)**

Na edição 39 do "Jurisprudência em Teses" o STJ consolidou o seguinte entendimento sobre o consumidor por equiparação:

Considera-se consumidor por equiparação (bystander), nos termos do art. 17 do CDC, o terceiro estranho à relação consumerista que experimenta prejuízos decorrentes do produto ou serviço vinculado à mencionada relação, bem como, a teor do art. 29, as pessoas determináveis ou não expostas às práticas previstas nos arts. 30 a 54 do referido código.

QUESTÃO DE CONCURSO

VUNESP - 2019 - Prefeitura da Estância Turística de Guaratinguetá – Procurador - Joaquim caminhava em uma rua de Guaratinguetá, em direção à sua casa, quando ao passar ao lado de um lava rápido escorregou na água com sabão que a empresa escoava pela calçada. Com a queda, quebrou três costelas e ficou internado por dez dias, pois perfurou o pulmão. Por se tratar de consumidor por equiparação, Joaquim poderá se valer da lei consumerista para solicitar reparação de danos.

COMENTÁRIOS: De acordo com o CDC e a jurisprudência, Joaquim pode ser considerado consumidor por equiparação, embora estranho à relação consumerista, pois sofreu um dano decorrente do serviço prestado pela empresa.

GABARITO: CORRETO

2.2. Fornecedor

O conceito de fornecedor está previsto no *caput* do art. 3º do CDC, que dispõe:

6. GARCIA, Leonardo de Medeiros. Op. Cit.

CDC (LEI 8.078/90)

Art. 3º Fornecedor é toda pessoa **física ou jurídica, pública ou privada, nacional ou estrangeira**, bem como os **entes despersonalizados**, que desenvolvem atividade de produção, montagem, criação, construção, transformação, importação, exportação, distribuição ou comercialização de produtos ou prestação de serviços.

Da leitura do dispositivo extrai-se que a expressão chave que define a figura do fornecedor **é o** "desenvolvem atividade". Conclui-se que somente será fornecedor o agente que pratica determinada atividade com habitualidade.

A doutrina[7] classifica os fornecedores sujeitos a participar no polo passivo da relação jurídica de responsabilidade civil nas seguintes categorias:

a) Fornecedor **real**: o fabricante, o produtor e o construtor;

b) Fornecedor **aparente**: aquele que detém nome, marca ou signo aposto no produto final;

c) Fornecedor **presumido**: o importador de produto industrializado ou in natura e o comerciante de produto anônimo (este último previsto no art. 13 do CDC).

2.3. Produto

Prevê o art. 3º, §1º que "produto **é qualquer bem, móvel ou imóvel, material ou imaterial**".

2.4. Serviço

O CDC conceitua serviço no §2º do art. 3º:

CDC (LEI 8.078/90)

Art. 3º §2º Serviço é qualquer atividade fornecida no mercado de consumo, **mediante remuneração,** inclusive as de natureza bancária, financeira, de crédito e securitária, salvo as decorrentes das relações de caráter trabalhista.

Os serviços puramente gratuitos estão excluídos da incidência da lei. É possível, todavia que o fornecedor esteja sendo remunerado indiretamente pelo serviço, o qual, embora seja gratuito, se submeterá à disciplina do CDC. Nesse sentido entende o STJ[8].

7. GARCIA, Leonardo de Medeiros. Op. Cit.

8. STJ, REsp 566468/RJ, Rel. Min. Jorge Scartezzini, DJ 17/12/2004.

A Corte afasta a relação consumerista, por exemplo, em relação ao serviço público de saúde, no qual não há nenhuma espécie de remuneração:

JURISPRUDÊNCIA

PROCESSUAL CIVIL. RECURSO ESPECIAL. EXCEÇÃO DE COMPETÊNCIA. AÇÃO INDENIZATÓRIA. **PRESTAÇÃO DE SERVIÇO PÚBLICO. AUSÊNCIA DE REMUNERAÇÃO. RELAÇÃO DE CONSUMO NÃO-CONFIGURADA.** DESPROVIMENTO DO RECURSO ESPECIAL. (...). 2. O conceito de "serviço" previsto na legislação consumerista exige para a sua configuração, necessariamente, que a atividade seja prestada mediante remuneração (art. 3º, § 2º, do CDC). 3. Portanto, **no caso dos autos, não se pode falar em prestação de serviço subordinada às regras previstas no Código de Defesa do Consumidor, pois inexistente qualquer forma de remuneração direta referente ao serviço de saúde prestado pelo hospital público, o qual pode ser classificado como uma atividade geral exercida pelo Estado à coletividade em cumprimento de garantia fundamental** (art. 196 da CF). 4. **Referido serviço, em face das próprias características, normalmente é prestado pelo Estado de maneira universal, o que impede a sua individualização, bem como a mensuração de remuneração específica, afastando a possibilidade da incidência das regras de competência contidas na legislação específica.** 5. Recurso especial desprovido. (STJ, REsp 493.181/SP, Rel. Ministra DENISE ARRUDA, PRIMEIRA TURMA, julgado em 15/12/2005, DJ 01/02/2006)

QUESTÕES DE CONCURSO

PUC/PR – 2015 - PGE-PR - Procurador Estadual – A relação entre paciente e hospital público, financiado por receitas tributárias e sem remuneração direta do serviço de saúde prestado pelo hospital, é considerada relação de consumo.

COMENTÁRIOS: O serviço público de saúde não se sujeita à incidência do CDC, pois se trata de serviço puramente gratuito.

GABARITO: ERRADO

IDIB - 2019 - CREMERJ - Advogado - Produto é qualquer atividade fornecida no mercado de consumo, mediante remuneração, inclusive as de natureza bancária, financeira, de crédito e securitária, salvo as decorrentes das relações de caráter trabalhista.

COMENTÁRIOS: A assertiva trouxe o conceito de serviço. Produto **é qualquer bem, móvel ou imóvel, material ou imaterial.**

GABARITO: ERRADO

Citam-se outros exemplos de serviços em relação aos quais há, ou não, a incidência do CDC:

- O Código de Defesa do Consumidor é aplicável às instituições financeiras. (STJ, Súmula 297)
- Não se aplica o Código de Defesa do Consumidor à relação contratual entre advogados e clientes, a qual é regida pelo Estatuto da Advocacia e da OAB - Lei n. 8.906/94. (STJ, AgRg nos EDcl no REsp 1474886/PB, Rel. Ministro Antonio Carlos Ferreira, 4ª Turma, julgado em 18/06/2015, DJe 26/06/2015)
- A relação entre concessionária de serviço público e o usuário final para o fornecimento de serviços públicos essenciais é consumerista, sendo cabível a aplicação do Código de Defesa do Consumidor - CDC. (STJ, REsp 1595018/RJ, Rel. Ministro Humberto Martins, 2ª Turma, Julgado em 18/08/2016, DJE 29/08/2016)

QUESTÃO DE CONCURSO

VUNESP - 2019 - Prefeitura de Francisco Morato - SP - Procurador - A empresa concessionária responsável pelo fornecimento de água e tratamento de esgoto que abastece o município de Francisco Morato, por falta de manutenção, faz a cidade ficar uma semana sem tal serviço, dado o rompimento de uma importante tubulação. Nesse caso, é correto afirmar que a legislação consumerista se aplica ao caso pois serviços públicos podem ser objeto da relação de consumo.

COMENTÁRIOS: O CDC é aplicável à relação entre o usuário e a concessionária de serviço público. Destarte, o enunciado aponta que foram causados danos a toda coletividade residente no município. A esse respeito, vale citar fundamento extraído do próprio CDC: Art. 22. Os órgãos públicos, por si ou suas empresas, concessionárias, permissionárias ou sob qualquer outra forma de empreendimento, são obrigados a fornecer serviços adequados, eficientes, seguros e, quanto aos essenciais, contínuos. Parágrafo único. Nos casos de descumprimento, total ou parcial, das obrigações referidas neste artigo, serão as pessoas jurídicas compelidas a cumpri-las e a reparar os danos causados, na forma prevista neste código.

GABARITO: CORRETO

- As normas do Código de Defesa do Consumidor são aplicáveis aos contratos do Sistema Financeiro de Habitação - SFH, desde que não vinculados ao Fundo de Compensação de Variações Salariais - FCVS e posteriores à entrada em vigor da Lei n. 8.078/90 (CDC). (STJ, REsp 1535727/RS, Rel. Ministro Marco Buzzi, 4ª Turma, Julgado em 10/05/2016,DJE 20/06/2016)
- Não incide o Código de Defesa do Consumidor nas relações jurídicas estabelecidas entre condomínio e condôminos. (STJ, AgRg no REsp 1096723/PR,Rel. Ministro Marco Buzzi, 4ª Turma, Julgado em 07/04/2015,DJE 14/04/2015)
- O Código de Defesa do Consumidor é aplicável às entidades abertas de previdência complementar, não incidindo nos contratos previdenciários celebrados com entidades fechadas. (STJ, Súmula 563)

- Aplica-se o Código de Defesa do Consumidor aos contratos de plano de saúde, salvo os administrados por entidades de autogestão. (STJ, Súmula 608)
- O **Código de Defesa do Consumidor não se aplica às entregas da ECT** (Correios). (STJ, REsp 527137/PR, Rel. Ministro Luiz Fux, **1ª Turma**, DJ 31/05/2004)

3. VULNERABILIDADE X HIPOSSUFICIÊNCIA

A doutrina[9] diferencia os termos "vulnerabilidade" e "hipossuficiência". A primeira é considerada um fenômeno de direito material com presunção absoluta.

O art. 4º, I, do CDC reconhece o consumidor como um ente "vulnerável".

A hipossuficiência, por sua vez, cuida-se de um fenômeno de índole processual que deverá ser analisado casuisticamente.

Nesse sentido prevê o art. 6º, VIII, segundo o qual a hipossuficiência que pode justificar a inversão do ônus da prova deverá ser averiguada pelo juiz segundo as regras ordinárias de experiência.

Os conceitos podem ser esquematizados da seguinte forma[10]:

VULNERABILIDADE	HIPOSSUFICIÊNCIA (Inversão do ônus da prova)
Conceito de direito material.	Conceito de direito processual.
PRESUNÇÃO ABSOLUTA: o consumidor é a parte vulnerável na relação de consumo.	PRESUNÇÃO RELATIVA: precisa ser comprovada no caso concreto diante do juiz.

O Ministro Antônio Herman Benjamin, do STJ, fala[11], ainda, em hipervulnerabilidade, situação social fática e objetiva de agravamento da vulnerabilidade da pessoa física consumidora, seja permanente (deficiência física ou mental) ou temporária (doença, gravidez, turista, analfabetismo, crianças, idosos etc.).

4. ONEROSIDADE EXCESSIVA – REVISÃO DOS CONTRATOS

A onerosidade pode resultar na revisão dos contratos consumeristas ou a modificação de algumas de suas cláusulas.

9. GARCIA, Leonardo de Medeiros. Op. Cit.
10. GARCIA, Leonardo de Medeiros. Op. Cit.
11. STJ, REsp 931.513/RS, 1.ª Seção, j. 25.11.2009, DJe 27.09.2010.

Prevê o CDC:

CDC (LEI 8.078/90)

Art. 6º São direitos básicos do consumidor: V - a modificação das cláusulas contratuais que estabeleçam **prestações desproporcionais ou** sua revisão em razão de fatos supervenientes que as tornem **excessivamente onerosas;**

O diploma adotou a chamada Teoria da Base Objetiva do Negócio Jurídico, a qual se distingue da Teoria da Imprevisão acolhida pelo Código Civil no que diz respeito à resolução contratual.

O CDC não exige a imprevisibilidade do fato superveniente que tornou desproporcional ou excessiva a prestação, como faz o CC. Dispõe este diploma:

CÓDIGO CIVIL

Art. 478. Nos contratos de execução continuada ou diferida, se a prestação de uma das partes se tornar excessivamente onerosa, com extrema vantagem para a outra, em virtude de acontecimentos extraordinários e imprevisíveis, poderá o devedor pedir a resolução do contrato.

As teorias podem ser esquematizadas a partir das seguintes características distintivas:

Teoria da Imprevisão (Código Civil)	Teoria da Base Objetiva do Negócio Jurídico (CDC)
Exige a imprevisibilidade e a extraordinariedade do fato superveniente	Não exige imprevisibilidade e a extraordinariedade do fato superveniente
Exige a extrema vantagem para o credor	Não exige extrema vantagem para o credor
Implica em resolução (a revisão somente com a voluntariedade do credor).	Implica em revisão (resolução somente quando não houver possibilidade dor) de revisão- aplicação do Princípio da Conservação dos Contratos)

5. INVERSÃO DO ÔNUS DA PROVA

Dispõe o CDC:

CDC (LEI 8.078/90)

Art. 6º São direitos básicos do consumidor: VIII - a facilitação da defesa de seus direitos, inclusive com a **inversão do ônus da prova**, a seu favor, no processo civil, **quando, a critério do juiz, for verossímil a alegação ou quando for ele hipossuficiente, segundo as regras ordinárias de experiências**. (grifos nossos)

Tal inversão é OPE JUDICIS, ou seja, por ato do JUIZ. Nesse sentido, entende o STJ:

JURISPRUDÊNCIA

A inversão do ônus da prova, nos termos do art. 6º, VIII, do CDC, não ocorre ope legis, mas ope iudicis, vale dizer, é o juiz que, de forma prudente e fundamentada, aprecia os aspectos **de verossimilhança das alegações do consumidor ou de sua hipossuficiência**. (STJ, AgRg no REsp 1151023/RJ, Rel. Ministro LUIS FELIPE SALOMÃO, QUARTA TURMA, julgado em 09/06/2015, DJe 15/06/2015) (grifos nossos)

Ocorre que **há outros dispositivos** no CDC que preveem a inversão OPE LEGIS, ou seja, por força da LEI.

CDC (LEI 8.078/90)

Art. 12. § 3º O fabricante, o construtor, o produtor ou importador **só não será responsabilizado <u>quando provar</u>: II - que, embora haja colocado o produto no mercado, o defeito inexiste;**

Art. 14. **§ 3º** O fornecedor de serviços **só não será responsabilizado <u>quando provar</u>: I - que, tendo prestado o serviço, o defeito inexiste.**

Art. 38. **O ônus da prova da veracidade e correção da informação ou comunicação publicitária cabe a quem as patrocina.** (grifos nossos)

QUESTÃO DE CONCURSO

IADES - 2019 - AL-GO – Procurador - O ônus da prova da veracidade e correção da informação ou comunicação publicitária cabe ao consumidor.

COMENTÁRIOS: Nos termos do art. 38 do CDC este ônus é daquele que patrocina a informação ou comunicação publicitária. O dispositivo tem bastante incidência em provas.

GABARITO: ERRADO

O STJ consolidou o posicionamento no sentido de que em demanda que trata da responsabilidade pelo fato do produto ou do serviço (arts. 12 e 14 do CDC, acima citados), a inversão do ônus da prova decorre da lei (*ope legis*), não se aplicando o art. 6º, inciso VIII, do CDC[12].

12. STJ, REsp 1262132/SP, Rel. Ministro Luis Felipe Salomão, 4ª Turma, julgado em 18/11/2014, DJe 03/02/2015.

Vale lembrar que são momentos para inverter o ônus da prova:

- Regra de instrução: até o despacho saneador.
- Regra de julgamento: até a sentença.

Para o STJ a inversão deve adotar a regra da INSTRUÇÃO, de modo que a parte possa se desincumbir do ônus.

JURISPRUDÊNCIA

A inversão do ônus da prova de que trata o art. 6º, VIII, do CDC **é regra de instrução, devendo a decisão judicial que determiná-la ser proferida preferencialmente na fase de saneamento do processo ou, pelo menos, assegurar à parte a quem não incumbia inicialmente o encargo a reabertura de oportunidade para manifestar-se** nos autos. (STJ. 2ª Seção. EREsp 422778-SP, Rel. para o acórdão Min. Maria Isabel Gallotti, julgados em 29/2/2012). (grifos nossos)

6. RESPONSABILIDADE - FATO DO PRODUTO/FATO DO SERVIÇO

O Código de Defesa do Consumidor regulamenta dois regimes de responsabilidade civil do fornecedor de produtos e serviços, quais sejam: a responsabilidade pelo fato do produto e do serviço (arts. 12 a 14) e a responsabilidade pelo vício do produto e do serviço (arts. 18 a 25).

6.1. Distinções entre fato e vício do produto ou serviço

Quando um fornecedor coloca no mercado determinado produto ou serviço e estes apresentam **falhas de segurança**, ele descumpriu seu **dever de qualidade-segurança**. Considera-se defeituoso, por exemplo, um veículo com falhas nos freios que coloca em risco a vida do consumidor que adquiriu o produto.

A falha é considerada pelo CDC como um **defeito:**

CDC (LEI 8.078/90)

Art. 18. Os fornecedores de produtos de consumo duráveis ou não duráveis respondem solidariamente pelos **vícios de qualidade ou quantidade que os tornem impróprios ou inadequados ao consumo a que se destinam ou lhes diminuam o valor, assim como por aqueles decorrentes da disparidade, com a indicações constantes do recipiente, da embalagem, rotulagem ou mensagem publicitária,** respeitadas as variações decorrentes de sua natureza, <u>podendo o consumidor exigir a substituição das partes viciadas.</u>

§ 1º **Não sendo o vício sanado no prazo máximo de trinta dias**, pode o consumidor exigir, alternativamente e à sua escolha:

I - a substituição do produto por outro da mesma espécie, em perfeitas condições de uso;

II - a restituição imediata da quantia paga, monetariamente atualizada, sem prejuízo de eventuais perdas e danos;

III - o abatimento proporcional do preço.

Art. 20. O fornecedor de serviços responde pelos **vícios de qualidade que os tornem impróprios ao consumo ou lhes diminuam o valor, assim como por aqueles decorrentes da disparidade com as indicações constantes da oferta ou mensagem publicitária,** podendo o consumidor exigir, alternativamente e à sua escolha: I - a reexecução dos serviços, sem custo adicional e quando cabível; II - a restituição imediata da quantia paga, monetariamente atualizada, sem prejuízo de eventuais perdas e danos; III - o abatimento proporcional do preço. (grifos nossos)

QUESTÃO DE CONCURSO

FGV - 2018 - AL-RO – Advogado - Zulmira adquiriu de uma loja de eletrodomésticos um televisor com vício de fabricação por não projetar a imagem na qualidade oferecida pelo fabricante. Se o fornecedor não sanar o vício no prazo de trinta dias, ao consumidor assistirá apenas o direito potestativo de pedir a substituição do produto por outro da mesma espécie ou pleitear o abatimento proporcional do preço.

COMENTÁRIOS: Nos termos do CDC, diante da ausência de suprimento do vício por parte do fornecedor dentro do prazo de 30 dias, surge para o consumidor o direito de optar, alternativamente, pela(o): substituição do produto por outro da mesma espécie, em perfeitas condições de uso; restituição imediata da quantia paga, monetariamente atualizada, sem prejuízo de eventuais perdas e danos; OU abatimento proporcional do preço.

GABARITO: ERRADO

Caso aquele mesmo veículo fosse colocado à disposição dos consumidores no mercado com falha no sistema de som, por exemplo, o fornecedor estaria descumprindo seu dever de **qualidade-adequação.** O produto ou serviço ofertado tem falha que o torna impróprio ou inadequado ao fim a que se destina. A falha aqui apresentada é considerada pelo CDC como um **vício:**

CDC (LEI 8.078/90)

Art. 12. O fabricante, o produtor, o construtor, nacional ou estrangeiro, e o importador respondem, **independentemente da existência de culpa, pela reparação dos danos causados aos consumidores por defeitos** decorrentes de projeto, fabricação, construção, montagem, fórmulas, manipulação, apresentação ou acondicionamento de seus produtos, **bem como por informações insuficientes ou inadequadas sobre sua utilização e riscos.**

Art. 14. O fornecedor de serviços responde, **independentemente da existência de culpa, pela reparação dos danos causados aos consumidores por defeitos** relativos à prestação dos serviços, **bem como por informações insuficientes ou inadequadas sobre sua fruição e riscos.** (grifos nossos)

A partir da conceituação legal, a doutrina[13] distingue:

FATO **(Arts. 12 a 14)**	**VÍCIO** **(Arts. 18 a 20)**
O **prejuízo é extrínseco** ao bem, ou seja, não uma limitação da inadequação do produto em si, mas uma **inadequação que gera danos além do produto (acidente de consumo).**	O prejuízo é **intrínseco,** estando o bem somente em **desconformidade com o fim a que se destina.**
A responsabilidade pelo fato centraliza suas atenções na garantia da **incolumidade físico -psíquica do consumidor,** protegendo sua **saúde e segurança.**	A responsabilidade por vício busca garantir a **incolumidade econômica do consumidor.**
Prescrição (art. 27 do CDC)	**Decadência** (art. 26 do CDC)
Qualidade-segurança	**Qualidade-adequação**

6.2. Prescrição e Decadência

A ação de responsabilização pelo fato (acidente de consumo – defeito) do produto/serviço submete-se a prazo prescricional:

Nos termos do art. 27, do CDC, essa pretensão prescreve em cinco anos, iniciando-se a contagem do prazo a partir do conhecimento do dano e de sua autoria.

A reparação por vício do produto/serviço, por sua vez, deve ser pleiteada dentro do prazo decadencial previsto no CDC.

Segundo o Código:

CDC (LEI 8.078/90)

Art. 26. O direito de reclamar pelos vícios aparentes ou de fácil constatação caduca em:

I - **trinta dias,** tratando-se de fornecimento de serviço e de produtos **não duráveis;**

13. GARCIA, Leonardo de Medeiros. Op. Cit.

II - **noventa dias,** tratando-se de fornecimento de serviço e de **produtos duráveis.**

§ 1º Inicia-se a **contagem do prazo decadencial a partir da entrega efetiva do produto ou do término da execução dos serviços.**

§ 2º **Obstam a decadência**:

I - a **reclamação** comprovadamente formulada pelo consumidor perante o fornecedor de produtos e serviços **até a resposta negativa correspondente, que deve ser transmitida de forma inequívoca;**

II - (Vetado);

III - **a instauração de inquérito civil, até seu encerramento.**

§ 3º Tratando-se de **vício oculto**, o prazo decadencial inicia-se **no momento em que ficar evidenciado o defeito.**

Em síntese, o prazo decadencial é de:

30 DIAS da **entrega efetiva** do produto ou do **término da execução** dos serviços quando se tratar de **produto/serviço não durável**
90 DIAS da **entrega efetiva** do produto ou do **término da execução** dos serviços quando se tratar de **produto/serviço durável**
30 DIAS **do momento em que ficar evidenciado o defeito/vício oculto** quando se tratar de **produto/serviço não durável**
90 DIAS **do momento em que ficar evidenciado o defeito/vício oculto** quando se tratar de **produto/serviço durável**

QUESTÃO DE CONCURSO

CESPE - 2019 - PGM - Campo Grande - MS - Procurador Municipal - A contagem do prazo decadencial é, em regra, iniciada a partir da entrega efetiva do produto ou do término da execução dos serviços, mas, se houver vício oculto, o prazo decadencial inicia-se no momento em que ficar evidenciado o defeito.

COMENTÁRIOS: No caso de vício oculto, o termo inicial do prazo decadencial para reclamação é o momento em que evidenciado o vício, excepcionando-se a regra geral de contagem a partir da entrega do produto ou do término da execução serviço.

GABARITO: CORRETO

As situações que obstam a contagem da decadência são bastante cobradas em concursos. São elas:

- a **reclamação comprovadamente formulada** pelo consumidor perante o fornecedor de produtos e serviços **até a resposta negativa** correspondente, que **deve ser transmitida de forma inequívoca**;
- a **instauração de inquérito civil, até seu encerramento.**

7. RESPONSABILIDADE DAS SOCIEDADES

A responsabilidade de grupos empresariais é tema de alta incidência em provas de concursos. Dispõe o CDC:

CDC (LEI 8.078/90)

Art. 28 § 2º As sociedades integrantes dos **grupos societários e as sociedades controladas**, são **subsidiariamente responsáveis** pelas obrigações decorrentes deste código.

§ 3º As sociedades **consorciadas** são **solidariamente responsáveis** pelas obrigações decorrentes deste código.

§ 4º As sociedades **coligadas só responderão por culpa**. (grifos nossos)

Em resumo, temos:

SOCIEDADE	RESPONSABILIDADE
Integrantes de Grupos Societários e Sociedades Controladas	Subsidiária em relação ao grupo ou à controladora
Consorciadas	Solidária com as demais consorciadas
Coligadas[14]	Depende de prova da culpa (responsabilidade subjetiva)

QUESTÃO DE CONCURSO

CESPE - 2019 - PGM - Campo Grande - MS - Procurador Municipal - As sociedades integrantes de grupos societários e as sociedades controladas são solidariamente responsáveis pelas obrigações estipuladas no Código de Defesa do Consumidor.

COMENTÁRIOS: A responsabilidade das sociedades integrantes de grupos societários e das sociedades controladas é subsidiária em relação ao grupo ou à controladora.

GABARITO: ERRADO

14. Nos termos do art. 243, §1º, da Lei 6.404/1976, são aquelas nas quais a investidora tenha influência significativa.

8. PUBLICIDADE ENGANOSA X PUBLICIDADE ABUSIVA

O CDC estatui que "é proibida toda publicidade enganosa ou abusiva" (art. 37). Quais as distinções entre ambas? O próprio Código prevê:

PUBLICIDADE ENGANOSA	PUBLICIDADE ABUSIVA
Art. 37 § 1º É **enganosa** qualquer modalidade de informação ou comunicação de caráter publicitário, **inteira ou parcialmente falsa,** ou, por qualquer outro modo, mesmo por omissão, **capaz de induzir em erro o consumidor** a respeito da natureza, características, qualidade, quantidade, propriedades, origem, preço e quaisquer outros dados sobre produtos e serviços. § 3º Para os efeitos deste código, a publicidade **é enganosa por omissão quando deixar de informar sobre dado essencial do produto ou serviço.**	Art. 37 § 2º É **abusiva,** dentre outras a **publicidade discriminatória** de qualquer natureza, a **que incite à violência, explore o medo ou a superstição, se aproveite da deficiência de julgamento e experiência da criança, desrespeita valores ambientais,** ou que seja capaz de **induzir o consumidor a se comportar de forma prejudicial ou perigosa à sua saúde ou segurança.**

Enquanto a publicidade enganosa tem como principal característica a capacidade de induzir o consumidor em erro, a publicidade abusiva é aquela capaz de ofender valores constitucionais, ambientais, éticos e sociais.

QUESTÃO DE CONCURSO

CESPE - 2019 - PGM - Campo Grande - MS - Procurador Municipal - Caracteriza-se como abusiva a publicidade que induz a erro o consumidor a respeito da natureza, das características, da qualidade, da quantidade, das propriedades, da origem, do preço e de quaisquer outros dados sobre produtos e serviços.

COMENTÁRIOS: A Banca trocou os conceitos. Apresenta-se na assertiva o conceito de publicidade enganosa (palavra-chave: erro).

GABARITO: ERRADO

Destaca-se que ambas são aferíveis em abstrato, não havendo necessidade de que um consumidor seja concretamente ofendido ou lesado.

9. DESCONSIDERAÇÃO DA PERSONALIDADE JURÍDICA

As pessoas jurídicas possuem personalidade distinta da de seus membros o que lhe confere autonomia patrimonial, ou seja, seu patrimônio não se confunde com o de seus sócios ou constituintes.

Para proteger essa autonomia e coibir abusos, surgiu a chamada teoria da desconsideração da personalidade jurídica (*disregard of legal entity, disregard doutrine* ou teoria da penetração).

A desconsideração permite que o Judiciário desconsidere momentaneamente a separação patrimonial da sociedade e dos sócios de modo que estes respondam com seus bens por atos praticados com abuso ou fraude em prejuízo da sociedade ou de terceiros.

Destaca-se que não se trata de despersonalização, ou seja, retirada, extinção da personalidade jurídica, mas apenas de desconsideração da autonomia patrimonial com fins protetivos.

O instituto está previsto em diversos diplomas.

No CDC, a possibilidade de realização da desconsideração da personalidade jurídica está prevista no art. 28, o qual dispõe:

CDC (LEI 8.078/90)

Art. 28. O juiz poderá desconsiderar a personalidade jurídica da sociedade quando, **em detrimento do consumidor, houver abuso de direito, excesso de poder, infração da lei, fato ou ato ilícito ou violação dos estatutos ou contrato social.** A desconsideração **também será efetivada quando houver falência, estado de insolvência, encerramento ou inatividade da pessoa jurídica provocados por má administração.**

(...)

§ 5º **Também poderá ser desconsiderada a pessoa jurídica sempre que sua personalidade for, de alguma forma, obstáculo ao ressarcimento de prejuízos causados aos consumidores.** (grifos nossos)

Enquanto o Código Civil, por exemplo, adotou a chamada Teoria Maior, o CDC adotou a **TEORIA MENOR da desconsideração da personalidade jurídica**.

Isso quer dizer que poderá ocorrer a desconsideração quando a personalidade for obstáculo ao ressarcimento dos consumidores independentemente da existência de "desvio de finalidade" ou de "confusão patrimonial" - requisitos previstos no art. 50[15] do Código Civil.

15. Art. 50. Em caso de abuso da personalidade jurídica, caracterizado pelo desvio de finalidade ou pela confusão patrimonial, pode o juiz, a requerimento da parte, ou do Ministério Público quando lhe couber intervir no processo, desconsiderá-la para que os efeitos de certas e determinadas relações de obrigações sejam estendidos aos bens particulares de administradores ou de sócios da pessoa jurídica beneficiados direta ou indiretamente pelo abuso. (Redação dada pela Lei nº 13.874, de 2019)

Nesse sentido, entende o STJ:

JURISPRUDÊNCIA

A teoria menor da desconsideração, acolhida em nosso ordenamento jurídico excepcionalmente no Direito do Consumidor e no Direito Ambiental, incide com a mera prova de insolvência da pessoa jurídica para o pagamento de suas obrigações, independentemente da existência de desvio de finalidade ou de confusão patrimonial. (...) A aplicação da teoria menor da desconsideração às relações de consumo está calcada na **exegese autônoma do § 5º do art. 28, do CDC**, porquanto **a incidência desse dispositivo não se subordina à demonstração dos requisitos previstos no caput do artigo indicado, mas apenas à prova de causar, a mera existência da pessoa jurídica, obstáculo ao ressarcimento de prejuízos causados aos consumidores.** Recursos especiais não conhecidos. (STJ, REsp 279.273/SP, 3ª Turma, Rel. Min. Ari Pargendler, j. 04.12.2003)

Impende ressaltar que, diferentemente do que prevê o Código Civil, o CDC permite que o juiz declare de ofício a desconsideração, independentemente de requerimento da parte ou do Ministério Público.

10. DENUNCIAÇÃO DA LIDE

O art. 125 do CPC prevê como uma das espécies de intervenção de terceiros no processo a chamada denunciação da lide, instituto que permite o exercício do direito de regresso da parte em face de um ou mais terceiros.

Ensina a doutrina[16] que a denunciação da lide é uma demanda incidente, regressiva, eventual e antecipada.

Instaurada em processo já existente, trata-se de demanda incidental e por guardar relação de prejudicialidade com a demanda originária, tem como característica a eventualidade. Nesse sentido, caso o denunciante, com o resultado da ação originária, não suporte nenhum dano, a denunciação perderá seu objeto.

Considera-se antecipada a demanda originada pela denunciação da lide porque o legislador privilegiou a economia processual, tendo em vista que quando a denunciação ocorre ainda não há interesse de agir por parte do denunciado em relação ao ressarcimento.

Excepcionalmente, portanto, existe uma demanda incidental cujo interesse de agir surge posteriormente ao ajuizamento.

16. NEVES, Daniel Amorim Assumpção. Manual de processo coletivo: volume único – 4ª ed. atual, e ampl. - Salvador: Ed. Juspodivm, 2020.

Em relação às situações jurídicas regidas pelo CDC, há vedação à utilização da denunciação:

> **CDC (LEI 8.078/90)**
>
> Art. 13. Parágrafo único. Aquele que efetivar o pagamento ao prejudicado poderá exercer o direito de regresso contra os demais responsáveis, segundo sua participação na causação do evento danoso.
>
> Art. 88. Na hipótese do art. 13, parágrafo único deste código, a ação de regresso poderá ser ajuizada em processo autônomo, facultada a possibilidade de prosseguir-se nos mesmos autos, **vedada a denunciação da lide.**

Apesar de o texto legal fazer referência apenas ao art. 13, parágrafo único, o STJ[17] entende a vedação à denunciação da lide prevista no art. 88 do CDC não se restringe à responsabilidade de comerciante por fato do produto (art. 13 do CDC), sendo aplicável também nas demais hipóteses de responsabilidade civil por acidentes de consumo (arts. 12 e 14 do CDC).

QUADRO-RESUMO - Capítulo VI

DEFESA DO CONSUMIDOR
A Constituição Federal consagra a defesa do consumidor como direito fundamental (art. 5º, XXXII) - 3ª geração - e como princípio da ordem econômica (art. 170, V). Para regulamentar as previsões constitucionais, foi promulgado o Código de Defesa do Consumidor (CDC) - Lei nº 8.078, de 11 de setembro de 1990, que faz parte do microssistema de tutela coletiva. Não sendo o caso de contratos de execução diferida e prazo indeterminado, o CDC não pode retroagir para alcançar contrato celebrado e com eficácia produzida anteriormente à sua vigência.
CONSUMIDOR
Nos termos do art. 2º do CDC, considera-se consumidor "toda pessoa física ou jurídica que adquire ou utiliza produto ou serviço como destinatário final. Corrente finalista: A doutrina finalista (ou subjetiva), parte do conceito econômico de consumidor, propondo que a interpretação da expressão destinatário final seja restrita. Nesse sentido, somente o consumidor, parte mais vulnerável na relação contratual merece a especial tutela. PALAVRAS-CHAVE: Conceito econômico de consumidor; Conceito subjetivo; Destinatário fático e econômico. Corrente maximalista: se baseia no conceito jurídico de consumidor, logo o destinatário final seria somente o destinatário fático, pouco importando a destinação econômica que lhe deva sofrer o bem. A definição de consumidor é puramente objetiva, e independe da finalidade da aquisição ou do uso do produto ou serviço, podendo até mesmo haver intenção de lucro. PALAVRAS-CHAVE: Conceito jurídico de consumidor; Conceito objetivo; Destinatário fático.

17. STJ AgRg no AREsp 619161/PR, Rel. Ministro Luis Felipe Salomão, 4ª Turma, julgado em 07/04/2015, DJe 13/04/2015.

STJ: Finalismo mitigado. Vulnerabilidade no caso concreto, seja técnica, jurídica, econômica etc. Permite-se a mitigação da teoria finalista para autorizar a incidência do Código de Defesa do Consumidor - CDC nas hipóteses em que a parte (pessoa física ou jurídica), apesar de não ser destinatária final do produto ou serviço, apresenta-se em situação de vulnerabilidade. (STJ, REsp. 1195642/RJ, 3ª Turma, Rel. Min. Nancy Andrigui, j. 13.11.2012). Consumidor ***strictu sensu*** ou ***standard***: Toda pessoa física ou jurídica que adquire ou utiliza produto ou serviço como destinatário final (art. 2º, ***caput***). Consumidor equiparado: A coletividade de pessoas, ainda que indetermináveis, que haja intervindo nas relações de consumo (art. 2º parágrafo único). Todas as vítimas de danos ocasionados pelo fornecimento de produto ou serviço defeituoso (art. 17) - Chamados de bystanders. Todas as pessoas determináveis ou não, expostas às práticas comerciais ou contratuais abusivas (art. 29)
FORNECEDOR Art. 3º Fornecedor é toda pessoa física ou jurídica, pública ou privada, nacional ou estrangeira, bem como os entes despersonalizados, que desenvolvem atividade de produção, montagem, criação, construção, transformação, importação, exportação, distribuição ou comercialização de produtos ou prestação de serviços. a) Fornecedor real: o fabricante, o produtor e o construtor; b) Fornecedor aparente: aquele que detém nome, marca ou signo aposto no produto final; c) Fornecedor presumido: o importador de produto industrializado ou in natura e o comerciante de produto anônimo (este último previsto no art. 13 do CDC).
PRODUTO Prevê o art. 3º, § 1º que "produto é qualquer bem, móvel ou imóvel, material ou imaterial".
SERVIÇO Art. 3º §2º Serviço é qualquer atividade fornecida no mercado de consumo, mediante remuneração, inclusive as de natureza bancária, financeira, de crédito e securitária, salvo as decorrentes das relações de caráter trabalhista. STJ: É possível que o fornecedor esteja sendo remunerado indiretamente pelo serviço, o qual, embora seja gratuito, se submeterá à disciplina do CDC (REsp 566468/RJ, Rel. Min. Jorge Scartezzini, DJ 17/12/2004). STJ: A Corte afasta a relação consumerista em relação ao serviço público de saúde, no qual não há nenhuma espécie de remuneração (REsp 493.181/SP, Rel. Ministra Denise Arruda, Primeira Turma, julgado em 15/12/2005, DJ 01/02/2006). STJ: O Código de Defesa do Consumidor é aplicável às instituições financeiras. (Súmula 297) STJ: Não se aplica o Código de Defesa do Consumidor à relação contratual entre advogados e clientes, a qual é regida pelo Estatuto da Advocacia e da OAB - Lei n. 8.906/94. (AgRg nos EDcl no REsp 1474886/PB, Rel. Ministro Antonio Carlos Ferreira, 4ª Turma, julgado em 18/06/2015, DJe 26/06/2015) STJ: A relação entre concessionária de serviço público e o usuário final para o fornecimento de serviços públicos essenciais é consumerista, sendo cabível a aplicação do Código de Defesa do Consumidor - CDC. (STJ, REsp 1595018/RJ, Rel. Ministro Humberto Martins, 2ª Turma, Julgado em 18/08/2016, DJE 29/08/2016) STJ: As normas do Código de Defesa do Consumidor são aplicáveis aos contratos do Sistema Financeiro de Habitação - SFH, desde que não vinculados ao Fundo de Compensação de Variações Salariais - FCVS e posteriores à entrada em vigor da Lei n. 8.078/90 (CDC). (REsp 1535727/RS, Rel. Ministro Marco Buzzi, 4ª Turma, Julgado em 10/05/2016,DJE 20/06/2016) STJ: Não incide o Código de Defesa do Consumidor nas relações jurídicas estabelecidas entre condomínio e condôminos. (AgRg no REsp 1096723/PR,Rel. Ministro Marco Buzzi, 4ª Turma, Julgado em 07/04/2015,DJE 14/04/2015)

STJ: O Código de Defesa do Consumidor é aplicável às entidades abertas de previdência complementar, não incidindo nos contratos previdenciários celebrados com entidades fechadas. (Súmula 563)

STJ: Aplica-se o Código de Defesa do Consumidor aos contratos de plano de saúde, salvo os administrados por entidades de autogestão. (Súmula 608)

STJ: O Código de Defesa do Consumidor não se aplica às entregas da ECT (Correios). (REsp 527137/PR, Rel. Ministro Luiz Fux, 1ª Turma, DJ 31/05/2004)

VULNERABILIDADE X HIPOSSUFICIÊNCIA

Vulnerabilidade:

Conceito de direito material.

PRESUNÇÃO ABSOLUTA: o consumidor é a parte vulnerável na relação de consumo.

Hipossuficiência

(Inversão do ônus da prova)

Conceito de direito processual.

PRESUNÇÃO RELATIVA: precisa ser comprovada no caso concreto diante do juiz.

ONEROSIDADE EXCESSIVA – REVISÃO DOS CONTRATOS

O CDC adotou a chamada Teoria da Base Objetiva do Negócio Jurídico, a qual se distingue da Teoria da Imprevisão acolhida pelo Código Civil no que diz respeito à resolução contratual. O CDC não exige a imprevisibilidade do fato superveniente que tornou desproporcional ou excessiva a prestação, como faz o CC.

Teoria da Imprevisão (Código Civil)

Exige a imprevisibilidade e a extraordinariedade do fato superveniente;

Exige a extrema vantagem para o credor;

Implica em resolução (a revisão somente com a voluntariedade do credor).

Teoria da Base Objetiva do Negócio Jurídico (CDC)

Não exige imprevisibilidade e a extraordinariedade do fato superveniente;

Não exige extrema vantagem para o credor;

Implica em revisão (resolução somente quando não houver possibilidade dor) de revisão- aplicação do Princípio da Conservação dos Contratos).

INVERSÃO DO ÔNUS DA PROVA

Art. 6º São direitos básicos do consumidor: VIII - a facilitação da defesa de seus direitos, inclusive com a inversão do ônus da prova, a seu favor, no processo civil, quando, a critério do juiz, for verossímil a alegação ou quando for ele hipossuficiente, segundo as regras ordinárias de experiências.

A inversão do ônus da prova, nos termos do art. 6º, VIII, do CDC, não ocorre ope legis, mas ope iudicis, vale dizer, é o juiz que, de forma prudente e fundamentada, aprecia os aspectos de verossimilhança das alegações do consumidor ou de sua hipossuficiência. (STJ, AgRg no REsp 1151023/RJ, Rel. Ministro Luis Felipe Salomão, Quarta Turma, julgado em 09/06/2015, DJe 15/06/2015

Há, todavia, inversão ope legis, ou seja, determinadas pelo CDC: demandas que tratam da responsabilidade pelo fato do produto ou do serviço (arts. 12 e 14 do CDC).

São momentos para inverter o ônus da prova:

-Regra de instrução: até o despacho saneador.

-Regra de julgamento: até a sentença.

Para o STJ a inversão deve adotar a regra da INSTRUÇÃO, de modo que a parte possa se desincumbir do ônus. (2ª Seção. EREsp 422778-SP, Rel. para o acórdão Min. Maria Isabel Gallotti, julgados em 29/2/2012)

RESPONSABILIDADE - FATO DO PRODUTO/SERVIÇO X VÍCIO DO PRODUTO/SERVIÇO

Fato

(Arts. 12 a 14)

-O prejuízo é extrínseco ao bem, ou seja, não uma limitação da inadequação do produto em si, mas uma inadequação que gera danos além do produto (acidente de consumo;

-A responsabilidade pelo fato centraliza suas atenções na garantia da incolumidade físico -psíquica do consumidor, protegendo sua saúde e segurança;

- Prazo prescricional (art. 27 do CDC);

- Qualidade-segurança.

Vício

(Arts. 18 a 20)

- O prejuízo é intrínseco, estando o bem somente em desconformidade com o fim a que se destina;

- A responsabilidade por vício busca garantir a incolumidade econômica do consumidor;

- Prazo decadencial (art. 26 do CDC);

- Qualidade-adequação.

PRESCRIÇÃO E DECADÊNCIA

Fato do produto/serviço

A pretensão prescreve em cinco anos, iniciando-se a contagem do prazo a partir do conhecimento do dano e de sua autoria.

Vício do produto/serviço

Prazos decadenciais de:

- 30 DIAS da entrega efetiva do produto ou do término da execução dos serviços quando se tratar de produto/serviço não durável;

- 90 DIAS da entrega efetiva do produto ou do término da execução dos serviços quando se tratar de produto/serviço durável;

- 30 DIAS do momento em que ficar evidenciado o defeito/vício oculto quando se tratar de produto/serviço não durável;

- 90 DIAS do momento em que ficar evidenciado o defeito/vício oculto quando se tratar de produto/serviço durável.

Obstam a contagem do prazo decadencial:

- a reclamação comprovadamente formulada pelo consumidor perante o fornecedor de produtos e serviços até a resposta negativa correspondente, que deve ser transmitida de forma inequívoca;

- a instauração de inquérito civil, até seu encerramento.

RESPONSABILIDADE DAS SOCIEDADES

(Art. 28, CDC)

Integrantes de Grupos Societários e Sociedades Controladas: Subsidiária em relação ao grupo ou à controladora;

Consorciadas: Solidária com as demais consorciadas;

Coligadas: Depende de prova da culpa (responsabilidade subjetiva).

PUBLICIDADE ENGANOSA X PUBLICIDADE ABUSIVA

Publicidade Enganosa

Art. 37 §1º É enganosa qualquer modalidade de informação ou comunicação de caráter publicitário, inteira ou parcialmente falsa, ou, por qualquer outro modo, mesmo por omissão, capaz de induzir em erro o consumidor a respeito da natureza, características, qualidade, quantidade, propriedades, origem, preço e quaisquer outros dados sobre produtos e serviços.

§3►7 Para os efeitos deste código, a publicidade é enganosa por omissão quando deixar de informar sobre dado essencial do produto ou serviço.

Palavra-chave: erro.

Publicidade Abusiva

Art. 37 § 2º É abusiva, dentre outras a publicidade discriminatória de qualquer natureza, a que incite à violência, explore o medo ou a superstição, se aproveite da deficiência de julgamento e experiência da criança, desrespeita valores ambientais, ou que seja capaz de induzir o consumidor a se comportar de forma prejudicial ou perigosa à sua saúde ou segurança.

Palavras-chave: violência, medo, valores, perigo.

Ambas são aferíveis em abstrato, não havendo necessidade de que um consumidor seja concretamente ofendido ou lesado.

DESCONSIDERAÇÃO DA PERSONALIDADE JURÍDICA

O CDC adotou a TEORIA MENOR da desconsideração da personalidade jurídica. Isso quer dizer que poderá ocorrer a desconsideração quando a personalidade for obstáculo ao ressarcimento dos consumidores independentemente da existência de "desvio de finalidade" ou de "confusão patrimonial" - requisitos previstos no art. 50 do Código Civil (adoção, pelo CC, da Teoria Maior).

Diferentemente do que prevê o Código Civil, o CDC permite que o juiz declare de ofício a desconsideração, independentemente de requerimento da parte ou do Ministério Público.

DENUNCIAÇÃO DA LIDE

Instituto vedado no CDC:

Art. 13. Parágrafo único. Aquele que efetivar o pagamento ao prejudicado poderá exercer o direito de regresso contra os demais responsáveis, segundo sua participação na causação do evento danoso.

Art. 88. Na hipótese do art. 13, parágrafo único deste código, a ação de regresso poderá ser ajuizada em processo autônomo, facultada a possibilidade de prosseguir-se nos mesmos autos, vedada a denunciação da lide.

STJ: a vedação à denunciação da lide prevista no art. 88 do CDC não se restringe à responsabilidade de comerciante por fato do produto (art. 13 do CDC), sendo aplicável também nas demais hipóteses de responsabilidade civil por acidentes de consumo (arts. 12 e 14 do CDC) (AgRg no AREsp 619161/PR, Rel. Ministro Luis Felipe Salomão, 4ª Turma, julgado em 07/04/2015, DJe 13/04/2015).

CAPÍTULO VII

DEFESA DA CRIANÇA E DO ADOLESCENTE

A tutela dos direitos e interesses da criança e do adolescente conta com previsão na Constituição Federal.

O art. 227 da CF prevê:

> **CONSTITUIÇÃO FEDERAL**
>
> Art. 227 É dever da família, da sociedade e do Estado assegurar à criança, ao adolescente e ao jovem, com absoluta prioridade, o direito à vida, à saúde, à alimentação, à educação, ao lazer, à profissionalização, à cultura, à dignidade, ao respeito, à liberdade e à convivência familiar e comunitária, além de colocá-los a salvo de toda forma de negligência, discriminação, exploração, violência, crueldade e opressão.

Em 13 de julho de 1990, alinhado à vontade da Carta da República, o legislador federal editou a Lei nº 8.069/1990, promulgando o Estatuto da Criança e do Adolescente.

O diploma prevê normas de proteção para as crianças e os adolescentes (dispõe sobre direitos, formas de auxiliar sua família, tipifica crimes praticados em seu desfavor, infrações administrativas, dentre outros), bem como trata de medidas repressivas contra os atos infracionais por eles praticados.

O Estatuto, portanto, disciplina a chamada "doutrina da proteção integral", a qual pode ser compreendida como o conjunto de instrumentos jurídicos voltados à tutela da criança e do adolescente[1].

E quem pode ser considerado criança ou adolescente?

1. BARROS, Guilherme Freire de Melo. Estatuto da Criança e do Adolescente – Coleção Leis Especiais Para Concursos, Coordenador Leonardo de Medeiros Garcia- 10. ed. rev. atual. e ampl. - Salvador: Juspodivm, 2016.

O art. 2º do ECA dispõe que, para os efeitos da lei, é considerada criança a pessoa de até 12 anos incompletos de idade, e adolescente aquela que possui entre 12 e 18 anos de idade.

Criança: Até 12 anos incompletos	Adolescente: Entre 12 e 18 anos

O ECA prevê, ademais, que em alguns casos expressamente previstos em seu texto as disposições legais serão aplicáveis às pessoas que possuam entre 18 (dezoito) e 21 (vinte e um) anos de idade (art. 2º, parágrafo único).

1. FAMÍLIA SUBSTITUTA

Segundo o ECA:

LEI Nº 8.069/90

Art. 28. A colocação em família substituta far-se-á mediante **guarda, tutela ou adoção**, independentemente da situação jurídica da criança ou adolescente, nos termos desta Lei. (grifos nossos)

Vejamos as principais diferenças entre as formas de colocação da criança e do adolescente em família substituta, de acordo com as previsões do ECA:

GUARDA

Art. 33. A guarda obriga a prestação de assistência material, moral e educacional à criança ou adolescente, conferindo a seu detentor o direito de opor-se a terceiros, inclusive aos pais.

§1º A guarda destina-se a **regularizar a posse de fato**, podendo ser deferida, liminar ou incidentalmente, nos procedimentos de tutela e adoção, exceto no de adoção por estrangeiros.

Trata-se de forma mais tênue de colocação em família substituta, utilizada para regularizar a posse de fato, mas atribui ao guardião poder familiar. **Os pais, na guarda, NÃO perdem o poder familiar.**

§2º Excepcionalmente, deferir-se-á a guarda, fora dos casos de tutela e adoção, para atender a situações peculiares ou suprir a falta eventual dos pais ou responsável, podendo ser deferido o direito de representação para a prática de atos determinados.

§3º A guarda confere à criança ou adolescente a condição de dependente, para todos os fins e efeitos de direito, inclusive previdenciários[2].

É REVOGÁVEL:

Art. 35. A guarda poderá ser revogada a qualquer tempo, mediante ato judicial fundamentado, ouvido o Ministério Público.

2. No mesmo sentido: STJ. Corte Especial. EREsp 1141788-RS, Rel. Min. João Otávio de Noronha, j.em 07/12/2016 (Info 595).

TUTELA

Art. 36. A tutela será deferida, nos termos da lei civil, **a pessoa de até 18 (dezoito) anos incompletos.**

Parágrafo único. O deferimento da tutela **pressupõe a prévia decretação da perda ou suspensão do poder familiar e implica necessariamente o dever de guarda.**

Diferente da guarda, situação provisória, a tutela autoriza, em regra, a representação dos interesses da criança e do adolescente, logo, pressupõe a suspensão do ou a destituição do poder familiar. Direitos e direitos e obrigações são conferidas a um terceiro para que proteja a pessoa.

TAMBÉM É REVOGÁVEL (art. 1.764 do Código Civil[3])

ADOÇÃO

Art. 39 § 1º A adoção é medida **EXCEPCIONAL E IRREVOGÁVEL**, à qual se deve recorrer apenas quando esgotados os recursos de manutenção da criança ou adolescente na família natural ou extensa, na forma do parágrafo único do art. 25 desta Lei.

§2º É **vedada a adoção por procuração.**

§3º Em caso de conflito entre direitos e interesses do adotando e de outras pessoas, inclusive seus pais biológicos, devem prevalecer os direitos e os interesses do adotando. (Incluído pela Lei nº 13.509, de 2017)

Art. 40. O **adotando deve contar com, no máximo, dezoito anos à data do pedido,** salvo se já estiver sob a guarda ou tutela dos adotantes.

Art. 41. A adoção **atribui a condição de filho ao adotado**, com os mesmos direitos e deveres, inclusive sucessórios, **desligando-o de qualquer vínculo com pais e parentes**, salvo os impedimentos matrimoniais.

§ 1º Se um dos cônjuges ou concubinos adota o filho do outro, mantêm-se os vínculos de filiação entre o adotado e o cônjuge ou concubino do adotante e os respectivos parentes.

§ 2º É recíproco o direito sucessório entre o adotado, seus descendentes, o adotante, seus ascendentes, descendentes e colaterais até o 4º grau, observada a ordem de vocação hereditária.

ART. 42. **Podem adotar os maiores de 18 (dezoito) anos, independentemente do estado civil.**

§ 1º Não podem adotar os ascendentes e os irmãos do adotando.

§2º Para **adoção conjunta**, é indispensável que os adotantes sejam **casados civilmente ou mantenham união estável**, comprovada a estabilidade da família.

§ 3º **O adotante há de ser, pelo menos, dezesseis anos mais velho do que o adotando.**

OBS.: STJ: A diferença etária mínima de 16 anos entre adotante e adotado, prevista no art. 42, § 3º do ECA, não é absoluta e pode ser flexibilizada à luz do princípio da socioafetividade. O reconhecimento de relação filial por meio da adoção pressupõe a maturidade emocional para a assunção do poder familiar, a ser avaliada no caso concreto. (STJ, REsp 1785754/RS, Rel. Ministro Ricardo Villas Bôas Cueva, 3ª Turma, julgado em 08/10/2019, DJe 11/10/2019).

3. CC, Art. 1.764. Cessam as funções do tutor: I - ao expirar o termo, em que era obrigado a servir; II - ao sobrevir escusa legítima; III - ao ser removido.

QUESTÕES DE CONCURSOS

CESPE - 2019 - PGM - Campo Grande - MS - Procurador Municipal - Com base no Estatuto da Criança e do Adolescente, julgue o item subsequente: Pessoa solteira e maior de dezoito anos de idade pode adotar, desde que a diferença de idade entre ela e o adotando seja de, pelo menos, dezesseis anos.

COMENTÁRIOS: Nos termos do art. 42, caput e § 3º, do ECA, são aptos a adoção as pessoas maiores de dezoito anos de idade, desde que entre estas e o adotando haja a diferença de, pelo menos, dezesseis anos de idade. O enunciado da questão exigia do candidato a análise com base no diploma legal, por tal razão está correta.

GABARITO: CORRETO

CESPE - 2019 - PGM - Campo Grande - MS - Procurador Municipal - O instituto da guarda confere à criança ou ao adolescente a condição de dependente para todos os fins de direito.

COMENTÁRIOS: O art. 33, § 3º do ECA prevê que "a guarda confere à criança ou adolescente a condição de dependente, para todos os fins e efeitos de direito, inclusive previdenciários".

GABARITO: CORRETO

O ECA previa que "a condenação criminal do pai ou da mãe não implicará a destituição do poder familiar, exceto na hipótese de condenação por crime doloso, sujeito à pena de reclusão, contra o próprio filho ou filha" (art. 23, §2º).

Ocorre que em 2018 a redação legal foi alterada, ampliando as hipóteses de perda do poder familiar:

LEI Nº 8.069/90

Art. 23 § 2º A condenação criminal do pai ou da mãe não implicará a destituição do poder familiar, exceto na hipótese de condenação por crime doloso sujeito à pena de reclusão **contra outrem igualmente titular do mesmo poder familiar ou contra filho, filha ou outro descendente**. (Redação dada pela Lei nº 13.715, de 2018)

Nesse sentido, as vítimas do crime doloso praticado pelo agente deixam de ser apenas os filhos, mas também outro titular de poder familiar ou outro descendente. A condenação criminal por delito cometido contra uma destas vítimas implica, portanto, em perda do pátrio poder.

2. ADOÇÃO INTERNACIONAL

De acordo com o ECA, consultados os cadastros e verificada a ausência de pretendentes habilitados residentes no País com perfil compatível e interesse manifesto pela adoção de criança ou adolescente inscrito nos cadastros existentes, será realizado o encaminhamento da criança ou adolescente à adoção internacional (Art. 50, §10).

O conceito de adoção internacional é trazido pelo próprio diploma, que preceitua:

LEI Nº 8.069/90

Art. 51. Considera-se adoção internacional aquela na qual o pretendente possui **residência habitual em país-parte da Convenção de Haia**, de 29 de maio de 1993, Relativa à Proteção das Crianças e à Cooperação em Matéria de Adoção Internacional, promulgada pelo Decreto nº 3.087, de 21 junho de 1999, **e deseja adotar criança em outro país-parte da Convenção.** (Redação dada pela Lei nº 13.509, de 2017) (grifos nossos)

O ECA prevê, no §1º do referido artigo (com redação dada pela Lei nº 13.509, de 2017), que a adoção internacional de criança ou adolescente brasileiro ou domiciliado no Brasil somente terá lugar quando restar comprovado:

- que a colocação em família adotiva é a solução adequada ao caso concreto;
- que foram esgotadas todas as possibilidades de colocação da criança ou adolescente em família adotiva brasileira, com a comprovação, certificada nos autos, da inexistência de adotantes habilitados residentes no Brasil com perfil compatível com a criança ou adolescente, após consulta aos cadastros mencionados no ECA;
- que, em se tratando de adoção de adolescente, este foi consultado, por meios adequados ao seu estágio de desenvolvimento, e que se encontra preparado para a medida, mediante parecer elaborado por equipe interprofissional, observado o disposto nos §§ 1º e 2º do art. 28 do Estatuto[4].

Por fim, salienta-se que o ECA dispõe que "os brasileiros residentes no exterior terão preferência aos estrangeiros, nos casos de adoção internacional de criança ou adolescente brasileiro (art. 51, §2º)" e que "a adoção internacional pressupõe a intervenção das Autoridades Centrais Estaduais e Federal em matéria de adoção internacional" (art. 51, §3º).

3. ACOLHIMENTO INSTITUCIONAL E APADRINHAMENTO

A Lei 13.509, promulgada em 23 de novembro de 2017 promoveu importantes alterações no ECA objetivando facilitar o procedimento da adoção.

4. ECA, Art. 28. A colocação em família substituta far-se-á mediante guarda, tutela ou adoção, independentemente da situação jurídica da criança ou adolescente, nos termos desta Lei. (...) § 2º Tratando-se de maior de 12 (doze) anos de idade, será necessário seu consentimento, colhido em audiência. § 3º Na apreciação do pedido levar-se-á em conta o grau de parentesco e a relação de afinidade ou de afetividade, a fim de evitar ou minorar as consequências decorrentes da medida.

O art. 101 do ECA elenca um rol de medidas protetivas a serem determinadas pelo juiz nos casos em que a criança ou o adolescente estiverem em situação de risco. Duas destas medidas são o acolhimento institucional (art. 101, VII) e o acolhimento familiar (inciso VIII).

Importante destacar que a nova lei alterou o prazo máximo de permanência da criança e do adolescente em programa de acolhimento institucional, de 2 anos para **18 meses,** salvo comprovada necessidade que atenda ao seu superior interesse, devidamente fundamentada.

Com o objetivo de estimular que a criança e o adolescente que estejam em "abrigos" (acolhimento institucional) ou em acolhimento familiar possam formar vínculos afetivos com pessoas de fora da instituição ou da família acolhedora onde vivem e que se dispõem a ser "padrinhos"[5], a nova lei previu o chamado programa de apadrinhamento:

LEI Nº 8.069/90

Art. 19-B. A criança e o adolescente em programa de acolhimento institucional ou familiar poderão participar de programa de apadrinhamento. (Incluído pela Lei nº 13.509, de 2017)

§ 1º **O apadrinhamento consiste em estabelecer e proporcionar à criança e ao adolescente vínculos externos à instituição para fins de convivência familiar e comunitária e colaboração com o seu desenvolvimento nos aspectos social, moral, físico, cognitivo, educacional e financeiro.** (Incluído pela Lei nº 13.509, de 2017)

§ 2º **Podem ser padrinhos ou madrinhas pessoas maiores de 18 (dezoito) anos não inscritas nos cadastros de adoção**, desde que cumpram os requisitos exigidos pelo programa de apadrinhamento de que fazem parte. (Incluído pela Lei nº 13.509, de 2017)

§ 3º **Pessoas jurídicas podem apadrinhar** criança ou adolescente a fim de colaborar para o seu desenvolvimento. (Incluído pela Lei nº 13.509, de 2017)

§ 4º O perfil da criança ou do adolescente a ser apadrinhado será definido no âmbito de cada programa de apadrinhamento, com **prioridade para crianças ou adolescentes com remota possibilidade de reinserção familiar ou colocação em família adotiva.** (Incluído pela Lei nº 13.509, de 2017)

§ 5º Os programas ou serviços de apadrinhamento apoiados pela Justiça da Infância e da Juventude **poderão ser executados por órgãos públicos ou por organizações da sociedade civil.** (Incluído pela Lei nº 13.509, de 2017)

5. CAVALCANTE, Márcio André Lopes. Comentários à Lei 13.509/2017, que facilita o processo de adoção. Disponível em: https://www.dizerodireito.com.br/2017/11/comentarios-lei-135092017-que-facilita.html. Acesso em 30.06.2020.

§ 6º Se ocorrer **violação das regras de apadrinhamento,** os responsáveis pelo programa e pelos serviços de acolhimento **deverão imediatamente notificar a autoridade judiciária competente.** (Incluído pela Lei nº 13.509, de 2017)

São, portanto, características do apadrinhamento:

- **Conceito:** instituto que permite proporcionar à criança e ao adolescente vínculos externos à instituição para fins de convivência familiar e comunitária e colaboração com o seu desenvolvimento nos aspectos social, moral, físico, cognitivo, educacional e financeiro;
- **Padrinhos ou madrinhas:** pessoas físicas maiores de 18 (dezoito) anos não inscritas nos cadastros de adoção e pessoas jurídicas;
- **Prioridade** para crianças ou adolescentes com remota possibilidade de reinserção familiar ou colocação em família adotiva;
- Os programas serão apoiados pela Justiça da Infância e da Juventude e poderão ser executados por órgãos públicos ou por organizações da sociedade civil;
- **Violação das regras:** os responsáveis pelo programa e pelos serviços de acolhimento deverão imediatamente notificar a autoridade judiciária competente.

QUESTÃO DE CONCURSO

CESPE - 2018 - PGM - João Pessoa - PB - Procurador do Município - Caso ocorram violações às regras de apadrinhamento de criança e adolescente, os responsáveis pelo programa e pelos serviços de acolhimento deverão imediatamente comunicar o fato ao Ministério Público.

COMENTÁRIOS: Neste caso, a notificação deve ser feita à autoridade judiciária competente, não ao Ministério Público.

GABARITO: ERRADO

4. EDUCAÇÃO

Determina a Constituição Federal que "a educação, direito de todos e dever do Estado e da família, será promovida e incentivada com a colaboração da sociedade, visando ao pleno desenvolvimento da pessoa, seu preparo para o exercício da cidadania e sua qualificação para o trabalho" (art. 205).

O art. 53 e seguintes do ECA disciplinam o direito da criança e do adolescente à educação e destacam-se algumas novidades legislativas que, certamente, serão objeto de questões de provas de concursos:

LEI Nº 8.069/90

Art. 53. A criança e o adolescente têm direito à educação, visando ao pleno desenvolvimento de sua pessoa, preparo para o exercício da cidadania e qualificação para o trabalho, assegurando-se-lhes:

(...)

V - **acesso à escola pública e gratuita, próxima de sua residência, garantindo-se vagas no mesmo estabelecimento a irmãos que frequentem a mesma etapa ou ciclo de ensino da educação básica**. (Redação dada pela Lei nº 13.845, de 2019)

Antes da alteração, o texto legal previa apenas o direito de acesso à escola pública e gratuita próxima de sua residência.

A *novel* redação passou a assegurar também a garantia de vagas, no mesmo estabelecimento de ensino, aos irmãos que frequentem a mesma etapa ou ciclo na educação básica.

A Lei nº 13.840, de 2019 também incluiu ao ECA dispositivo que prevê que "é dever da instituição de ensino, clubes e agremiações recreativas e de estabelecimentos congêneres assegurar medidas de conscientização, prevenção e enfrentamento ao uso ou dependência de drogas ilícitas" (art. 53-A).

Em relação à jurisprudência existente sobre o tema educação e crianças e adolescentes, duas decisões são importantes.

Decidiu o STF que a teoria da Reserva do possível não justifica falta de vaga em creche pública:

JURISPRUDÊNCIA

CRIANÇA DE ATÉ CINCO ANOS DE IDADE. ATENDIMENTO EM CRECHE MUNICIPAL. EDUCAÇÃO INFANTIL. DIREITO ASSEGURADO PELO PRÓPRIO TEXTO CONSTITUCIONAL (...) **O PAPEL DO PODER JUDICIÁRIO NA IMPLEMENTAÇÃO DE POLÍTICAS PÚBLICAS PREVISTAS NA CONSTITUIÇÃO E NÃO EFETIVADAS PELO PODER PÚBLICO. A FÓRMULA DA RESERVA DO POSSÍVEL NA PERSPECTIVA DA TEORIA DOS CUSTOS DOS DIREITOS: IMPOSSIBILIDADE DE SUA INVOCAÇÃO PARA LEGITIMAR O INJUSTO INADIMPLEMENTO DE DEVERES ESTATAIS DE PRESTAÇÃO CONSTITUCIONALMENTE IMPOSTOS AO PODER PÚBLICO**. RECURSO EXTRAORDINÁRIO PROVIDO. **A educação infantil representa prerrogativa constitucional indisponível, que, deferida às crianças, a estas assegura, para efeito de seu desenvolvimento integral,** e como primeira etapa do processo de educação básica, o atendimento em creche e, também, o acesso à pré-escola (CF, art. 208, IV). – **Essa prerrogativa jurídica, em consequência, impõe, ao Estado, por efeito da alta significação social de que se**

reveste a educação infantil, a obrigação constitucional de criar condições objetivas que possibilitem, de maneira concreta, em favor das "crianças até 5 (cinco) anos de idade" (CF, art. 208, IV), o efetivo acesso e atendimento em creches e unidades de pré-escola, sob pena de configurar-se inaceitável omissão governamental, apta a frustrar, injustamente, por inércia, o integral adimplemento, pelo Poder Público, de prestação estatal que lhe impôs o próprio texto da Constituição Federal. – A educação infantil, por qualificar-se como direito fundamental de toda criança, não se expõe, em seu processo de concretização, a avaliações meramente discricionárias da Administração Pública, nem se subordina a razões de puro pragmatismo governamental. – Os Municípios – que atuarão, prioritariamente, no ensino fundamental e na educação infantil (CF, art. 211, § 2º) – não poderão demitir-se do mandato constitucional, juridicamente vinculante, que lhes foi outorgado pelo art. 208, IV, da Lei Fundamental da República, e que representa **fator de limitação da discricionariedade político-administrativa** dos entes municipais, cujas opções, tratando-se do atendimento das crianças em creche (CF, art. 208, IV), não podem ser exercidas de modo a comprometer, com apoio em juízo de simples conveniência ou de mera oportunidade, a eficácia desse direito básico de índole social. – Embora inquestionável que resida, primariamente, nos Poderes Legislativo e Executivo, a prerrogativa de formular e de executar políticas públicas, **revela-se possível, no entanto, ao Poder Judiciário, ainda que em bases excepcionais, determinar, especialmente nas hipóteses de políticas públicas definidas pela própria Constituição, sejam estas implementadas, sempre que os órgãos estatais competentes, por descumprirem os encargos político-jurídicos que sobre eles incidem em caráter impositivo, vierem a comprometer, com a sua omissão, a eficácia e a integridade de direitos sociais e culturais impregnados de estatura constitucional.** A questão pertinente à "reserva do possível". Doutrina. (STF, RE 956475/RJ, Rel. Min. Celso de Mello, j. 12 de maio de 2016). (grifos nossos)

O STJ, por sua vez, rechaça a teoria da reserva do possível quando alegada pelo Poder Público para se omitir quanto à construção de creches:

JURISPRUDÊNCIA

ADMINISTRATIVO E CONSTITUCIONAL. ACESSO À CRECHE AOS MENORES DE ZERO A SEIS ANOS. DIREITO SUBJETIVO. RESERVA DO POSSÍVEL. TEORIZAÇÃO E CABIMENTO. IMPOSSIBILIDADE DE ARGUIÇÃO COMO TESE ABSTRATA DE DEFESA. ESCASSEZ DE RECURSOS COMO O RESULTADO DE UMA DECISÃO POLÍTICA. PRIORIDADE DOS DIREITOS FUNDAMENTAIS. CONTEÚDO DO MÍNIMO EXISTENCIAL. ESSENCIALIDADE DO DIREITO À EDUCAÇÃO. PRECEDENTES DO STF E STJ. 1. A tese da reserva do possível assenta-se em ideia de que, desde os romanos, está incorporada na tradição ocidental, no sentido de que a obrigação impossível não pode ser exigida

(Impossibilium nulla obligatio est – Celso, D. 50, 17, 185). Por tal motivo, a insuficiência de recursos orçamentários não pode ser considerada uma mera falácia. 2. Todavia, observa-se que **a dimensão fática da reserva do possível é questão intrinsecamente vinculada ao problema da escassez**. Esta pode ser compreendida como "sinônimo" de desigualdade. Bens escassos são bens que não podem ser usufruídos por todos e, justamente por isso, devem ser distribuídos segundo regras que pressupõe o direito igual ao bem e a impossibilidade do uso igual e simultâneo. (...) **a realização dos Direitos Fundamentais não é opção do governante, não é resultado de um juízo discricionário nem pode ser encarada como tema que depende unicamente da vontade política. Aqueles direitos que estão intimamente ligados à dignidade humana não podem ser limitados em razão da escassez quando esta é fruto das escolhas do administrador**. Não é por outra razão que se afirma que a **reserva do possível não é oponível à realização do mínimo existencial**. (...) não fica difícil perceber que, **dentre os direitos considerados prioritários, encontra-se o direito à educação**. (...) Eis a razão pela qual o art. 227 da CF e o art. 4º da Lei 8.069/90 dispõem que a educação deve ser tratada pelo Estado com absoluta prioridade. No mesmo sentido, o art. 54 do Estatuto da Criança e do Adolescente prescreve que é dever do Estado assegurar às crianças de zero a seis anos de idade o atendimento em creche e pré-escola. Portanto, o pleito do Ministério Público encontra respaldo legal e jurisprudencial. Precedentes: REsp 511.645/SP, Rel. Min. HermanBenjamin, Segunda Turma, julgado em 18.8.2009, DJe 27.8.2009; RE 410.715 AgR / SP - Rel. Min. Celso de Mello, julgado em 22.11.2005, DJ 3.2.2006, p. 76. 10. **Porém, é preciso fazer uma ressalva no sentido de que, mesmo com a alocação dos recursos no atendimento do mínimo existencial, persista a carência orçamentária para atender a todas as demandas. Nesse caso, a escassez não seria fruto da escolha de atividades não prioritárias, mas sim da real insuficiência orçamentária. Em situações limítrofes como essa, não há como o Poder Judiciário imiscuir-se nos planos governamentais, pois estes, dentro do que é possível, estão de acordo com a Constituição, não havendo omissão injustificável. 11. Todavia, a real insuficiência de recursos deve ser demonstrada pelo Poder Público, não sendo admitido que a tese seja utilizada como uma desculpa genérica para a omissão estatal no campo da efetivação dos direitos fundamentais, principalmente os de cunho social.** No caso dos autos, não houve essa demonstração. Precedente: REsp 764.085/PR, Rel. Min. Humberto Martins, Segunda Turma, julgado em 1º.12.2009, DJe 10.12.2009. Agravo regimental improvido. (STJ, AgRg no AREsp 790.767/MG, Rel. Min. Humberto Martins, 2ª Turma, julgado em 03/12/2015, DJe 14/12/2015) (grifos nossos)

O Poder Público não pode, portanto, alegar de forma genérica a escassez de recursos orçamentários para se omitir no dever constitucional de efetivar direitos sociais, sobretudo em relação à educação e saúde.

5. AUTORIZAÇÃO PARA VIAJAR

Tema de alta incidência em provas é o regramento acerca das autorizações para que a criança e determinados adolescentes possam viajar.

Nos termos do ECA (com redação dada pela Lei nº 13.812/2019), nenhuma **criança ou adolescente menor de 16 (dezesseis) anos** poderá viajar para **fora da comarca** onde reside desacompanhado dos pais ou dos responsáveis **sem expressa autorização judicial** (art. 83).

O diploma prevê, todavia, hipóteses nas quais a autorização será dispensada:

LEI Nº 8.069/90

Art. 83 § 1º A autorização não será exigida quando:

a) tratar-se de **comarca contígua** à da residência da criança ou do adolescente menor de 16 (dezesseis) anos, se na mesma unidade da Federação, **ou incluída na mesma região metropolitana**; (Redação dada pela Lei nº 13.812, de 2019)

b) a criança ou o adolescente menor de 16 (dezesseis) anos **estiver acompanhado**: (Redação dada pela Lei nº 13.812, de 2019)

1) de **ascendente ou colateral maior, até o terceiro grau**, comprovado documentalmente o parentesco;

2) **de pessoa maior, expressamente autorizada pelo pai, mãe ou responsável.**

§ 2º A autoridade judiciária poderá, a pedido dos pais ou responsável, conceder autorização **válida por dois anos.**

Art. 84. Quando se tratar de **viagem ao exterior**, a **autorização é dispensável**, se a criança ou adolescente:

I - estiver **acompanhado de ambos os pais ou responsável;**

II - viajar na companhia de **um dos pais, autorizado expressamente pelo outro através de documento com firma reconhecida.**

Outrossim, "sem prévia e expressa autorização **judicial,** nenhuma criança ou adolescente nascido em território nacional poderá sair do País em companhia de **estrangeiro residente ou domiciliado no exterior** (art. 85)".

QUESTÃO DE CONCURSO

CESPE - 2018 - PGM - João Pessoa - PB - Procurador do Município - Mediante expressa autorização dos pais ou responsáveis legais, qualquer criança ou adolescente nascido em território nacional poderá sair do país na companhia de estrangeiro residente ou domiciliado no exterior.

COMENTÁRIOS: Apenas autorização **judicial** pode a criança ou adolescente sair do país na companhia de estrangeiro residente ou domiciliado no exterior.

GABARITO: ERRADO

6. CONSELHO TUTELAR

Nos termos do art. 131 do ECA "o Conselho Tutelar é órgão permanente e autônomo, não jurisdicional, encarregado pela sociedade de zelar pelo cumprimento dos direitos da criança e do adolescente".

Em 2019 o diploma sofreu alteração no que diz respeito à possibilidade de recondução dos membros eleitos para a composição dos Conselhos:

LEI Nº 8.069/90

Art. 132. **Em cada Município e em cada Região Administrativa do Distrito Federal haverá, no mínimo, 1 (um) Conselho Tutelar** como órgão integrante da administração pública local, composto de **5 (cinco) membros, escolhidos pela população local para mandato de 4 (quatro) anos, permitida recondução por novos processos de escolha.** (Redação dada pela Lei nº 13.824, de 2019)

A redação anterior permitia apenas uma recondução. A partir da vigência do novo texto, a recondução deixou de ser limitada.

7. PRAZOS

O ECA prevê que os prazos nele estabelecidos e aplicáveis aos seus procedimentos são contados em **dias corridos**, excluído o dia do começo e incluído o dia do vencimento, **vedado o prazo em dobro para a Fazenda Pública e o Ministério Público** (art. 152, §2º).

Instado a se pronunciar sobre a aplicabilidade do regramento do CPC/2015 que prevê a contagem de prazos em dias úteis, o STJ entendeu pela impossibilidade:

JURISPRUDÊNCIA

A previsão expressa no ECA da contagem dos prazos nos ritos nela regulados em dias corridos impede a aplicação subsidiária do art. 219 do CPC/2015, que prevê o cálculo em dias úteis. Nos termos do caput do art. 198 do ECA, nos procedimentos regulados pelo Estatuto da Criança e do Adolescente, adotar-se-á o sistema recursal do Código de Processo Civil, com as adaptações da lei especial trazidas nos incisos do citado dispositivo legal. Assim, consoante o texto expresso no inciso II, em todos os recursos, salvo os embargos de declaração, o prazo será decenal e a sua contagem ocorrerá de forma corrida, conforme expressa previsão do art. 152, § 2°, do ECA. **Uma vez que existe norma sobre a contagem do prazo em dias**

corridos na lei especial, não há lacuna a atrair a aplicação subsidiária ou supletiva da regra do Código de Processo Civil, que prevê o cálculo em dias úteis. Eventual conflito na interpretação das leis deve ser solucionado por meio de critérios hierárquico, cronológico ou da especialidade. O Código de Processo Civil não é norma jurídica superior à Lei n. 8.069/1990. O art. 198 do ECA (redação dada pela Lei n. 12.594/2012), por sua vez, não prevalece sobre o art. 152, § 2° (incluído pela Lei n. 13.509/2017), dispositivo posterior que regulou inteiramente a contagem dos prazos. **Prepondera, assim, a especialidade, de modo que a regra específica do Estatuto da Criança e do Adolescente impede a incidência do art. 219 do CPC/2015.** (STJ, HC 475.610-DF, Rel. Min. Rogerio Schietti Cruz, Sexta Turma, por unanimidade, julgado em 26/03/2019, DJe 03/04/2019 – Info. 647)

Válida a leitura do art. 198, citado na decisão da Corte:

LEI Nº 8.069/90

Art. 198. Nos procedimentos afetos à Justiça da Infância e da Juventude, inclusive os relativos à execução das medidas socioeducativas, adotar-se-á o sistema recursal da Lei nº 5.869, de 11 de janeiro de 1973 (Código de Processo Civil), com as seguintes adaptações: (Redação dada pela Lei nº 12.594, de 2012)

I - **os recursos serão interpostos independentemente de preparo**;

II - **em todos os recursos,** salvo nos embargos de declaração, **o prazo para o Ministério Público e para a defesa será sempre de 10 (dez) dias**; (Redação dada pela Lei nº 12.594, de 2012)

III - **os recursos terão preferência de julgamento e dispensarão revisor;**

IV - revogado pela Lei 12.010, de 2009;

V - revogado pela Lei 12.010, de 2009;

VI - revogado pela Lei 12.010, de 2009.

VII - antes de determinar a remessa dos autos à superior instância, no caso de apelação, ou do instrumento, no caso de agravo, a autoridade judiciária proferirá despacho fundamentado, mantendo ou reformando a decisão, no **prazo de cinco dias**;

VIII - **mantida a decisão** apelada ou agravada, o escrivão **remeterá os autos ou o instrumento à superior instância dentro de vinte e quatro horas, independentemente de novo pedido do recorrente; se a reformar, a remessa dos autos dependerá de pedido expresso** da parte interessada ou do Ministério Público, n**o prazo de cinco dias,** contados da intimação. (grifos nossos)

8. JURISPRUDÊNCIA CORRELATA

Finalizaremos o estudo da defesa da criança e do adolescente com a análise de importantes decisões jurisprudenciais.

- A **Justiça da Infância e da Juventude** tem **competência absoluta** para processar e julgar **causas envolvendo matrícula de menores em creches ou escolas**, nos termos dos arts. 148, IV, e 209 da Lei nº 8.069/90. STJ. 1ª Seção. REsp 1.846.781/MS, Rel. Min. Assusete Magalhães, julgado em 10/02/2021 (Recurso Repetitivo – Tema 1058) (Info 685).
- **Compete à Justiça Comum Estadual (juízo da infância e juventude) apreciar os pedidos de alvará visando a participação de crianças e adolescentes em representações artísticas.** Não se trata de competência da Justiça do Trabalho. O art. 114, I e IX, da CF/88 não abrange os casos de pedido de autorização para participação de crianças e adolescentes em eventos artísticos, considerando que não há, no caso, conflito atinente a relação de trabalho. Trata-se de pedido de conteúdo nitidamente civil. STF. Plenário. ADI 5326/DF, Rel. Min. Marco Aurélio, julgado em 27/9/2018 (Info 917)[6].
- **O juízo especializado da Justiça da Infância e da Juventude é competente para o cumprimento e a efetivação do montante sucumbencial por ele arbitrado.** A partir da leitura dos arts. 148 e 152 do ECA, art. 24, § 1º, do Estatuto da Advocacia e art. 516, II, do CPC/2015, conclui-se que, como regra, o cumprimento da sentença (o que inclui a imposição sucumbencial), deve ocorrer nos mesmos autos em que se formou o correspondente título exequendo e, por conseguinte, perante o juízo prolator do título. **STJ**. 1ª Turma. REsp 1859295-MG, Rel. Min. Sérgio Kukina, julgado em 26/05/2020 (Info 673).
- A **Vara Especializada da Violência Doméstica ou Familiar Contra a Mulher** possui **competência para o julgamento de pedido incidental de natureza civil, relacionado à autorização para viagem ao exterior e guarda unilateral do infante**, na hipótese em que a **causa de pedir** de tal pretensão consistir na **prática de violência doméstica e familiar contra a genitora**. STJ. 3ª Turma. REsp 1550166-DF, Rel. Min. Marco Aurélio Bellizze, julgado em 21/11/2017 (Info 617).
- **A decisão judicial que impõe à Administração Pública o restabelecimento do plantão de 24 horas em Delegacia Especializada de Atendimento à**

---

6. CAVALCANTE, Márcio André Lopes. Compete à Justiça Estadual (e não à Justiça do Trabalho) autorizar trabalho artístico de crianças e adolescentes. Buscador Dizer o Direito, Manaus. Disponível em: <https://www.buscadordizerodireito.com.br/jurisprudencia/detalhes/3bd8fdb090f1f5eb66a00c84dbc5ad51>. Acesso em: 30/06/2020.

Infância e à Juventude não constitui abuso de poder, tampouco extrapola o controle do mérito administrativo pelo Poder Judiciário. STJ. 1ª Turma. REsp 1612931-MS, Rel. Min. Napoleão Nunes Maia Filho, julgado em 20/6/2017 (Info 609).

- Segundo **decidiu o STF, é inconstitucional a expressão "em horário diverso do autorizado" contida no art. 254 do ECA. Assim, o Estado não pode determinar que os programas somente possam ser exibidos em determinados horários. Isso seria uma imposição, o que é vedado pelo texto constitucional por configurar censura. O Poder Público pode apenas recomendar os horários adequados. A classificação dos programas é indicativa (e não obrigatória)** (STF. Plenário. ADI 2404/DF, Rel. Min. Dias Toffoli, julgado em 31/8/2016). Vale ressaltar, no entanto, que a liberdade de expressão, como todo direito ou garantia constitucional, exige responsabilidade no seu exercício, de modo que as emissoras deverão resguardar, em sua programação, as cautelas necessárias às peculiaridades do público infanto-juvenil. Logo, **a despeito de ser a classificação da programação apenas indicativa e não proibir a sua veiculação em horários diversos daquele recomendado, cabe ao Poder Judiciário controlar eventuais abusos e violações ao direito à programação sadia**, previsto no art. 221 da CF/88. Diante disso**, é possível, ao menos em tese, que uma emissora de televisão seja condenada ao pagamento de indenização por danos morais coletivos em razão da exibição de filme fora do horário recomendado pelo órgão competente, desde que fique constatado que essa conduta afrontou gravemente os valores e interesses coletivos fundamentais.** STJ. 3ª Turma. REsp 1840463-SP, Rel. Min. Marco Aurélio Bellizze, julgado em 19/11/2019 (Info 663)[7].
- São **incompatíveis com a Constituição Federal** as regras previstas no Decreto nº 10.003/2019, que, a pretexto de regular o funcionamento do Conselho Nacional da Criança e do Adolescente (Conanda), **frustram a participação das entidades da sociedade civil na formulação e no controle da execução de políticas públicas em favor de crianças e adolescentes**. Não bastasse isso, essas normas **violam o princípio da legalidade**. STF. Plenário. ADPF 622/DF, Rel. Min. Roberto Barroso, julgado em 27/2/2021 (Info 1007).
- Em **ação civil pública** que versa sobre **acolhimento institucional de menor por período acima daquele fixado em lei, não é admissível o julgamento de improcedência liminar ou o julgamento antecipado do pedido**, espe-

7. CAVALCANTE, Márcio André Lopes. Emissora de TV pode ser condenada ao pagamento de indenização por danos morais coletivos em razão da exibição de filme fora do horário recomendado pelo Ministério da Justiça. Buscador Dizer o Direito, Manaus. Disponível em: <https://www.buscadordizerodireito.com.br/jurisprudencia/detalhes/cc06a6150b92e17dd3076a0f0f9d2af4>. Acesso em: 30/06/2020.

cialmente **quando, a despeito da repetitividade da matéria, não há tese jurídica fixada em precedente vinculante.** STJ. 3ª Turma. REsp 1854842/CE, Rel. Min. Nancy Andrighi, julgado em 02/06/2020 (Info 673).

QUADRO-RESUMO - Capítulo VII

DEFESA DA CRIANÇA E DO ADOLESCENTE
O ECA (Lei nº 8.069/90) prevê normas de proteção para as crianças e os adolescentes (dispõe sobre direitos, formas de auxiliar sua família, tipifica crimes praticados em seu desfavor, infrações administrativas, dentre outros), bem como trata de medidas repressivas contra os atos infracionais por eles praticados. Criança: Até 12 anos incompletos. Adolescente: Entre 12 e 18 anos
DOUTRINA DA PROTEÇÃO INTEGRAL Conjunto de instrumentos jurídicos voltados à tutela da criança e do adolescente.
FAMÍLIA SUBSTITUTA Art. 28. A colocação em família substituta far-se-á mediante guarda, tutela ou adoção, independentemente da situação jurídica da criança ou adolescente, nos termos desta Lei. **Guarda** Trata-se de forma mais tênue de colocação em família substituta, utilizada para regularizar a posse de fato, mas atribui ao guardião poder familiar. Os pais, na guarda, NÃO perdem o poder familiar. A guarda confere à criança ou adolescente a condição de dependente, para todos os fins e efeitos de direito, inclusive previdenciários e poderá ser revogada a qualquer tempo, mediante ato judicial fundamentado, ouvido o Ministério Público. **Tutela** A tutela autoriza, em regra, a representação dos interesses da criança e do adolescente, logo, pressupõe a suspensão do ou a destituição do poder familiar. Direitos e direitos e obrigações são conferidas a um terceiro para que proteja a pessoa. Também é revogável. **Adoção** Medida EXCEPCIONAL E IRREVOGÁVEL, à qual se deve recorrer apenas quando esgotados os recursos de manutenção da criança ou adolescente na família natural ou extensa. O adotando deve contar com, no máximo, dezoito anos à data do pedido, salvo se já estiver sob a guarda ou tutela dos adotantes e estes devem ser, pelo menos, dezesseis anos mais velho do que o adotando. STJ: A diferença etária mínima de 16 anos entre adotante e adotado, prevista no art. 42, § 3º do ECA, não é absoluta e pode ser flexibilizada à luz do princípio da socioafetividade. O reconhecimento de relação filial por meio da adoção pressupõe a maturidade emocional para a assunção do poder familiar, a ser avaliada no caso concreto. (REsp 1785754/RS, Rel. Ministro Ricardo Villas Bôas Cueva, 3ª Turma, julgado em 08/10/2019, DJe 11/10/2019). O instituto atribui a condição de filho ao adotado, com os mesmos direitos e deveres, inclusive sucessórios, desligando-o de qualquer vínculo com pais e parentes, salvo os impedimentos matrimoniais. Podem adotar os maiores de 18 (dezoito) anos, independentemente do estado civil. Não podem adotar os ascendentes e os irmãos do adotando.

Art. 23, § 2º A condenação criminal do pai ou da mãe não implicará a destituição do poder familiar, exceto na hipótese de condenação por crime doloso sujeito à pena de reclusão contra outrem igualmente titular do mesmo poder familiar ou contra filho, filha ou outro descendente. (Redação dada pela Lei nº 13.715, de 2018)

Adoção Internacional

Considera-se adoção internacional aquela na qual o pretendente possui residência habitual em país-parte da Convenção de Haia, de 29 de maio de 1993, relativa à Proteção das Crianças e à Cooperação em Matéria de Adoção Internacional, promulgada pelo Decreto nº 3.087, de 21 junho de 1999, e deseja adotar criança em outro país-parte da Convenção.

Requisitos a serem demonstrados:

- que a colocação em família adotiva é a solução adequada ao caso concreto;

- que foram esgotadas todas as possibilidades de colocação da criança ou adolescente em família adotiva brasileira, com a comprovação, certificada nos autos, da inexistência de adotantes habilitados residentes no Brasil com perfil compatível com a criança ou adolescente, após consulta aos cadastros mencionados no ECA;

- que, em se tratando de adoção de adolescente, este foi consultado, por meios adequados ao seu estágio de desenvolvimento, e que se encontra preparado para a medida, mediante parecer elaborado por equipe interprofissional.

Os brasileiros residentes no exterior terão preferência aos estrangeiros, nos casos de adoção internacional de criança ou adolescente brasileiro.

ACOLHIMENTO INSTITUCIONAL E APADRINHAMENTO

Com o objetivo de estimular que a criança e o adolescente que estejam em "abrigos" (acolhimento institucional) ou em acolhimento familiar possam formar vínculos afetivos com pessoas de fora da instituição ou da família acolhedora onde vivem e que se dispõem a ser "padrinhos", o ECA prevê o chamado programa de apadrinhamento.

Podem ser padrinhos ou madrinhas pessoas maiores de 18 (dezoito) anos não inscritas nos cadastros de adoção, inclusive pessoas jurídicas.

Prioridade para crianças ou adolescentes com remota possibilidade de reinserção familiar ou colocação em família adotiva.

Violação das regras: os responsáveis pelo programa e pelos serviços de acolhimento deverão imediatamente notificar a autoridade judiciária competente

EDUCAÇÃO

A Lei nº 13.845, de 2019 promoveu alteração no ECA garantido acesso à escola pública e gratuita, próxima de sua residência, garantindo-se vagas no mesmo estabelecimento a irmãos que frequentem a mesma etapa ou ciclo de ensino da educação básica.

STF: a teoria da Reserva do possível não justifica falta de vaga em creche pública. Política pública cuja implementação pode ser determinada pelo Judiciário (RE 956475/RJ, Rel. Min. Celso de Mello, j. 12 de maio de 2016).

AUTORIZAÇÃO PARA VIAJAR

Nenhuma criança ou adolescente menor de 16 (dezesseis) anos poderá viajar para fora da comarca onde reside desacompanhado dos pais ou dos responsáveis sem expressa autorização judicial.

A autorização não será exigida quando:

a) tratar-se de comarca contígua à da residência da criança ou do adolescente menor de 16 (dezesseis) anos, se na mesma unidade da Federação, ou incluída na mesma região metropolitana;

b) a criança ou o adolescente menor de 16 (dezesseis) anos estiver acompanhado:

1) de ascendente ou colateral maior, até o terceiro grau, comprovado documentalmente o parentesco;

2) de pessoa maior, expressamente autorizada pelo pai, mãe ou responsável.

Quando se tratar de viagem ao exterior, a autorização é dispensável, se a criança ou adolescente:

I - estiver acompanhado de ambos os pais ou responsável;

II - viajar na companhia de um dos pais, autorizado expressamente pelo outro através de documento com firma reconhecida.

CONSELHO TUTELAR

Órgão permanente e autônomo, não jurisdicional.

Novidade legislativa: a recondução dos membros do Conselho deixou de ser limitada.

Art. 132 Em cada Município e em cada Região Administrativa do Distrito Federal haverá, no mínimo, 1 (um) Conselho Tutelar como órgão integrante da administração pública local, composto de 5 (cinco) membros, escolhidos pela população local para mandato de 4 (quatro) anos, permitida recondução por novos processos de escolha. (Redação dada pela Lei nº 13.824, de 2019)

PRAZOS

O ECA prevê que os prazos nele estabelecidos e aplicáveis aos seus procedimentos são contados em dias corridos, excluído o dia do começo e incluído o dia do vencimento, vedado o prazo em dobro para a Fazenda Pública e o Ministério Público.

STJ: O ECA, norma especial, prevalece sobre o CPC, logo, não se aplica a contagem de prazos em dias úteis (HC 475.610-DF, Rel. Min. Rogerio Schietti Cruz, Sexta Turma, por unanimidade, julgado em 26/03/2019, DJe 03/04/2019 – Info. 647).

RECURSOS

Os recursos serão interpostos independentemente de preparo;

Em todos os recursos, salvo nos embargos de declaração, o prazo para o Ministério Público e para a defesa será sempre de 10 (dez) dias;

Os recursos terão preferência de julgamento e dispensarão revisor;

Cabe juízo de retratação pelo juiz, no prazo de 5 dias;

Mantida a decisão apelada ou agravada, o escrivão remeterá os autos ou o instrumento à superior instância dentro de vinte e quatro horas, independentemente de novo pedido do recorrente; se a reformar, a remessa dos autos dependerá de pedido expresso da parte interessada ou do Ministério Público, no prazo de cinco dias, contados da intimação.

CAPÍTULO VIII

DEFESA DOS IDOSOS

Diversos dispositivos da Constituição Federal preveem regras de proteção dos idosos, sendo esta tratada, inclusive, como um dos objetivos da Assistência Social (art. 203, I).

A CF estatui no art. 230 que "a família, a sociedade e o Estado têm o dever de amparar as pessoas idosas, assegurando sua participação na comunidade, defendendo sua dignidade e bem-estar e garantindo-lhes o direito à vida".

Em 01 de outubro de 2003 foi promulgado o Estatuto do Idoso (Lei nº 10.741/2003).

O **conceito de pessoa idosa** é previsto na lei e consiste no indivíduo com **idade igual ou superior a 60 anos** (art. 1º).

Diversos dispositivos do Estatuto têm alta incidência em provas de procuradorias, razão pela qual o estudo, sobretudo das novidades legislativas e dos entendimentos jurisprudenciais que se relacionam ao tema, possuem relevância.

1. PRIORIDADE

O Estatuto do Idoso prevê em seu art. 3º que "é obrigação da família, da comunidade, da sociedade e do Poder Público **assegurar ao idoso, com absoluta prioridade**, a efetivação do direito à vida, à saúde, à alimentação, à educação, à cultura, ao esporte, ao lazer, ao trabalho, à cidadania, à liberdade, à dignidade, ao respeito e à convivência familiar e comunitária".

O que é abrangido por essa garantia de prioridade?

A resposta encontra-se no parágrafo primeiro do citado artigo 3º:

LEI 10.741/2003

Art. 3º § 1º A garantia de prioridade compreende: (Redação dada pela Lei nº 13.466, de 2017)

I – **atendimento preferencial imediato e individualizado** junto aos **órgãos públicos e privados prestadores de serviços** à população;

II – preferência na formulação e na execução de **políticas sociais públicas específicas;**

III – destinação privilegiada de **recursos públicos** nas áreas relacionadas com a proteção ao idoso;

IV – viabilização de **formas alternativas de participação, ocupação e convívio do idoso com as demais gerações;**

V – **priorização do atendimento do idoso por sua própria família, em detrimento do atendimento asilar,** exceto dos que não a possuam ou careçam de condições de manutenção da própria sobrevivência;

VI – **capacitação e reciclagem dos recursos humanos** nas **áreas de geriatria e gerontologia** e na prestação de serviços aos idosos;

VII – estabelecimento de mecanismos que favoreçam a **divulgação de informações de caráter educativo sobre os aspectos biopsicossociais de envelhecimento;**

VIII – garantia de **acesso à rede de serviços de saúde e de assistência social locais;**

IX – **prioridade no recebimento da restituição do Imposto de Renda.** (Incluído pela Lei nº 11.765, de 2008). (grifos nossos)

A Lei nº 13.466, de 2017 acrescentou o parágrafo segundo ao art. 3º do EI, estabelecendo uma prioridade especial, aos **maiores de oitenta anos**, devendo-se **atender suas necessidades sempre preferencialmente em relação aos demais idosos.**

QUESTÃO DE CONCURSO

CESPE - 2019 - PGM - Campo Grande - MS - Procurador Municipal À luz do Estatuto do Idoso, julgue o item que se segue. É legalmente assegurada a prioridade especial aos maiores de oitenta anos de idade, atendendo-se a suas necessidades sempre preferencialmente em relação aos demais idosos.

COMENTÁRIOS: Assertiva que reproduz a nova redação do art. 3º do Estatuto do Idoso, cujo parágrafo 3º assegura especial preferência aos maiores de 80 anos.

GABARITO: CORRETO

2. ALIMENTOS

Dispõe o Estatuto acerca da prestação de alimentos aos idosos:

LEI 10.741/2003

Art. 11. Os alimentos serão prestados ao idoso na forma da lei civil.

Art. 12. **A obrigação alimentar é solidária, podendo o idoso optar entre os prestadores.**

> Art. 13. As **transações** relativas a alimentos poderão ser celebradas **perante o Promotor de Justiça ou Defensor Público, que as referendará, e passarão a ter efeito de título executivo extrajudicial** nos termos da lei processual civil. (Redação dada pela Lei nº 11.737, de 2008)
>
> Art. 14. **Se o idoso ou seus familiares não possuírem condições econômicas de prover o seu sustento, impõe-se ao Poder Público esse provimento, no âmbito da assistência social.** (grifos nossos)

O diploma prevê que os alimentos serão prestados na forma da lei civil e estatui o Código Civil que "o direito à prestação de alimentos é recíproco entre pais e filhos, e extensivo a todos os ascendentes, recaindo a obrigação nos mais próximos em grau, uns em falta de outros" (art. 1.696).

Ademais, conforme o Estatuto, a obrigação alimentar é de caráter solidária e o idoso poderá optar, entre os prestadores, de qual cobrará o cumprimento.

A obrigação passará a ser do poder público, todavia, quando demonstrado que a o idoso ou seus familiares não possuem condições de arcá-la.

3. SAÚDE

O Estatuto do Idoso prevê sobre o direito à saúde:

> **LEI 10.741/2003**
>
> Art. 15. É assegurada a atenção integral à saúde do idoso, por intermédio do Sistema Único de Saúde – SUS, garantindo-lhe o acesso universal e igualitário, em conjunto articulado e contínuo das ações e serviços, para a prevenção, promoção, proteção e recuperação da saúde, incluindo a atenção especial às doenças que afetam preferencialmente os idosos.

A Lei nº 13.466, de 2017 também estabeleceu prioridade especial em relação aos maiores de oitenta anos.

O art. 15, § 7º estatui que "em todo atendimento de saúde, os maiores de oitenta anos terão preferência especial sobre os demais idosos, **exceto em caso de emergência**".

Interessante discussão recai, ademais, sobre o § 3º deste mesmo artigo. O dispositivo prevê que "é vedada a discriminação do idoso nos planos de saúde pela cobrança de valores diferenciados em razão da idade".

Diante deste dispositivo é possível concluir que o reajuste de mensalidade de plano de saúde individual ou familiar fundado na mudança de faixa etária do beneficiário é válido?

O STJ entende que sim!

JURISPRUDÊNCIA

A variação das contraprestações pecuniárias dos planos privados de assistência à saúde em razão da idade do usuário deverá estar prevista no contrato, de forma clara, bem como todos os grupos etários e os percentuais de reajuste correspondentes, sob pena de não ser aplicada (arts. 15, caput, e 16, IV, da Lei nº 9.656/1998). 2. **A cláusula de aumento de mensalidade de plano de saúde conforme a mudança de faixa etária do beneficiário encontra fundamento no mutualismo (regime de repartição simples) e na solidariedade intergeracional, além de ser regra atuarial e asseguradora de riscos.** (...) 6. **A norma do art. 15, § 3º, da Lei nº 10.741/2003, que veda "a discriminação do idoso nos planos de saúde pela cobrança de valores diferenciados em razão da idade", apenas inibe o reajuste que consubstanciar discriminação desproporcional ao idoso, ou seja, aquele sem pertinência alguma com o incremento do risco assistencial acobertado pelo contrato.** (...) 8. A abusividade dos aumentos das mensalidades de plano de saúde por inserção do usuário em nova faixa de risco, sobretudo de participantes idosos, deverá ser aferida em cada caso concreto. (...) 10. **TESE** para os fins do art. 1.040 do CPC/2015: **O reajuste de mensalidade de plano de saúde individual ou familiar fundado na mudança de faixa etária do beneficiário é válido desde que (i) haja previsão contratual, (ii) sejam observadas as normas expedidas pelos órgãos governamentais reguladores e (iii) não sejam aplicados percentuais desarrazoados ou aleatórios que, concretamente e sem base atuarial idônea, onerem excessivamente o consumidor ou discriminem o idoso.** (...) 12. Recurso especial não provido. STJ. 2ª Seção. REsp 1568244/RJ, Rel. Min. Ricardo Villas Bôas Cueva, julgado em 14/12/2016 (recurso repetitivo). (grifos nossos)

Destaca-se que, em 2019, o STJ voltou a tratar sobre o tema, e há precedentes da 3ª e 4ª Turmas do STJ de que a cláusula de reajuste por faixa etária não será válida nos casos em que o contrato já tenha previsto alguma outra técnica de compensação do "desvio de risco" dos segurados idosos, como nos casos de constituição de reserva técnica para esse fim (exemplo: seguros de vida sob regime da capitalização, em vez da repartição simples).

Nesse sentido: STJ. 4ª Turma. AgInt no AREsp 632992/RS, Rel. Min. Maria Isabel Gallotti, julgado em 19/03/2019. STJ. 3ª Turma. REsp 1816750-SP, Rel. Min. Paulo de Tarso Sanseverino, julgado em 26/11/2019 (Info 663)[1].

---

1. CAVALCANTE, Márcio André Lopes. A cláusula de reajuste por faixa etária em contrato de seguro de vida é legal, ressalvadas as hipóteses em que o contrato já tenha previsto alguma outra técnica de compensação do desvio de risco dos segurados idosos. Buscador Dizer o Direito, Manaus.

A 3ª Turma entende, ainda, que a operadora do plano de saúde tem o dever de custear as despesas de acompanhante do paciente idoso no caso de internação hospitalar. Fundamento: art. 16 do Estatuto do Idoso (Lei nº 10.741/2003) e art. 22 da Resolução Normativa nº 428/2017, da ANS[2].

4. TRANSPORTES

A Constituição Federal assegura aos **maiores de sessenta e cinco anos** a **gratuidade dos transportes coletivos urbanos** (art. 230, § 2º).

Não se deve confundir a idade em que se considera idosa a pessoa, qual seja, a de 60 anos ou mais, com a gratuidade dos transportes coletivos, garantida aos maiores de 65 anos. Regulamentando a previsão constitucional, dispõe o Estatuto do Idoso:

LEI 10.741/2003

Art. 39. Aos **maiores de 65 (sessenta e cinco)** anos fica assegurada a **gratuidade dos transportes coletivos públicos urbanos e semi-urbanos,** exceto nos serviços seletivos e especiais, quando prestados paralelamente aos serviços regulares.

§1º Para ter acesso à gratuidade, **basta que o idoso apresente qualquer documento pessoal que faça prova de sua idade.**

§2º Nos veículos de transporte coletivo de que trata este artigo, serão **reservados 10% (dez por cento) dos assentos** para os idosos, devidamente identificados com a placa de reservado preferencialmente para idosos.

§3º **No caso das pessoas compreendidas na faixa etária entre 60 (sessenta) e 65 (sessenta e cinco) anos, ficará a critério da legislação local dispor sobre as condições para exercício da gratuidade nos meios de transporte previstos no caput deste artigo.** (grifos nossos)

O Estatuto, portanto, estabelece a gratuidade dos transportes para os maiores de 65 anos, mas deixa a critério da legislação local a regulamentação sobre o exercício deste direito que possuem entre 60 e 65 anos de idade.

Em relação ao transporte coletivo interestadual dispõe o EI:

LEI 10.741/2003

Art. 40. No sistema de transporte coletivo interestadual observar-se-á, nos termos da legislação específica:

Disponível em: <https://www.buscadordizerodireito.com.br/jurisprudencia/detalhes/566f0ea4f6c2e947f36795c8f58ba901>. Acesso em: 30/06/2020.

2. STJ, REsp 1793840-RJ, 3ª Turma, Rel. Min. Ricardo Villas Bôas Cueva, julgado em 05/11/2019.

I – a reserva de **2 (duas) vagas gratuitas por veículo** para idosos com **renda igual ou inferior a 2 (dois) salários-mínimos;**

II – **desconto de 50% (cinquenta por cento), no mínimo, no valor das passagens, para os idosos que excederem as vagas gratuitas**, com renda igual ou inferior a 2 (dois) salários-mínimos.

Parágrafo único. Caberá aos órgãos competentes definir os mecanismos e os critérios para o exercício dos direitos previstos nos incisos I e II.

Sobre o tema, entende o STJ[3] que a reserva de 2 (duas) vagas gratuitas por veículo para idosos com renda igual ou inferior a 2 (dois) salários-mínimos, prevista no citado art. 40, I, não se limita ao valor das passagens, abrangendo eventuais custos relacionados diretamente com o transporte, em que se incluem as tarifas de pedágio e de utilização dos terminais.

5. ACESSO À JUSTIÇA

Conforme previsão do art. 70 do Estatuto, o Poder Público poderá criar varas especializadas e exclusivas do idoso.

Ademais, o diploma assegura **prioridade na tramitação** dos processos e procedimentos e na execução dos atos e diligências judiciais em que figure como parte ou interveniente pessoa com idade igual ou superior a 60 (sessenta) anos**, em qualquer instância** (art. 71).

QUESTÃO DE CONCURSO

CESPE - 2019 - PGM - Campo Grande - MS - Procurador Municipal - À luz do Estatuto do Idoso, julgue o item que se segue. A prioridade de tramitação de processos nos quais a parte ou interveniente tenha idade igual ou superior a sessenta anos restringe-se à primeira instância.

COMENTÁRIOS: A prioridade na tramitação é direito conferido ao idoso em qualquer instância processual/procedimental.

GABARITO: ERRADO

Para o STJ[4], a prioridade na tramitação do feito é **direito subjetivo** da pessoa idosa e a lei lhe concede **legitimidade exclusiva** para a postulação do **requerimento do benefício.**

---

3. STJ, REsp 1.543.465-RS, Rel. Min. Napoleão Nunes Maia Filho, por unanimidade, julgado em 13/12/2018, DJe 04/02/2019.
4. STJ, REsp 1801884/SP, Rel. Ministro Ricardo Villas Bôas Cueva, 3ª Turma, julgado em 21/05/2019, DJe 30/05/2019.

Ainda sobre a prioridade, prevê o Estatuto:

LEI 10.741/2003

Art. 71. § 1º O interessado na obtenção da prioridade a que alude este artigo, **fazendo prova de sua idade**, requererá o benefício à autoridade judiciária competente para decidir o feito, que determinará as providências a serem cumpridas, anotando-se essa circunstância em local visível nos autos do processo.

§ 2º **A prioridade não cessará com a morte do beneficiado, estendendo-se em favor do cônjuge supérstite, companheiro ou companheira, com união estável, maior de 60 (sessenta) anos.**

§ 3º A prioridade se estende aos processos e procedimentos na Administração Pública, empresas prestadoras de serviços públicos e instituições financeiras, ao atendimento preferencial junto à Defensoria Pública da União, dos Estados e do Distrito Federal em relação aos Serviços de Assistência Judiciária.

§ 4º Para o atendimento prioritário será garantido ao idoso o fácil acesso aos assentos e caixas, identificados com a destinação a idosos em local visível e caracteres legíveis.

Outrossim, a Lei nº 13.466, de 2017 acrescentou o dispositivo o parágrafo 5º, que prevê, dentre os idosos, **prioridade especial aos maiores de oitenta anos.**

6. EDUCAÇÃO, CULTURA E LAZER

A Lei nº 13.535, de 2017 alterou a redação do art. 25 do Estatuto do Idoso para acrescentar a possibilidade de o Poder Público apoiar a criação de universidades abertas bem como a produção acadêmica que facilite o acesso pelos idosos.

O dispositivo passou a prever:

LEI 10.741/2003

Art. 25. As instituições de educação superior ofertarão às pessoas idosas, na perspectiva da educação ao longo da vida, cursos e programas de extensão, presenciais ou a distância, constituídos por atividades formais e não formais. (Redação dada pela lei nº 13.535, de 2017)

Parágrafo único. O poder público apoiará a criação de universidade aberta para as pessoas idosas e incentivará a publicação de livros e periódicos, de conteúdo e padrão editorial adequados ao idoso, que facilitem a leitura, considerada a natural redução da capacidade visual. (Incluído pela lei nº 13.535, de 2017)

Visando incentivar a participação dos idosos em atividades de cultura e lazer, o Estatuto prevê o seguinte sistema de descontos:

LEI 10.741/2003

Art. 23. A participação dos idosos em atividades culturais e de lazer será proporcionada mediante **descontos de pelo menos 50% (cinquenta por cento) nos ingressos** para eventos artísticos, culturais, esportivos e de lazer, bem como o acesso preferencial aos respectivos locais.

QUESTÃO DE CONCURSO

CESPE - 2019 - PGM - Campo Grande - MS - Procurador Municipal - À luz do Estatuto do Idoso, julgue o item que se segue. A pessoa idosa tem direito a desconto de, pelo menos, 50% no valor de ingressos para eventos artísticos, culturais, esportivos e de lazer, bem como a acesso preferencial aos locais de realização desses eventos.

COMENTÁRIOS: Assertiva que reproduz o teor do art. 23 do Estatuto do Idoso que assegura o referido percentual de desconto, a fim de incentivar a participação das pessoas idosas em eventos artísticos, culturais, esportivos e de lazer. A norma assegura, ademais, acesso preferencial aos locais onde tais eventos são realizados.

GABARITO: CORRETO

QUADRO-RESUMO - Capítulo VIII

DEFESA DOS IDOSOS
A CF estatui no art. 230 que "a família, a sociedade e o Estado têm o dever de amparar as pessoas idosas, assegurando sua participação na comunidade, defendendo sua dignidade e bem-estar e garantindo-lhes o direito à vida".
ESTATUTO DO IDOSO
Em 01 de outubro de 2003 foi promulgado o Estatuto do Idoso (Lei nº 10.741/2003). O conceito de pessoa idosa é previsto na lei e consiste no indivíduo com idade igual ou superior a 60 anos (art. 1º).
PRIORIDADE
A garantia de prioridade compreende: I – atendimento preferencial imediato e individualizado junto aos órgãos públicos e privados prestadores de serviços à população; II – preferência na formulação e na execução de políticas sociais públicas específicas; III – destinação privilegiada de recursos públicos nas áreas relacionadas com a proteção ao idoso; IV – viabilização de formas alternativas de participação, ocupação e convívio do idoso com as demais gerações; V – priorização do atendimento do idoso por sua própria família, em detrimento do atendimento asilar, exceto dos que não a possuam ou careçam de condições de manutenção da própria sobrevivência;

VI – capacitação e reciclagem dos recursos humanos nas áreas de geriatria e gerontologia e na prestação de serviços aos idosos;

VII – estabelecimento de mecanismos que favoreçam a divulgação de informações de caráter educativo sobre os aspectos biopsicossociais de envelhecimento;

VIII – garantia de acesso à rede de serviços de saúde e de assistência social locais.

IX – prioridade no recebimento da restituição do Imposto de Renda.

Prioridade especial

Maiores de oitenta anos: devendo-se atender suas necessidades sempre preferencialmente em relação aos demais idosos.

ALIMENTOS

A obrigação alimentar é solidária, podendo o idoso optar entre os prestadores.

Se o idoso ou seus familiares não possuírem condições econômicas de prover o seu sustento, impõe-se ao Poder Público esse provimento, no âmbito da assistência social.

SAÚDE

É assegurada a atenção integral à saúde do idoso, por intermédio do Sistema Único de Saúde – SUS, garantindo-lhe o acesso universal e igualitário.

Em todo atendimento de saúde, os maiores de oitenta anos terão preferência especial sobre os demais idosos, exceto em caso de emergência.

É vedada a discriminação do idoso nos planos de saúde pela cobrança de valores diferenciados em razão da idade.

STJ: A norma do art. 15, § 3º, da Lei nº 10.741/2003, que veda "a discriminação do idoso nos planos de saúde pela cobrança de valores diferenciados em razão da idade", apenas inibe o reajuste que consubstanciar discriminação desproporcional ao idoso, ou seja, aquele sem pertinência alguma com o incremento do risco assistencial acobertado pelo contrato. O reajuste de mensalidade de plano de saúde individual ou familiar fundado na mudança de faixa etária do beneficiário é válido desde que (i) haja previsão contratual, (ii) sejam observadas as normas expedidas pelos órgãos governamentais reguladores e (iii) não sejam aplicados percentuais desarrazoados ou aleatórios que, concretamente e sem base atuarial idônea, onerem excessivamente o consumidor ou discriminem o idoso. (...) 12. Recurso especial não provido. (2ª Seção. REsp 1568244/RJ, Rel. Min. Ricardo Villas Bôas Cueva, julgado em 14/12/2016 (recurso repetitivo).

STJ: A cláusula de reajuste por faixa etária não será válida nos casos em que o contrato já tenha previsto alguma outra técnica de compensação do "desvio de risco" dos segurados idosos, como nos casos de constituição de reserva técnica para esse fim (exemplo: seguros de vida sob regime da capitalização, em vez da repartição simples). (4ª Turma. AgInt no AREsp 632992/RS, Rel. Min. Maria Isabel Gallotti, julgado em 19/03/2019)

TRANSPORTES

A Constituição Federal assegura aos maiores de sessenta e cinco anos a gratuidade dos transportes coletivos urbanos (art. 230, § 2º).

Para ter acesso à gratuidade, basta que o idoso apresente qualquer documento pessoal que faça prova de sua idade.

Nos veículos de transporte coletivo serão reservados 10% (dez por cento) dos assentos para os idosos.

No caso das pessoas compreendidas na faixa etária entre 60 (sessenta) e 65 (sessenta e cinco) anos, ficará a critério da legislação local dispor sobre as condições para exercício da gratuidade.

Transporte interestadual a) reserva de 2 (duas) vagas gratuitas por veículo para idosos com renda igual ou inferior a 2 (dois) salários-mínimos; b) desconto de 50% (cinquenta por cento), no mínimo, no valor das passagens, para os idosos que excederem as vagas gratuitas, com renda igual ou inferior a 2 (dois) salários-mínimos. STJ: A reserva não se limita ao valor das passagens, abrangendo eventuais custos relacionados diretamente com o transporte, em que se incluem as tarifas de pedágio e de utilização dos terminais.
ACESSO À JUSTIÇA O Poder Público poderá criar varas especializadas e exclusivas do idoso. O Estatuto assegura prioridade na tramitação dos processos e procedimentos e na execução dos atos e diligências judiciais em que figure como parte ou interveniente pessoa com idade igual ou superior a 60 (sessenta) anos, em qualquer instância. STJ: A prioridade na tramitação do feito é direito subjetivo da pessoa idosa e a lei lhe concede legitimidade exclusiva para a postulação do requerimento do benefício. (REsp 1801884/SP, Rel. Ministro Ricardo Villas Bôas Cueva, 3ª Turma, julgado em 21/05/2019, DJe 30/05/2019) A prioridade não cessará com a morte do beneficiado, estendendo-se em favor do cônjuge supérstite, companheiro ou companheira, com união estável, maior de 60 (sessenta) anos. O direito se estende aos processos e procedimentos na Administração Pública, empresas prestadoras de serviços públicos e instituições financeiras. Dentre os idosos, há prioridade especial aos maiores de oitenta anos.
EDUCAÇÃO, CULTURA E LAZER A Lei nº 13.535, de 2017 alterou a redação do art. 25 do Estatuto do Idoso para acrescentar a possibilidade de o Poder Público apoiar a criação de universidades abertas bem como a produção acadêmica que facilite o acesso pelos idosos. A participação dos idosos em atividades culturais e de lazer será proporcionada mediante descontos de pelo menos 50% (cinquenta por cento) nos ingressos para eventos artísticos, culturais, esportivos e de lazer, bem como o acesso preferencial aos respectivos locais.

CAPÍTULO IX

DEFESA DOS PORTADORES DE NECESSIDADES ESPECIAIS

Em 6 de julho de 2015 foi instituída a Lei nº 13.146, **Lei Brasileira de Inclusão da Pessoa com Deficiência (Estatuto da Pessoa com Deficiência).**

Vale lembrar que a Convenção Internacional sobre os Direitos das Pessoas com Deficiência, com seu Protocolo Facultativo, assinada em Nova York, em 2007, é detentora do status de Emenda Constitucional, tendo sido aprovada pelo Congresso Nacional brasileiro com o quórum especial previsto no artigo 5°, parágrafo 3º da CF/88.

Além desta, o Tratado de Marraqueche, firmado com o objetivo de facilitar o acesso a obras publicadas às pessoas cegas, com deficiência visual ou com outras dificuldades foi assinado pelo Brasil em 27 de junho de 2013.

O Tratado também foi aprovado pelo Congresso Nacional conforme os requisitos do art. 5º, § 3º da CF/88, de forma que ele é incorporado ao Direito brasileiro com status de norma constitucional.

1. ESTATUTO DA PESSOA COM DEFICIÊNCIA

1.1. Conceitos

A Lei nº 13.146/2015 (Estatuto da Pessoa com Deficiência) traz diversos conceitos importantes, os quais são objeto de cobrança em provas de concursos.

Quem o diploma considera pessoa com deficiência? A resposta está no art. 2º da lei, que dispõe:

LEI 13.146/2015

Art. 2º Considera-se pessoa com deficiência aquela que tem **impedimento de longo prazo** de natureza física, mental, intelectual ou sensorial, **o qual, em interação com uma ou mais barreiras, pode obstruir sua participação plena e efetiva na sociedade em igualdade de condições com as demais pessoas.**

§ 1º A **avaliação** da deficiência, quando necessária, será **biopsicossocial**, realizada por **equipe multiprofissional e interdisciplinar** e considerará:

I - os impedimentos nas funções e nas estruturas do corpo;

II - os fatores socioambientais, psicológicos e pessoais;

III - a limitação no desempenho de atividades; e

IV - a restrição de participação.

§ 2º **O Poder Executivo criará instrumentos para avaliação da deficiência.** (grifos nossos)

QUESTÃO DE CONCURSO

VUNESP - 2019 - Prefeitura de São José dos Campos - SP – Procurador - Maria foi acometida de uma grave doença que resultou na amputação dos dedos de suas mãos e parte dos pés. Era uma pessoa saudável, que após a alta médica do hospital assume uma nova condição de vida. Maria está lúcida e tem ciência das adaptações que terá que fazer no seu cotidiano. Nessas circunstâncias, é correto afirmar que Maria não é considerada pela lei como pessoa totalmente deficiente, pois apenas perdeu as funções motoras de alguns membros, sendo que não teve comprometida sua capacidade cognitiva.

COMENTÁRIOS: Nos termos da lei 13.146/2015, considera-se pessoa com deficiência aquela que tem impedimento de longo prazo de natureza física, mental, intelectual ou sensorial, sendo avaliados, dentre outros fatores, a limitação no desempenho de atividades e os impedimentos nas funções e nas estruturas do corpo. Interpretando a disposição pode-se afirmar que Maria é considerada deficiente. O não comprometimento da capacidade cognitiva não afasta a condição de pessoa portadora de deficiência, tendo em vista que há, no caso, um impedimento de longo prazo de natureza física (a perda de função motora de alguns membros), que prejudica o desempenho de diversas atividades.

GABARITO: ERRADO

O art. 3º do Estatuto, por sua vez, traz em seus incisos diversas expressões e seus conceitos, os quais devem ser considerados para aplicação do diploma:

I - **ACESSIBILIDADE**: possibilidade e condição de alcance para utilização, com segurança e autonomia, de espaços, mobiliários, equipamentos urbanos, edificações, transportes, informação e comunicação, inclusive seus sistemas e tecnologias, bem como de outros serviços e instalações abertos ao público, de uso público ou privados de uso coletivo, tanto na zona urbana como na rural, por pessoa com deficiência ou com mobilidade reduzida;
II - **DESENHO UNIVERSAL:** concepção de produtos, ambientes, programas e serviços a serem usados por todas as pessoas, sem necessidade de adaptação ou de projeto específico, incluindo os recursos de tecnologia assistiva;
III - **TECNOLOGIA ASSISTIVA OU AJUDA TÉCNICA**: produtos, equipamentos, dispositivos, recursos, metodologias, estratégias, práticas e serviços que objetivem promover a funcionalidade, relacionada à atividade e à participação da pessoa com deficiência ou com mobilidade reduzida, visando à sua autonomia, independência, qualidade de vida e inclusão social;

IV - **BARREIRAS:** qualquer entrave, obstáculo, atitude ou comportamento que limite ou impeça a participação social da pessoa, bem como o gozo, a fruição e o exercício de seus direitos à acessibilidade, à liberdade de movimento e de expressão, à comunicação, ao acesso à informação, à compreensão, à circulação com segurança, entre outros, classificadas em: a) barreiras urbanísticas: as existentes nas vias e nos espaços públicos e privados abertos ao público ou de uso coletivo; b) barreiras arquitetônicas: as existentes nos edifícios públicos e privados; c) barreiras nos transportes: as existentes nos sistemas e meios de transportes; d) barreiras nas comunicações e na informação: qualquer entrave, obstáculo, atitude ou comportamento que dificulte ou impossibilite a expressão ou o recebimento de mensagens e de informações por intermédio de sistemas de comunicação e de tecnologia da informação; e) barreiras atitudinais: atitudes ou comportamentos que impeçam ou prejudiquem a participação social da pessoa com deficiência em igualdade de condições e oportunidades com as demais pessoas; f) barreiras tecnológicas: as que dificultam ou impedem o acesso da pessoa com deficiência às tecnologias;
V - **COMUNICAÇÃO:** forma de interação dos cidadãos que abrange, entre outras opções, as línguas, inclusive a Língua Brasileira de Sinais (Libras), a visualização de textos, o Braille, o sistema de sinalização ou de comunicação tátil, os caracteres ampliados, os dispositivos multimídia, assim como a linguagem simples, escrita e oral, os sistemas auditivos e os meios de voz digitalizados e os modos, meios e formatos aumentativos e alternativos de comunicação, incluindo as tecnologias da informação e das comunicações;
VI - **ADAPTAÇÕES RAZOÁVEIS**: adaptações, modificações e ajustes necessários e adequados que não acarretem ônus desproporcional e indevido, quando requeridos em cada caso, a fim de assegurar que a pessoa com deficiência possa gozar ou exercer, em igualdade de condições e oportunidades com as demais pessoas, todos os direitos e liberdades fundamentais;
VII - **ELEMENTO DE URBANIZAÇÃO:** quaisquer componentes de obras de urbanização, tais como os referentes a pavimentação, saneamento, encanamento para esgotos, distribuição de energia elétrica e de gás, iluminação pública, serviços de comunicação, abastecimento e distribuição de água, paisagismo e os que materializam as indicações do planejamento urbanístico;
VIII - **MOBILIÁRIO URBANO:** conjunto de objetos existentes nas vias e nos espaços públicos, superpostos ou adicionados aos elementos de urbanização ou de edificação, de forma que sua modificação ou seu traslado não provoque alterações substanciais nesses elementos, tais como semáforos, postes de sinalização e similares, terminais e pontos de acesso coletivo às telecomunicações, fontes de água, lixeiras, toldos, marquises, bancos, quiosques e quaisquer outros de natureza análoga;
IX - **PESSOA COM MOBILIDADE REDUZIDA:** aquela que tenha, por qualquer motivo, dificuldade de movimentação, permanente ou temporária, gerando redução efetiva da mobilidade, da flexibilidade, da coordenação motora ou da percepção, incluindo idoso, gestante, lactante, pessoa com criança de colo e obeso;
X - **RESIDÊNCIAS INCLUSIVAS:** unidades de oferta do Serviço de Acolhimento do Sistema Único de Assistência Social (Suas) localizadas em áreas residenciais da comunidade, com estruturas adequadas, que possam contar com apoio psicossocial para o atendimento das necessidades da pessoa acolhida, destinadas a jovens e adultos com deficiência, em situação de dependência, que não dispõem de condições de autossustentabilidade e com vínculos familiares fragilizados ou rompidos;
XI - **MORADIA PARA A VIDA INDEPENDENTE DA PESSOA COM DEFICIÊNCIA**: moradia com estruturas adequadas capazes de proporcionar serviços de apoio coletivos e individualizados que respeitem e ampliem o grau de autonomia de jovens e adultos com deficiência;
XII - **ATENDENTE PESSOAL:** pessoa, membro ou não da família, que, com ou sem remuneração, assiste ou presta cuidados básicos e essenciais à pessoa com deficiência no exercício de suas atividades diárias, excluídas as técnicas ou os procedimentos identificados com profissões legalmente estabelecidas;

XIII - **PROFISSIONAL DE APOIO ESCOLAR:** pessoa que exerce atividades de alimentação, higiene e locomoção do estudante com deficiência e atua em todas as atividades escolares nas quais se fizer necessária, em todos os níveis e modalidades de ensino, em instituições públicas e privadas, excluídas as técnicas ou os procedimentos identificados com profissões legalmente estabelecidas;
XIV - **ACOMPANHANTE:** aquele que acompanha a pessoa com deficiência, podendo ou não desempenhar as funções de atendente pessoal.

QUESTÕES DE CONCURSO

VUNESP - 2018 - Prefeitura de Registro - SP – Advogado - São consideradas barreiras urbanísticas as existentes nos edifícios públicos e privados.

COMENTÁRIOS: Barreiras urbanísticas são as existentes nas vias e nos espaços públicos e privados abertos ao público ou de uso coletivo. A assertiva trouxe o conceito de barreiras arquitetônicas, quais sejam, as existentes nos edifícios públicos e privados.

GABARITO: ERRADO

VUNESP - 2018 - Prefeitura de Registro - SP – Advogado - Consideram-se barreiras atitudinais as atitudes ou comportamentos que impeçam ou prejudiquem a participação social da pessoa com deficiência em igualdade de condições e oportunidades com as demais pessoas.

COMENTÁRIOS: A assertiva reproduz com exatidão o conceito de barreiras atitudinais previsto no Estatuto.

GABARITO: CORRETO

Vale destacar, ademais, que, nos termos do art. 6º da lei, a deficiência não afeta a plena capacidade civil do indivíduo para, dentre outros atos:

- casar-se e constituir união estável;
- exercer direitos sexuais e reprodutivos;
- exercer o direito de decidir sobre o número de filhos e de ter acesso a informações adequadas sobre reprodução e planejamento familiar;
- conservar sua fertilidade, sendo vedada a esterilização compulsória;
- exercer o direito à família e à convivência familiar e comunitária; e
- exercer o direito à guarda, à tutela, à curatela e à adoção, como adotante ou adotando, em igualdade de oportunidades com as demais pessoas.

1.2. Tratamento prioritário

O Estatuto confere à pessoa com deficiência o direito de receber atendimento prioritário e elenca, no art. 9º, algumas situações nas quais haverá essa prioridade:

LEI 13.146/2015

Art. 9º A pessoa com deficiência tem direito a receber atendimento prioritário, sobretudo com a finalidade de:

I - proteção e socorro em quaisquer circunstâncias;

II - atendimento em todas as instituições e serviços de atendimento ao público;

III - disponibilização de recursos, tanto humanos quanto tecnológicos, que garantam atendimento em igualdade de condições com as demais pessoas;

IV - disponibilização de pontos de parada, estações e terminais acessíveis de transporte coletivo de passageiros e garantia de segurança no embarque e no desembarque;

V - acesso a informações e disponibilização de recursos de comunicação acessíveis;

VI - **recebimento de restituição de imposto de renda**;

VII - **tramitação processual e procedimentos judiciais e administrativos em que for parte ou interessada, em todos os atos e diligências.**

(...) § 2º **Nos serviços de emergência públicos e privados, a prioridade conferida por esta Lei é condicionada aos protocolos de atendimento médico.** (grifos nossos)

QUESTÃO DE CONCURSO

VUNESP - 2019 - Prefeitura de São José dos Campos - SP – Procurador - Maria foi acometida de uma grave doença que resultou na amputação dos dedos de suas mãos e parte dos pés. Era uma pessoa saudável, que após a alta médica do hospital assume uma nova condição de vida. Maria está lúcida e tem ciência das adaptações que terá que fazer no seu cotidiano. Nessas circunstâncias, é correto afirmar que se Maria tiver processos judiciais e administrativos em andamento, ou se necessitar fazer uso dessas formas de acesso à justiça, será aplicada a prioridade de trâmite em todos os atos e diligências.

COMENTÁRIOS: Maria é considerada pessoa com deficiência, em razão do impedimento de logo prazo de natureza física, lhe sendo garantido o tratamento prioritário nos atos e diligências praticados em processos judiciais ou procedimentos administrativos.

GABARITO: CORRETO

Os direitos previstos neste artigo são extensíveis ao acompanhante da pessoa com deficiência ou ao seu atendente pessoal?

O § 1º do citado artigo 9º afirma a possibilidade de extensão, **exceto quanto ao disposto nos incisos VI e VII do artigo.**

Logo, não são extensíveis ao acompanhante da pessoa com deficiência ou ao seu atendente pessoal: a prioridade no recebimento de restituição de imposto de renda e nos atos e diligências praticados quando da tramitação processual e de procedimentos judiciais e administrativos em que for parte ou interessada a pessoa com deficiência.

Todas as demais hipóteses de atendimento prioritário são extensíveis ao indivíduo que acompanha ou atende pessoalmente o portador de necessidades especiais.

1.3. Direito à vida

Segundo a Lei 13. 146/15, "a pessoa com deficiência não poderá ser obrigada a se submeter a intervenção clínica ou cirúrgica, a tratamento ou a institucionalização forçada" (art. 11).

A lei prevê, ademais, que "o consentimento da pessoa com deficiência em situação de curatela poderá ser suprido, na forma da lei" (art. 11, parágrafo único).

Sobre o consentimento exigido do portador de necessidades especiais, prevê, ainda, o diploma:

LEI 13.146/2015

Art. 12. **O consentimento prévio, livre e esclarecido da pessoa com deficiência é indispensável para a realização de tratamento, procedimento, hospitalização e pesquisa científica.**

§ 1º Em caso de pessoa com deficiência **em situação de curatela,** deve ser **assegurada sua participação, no maior grau possível, para a obtenção de consentimento.**

§ 2º A **pesquisa científica** envolvendo pessoa com deficiência **em situação de tutela ou de curatela** deve ser realizada, **em caráter excepcional**, apenas **quando houver indícios de benefício direto para sua saúde ou para a saúde de outras pessoas com deficiência** e desde que **não haja outra opção** de pesquisa de eficácia comparável com participantes não tutelados ou curatelados.

Destaca-se que, nos termos do art. 13 da lei, "a pessoa com deficiência **somente será atendida sem seu consentimento prévio, livre e esclarecido** em casos de **risco de morte e de emergência em saúde**, resguardado seu superior interesse e adotadas as salvaguardas legais cabíveis".

QUESTÃO DE CONCURSO

VUNESP - 2018 - Prefeitura de Registro - SP - Advogado - Em nenhuma hipótese a pessoa com deficiência será atendida sem seu consentimento prévio, livre e esclarecido.

COMENTÁRIOS: Em casos de risco de morte e de emergência em saúde, observando-se os requisitos previstos na Lei 13.146/2015, a pessoa com deficiência será atendida sem seu consentimento prévio, livre e esclarecido.

GABARITO: ERRADO

1.4. Atenção integral à saúde

O art. 18 da Lei 13.146/2015 assegura atenção integral à saúde da pessoa com deficiência em todos os níveis de complexidade, por intermédio do SUS, garantido acesso universal e igualitário.

O dispositivo garante, ademais, a participação da pessoa com deficiência na elaboração das políticas de saúde a ela destinadas (art. 18, § 1º).

Destaca-se que as diretrizes previstas na lei se aplicam também às instituições privadas que participem de forma complementar do SUS ou que recebam recursos públicos para sua manutenção (art. 18, § 5º).

A Lei estatui, ainda que "as operadoras de planos e seguros privados de saúde são obrigadas a garantir à pessoa com deficiência, no mínimo, todos os serviços e produtos ofertados aos demais clientes" (art. 20) e que "são vedadas todas as formas de discriminação contra a pessoa com deficiência, inclusive por meio de cobrança de valores diferenciados por planos e seguros privados de saúde, em razão de sua condição" (art. 23).

Ressalta-se, por fim, o seguinte dispositivo do diploma:

LEI 13.146/2015

Art. 26. Os casos de suspeita ou de confirmação de violência praticada contra a pessoa com deficiência serão objeto de notificação compulsória pelos serviços de saúde públicos e privados à autoridade policial e ao Ministério Público, além dos Conselhos dos Direitos da Pessoa com Deficiência.

Parágrafo único. Para os efeitos desta Lei, considera-se violência contra a pessoa com deficiência qualquer ação ou omissão, praticada em local público ou privado, que lhe cause morte ou dano ou sofrimento físico ou psicológicos. (grifos nossos)

1.5. Sistema educacional

O Estatuto da Pessoa com Deficiência atribui ao Poder Público a incumbência de assegurar, criar, desenvolver, implementar, incentivar, acompanhar e avaliar diversos aspectos relacionados à garantia do direito à educação dos portadores de necessidades especiais.

Faz-se importante a análise dos incisos do art. 28 da Lei, tendo em vista que alguns não são exigidos das entidades privadas de ensino:

- I - sistema educacional inclusivo em todos os níveis e modalidades, bem como o aprendizado ao longo de toda a vida;
- II - aprimoramento dos sistemas educacionais, visando a garantir condições de acesso, permanência, participação e aprendizagem, por meio da ofer-

ta de serviços e de recursos de acessibilidade que eliminem as barreiras e promovam a inclusão plena;

- III - projeto pedagógico que institucionalize o atendimento educacional especializado, assim como os demais serviços e adaptações razoáveis, para atender às características dos estudantes com deficiência e garantir o seu pleno acesso ao currículo em condições de igualdade, promovendo a conquista e o exercício de sua autonomia;
- IV - oferta de educação bilíngue, em Libras como primeira língua e na modalidade escrita da língua portuguesa como segunda língua, <u>em escolas e classes bilíngues e em escolas inclusivas</u>;
- V - adoção de medidas individualizadas e coletivas em ambientes que maximizem o desenvolvimento acadêmico e social dos estudantes com deficiência, favorecendo o acesso, a permanência, a participação e a aprendizagem em instituições de ensino;
- VI - pesquisas voltadas para o desenvolvimento de novos métodos e técnicas pedagógicas, de materiais didáticos, de equipamentos e de recursos de tecnologia assistiva;
- VII - planejamento de estudo de caso, de elaboração de plano de atendimento educacional especializado, de organização de recursos e serviços de acessibilidade e de disponibilização e usabilidade pedagógica de recursos de tecnologia assistiva;
- VIII - participação dos estudantes com deficiência e de suas famílias nas diversas instâncias de atuação da comunidade escolar;
- IX - adoção de medidas de apoio que favoreçam o desenvolvimento dos aspectos linguísticos, culturais, vocacionais e profissionais, levando-se em conta o talento, a criatividade, as habilidades e os interesses do estudante com deficiência;
- X - adoção de práticas pedagógicas inclusivas pelos programas de formação inicial e continuada de professores e oferta de formação continuada para o atendimento educacional especializado;
- XI - formação e disponibilização de professores para o atendimento educacional especializado, de tradutores e intérpretes da Libras, de guias intérpretes e de profissionais de apoio;
- XII - oferta de ensino da Libras, do Sistema Braille e de uso de recursos de tecnologia assistiva, de forma a ampliar habilidades funcionais dos estudantes, promovendo sua autonomia e participação;
- XIII - acesso à educação superior e à educação profissional e tecnológica em igualdade de oportunidades e condições com as demais pessoas;

- IV - inclusão em conteúdos curriculares, em cursos de nível superior e de educação profissional técnica e tecnológica, de temas relacionados à pessoa com deficiência nos respectivos campos de conhecimento;
- XV - acesso da pessoa com deficiência, em igualdade de condições, a jogos e a atividades recreativas, esportivas e de lazer, no sistema escolar;
- XVI - acessibilidade para todos os estudantes, trabalhadores da educação e demais integrantes da comunidade escolar às edificações, aos ambientes e às atividades concernentes a todas as modalidades, etapas e níveis de ensino;
- XVII - oferta de profissionais de apoio escolar;
- XVIII - articulação intersetorial na implementação de políticas públicas.

O parágrafo 1º do art. 28 prevê:

LEI 13.146/2015

Art. 28 § 1º Às instituições privadas, de qualquer nível e modalidade de ensino, aplica-se obrigatoriamente o disposto nos incisos I, II, III, V, VII, VIII, IX, X, XI, XII, XIII, XIV, XV, XVI, XVII e XVIII do caput deste artigo, sendo vedada a cobrança de valores adicionais de qualquer natureza em suas mensalidades, anuidades e matrículas no cumprimento dessas determinações. (grifo nosso)

Nesse sentido, não se aplicam de forma obrigatória às instituições privadas:

- a oferta de educação bilíngue, em Libras como primeira língua e na modalidade escrita da língua portuguesa como segunda língua, em escolas e classes bilíngues e em escolas inclusivas;
- as pesquisas voltadas para o desenvolvimento de novos métodos e técnicas pedagógicas, de materiais didáticos, de equipamentos e de recursos de tecnologia assistiva.

1.6. Programas habitacionais

Disciplinando o direito à moradia, prevê o Estatuto da Pessoa com Deficiência:

LEI 13.146/2015

Art. 32. Nos programas habitacionais, públicos ou subsidiados com recursos públicos, a pessoa com deficiência ou o seu responsável goza de prioridade na aquisição de imóvel para moradia própria, observado o seguinte:

I - reserva de, no mínimo, 3% (três por cento) das unidades habitacionais para pessoa com deficiência;

II - (VETADO);

III - em caso de edificação multifamiliar, garantia de acessibilidade nas áreas de uso comum e nas unidades habitacionais no piso térreo e de acessibilidade ou de adaptação razoável nos demais pisos;

IV - disponibilização de equipamentos urbanos comunitários acessíveis;

V - elaboração de especificações técnicas no projeto que permitam a instalação de elevadores.

§ 1º O direito à prioridade, previsto no caput deste artigo, será reconhecido à pessoa com deficiência beneficiária apenas uma vez.

§ 2º Nos programas habitacionais públicos, os critérios de financiamento devem ser compatíveis com os rendimentos da pessoa com deficiência ou de sua família.

§ 3º Caso não haja pessoa com deficiência interessada nas unidades habitacionais reservadas por força do disposto no inciso I do caput deste artigo, as unidades não utilizadas serão disponibilizadas às demais pessoas.

QUESTÃO DE CONCURSO

VUNESP - 2019 - Prefeitura de São José dos Campos - SP – Procurador - Maria foi acometida de uma grave doença que resultou na amputação dos dedos de suas mãos e parte dos pés. Era uma pessoa saudável, que após a alta médica do hospital assume uma nova condição de vida. Maria está lúcida e tem ciência das adaptações que terá que fazer no seu cotidiano. Nessas circunstâncias, é correto afirmar que nos programas habitacionais, públicos ou subsidiados com recursos públicos, Maria gozará de prioridade na aquisição de imóvel para moradia própria devendo ter reserva de, no mínimo, 5% (cinco por cento) das unidades habitacionais para pessoas como ela.

COMENTÁRIOS: A lei garante a reserva de, no mínimo, 3 (três), e não 5 (cinco) por cento das unidades habitacionais para pessoa com deficiência.

GABARITO: ERRADO

1.7. Direito à cultura, esporte, turismo e lazer

O art. 44 da Lei 13.146/2015 garante a reserva de espaços livres e assentos para as pessoas portadoras de necessidades especiais em teatros, cinemas, ginásios, dentre outros, de acordo com a capacidade de lotação da edificação e observado o disposto em regulamento.

A lei prevê que os referidos espaços e assentos "devem situar-se em locais que garantam a acomodação de, no mínimo, 1 (um) acompanhante da pessoa com deficiência ou com mobilidade reduzida, resguardado o direito de se acomodar proximamente a grupo familiar e comunitário" (art. 44, § 3º).

Ademais, o diploma exige que as salas de cinema ofereçam, em todas as sessões, recursos de acessibilidade para a pessoa com deficiência.

Essa determinação está prevista no § 6º, do art. 44, dispositivo cuja *vacatio legis*, obedece a regra específica do art. 125, II, o qual sofreu **recente alteração legislativa.**

Com redação dada pela Lei nº 14.159 de 2021, o art. 125, II, da lei passou a prever que a regra do art. 44, § 6º, deve ser cumprida no prazo de 84 (oitenta e quatro meses) meses (*a redação originária previa 48 meses*), a contar do início da vigência do Estatuto.

Tendo em vista que o Estatuto dos Deficientes passou a viger em janeiro de 2016, a regra deve ser cumprida até janeiro de 2023.

No que diz respeito ao turismo, prevê o art. 45 que "os hotéis, pousadas e similares devem ser construídos observando-se os princípios do desenho universal, além de adotar todos os meios de acessibilidade, conforme legislação em vigor".

O parágrafo primeiro do referido artigo, ademais, exige que os estabelecimentos deverão disponibilizar, **pelo menos, 10% (dez por cento)** de seus dormitórios acessíveis, garantida, **no mínimo, 1 (uma) unidade acessível.**

QUESTÃO DE CONCURSO

FCC - 2016 - Prefeitura de Campinas - SP – Procurador - Acerca das inovações introduzidas pela Lei Brasileira de Inclusão da Pessoa com Deficiência (Estatuto da Pessoa com Deficiência, Lei n° 13.146, de 06 de julho de 2015), é correto afirmar que o Estatuto instituiu em favor da pessoa com deficiência o benefício da meia entrada em espetáculos artístico-culturais e esportivos.

COMENTÁRIOS: O Estatuto não previu a meia-entrada ao tratar das garantias relacionadas à cultura e lazer. A Lei nº 12.933, de 26 de dezembro de 2013 é que dispõe sobre o benefício do pagamento de meia-entrada para estudantes, idosos, pessoas com deficiência e jovens de 15 a 29 anos comprovadamente carentes em espetáculos artístico-culturais e esportivos.

GABARITO: ERRADO

1.8. Do direito ao transporte e à mobilidade

Prevê o art. 47 do Estatuto dos Deficientes a exigência de que em todas as áreas de estacionamento aberto ao público, de uso público ou privado de uso coletivo e em vias públicas, sejam reservadas vagas próximas aos acessos de circulação de pedestres, devidamente sinalizadas, para veículos que transportem pessoa com deficiência com comprometimento de mobilidade, desde que devidamente identificados.

O dispositivo estatui, ainda, que:

LEI 13.146/2015

Art. 47. § 1º As vagas a que se refere o caput deste artigo devem equivaler a 2% (dois por cento) do total, garantida, no mínimo, 1 (uma) vaga devidamente sinalizada e com as especificações de desenho e traçado de acordo com as normas técnicas vigentes de acessibilidade.

§ 2º Os veículos estacionados nas vagas reservadas devem exibir, em local de ampla visibilidade, a credencial de beneficiário, a ser confeccionada e fornecida pelos órgãos de trânsito, que disciplinarão suas características e condições de uso.

§ 3º A utilização indevida das vagas de que trata este artigo sujeita os infratores às sanções previstas no inciso XX do art. 181 da Lei nº 9.503, de 23 de setembro de 1997 (Código de Trânsito Brasileiro). (Redação dada pela Lei nº 13.281, de 2016)

§ 4º A credencial a que se refere o § 2º deste artigo é vinculada à pessoa com deficiência que possui comprometimento de mobilidade e é válida em todo o território nacional.

Impende ressaltar que a Lei nº 8.899/94, em seu artigo 1º, concede **passe livre** às pessoas portadoras de deficiência, **comprovadamente carentes,** no sistema de **transporte coletivo interestadual.**

O STJ foi instado a se pronunciar sobre a exigência de cumprimento deste dispositivo pelas empresas de transporte aéreo, e decidiu pela impossibilidade:

JURISPRUDÊNCIA

RECURSO ESPECIAL - AÇÃO CIVIL PÚBLICA - **TRANSPORTE AÉREO GRATUITO PARA PESSOAS COM DEFICIÊNCIA HIPOSSUFICIENTES - LEI 8.899/94 - INEXISTÊNCIA DE PREVISÃO ESPECÍFICA DE GRATUIDADE EM RELAÇÃO AO MODAL AÉREO - DESCABIMENTO DA CRIAÇÃO DA MODALIDADE A PARTIR DA INTERPRETAÇÃO DA LEGISLAÇÃO FEDERAL.** RECURSO ESPECIAL DESPROVIDO. Hipótese: Trata-se de ação civil pública cuja pretensão é viabilizar a gratuidade do transporte público interestadual no modal aéreo às pessoas com deficiência hipossuficientes, e seus acompanhantes, porquanto concretizada omissão indevida pelo legislador ao regulamentar o tema, limitando o passe livre apenas as hipóteses de locomoção por meio rodoviário, ferroviário e aquaviário. 2. Não se aperfeiçoa a irresignação embasada em violação à disposição veiculada em decreto regulamentador, justo que não enquadrável no conceito de lei federal a que se refere o permissivo constitucional, obstando o conhecimento do recurso especial no ponto. Precedentes. 3. **Carece esta Corte Superior, a partir da competência constitucional que lhe é determinada, ampliar hipóteses de concessão de benefício a determinado grupo minoritário, com base unicamente no exercício hermenêutico, de modo a ampliar os modais de transporte interestadual submetidos ao regime da gratuidade, prevista na Lei n. 8.899/94 e nos atos normativos secundários que a regulamentam, sob pena de atuar como legislador positivo.** 4. **Dadas as vicissitudes do transporte aéreo, inviável a utilização da Portaria Interministerial n. 003/2001 por processo analógico ou interpretação extensiva, cujo objeto é especificamente o de delimitar a aplicação da Lei n. 8.899/94 ao transporte coletivo interestadual rodoviário, aquaviário e ferroviário.**

5. Na hipótese de se verificar omissão legislativa, incumbe ao interessado legitimado lançar mão dos remédios constitucionais disponíveis para suprir a inatividade legislativa. 6. Recurso especial desprovido. STJ. 4ª Turma. REsp 1.155.590-DF, Rel. Min. Marco Buzzi, julgado em 27/11/2018 (Info 640) (grifos nossos)

Há previsão em relação ao transporte aéreo no art. 48 do Estatuto, que "os veículos de transporte coletivo terrestre, aquaviário e aéreo, as instalações, as estações, os portos e os terminais em operação no País devem ser acessíveis, de forma a garantir o seu uso por todas as pessoas".

Sobre transporte, ademais, o art. 51 do diploma dispõe que "as frotas de **empresas de táxi** devem **reservar 10% (dez por cento) de seus veículos** acessíveis à pessoa com deficiência".

Prevê, também, o Estatuto, que "as locadoras de veículos são obrigadas a oferecer 1 (um) veículo adaptado para uso de pessoa com deficiência, a cada conjunto de 20 (vinte) veículos de sua frota" e que "o veículo adaptado deverá ter, no mínimo, câmbio automático, direção hidráulica, vidros elétricos e comandos manuais de freio e de embreagem" (art. 52, *caput* e parágrafo único).

1.9. Tecnologia Assistiva

À pessoa com deficiência é garantido o acesso a produtos, recursos, estratégias, práticas, processos, métodos e serviços de tecnologia assistiva que maximizem sua autonomia, mobilidade pessoal e qualidade de vida (art. 74, Lei 13.146/2015).

O **Poder Público** deve desenvolver **plano específico de medidas**, a ser **renovado em cada período de 4 (quatro) anos**, com a finalidade de:

- facilitar o acesso a crédito especializado, inclusive com oferta de linhas de crédito subsidiadas, específicas para aquisição de tecnologia assistiva;
- agilizar, simplificar e priorizar procedimentos de importação de tecnologia assistiva, especialmente as questões atinentes a procedimentos alfandegários e sanitários;
- criar mecanismos de fomento à pesquisa e à produção nacional de tecnologia assistiva, inclusive por meio de concessão de linhas de crédito subsidiado e de parcerias com institutos de pesquisa oficiais;
- eliminar ou reduzir a tributação da cadeia produtiva e de importação de tecnologia assistiva;
- facilitar e agilizar o processo de inclusão de novos recursos de tecnologia assistiva no rol de produtos distribuídos no âmbito do SUS e por outros órgãos governamentais.

Trata-se do disposto no art. 75 do Estatuto, cujo parágrafo único dispõe que "para fazer cumprir o disposto neste artigo, os **procedimentos** constantes do plano específico de medidas **deverão ser avaliados, pelo menos, a cada 2 (dois) anos**".

Em síntese:

PLANO DE MEDIDAS: RENOVADO A CADA 4 ANOS
PROCEDIMENTOS PREVISTOS NO PLANO: AVALIADOS, PELO MENOS A CADA DOIS ANOS

1.10. Da curatela

O Estatuto dos Deficientes promoveu alterações no regime das incapacidades e no instituto da curatela, revogando e modificando, inclusive, dispositivos do Código Civil, o que também ocorreu com a promulgação do Código de Processo Civil em 2015.

A partir da vigência da Lei 13.146/15, apenas os menores de dezesseis anos de idade passaram a ser considerados absolutamente capazes.

O Código Civil teve sua redação alterada e, atualmente, prevê:

CÓDIGO CIVIL

Art. 3º São absolutamente incapazes de exercer pessoalmente os atos da vida civil os menores de 16 (dezesseis) anos. (Redação dada pela Lei nº 13.146, de 2015)

Art. 4º São incapazes, relativamente a certos atos ou à maneira de os exercer: (Redação dada pela Lei nº 13.146, de 2015)

I - os maiores de dezesseis e menores de dezoito anos;

II - os ébrios habituais e os viciados em tóxico; (Redação dada pela Lei nº 13.146, de 2015

III - aqueles que, por causa transitória ou permanente, não puderem exprimir sua vontade; (Redação dada pela Lei nº 13.146, de 2015)

IV - os pródigos.

Antes de analisar as outras novas regras, válido destacar as diferenças entre tutela e curatela. Enquanto a primeira resguarda os interesses de menores não emancipados, não sujeitos ao poder familiar, com o intuito de protegê-los, a curatela é instituto criado para a defesa dos interesses de maiores incapazes, devidamente interditados[1].

1. TARTUCE, Flávio Manual de direito civil: volume único. 7. ed. rev., atual. e ampl. – Rio de Janeiro: Forense; São Paulo: MÉTODO, 2017.

O art. 84 do Estatuto estabelece que a pessoa com deficiência tem assegurado o direito ao exercício de sua capacidade legal em igualdade de condições com as demais pessoas e que, eventualmente, quando necessário, será submetida à curatela, conforme a lei. Trata-se da chamada da inclusão com dignidade-liberdade[2].

Nos termos do § 3º do art. 84 do referido diploma, a **curatela** de pessoa com deficiência constitui **medida protetiva extraordinária**, proporcional às necessidades e às circunstâncias de cada caso, e **durará o menor tempo possível**.

Outrossim, estatui o art. 85 que o instituto **afetará tão somente os atos relacionados aos direitos de natureza patrimonial e negocial**, não alcançando, o direito ao próprio corpo, à sexualidade, ao matrimônio, à privacidade, à educação, à saúde, ao trabalho e ao voto.

O art. 86, por sua vez, dispõe que "para emissão de documentos oficiais, não será exigida a situação de curatela da pessoa com deficiência". Nesse sentido, para que o curatelado, por exemplo, solicite a emissão de sua carteira de trabalho, não será necessária a participação do curador.

QUESTÕES DE CONCURSO

FCC - 2016 - Prefeitura de Campinas - SP – Procurador - Para emissão de documentos oficiais, não será exigida a situação de curatela da pessoa com deficiência.

COMENTÁRIOS: A emissão de documentos oficiais dispensa o exercício da curatela.

GABARITO: CORRETO

Por fim, nos termos do art. 87, em casos de relevância e urgência e a fim de proteger os interesses da pessoa com deficiência em situação de curatela, será lícito ao juiz, ouvido o Ministério Público, de ofício ou a requerimento do interessado, nomear, desde logo, curador provisório. Este curador estará sujeito, no que couber, às disposições do Código de Processo Civil.

1.11. Da Tomada de Decisão Apoiada

O Estatuto dos Deficientes acrescentou ao Código Civil o a denominada 'tomada de decisão apoiada', que, junto à tutela e a curatela, compõe o rol de institutos protetivos das pessoas portadoras de necessidades especiais.

Segundo a doutrina[3], existem pessoas humanas que possuem algum tipo de deficiência, mas que podem exprimir vontade. É o exemplo de uma pessoa portado-

2. TARTUCE, Flávio. Op. Cit.
3. FARIAS, Cristiano Chaves De, FIGUEIREDO, Luciano, JÚNIOR, Marcos Ehrhardt e DIAS, Wagner Inácio. Código Civil para Concursos / coordenador Ricardo Didier - 5. ed. rev. ampl. e atual. - Salvador: Juspodivm, 2017.

ra da Síndrome de Down ou de alguém que tem discernimento reduzido por algum motivo médico.

Tais pessoas podem carregar uma deficiência ou retardamento psíquico, ou intelectual, sem perder o controle sobre sua vontade. Surgiu, a partir do Estatuto da Deficiência, a **tomada de decisão apoiada, modelo protecionista para pessoas plenamente capazes, porém em situação de vulnerabilidade por conta de uma deficiência.**

O art. 1.783-A do Código Civil disciplina o instituto.

Extrai-se do dispositivo:

- Conceito: A tomada de decisão apoiada é o processo pelo qual **a pessoa com deficiência elege pelo menos 2 (duas) pessoas idôneas**, com as quais mantenha vínculos e que gozem de sua confiança, **para prestar-lhe apoio na tomada de decisão sobre atos da vida civil,** fornecendo-lhes os elementos e informações necessários para que possa exercer sua capacidade.
- Formulação do pedido: O pedido de tomada de decisão apoiada será requerido pela pessoa a ser apoiada, com indicação expressa das pessoas aptas a prestarem o apoio. Para formular o pedido a pessoa com deficiência e os apoiadores devem **apresentar termo** em que constem os limites do apoio a ser oferecido e os compromissos dos apoiadores, inclusive o **prazo de vigência do acordo** e o respeito à vontade, aos direitos e aos interesses da pessoa que devem apoiar.
- Análise do pedido pelo juiz: Antes de se pronunciar sobre o pedido de tomada de decisão apoiada, **o juiz, assistido por equipe multidisciplinar, após oitiva do Ministério Público**, ouvirá pessoalmente o requerente e as pessoas que lhe prestarão apoio.
- Validade das decisões: A decisão tomada por pessoa apoiada terá validade e efeitos sobre terceiros, sem restrições, desde que esteja inserida nos limites do apoio acordado.
- Terceiro com quem a pessoa apoiada mantenha relação negocial pode solicitar que os apoiadores contra assinem o contrato ou acordo, especificando, por escrito, sua função em relação ao apoiado.
- Em caso de negócio jurídico que possa trazer risco ou prejuízo relevante, havendo divergência de opiniões entre a pessoa apoiada e um dos apoiadores, deverá o juiz, ouvido o Ministério Público, decidir sobre a questão.
- Se o apoiador agir com negligência, exercer pressão indevida ou não adimplir as obrigações assumidas, poderá a pessoa apoiada ou qualquer pessoa apresentar denúncia ao Ministério Público ou ao juiz. Se procedente a denúncia, o juiz destituirá o apoiador e nomeará, ouvida a pessoa apoiada e se for de seu interesse, outra pessoa para prestação de apoio.

- **A pessoa apoiada pode, a qualquer tempo, solicitar o término de acordo firmado em processo de tomada de decisão apoiada.**
- O apoiador pode solicitar ao juiz a exclusão de sua participação do processo de tomada de decisão apoiada, sendo seu desligamento condicionado à manifestação do juiz sobre a matéria.
- Aplicam-se à tomada de decisão apoiada, no que couber, as disposições referentes à prestação de contas na curatela.

QUESTÕES DE CONCURSO

FCC - 2016 - Prefeitura de Campinas - SP – Procurador - O pedido de tomada de decisão apoiada será formulado por pelo menos dois apoiadores idôneos, devendo constar os limites do apoio a ser oferecido e o prazo de vigência do acordo.

COMENTÁRIOS: O pedido de tomada de decisão apoiada será requerido pela pessoa a ser apoiada.

GABARITO: ERRADO

1.12. Novidade legislativa na Lei de Acessibilidade

A Lei nº 13.825/2019 alterou a Lei nº 10.098/2000 (Lei de Acessibilidade) para obrigar que sejam disponibilizados banheiros químicos acessíveis a pessoas com deficiência ou com mobilidade reduzida, nos eventos públicos e privados[4].

Exemplifica-se: se no evento houver a instalação de banheiros químicos, 10% desses banheiros deverão ser adaptados para o acesso de pessoas com deficiência ou com mobilidade reduzida. Mesmo se o percentual de 10% resultar em um número inferior a 1, no mínimo, 1 banheiro deverá ter acessibilidade.

Esta obrigatoriedade foi estabelecida com a inclusão dos §§ 1º e 2º ao art. 6º da Lei nº 10.098/2000.

Ademais, a Lei nº 13.835/2019 alterou a Lei nº 10.098/2000 para assegurar às pessoas com deficiência visual o direito de solicitarem às instituições financeiras cartões de crédito e de movimentação de contas bancárias com as informações em braile.

4. CAVALCANTE, Márcio André Lopes. Anuário De Atualidades Jurídicas De 2019. Salvador: Editora Juspodivm. 2019

QUADRO-RESUMO - Capítulo IX

DEFESA DOS PORTADORES DE NECESSIDADES ESPECIAIS

Legislação correlata

Lei nº 13.146, Lei Brasileira de Inclusão da Pessoa com Deficiência (Estatuto da Pessoa com Deficiência).

Convenção Internacional sobre os Direitos das Pessoas com Deficiência, com seu Protocolo Facultativo, assinada em Nova York, em 2007 (detentora do status de Emenda Constitucional, tendo sido aprovada com o quórum especial previsto no artigo 5°, parágrafo 3º da CF/88).

Tratado de Marraqueche, firmado com o objetivo de facilitar o acesso a obras publicadas às pessoas cegas, com deficiência visual ou com outras dificuldades, assinado pelo Brasil em 27 de junho de 2013 (também possui status de emenda constitucional).

PESSOA COM DEFICIÊNCIA

Considera-se pessoa com deficiência aquela que tem impedimento de longo prazo de natureza física, mental, intelectual ou sensorial, o qual, em interação com uma ou mais barreiras, pode obstruir sua participação plena e efetiva na sociedade em igualdade de condições com as demais pessoas.

DIREITOS

A deficiência não afeta a plena capacidade civil do indivíduo para, dentre outros atos:

- casar-se e constituir união estável;
- exercer direitos sexuais e reprodutivos;
- exercer o direito de decidir sobre o número de filhos e de ter acesso a informações adequadas sobre reprodução e planejamento familiar;
- conservar sua fertilidade, sendo vedada a esterilização compulsória;
- exercer o direito à família e à convivência familiar e comunitária; e
- exercer o direito à guarda, à tutela, à curatela e à adoção, como adotante ou adotando, em igualdade de oportunidades com as demais pessoas.

TRATAMENTO PRIORITÁRIO

- proteção e socorro em quaisquer circunstâncias;
- atendimento em todas as instituições e serviços de atendimento ao público;
- disponibilização de recursos, tanto humanos quanto tecnológicos, que garantam atendimento em igualdade de condições com as demais pessoas;
- disponibilização de pontos de parada, estações e terminais acessíveis de transporte coletivo de passageiros e garantia de segurança no embarque e no desembarque;
- acesso a informações e disponibilização de recursos de comunicação acessíveis;
- recebimento de restituição de imposto de renda;
- tramitação processual e procedimentos judiciais e administrativos em que for parte ou interessada, em todos os atos e diligências.

Exceto em relação aos dois últimos, os demais direitos acima listados são extensíveis ao acompanhante da pessoa com deficiência ou ao seu atendente pessoal.

Nos serviços de emergência públicos e privados, a prioridade conferida é condicionada aos protocolos de atendimento médico.

DIREITO À VIDA

A pessoa com deficiência não poderá ser obrigada a se submeter a intervenção clínica ou cirúrgica, a tratamento ou a institucionalização forçada.

O consentimento prévio, livre e esclarecido da pessoa com deficiência é indispensável para a realização de tratamento, procedimento, hospitalização e pesquisa científica.

Pessoa com deficiência em situação de curatela: deve ser assegurada sua participação, no maior grau possível, para a obtenção de consentimento.

Pesquisa científica envolvendo pessoa com deficiência em situação de tutela ou de curatela: deve ser realizada, em caráter excepcional, apenas quando houver indícios de benefício direto para sua saúde ou para a saúde de outras pessoas com deficiência e desde que não haja outra opção de pesquisa de eficácia comparável com participantes não tutelados ou curatelados.

A pessoa com deficiência somente será atendida sem seu consentimento prévio, livre e esclarecido em casos de risco de morte e de emergência em saúde

SAÚDE

Atenção integral à saúde da pessoa com deficiência em todos os níveis de complexidade, por intermédio do SUS, garantido acesso universal e igualitário.

Participação da pessoa com deficiência na elaboração das políticas de saúde a ela destinadas.

São vedadas todas as formas de discriminação contra a pessoa com deficiência, inclusive por meio de cobrança de valores diferenciados por planos e seguros privados de saúde, em razão de sua condição.

Os casos de suspeita ou de confirmação de violência praticada contra a pessoa com deficiência serão objeto de notificação compulsória pelos serviços de saúde públicos e privados à autoridade policial e ao Ministério Público, além dos Conselhos dos Direitos da Pessoa com Deficiência.

EDUCAÇÃO

Poder Público: tem a incumbência de assegurar, criar, desenvolver, implementar, incentivar, acompanhar e avaliar diversos aspectos relacionados à garantia do direito à educação dos portadores de necessidades especiais.

Algumas exigências da lei não se aplicam de forma obrigatória às instituições privadas:

- a oferta de educação bilíngue, em Libras como primeira língua e na modalidade escrita da língua portuguesa como segunda língua, em escolas e classes bilíngues e em escolas inclusivas;

- as pesquisas voltadas para o desenvolvimento de novos métodos e técnicas pedagógicas, de materiais didáticos, de equipamentos e de recursos de tecnologia assistiva;

PROGRAMAS HABITACIONAIS

Nos programas habitacionais, públicos ou subsidiados com recursos públicos, a pessoa com deficiência ou o seu responsável goza de prioridade na aquisição de imóvel para moradia própria, observando-se a reserva de, no mínimo, 3% (três por cento) das unidades habitacionais para pessoa com deficiência.

O direito à prioridade será reconhecido à pessoa com deficiência beneficiária apenas uma vez.

Nos programas habitacionais públicos, os critérios de financiamento devem ser compatíveis com os rendimentos da pessoa com deficiência ou de sua família.

CULTURA, ESPORTE, TURISMO E LAZER

Reserva de espaços livres e assentos para as pessoas portadoras de necessidades especiais em teatros, cinemas, ginásios, dentre outros.

Os referidos espaços e assentos "devem situar-se em locais que garantam a acomodação de, no mínimo, 1 (um) acompanhante.

Hotéis, pousadas e similares: deverão disponibilizar, pelo menos, 10% (dez por cento) de seus dormitórios acessíveis, garantida, no mínimo, 1 (uma) unidade acessível.

TRANSPORTE E MOBILIDADE O Estatuto exige que em todas as áreas de estacionamento aberto ao público, de uso público ou privado de uso coletivo e em vias públicas, sejam reservadas vagas próximas aos acessos de circulação de pedestres, devidamente sinalizadas, para veículos que transportem pessoa com deficiência com comprometimento de mobilidade, desde que devidamente identificados. As vagas a devem equivaler a 2% (dois por cento) do total, garantida, no mínimo, 1 (uma) vaga devidamente sinalizada e com as especificações de desenho e traçado de acordo com as normas técnicas vigentes de acessibilidade. A Lei nº 8.899/94, em seu artigo 1º, concede passe livre às pessoas portadoras de deficiência, comprovadamente carentes, no sistema de transporte coletivo interestadual. STJ: Passe livre - o dispositivo não se aplica ao transporte aéreo. "Dadas as vicissitudes do transporte aéreo, inviável a utilização da Portaria Interministerial n. 003/2001 por processo analógico ou interpretação extensiva, cujo objeto é especificamente o de delimitar a aplicação da Lei n. 8.899/94 ao transporte coletivo interestadual rodoviário, aquaviário e ferroviário". (4ª Turma. REsp 1.155.590-DF, Rel. Min. Marco Buzzi, julgado em 27/11/2018 (Info 640) Todavia, também se exige das empresas de transporte aéreo as garantias de acessibilidade que o Estatuto prevê. As frotas de empresas de táxi devem reservar 10% (dez por cento) de seus veículos acessíveis à pessoa com deficiência. As locadoras de veículos são obrigadas a oferecer 1 (um) veículo adaptado para uso de pessoa com deficiência, a cada conjunto de 20 (vinte) veículos de sua frota.
TECNOLOGIA ASSISTIVA Á pessoa com deficiência é garantido o acesso a produtos, recursos, estratégias, práticas, processos, métodos e serviços de tecnologia assistiva que maximizem sua autonomia, mobilidade pessoal e qualidade de vida. O Poder Público deve desenvolver plano específico de medidas, a ser renovado em cada período de 4 (quatro) anos. Os procedimentos constantes do plano específico de medidas deverão ser avaliados, pelo menos, a cada 2 (dois) anos.
CURATELA O Estatuto estabelece que a pessoa com deficiência tem assegurado o direito ao exercício de sua capacidade legal em igualdade de condições com as demais pessoas e que, eventualmente, quando necessário, será submetida à curatela, conforme a lei. Trata-se da chamada da inclusão com dignidade-liberdade. A curatela de pessoa com deficiência constitui medida protetiva extraordinária, proporcional às necessidades e às circunstâncias de cada caso, e durará o menor tempo possível O instituto afetará tão somente os atos relacionados aos direitos de natureza patrimonial e negocial, não alcançando, o direito ao próprio corpo, à sexualidade, ao matrimônio, à privacidade, à educação, à saúde, ao trabalho e ao voto. Para emissão de documentos oficiais, não será exigida a situação de curatela da pessoa com deficiência.
DA TOMADA DE DECISÃO APOIADA Modelo protecionista para pessoas plenamente capazes, porém em situação de vulnerabilidade por conta de uma deficiência (ex.: portadores de Síndrome de Down). A pessoa com deficiência elege pelo menos 2 (duas) pessoas idôneas, com as quais mantenha vínculos e que gozem de sua confiança, para prestar-lhe apoio na tomada de decisão sobre atos da vida civil.

Antes de se pronunciar sobre o pedido de tomada de decisão apoiada, o juiz, assistido por equipe multidisciplinar, após oitiva do Ministério Público, ouvirá pessoalmente o requerente e as pessoas que lhe prestarão apoio.

A decisão tomada por pessoa apoiada terá validade e efeitos sobre terceiros, sem restrições, desde que esteja inserida nos limites do apoio acordado.

A pessoa apoiada pode, a qualquer tempo, solicitar o término de acordo firmado em processo de tomada de decisão apoiada.

LEI DE ACESSIBILIDADE

A Lei nº 13.825/2019 alterou a Lei nº 10.098/2000 (Lei de Acessibilidade) para obrigar que sejam disponibilizados banheiros químicos acessíveis a pessoas com deficiência ou com mobilidade reduzida, nos eventos públicos e privados.

A nova lei também assegura às pessoas com deficiência visual o direito de solicitarem às instituições financeiras cartões de crédito e de movimentação de contas bancárias com as informações em braile.

IX

Antes de se pronunciar sobre o pedido de tomada de decisão apoiada, o juiz, assistido por equipe multidisciplinar, após oitiva do Ministério Público, ouvirá pessoalmente o requerente e as pessoas que lhe prestarão apoio.

A decisão tomada por pessoa apoiada terá validade e efeitos sobre terceiros, sem restrições, desde que esteja inserida nos limites do apoio acordado.

A pessoa apoiada pode, a qualquer tempo, solicitar o término de acordo firmado em processo de tomada de decisão apoiada.

LEI DE ACESSIBILIDADE

A Lei nº 13.825/2019 alterou a Lei nº 10.098/2000 (Lei de Acessibilidade) para obrigar que sejam disponibilizados banheiros químicos acessíveis a pessoas com deficiência ou com mobilidade reduzida, nos eventos públicos e privados.

A nova lei também assegura às pessoas com deficiência visual o direito de receberem das instituições financeiras cartões de crédito e de movimentação de contas bancárias com as informações em braile.

CAPÍTULO X

SERVIÇO PÚBLICO DE EDUCAÇÃO

1. PROTEÇÃO CONSTITUCIONAL DO DIREITO Á EDUCAÇÃO

A educação é direito de todos e dever do Estado e da família e será promovida e incentivada com a colaboração da sociedade, visando ao pleno desenvolvimento da pessoa, seu preparo para o exercício da cidadania e sua qualificação para o trabalho.

Esta é a previsão do art. 205 da Constituição Federal.

Em diversos outros dispositivos o legislador constituinte prevê normas sobre o serviço público de educação.

Destaca-se:

- A educação é um direito social (art. 6º, *caput*);
- Competência privativa da União para legislar sobre diretrizes e bases da educação nacional (art. 22, XXIV);
- Competência comum dos entes para proporcionar os meios de acesso à educação (art. 23, V);
- Competência concorrente da União, Estados e Distrito Federal para legislar sobre educação (art. 24, IX);
- Competência dos Municípios para manter, com a cooperação técnica e financeira da União e do Estado, programas de educação infantil e de ensino fundamental (art. 30, VI);
- O acesso ao ensino obrigatório e gratuito é direito público subjetivo (art. 208, §1º);
- O não-oferecimento do ensino obrigatório pelo Poder Público, ou sua oferta irregular, importa responsabilidade da autoridade competente (art. 208, §2º);

- A educação básica pública atenderá prioritariamente ao ensino regular (art. 211, § 5º);
- Os recursos públicos serão destinados às escolas públicas, podendo ser dirigidos a escolas comunitárias, confessionais ou filantrópicas, definidas em lei, que:

  I - comprovem finalidade não-lucrativa e apliquem seus excedentes financeiros em educação;

  II - assegurem a destinação de seu patrimônio a outra escola comunitária, filantrópica ou confessional, ou ao Poder Público, no caso de encerramento de suas atividades (art. 213).

2. LEI FEDERAL Nº 9.394/96 - DIRETRIZES E BASES DA EDUCAÇÃO NACIONAL

Conforme prevê a CF, a União possui competência privativa para legislar sobre diretrizes e bases da educação nacional.

Cumprindo o mandamento constitucional, o legislador federal editou a Lei federal nº 9.394/96 (LDBN).

Os principais pontos cobrados em prova serão estudados a seguir.

2.1. Princípios

A Lei 9.394/96, prevê no art. 3º que o ensino será ministrado com base nos seguintes princípios (o legislador repete o texto da CF/88 – art. 206):

- **Igualdade de condições** para o acesso e permanência na escola;
- **Liberdade** de aprender, ensinar, pesquisar e divulgar a cultura, o pensamento, a arte e o saber;
- **Pluralismo** de ideias e de concepções pedagógicas;
- Respeito à liberdade e apreço à **tolerância**;
- **Coexistência de instituições públicas e privadas** de ensino;
- **Gratuidade do ensino público** em estabelecimentos oficiais;
- **Valorização do profissional da educação** escolar (a CF/88 prevê, neste ponto que são "garantidos, na forma da lei, planos de carreira, com ingresso exclusivamente por concurso público de provas e títulos, aos das redes públicas");
- **Gestão democrática do ensino público**, na forma desta Lei e da legislação dos sistemas de ensino;
- Garantia de **padrão de qualidade**;

- **Valorização da experiência extraescolar**;
- Vinculação entre a **educação escolar,** o **trabalho** e as **práticas sociais**;
- Consideração com a **diversidade étnico-racial**;
- **Garantia do direito à educação e à aprendizagem ao longo da vida**. (Incluído pela Lei nº 13.632, de 2018)

2.2. Educação escolar pública

No que diz respeito ao dever do Estado com a educação escolar pública, a Lei prevê (art. 4º) que este será efetivado mediante a garantia de:

Educação básica obrigatória e gratuita dos 4 (**quatro**) aos 17 (**dezessete**) anos de idade, organizada da seguinte forma: a) pré-escola; b) ensino fundamental; c) ensino médio;
Educação infantil gratuita às crianças de **até 5 (cinco) anos** de idade;
Atendimento educacional **especializado gratuito** aos **educandos com deficiência**, transtornos globais do desenvolvimento e altas habilidades ou superdotação, transversal a todos os níveis, etapas e modalidades, **preferencialmente na rede regular de ensino**;
Acesso público e gratuito aos ensinos fundamental e médio para todos os que não os concluíram na idade própria;
Acesso aos níveis mais elevados do ensino, da pesquisa e da criação artística, segundo a capacidade de cada um;
Oferta de ensino noturno regular, adequado às condições do educando;
Oferta de educação escolar regular para jovens e adultos, com características e modalidades adequadas às suas necessidades e disponibilidades, garantindo-se aos que forem trabalhadores as condições de acesso e permanência na escola;
Atendimento ao educando, em todas as etapas da educação básica, por meio de **programas suplementares de material didático-escolar, transporte, alimentação e assistência à saúde**;
Padrões mínimos de qualidade de ensino, definidos como a variedade e quantidade mínimas, por aluno, de insumos indispensáveis ao desenvolvimento do processo de ensino-aprendizagem.
Vaga na escola pública de educação infantil ou de ensino fundamental mais próxima de sua residência a toda criança a partir do dia em que completar 4 (quatro) anos de idade.

Ademais, a Lei nº 13.716, de 2018 acrescentou o art. 4º-A à LDBN:

LEI 9.394/96

Art. 4º-A. É assegurado atendimento educacional, durante o período de internação, ao aluno da educação básica internado para tratamento de saúde em regime hospitalar ou domiciliar por tempo prolongado, conforme dispuser o Poder Público em regulamento, na esfera de sua competência federativa.

2.3. Educação infantil, ensino fundamental e médio

Nos termos do art. 30 da lei, a **educação infantil** será ministrada em:

- **creches, ou entidades equivalentes**, para crianças de **até três anos de idade;**
- **pré-escolas**, para as crianças de **4 (quatro) a 5 (cinco) anos de idade**.

Ademais, a carga horária mínima anual será de **800 (oitocentas) horas**, distribuída por um **mínimo de 200 (duzentos)** dias de trabalho educacional, com atendimento à criança de, no mínimo, 4 (quatro) horas diárias para o turno parcial e de 7 (sete) horas para a jornada integral.

Haverá **controle de frequência** pela instituição de educação pré-escolar, exigida a **frequência mínima de 60% (sessenta por cento) do total de horas**;

Em relação ao **ensino fundamental,** o art. 32 estatui que este será obrigatório, com **duração de 9 (nove) anos, gratuito na escola pública**, iniciando-se aos **6 (seis) anos de idade** e terá por objetivo a formação básica do cidadão.

Outrossim, no currículo do ensino fundamental, **a partir do sexto ano**, será ofertada a **língua inglesa** (art. 26, § 5º).

O **ensino médio**, por sua vez, é a **etapa final** da educação básica, com **duração mínima de três anos** (art. 35).

A **carga horária mínima anual** será de **oitocentas horas** para o **ensino fundamental** e para o **ensino médio**, distribuídas por um **mínimo de duzentos dias** de efetivo trabalho escolar, <u>excluído o tempo reservado aos exames finais, quando houver</u> (art. 24, I).

A Lei nº 13.415, de 2017 incluiu ao art. 24 da LDBN, dentre outros, o parágrafo 1º e determinou que a partir de 2 março de 2017 a **carga horária mínima anual** fosse **ampliada de forma progressiva, no ensino médio, para mil e quatrocentas horas**, devendo os sistemas de ensino oferecer, **no prazo máximo de cinco anos, pelo menos mil horas anuais de carga horária.**

A lei prevê, ainda, que, o ensino da **língua portuguesa** e da **matemática** será **obrigatório nos três anos do ensino médio**, assegurada às **comunidades indígenas**, também, a utilização das respectivas **línguas maternas** (art. 35-A, § 3º).

Por fim, destaca-se que os **currículos do ensino médio** incluirão, **obrigatoriamente, o estudo da língua inglesa** e **poderão ofertar outras línguas** estrangeiras, **em caráter optativo, preferencialmente o espanhol**, de acordo com a disponibilidade de oferta, locais e horários definidos pelos sistemas de ensino (art. 35-A, § 4º).

QUESTÃO DE CONCURSO

VUNESP - 2019 - Câmara de Tatuí - SP - Procurador Legislativo - O ensino médio, etapa final da educação básica, com duração mínima de três anos, está devidamente previsto na Lei de Diretrizes e Bases da Educação Nacional e recentemente sofreu mudanças com relação a sua estrutura. Sobre tal momento escolar a carga horária destinada ao cumprimento da Base Nacional Comum Curricular poderá ser superior a mil e oitocentas horas do total da carga horária do ensino médio, de acordo com a definição dos sistemas de ensino.

COMENTÁRIOS: O art. 35-A, § 5º, da LDBN, prevê que a carga horária destinada ao cumprimento da Base Nacional Comum Curricular **não poderá** ser superior a mil e oitocentas horas do total da carga horária do ensino médio, de acordo com a definição dos sistemas de ensino.

GABARITO: ERRADO

2.4. Ensino religioso

Nos termos do art. 210, § 1º, da CF, o ensino religioso, de matrícula facultativa, constituirá disciplina dos horários normais das escolas públicas de ensino fundamental.

Sobre o tema, prevê a Lei 9.394/96:

LEI 9.394/96

Art. 33. O ensino religioso, de matrícula facultativa, é parte integrante da formação básica do cidadão e constitui **disciplina dos horários normais das escolas públicas de ensino fundamental, assegurado o respeito à diversidade cultural religiosa do Brasil**, vedadas quaisquer formas de proselitismo.

§ 1º Os sistemas de ensino regulamentarão os procedimentos para a definição dos conteúdos do ensino religioso e estabelecerão as normas para a habilitação e admissão dos professores.

§ 2º Os sistemas de ensino ouvirão entidade civil, constituída pelas diferentes denominações religiosas, para a definição dos conteúdos do ensino religioso. (grifos nossos)

QUESTÃO DE CONCURSO

VUNESP - 2019 - Câmara de Piracicaba - SP – Advogado - A respeito do ensino religioso, a Lei nº 9.394/1996 (Diretrizes e Bases da Educação Nacional) estabelece que entidades civis de diferentes denominações religiosas serão ouvidas para definição do seu conteúdo.

COMENTÁRIOS: A assertiva reproduz corretamente o que dispõe a LDBN no art. 33, § 2º.

GABARITO: CORRETO

Acerca da vedação à prática do proselitismo religioso no ensino público, válido destacar que a prática consiste na postura de alguém em tentar convencer, através do discurso, outras pessoas a também se converterem a determinada religião.

O STF já proferiu decisão no sentido da inconstitucionalidade de norma estadual que proibia o proselitismo em rádios comunitárias sob, dentre outros, os fundamentos da inviolabilidade da liberdade de consciência e crença o da livre manifestação de pensamento[1].

Esse entendimento não se aplica ao serviço público de educação. A lei expressamente veda o proselitismo praticado nas escolas públicas.

Vale lembrar, ademais, que o STF decidiu que o ensino religioso nas escolas públicas brasileiras pode ter natureza confessional, ou seja, vinculado às diversas religiões[2]. Para a Corte, o Estado, observado o binômio Laicidade do Estado (art. 19, I), Consagração da Liberdade religiosa (art. 5º, VI) e o princípio da igualdade (art. 5º, *caput*), deverá atuar na regulamentação do cumprimento do preceito constitucional previsto no art. 210, § 1º, autorizando na rede pública, em igualdade de condições, o oferecimento de ensino confessional das diversas crenças, mediante requisitos formais e objetivos previamente fixados pelo Ministério da Educação.

Dessa maneira, será permitido aos alunos que voluntariamente se matricularem o pleno exercício de seu direito subjetivo ao ensino religioso como disciplina dos horários normais das escolas públicas de ensino fundamental, ministrada de acordo com os princípios de sua confissão religiosa, por integrantes da mesma, devidamente credenciados e, preferencialmente, sem qualquer ônus para o Poder Público[3].

Ainda sobre o tema religião e liberdade de consciência e de crença, importante a leitura dos novos dispositivos previstos na lei:

LEI 9.394/96

Art. 7º-A. **Ao aluno regularmente matriculado em instituição de ensino pública ou privada**, de qualquer nível, **é assegurado**, <u>no exercício da liberdade de consciência e de crença</u>, **o direito de, mediante prévio e motivado requerimento, ausentar-se de prova ou de aula marcada para dia em que, segundo os preceitos de sua religião, seja vedado o exercício de tais atividades,** devendo-se-lhe **atribuir, a critério da instituição e sem custos para o aluno, uma das seguintes prestações alternativas,** nos termos do inciso VIII do caput do art. 5º da Constituição Federal:

1. STF. Plenário. ADI 2566/DF, rel. orig. Min. Alexandre de Moraes, red. p/ o ac. Min. Edson Fachin, julgado em 16/5/2018 (Info 902).
2. STF. Plenário. ADI 4439/DF, rel. orig. Min. Roberto Barroso, red. p/ o ac. Min. Alexandre de Moraes, julgado em 27/9/2017 (Info 879).
3. CAVALCANTE, Márcio André Lopes. É inconstitucional norma que proíbe proselitismo em rádios comunitárias. Buscador Dizer o Direito, Manaus. Disponível em: <https://www.buscadordizerodireito.com.br/jurisprudencia/detalhes/c7be03f5d811ed29c328526ca8ab0d61>. Acesso em: 01/07/2020.

I - **prova ou aula de reposição**, conforme o caso, a ser realizada em data alternativa, no turno de estudo do aluno ou em outro horário agendado com sua anuência expressa; (Incluído pela Lei nº 13.796, de 2019)

II - **trabalho escrito ou outra modalidade de atividade de pesquisa**, com tema, objetivo e data de entrega definidos pela instituição de ensino. (Incluído pela Lei nº 13.796, de 2019)

§ 1º A prestação alternativa deverá observar os parâmetros curriculares e o plano de aula do dia da ausência do aluno. (Incluído pela Lei nº 13.796, de 2019)

§ 2º **O cumprimento das formas de prestação alternativa de que trata este artigo substituirá a obrigação original para todos os efeitos, inclusive regularização do registro e frequência.** (Incluído pela Lei nº 13.796, de 2019)

§ 3º As instituições de ensino implementarão progressivamente, no prazo de 2 (dois) anos, as providências e adaptações necessárias à adequação de seu funcionamento às medidas previstas neste artigo. (Incluído pela Lei nº 13.796, de 2019)

§ 4º **O disposto neste artigo não se aplica ao ensino militar a que se refere o art. 83[4] desta Lei.** (grifos nossos)

Sobre o tema, válido destacar recente decisão do STF no sentido de permitir que candidatos a concurso público consigam a alteração das datas e horários previstos no edital por motivos religiosos:

JURISPRUDÊNCIA

Nos termos do art. 5º, VIII, da Constituição Federal, é possível a realização de etapas de concurso público em datas e horários distintos dos previstos em edital, por candidato que invoca escusa de consciência por motivo de crença religiosa, desde que presentes a razoabilidade da alteração, a preservação da igualdade entre todos os candidatos e que não acarrete ônus desproporcional à Administração Pública, que deverá decidir de maneira fundamentada. STF. Plenário. RE 611874/DF, rel. orig. Min. Dias Toffoli, red. p/ o ac. Min. Edson Fachin, julgado em 19/11, 25/11 e 26/11/2020 (Repercussão Geral – Tema 386) (Info 1000).

2.5. Ensino privado

A Constituição Federal prevê em seu art. 209 que o ensino é livre à iniciativa privada, atendidas as seguintes condições:

4. LEI 9.394/96, Art. 83. O ensino militar é regulado em lei específica, admitida a equivalência de estudos, de acordo com as normas fixadas pelos sistemas de ensino.

- cumprimento das normas gerais da educação nacional;
- autorização e avaliação de qualidade pelo Poder Público.

A Lei 9.394/96 prevê que são instituições privadas de ensino aquelas mantidas e administradas por pessoas físicas ou jurídicas de direito privado (art. 19, II) e que as instituições de educação infantil criadas e mantidas pela iniciativa privada também fazem parte do sistema municipal de ensino (art. 18, II).

O art. 20 da lei previa categorias de instituições privadas de ensino, dentre as quais se incluiam as comunitárias, entendidas, segundo o inciso II, como as "instituídas por grupos de pessoas físicas ou por uma ou mais pessoas jurídicas, inclusive cooperativas educacionais, sem fins lucrativos, que incluam na sua entidade mantenedora representantes da comunidade".

O dispositivo, todavia, foi revogado pela Lei nº 13.868/2019.

O art. 19, por sua vez, foi alterado, e passou a prever as universidades comunitárias como espécie de instituições de ensino, ao lado das instituições públicas e privadas. Torna-se um terceiro tipo de instituição em sentido amplo, portanto, e não mais integra o rol do ensino privado.

2.6. Ensino domiciliar *(homeschooling)*

Finalizando o tema educação, importante analisar a prática denominada de *homeschooling,* ou, seja, o ensino domiciliar.

No julgamento do RE 888815/RS[5], o Plenário do STF decidiu que **não é possível, atualmente, o ensino domiciliar como meio lícito de cumprimento, pela família, do dever de prover educação.**

Não há, na CF/88, uma vedação absoluta ao ensino domiciliar. A CF/88, apesar de não o prever expressamente, não proíbe o ensino domiciliar. No entanto, o ensino domiciliar **não pode ser atualmente exercido porque não há legislação que regulamente** os preceitos e as regras aplicáveis a essa modalidade de ensino. Assim, o ensino domiciliar **somente pode ser implementado no Brasil após uma regulamentação por meio de lei na qual sejam previstos mecanismos de avaliação e fiscalização,** devendo essa lei respeitar os mandamentos constitucionais que tratam sobre educação[6].

5. STF. Plenário. RE 888815/RS, rel. orig. Min. Roberto Barroso, red. p/ o acórdão Min. Alexandre de Moraes, julgado em 12/9/2018 (repercussão geral) (Info 915).
6. CAVALCANTE, Márcio André Lopes. Não é possível, atualmente, o homeschooling no Brasil. Buscador Dizer o Direito, Manaus. Disponível em: <https://www.buscadordizerodireito.com.br/jurisprudencia/detalhes/cca289d2a4acd14c1cd9a84ffb41dd29>. Acesso em: 01/07/2020.

QUADRO-RESUMO - Capítulo X

SERVIÇO PÚBLICO DE EDUCAÇÃO

A Constituição Federal prevê:

A educação é um direito social (art. 6º, ***caput***).

Competência privativa da União para legislar sobre diretrizes e bases da educação nacional (art. 22, XXIV);

Competência comum dos entes para proporcionar os meios de acesso à educação (art. 23, V);

Competência concorrente da União, Estados e Distrito Federal para legislar sobre educação (art. 24, IX).

Competência dos Municípios para manter, com a cooperação técnica e financeira da União e do Estado, programas de educação infantil e de ensino fundamental (art. 30, VI);

O acesso ao ensino obrigatório e gratuito é direito público subjetivo (art. 208, § 1º).

O não-oferecimento do ensino obrigatório pelo Poder Público, ou sua oferta irregular, importa responsabilidade da autoridade competente (art. 208, § 2º).

A educação básica pública atenderá prioritariamente ao ensino regular (art. 211, § 5º).

Os recursos públicos serão destinados às escolas públicas, podendo ser dirigidos a escolas comunitárias, confessionais ou filantrópicas, definidas em lei, que:

I - comprovem finalidade não-lucrativa e apliquem seus excedentes financeiros em educação;

II - assegurem a destinação de seu patrimônio a outra escola comunitária, filantrópica ou confessional, ou ao Poder Público, no caso de encerramento de suas atividades (art. 213).

LEI DE DIRETRIZES E BASES DA EDUCAÇÃO NACIONAL (LDBN)

Lei n° 9.394/96

Princípios

- Igualdade de condições para o acesso e permanência na escola;
- Liberdade de aprender, ensinar, pesquisar e divulgar a cultura, o pensamento, a arte e o saber;
- Pluralismo de ideias e de concepções pedagógicas;
- Respeito à liberdade e apreço à tolerância;
- Coexistência de instituições públicas e privadas de ensino;
- Gratuidade do ensino público em estabelecimentos oficiais;
- Valorização do profissional da educação escolar (a CF/88 prevê, neste ponto que são "garantidos, na forma da lei, planos de carreira, com ingresso exclusivamente por concurso público de provas e títulos, aos das redes públicas");
- Gestão democrática do ensino público, na forma desta Lei e da legislação dos sistemas de ensino;
- Garantia de padrão de qualidade;
- Valorização da experiência extraescolar;
- Vinculação entre a educação escolar, o trabalho e as práticas sociais;
- Consideração com a diversidade étnico-racial;
- Garantia do direito à educação e à aprendizagem ao longo da vida.

Educação escolar pública

Educação básica obrigatória e gratuita dos 4 (quatro) aos 17 (dezessete) anos de idade, organizada da seguinte forma:

a) pré-escola;

b) ensino fundamental;

c) ensino médio;

Educação infantil gratuita às crianças de até 5 (cinco) anos de idade;

Atendimento educacional especializado gratuito aos educandos com deficiência, transtornos globais do desenvolvimento e altas habilidades ou superdotação, transversal a todos os níveis, etapas e modalidades, preferencialmente na rede regular de ensino;

Acesso público e gratuito aos ensinos fundamental e médio para todos os que não os concluíram na idade própria;

Acesso aos níveis mais elevados do ensino, da pesquisa e da criação artística, segundo a capacidade de cada um;

Oferta de ensino noturno regular, adequado às condições do educando;

Oferta de educação escolar regular para jovens e adultos, com características e modalidades adequadas às suas necessidades e disponibilidades, garantindo-se aos que forem trabalhadores as condições de acesso e permanência na escola;

Atendimento ao educando, em todas as etapas da educação básica, por meio de programas suplementares de material didático-escolar, transporte, alimentação e assistência à saúde;

Padrões mínimos de qualidade de ensino, definidos como a variedade e quantidade mínimas, por aluno, de insumos indispensáveis ao desenvolvimento do processo de ensino-aprendizagem.

Vaga na escola pública de educação infantil ou de ensino fundamental mais próxima de sua residência a toda criança a partir do dia em que completar 4 (quatro) anos de idade.

É assegurado atendimento educacional, durante o período de internação, ao aluno da educação básica internado para tratamento de saúde em regime hospitalar ou domiciliar por tempo prolongado, conforme dispuser o Poder Público em regulamento, na esfera de sua competência federativa.

Educação infantil, ensino fundamental e médio

A educação infantil será ministrada em:

- creches, ou entidades equivalentes, para crianças de até três anos de idade;
- pré-escolas, para as crianças de 4 (quatro) a 5 (cinco) anos de idade.

Carga horária mínima anual

800 (oitocentas) horas, distribuída por um mínimo de 200 (duzentos) dias de trabalho educacional, com atendimento à criança de, no mínimo, 4 (quatro) horas diárias para o turno parcial e de 7 (sete) horas para a jornada integral.

Haverá controle de frequência pela instituição de educação pré-escolar, exigida a frequência mínima de 60% (sessenta por cento) do total de horas;

Em relação ao ensino fundamental, será obrigatório, com duração de 9 (nove) anos, gratuito na escola pública, iniciando-se aos 6 (seis) anos de idade e terá por objetivo a formação básica do cidadão.

No currículo do ensino fundamental, a partir do sexto ano, será ofertada a língua inglesa.

O ensino médio é a etapa final da educação básica, com duração mínima de três.

O ensino da língua portuguesa e da matemática será obrigatório nos três anos do ensino médio, assegurada às comunidades indígenas, também, a utilização das respectivas línguas maternas.

Os currículos do ensino médio incluirão, obrigatoriamente, o estudo da língua inglesa e poderão ofertar outras línguas estrangeiras, em caráter optativo, preferencialmente o espanhol, de acordo com a disponibilidade de oferta, locais e horários definidos pelos sistemas de ensino.

ENSINO RELIGIOSO

Art. 210, § 1º, da CF: o ensino religioso, de matrícula facultativa, constituirá disciplina dos horários normais das escolas públicas de ensino fundamental.

A LDBN assegura o respeito à diversidade cultural religiosa do Brasil, vedadas quaisquer formas de proselitismo.

Os sistemas de ensino ouvirão entidade civil, constituída pelas diferentes denominações religiosas, para a definição dos conteúdos do ensino religioso.

STF: inconstitucionalidade de norma estadual que proibia o proselitismo em rádios comunitárias sob, dentre outros, os fundamentos da inviolabilidade da liberdade de consciência e crença o da livre manifestação de pensamento (ADI 2566/DF). Esse entendimento **não** se aplica ao serviço público de educação. A lei expressamente veda o proselitismo praticado nas escolas públicas.

STF: o ensino religioso nas escolas públicas brasileiras pode ter natureza confessional, ou seja, vinculado às diversas religiões (Plenário. ADI 4439/DF, rel. orig. Min. Roberto Barroso, red. p/ o ac. Min. Alexandre de Moraes, julgado em 27/9/2017 (Info 879).

STF: é possível a realização de etapas de concurso público em datas e horários distintos dos previstos em edital, por candidato que invoca escusa de consciência por motivo de crença religiosa, desde que presentes a razoabilidade da alteração, a preservação da igualdade entre todos os candidatos e que não acarrete ônus desproporcional à Administração Pública, que deverá decidir de maneira fundamentada. (Plenário. RE 611874/DF, rel. orig. Min. Dias Toffoli, red. p/ o ac. Min. Edson Fachin, julgado em 19/11, 25/11 e 26/11/2020 (Repercussão Geral – Tema 386) (Info 1000).

ENSINO PRIVADO

CF: prevê no art. 209 que o ensino é livre à iniciativa privada, atendidas as seguintes condições: cumprimento das normas gerais da educação nacional e autorização e avaliação de qualidade pelo Poder Público.

ENSINO DOMICILIAR (HOMESCHOOLING)

STF: decidiu que não é possível, atualmente, o ensino domiciliar como meio lícito de cumprimento, pela família, do dever de prover educação. Não há, na CF/88, uma vedação absoluta ao ensino domiciliar, porém este não pode ser atualmente exercido porque não há legislação que regulamente os preceitos e as regras aplicáveis a essa modalidade de ensino. (Plenário. RE 888815/RS, rel. orig. Min. Roberto Barroso, red. p/ o acórdão Min. Alexandre de Moraes, julgado em 12/9/2018 (repercussão geral) - Info 915).

CAPÍTULO XI

SERVIÇO PÚBLICO DE SAÚDE

1. PROTEÇÃO CONSTITUCIONAL DO DIREITO À SAÚDE

Dispõe a Constituição Federal que "a saúde é direito de todos e dever do Estado, garantido mediante políticas sociais e econômicas que visem à redução do risco de doença e de outros agravos e ao acesso universal e igualitário às ações e serviços para sua promoção, proteção e recuperação" (art. 196). Trata-se de direito social previsto no art. 6º do texto constitucional.

Outrossim, são de relevância pública as ações e serviços de saúde, cabendo ao Poder Público dispor, nos termos da lei, sobre sua regulamentação, fiscalização e controle, devendo sua execução ser feita diretamente ou através de terceiros e, também, por pessoa física ou jurídica de direito privado (art. 197 da CF).

2. LEI FEDERAL Nº 8.080/90 – SISTEMA ÚNICO DE SAÚDE (SUS)

A Lei nº 8.080, de 19 de setembro 1990 (Lei do SUS), dispõe sobre as condições para a promoção, proteção e recuperação da saúde, a organização e o funcionamento dos serviços correspondentes e dá outras providências.

Esta lei regula, em todo o território nacional, as ações e serviços de saúde, executados isolada ou conjuntamente, em caráter permanente ou eventual, por pessoas naturais ou jurídicas de direito público ou privado (art. 1º).

2.1. Objetivos do SUS

A Lei 8.080/90 lista em seu artigo 5º três objetivos dos SUS, a saber:

- a identificação e divulgação dos fatores condicionantes e determinantes da saúde;
- a formulação de política de saúde destinada a promover, nos campos econômico e social, a observância do disposto no § 1º do art. 2º da lei (*O dever do Estado de garantir a saúde consiste na formulação e execução de políticas econômicas e sociais que visem à redução de riscos de doenças e de*

outros agravos e no estabelecimento de condições que assegurem acesso universal e igualitário às ações e aos serviços para a sua promoção, proteção e recuperação);

- a assistência às pessoas por intermédio de ações de promoção, proteção e recuperação da saúde, com a realização integrada das ações assistenciais e das atividades preventivas.

QUESTÃO DE CONCURSO

VUNESP – 2020 – Advogado – FITO - São objetivos específicos do Sistema Único de Saúde – SUS, dentro do que dispõe literalmente os termos da Lei n° 8.080, de 19 de setembro de 1990, a execução de ações de vigilância sanitária.

COMENTÁRIOS: A assertiva está incorreta, pois a vigilância sanitária não está inserida como objetivo específico do SUS. Vale destacar que a vigilância sanitária está incluída no campo de atuação do SUS, conforme prevê o art. 6º, I, 'a', da Lei 8.080/90.

GABARITO: ERRADO

2.2. Princípios

Prevê a Lei 8.080/90 que as ações e serviços públicos de saúde e os serviços privados contratados ou conveniados que integram o SUS obedecerão aos seguintes princípios – também chamados pela lei de 'diretrizes' - (art. 7º):

- **Universalidade de acesso** aos serviços de saúde em todos os níveis de assistência;
- **Integralidade de assistência,** entendida como conjunto articulado e contínuo das ações e serviços preventivos e curativos, individuais e coletivos, exigidos para cada caso em todos os níveis de complexidade do sistema;
- **Preservação da autonomia das pessoas** na defesa de sua integridade física e moral;
- **Igualdade da assistência à saúde**, sem preconceitos ou privilégios de qualquer espécie;
- **Direito à informação,** às pessoas assistidas, sobre sua saúde;
- **Divulgação de informações quanto ao potencial dos serviços** de saúde e a sua utilização pelo usuário;
- **Utilização da epidemiologia** para o estabelecimento de prioridades, a alocação de recursos e a orientação programática;
- **Participação da comunidade**;
- **Descentralização político-administrativa**, com **direção única em cada esfera** de governo:

- Ênfase na **descentralização dos serviços para os municípios**;
- **Regionalização e hierarquização da rede** de serviços de saúde;
- **Integração em nível executivo** das ações de saúde, meio ambiente e saneamento básico;
- **Conjugação dos recursos financeiros, tecnológicos, materiais e humanos** da União, dos Estados, do Distrito Federal e dos Municípios na prestação de serviços de assistência à saúde da população;
- **Capacidade de resolução dos serviços** em todos os níveis de assistência;
- Organização dos serviços públicos de modo a **evitar duplicidade de meios para fins idênticos.**
- Organização de **atendimento público específico e especializado para mulheres e vítimas de violência doméstica em geral**, que garanta, entre outros, atendimento, acompanhamento psicológico e cirurgias plásticas reparadoras.

2.3. Competências

O SUS é formado por órgãos das 3 esferas federativas, através de instituições de administração direta e indireta, e poderá contar com a participação da iniciativa privada em caráter complementar.

Níveis de responsabilidade e suas competências gerais:

Federal: coordenar o sistema de saúde, formular políticas e diretrizes nacionais, fomentar programas fiscalizar a execução de recursos federais.

- Estadual: articular as regiões de saúde, mediar o acesso à alta complexidade, planejar no âmbito estadual, apoiar técnica e financeiramente as ações dos municípios.
- Municipal: administrar os serviços de saúde, garantir acesso ao sistema, executar ações de saúde.

Impende lembrar que ao Distrito Federal competem as atribuições reservadas aos Estados e aos Municípios.

No que diz respeito ao âmbito Municipal, destaca-se a atribuição de controlar e fiscalizar os procedimentos dos serviços privados de saúde (art. 18, XI, recorrentemente cobrado em provas de concursos).

Destaca-se que a lei permite que, no nível municipal, o Sistema Único de Saúde (SUS), organize-se em distritos de forma a integrar e articular recursos, técnicas e práticas voltadas para a cobertura total das ações de saúde (art. 9º, §2º).

Por fim, cita-se que, caberá à União, com seus recursos próprios, financiar o Subsistema de Atenção à Saúde Indígena (art. 19-C).

QUESTÃO DE CONCURSO

VUNESP – 2018 - Assessor Jurídico – Câmara Municipal de Nova Odessa/SP - Cabe à FUNAI, com exclusividade, com seus recursos próprios, financiar o Subsistema de Atenção à Saúde Indígena.

COMENTÁRIOS: Cabe à União, não à FUNAI com recursos próprios, financiar o Subsistema de Atenção à Saúde Indígena.

GABARITO: ERRADO

2.4. Financiamento do SUS

Nos termos do art. 31 da Lei 8.080/90:

LEI 8.080/90

Art. 31 **O orçamento da Seguridade Social destinará ao Sistema Único de Saúde (SUS)** de acordo com a receita estimada, os **recursos necessários à realização de suas finalidades**, previstos em proposta elaborada pela sua direção nacional, com a participação dos órgãos da Previdência Social e da Assistência Social, **tendo em vista as metas e prioridades estabelecidas na Lei de Diretrizes Orçamentárias.** (grifos nossos)

Há outras fontes de recursos? Sim!

Prevê o art. 32 da Lei do SUS que são considerados outras fontes os recursos provenientes de:

- Serviços que possam ser prestados sem prejuízo da assistência à saúde;
- Ajuda, contribuições, doações e donativos;
- Alienações patrimoniais e rendimentos de capital;
- Taxas, multas, emolumentos e preços públicos arrecadados no âmbito do Sistema Único de Saúde (SUS); e
- Rendas eventuais, inclusive comerciais e industriais.

As receitas geradas no âmbito do Sistema Único de Saúde (SUS) serão creditadas **diretamente em contas especiais,** movimentadas pela sua direção, na esfera de poder onde forem arrecadadas (art. 32, § 2º).

As ações de saneamento que venham a ser executadas supletivamente pelo Sistema Único de Saúde (SUS), serão financiadas por recursos tarifários específicos e outros da União, Estados, Distrito Federal, Municípios e, em particular, do Sistema Financeiro da Habitação (SFH) (art. 32, § 3º).

QUESTÃO DE CONCURSO

VUNESP - 2018 - Procurador Jurídico -Câmara de Itaquaquecetuba/SP - De acordo com o disposto na Lei n° 8.080/90, que trata do SUS-Sistema Único de Saúde, as ações de saneamento que venham a ser executadas supletivamente pelo Sistema Único de Saúde (SUS) serão financiadas por recursos tarifários específicos e outros da União, Estados, Distrito Federal, Municípios e, em particular, do Sistema Financeiro da Habitação (SFH).

COMENTÁRIOS: A assertiva reproduz o teor do art. 32, § 3º, acima comentado.

GABARITO: CORRETO

As atividades de **pesquisa e desenvolvimento científico e tecnológico** em saúde serão **cofinanciadas pelo SUS, pelas universidades e pelo orçamento fiscal**, além de **recursos de instituições de fomento e financiamento ou de origem externa** e **receita própria das instituições executoras** (art. 32, § 5º).

E como se dá a distribuição dos recursos entre os entes?

A Lei prevê os seguintes critérios:

LEI 8.080/90

Art. 35. Para o estabelecimento de valores a serem transferidos a Estados, Distrito Federal e Municípios, será utilizada a combinação dos seguintes critérios, segundo análise técnica de programas e projetos:

I - perfil demográfico da região;

II - perfil epidemiológico da população a ser coberta;

III - características quantitativas e qualitativas da rede de saúde na área;

IV - desempenho técnico, econômico e financeiro no período anterior;

V - níveis de participação do setor saúde nos orçamentos estaduais e municipais;

VI - previsão do plano **quinquenal** de investimentos da rede.

VII - ressarcimento do atendimento a serviços prestados para outras esferas de governo. (grifo nosso)

Nos casos de Estados e Municípios sujeitos a notório processo de migração, os critérios demográficos mencionados nesta lei serão ponderados por outros indicadores de crescimento populacional, em especial o número de eleitores registrados (art. 35, § 2º.

A Lei previa que metade dos recursos destinados a Estados e Municípios seria distribuído segundo o quociente de sua divisão pelo número de habitantes, independentemente de qualquer procedimento prévio (art. 35, § 1º). **O dispositivo foi revogado**, porém destaca-se que a Banca Vunesp já cobrou o teor, considerando incorreta a assertiva.

É vedada a transferência de recursos para o financiamento de ações não previstas nos planos de saúde, **exceto em situações emergenciais ou de calamidade pública, na área de saúde** (art. 36, § 2º).

Ademais, não será permitida a destinação de subvenções e auxílios a instituições prestadoras de serviços de saúde com finalidade lucrativa (art. 38).

2.5. Participação complementar da iniciativa privada

Acerca da participação da iniciativa privada de forma complementar ao SUS, prevê a Lei 8.080/90 que, "quando as suas **disponibilidades forem insuficientes** para garantir a cobertura assistencial à população de uma determinada área, o Sistema Único de Saúde **(SUS) poderá recorrer aos serviços ofertados pela iniciativa privada**" (art. 24)

O parágrafo único do citado artigo dispõe, ainda, que "**a participação complementar dos serviços privados** será formalizada mediante **contrato ou convênio**, observadas, a respeito, as **normas de direito público**".

O diploma prevê, ademais:

LEI 8.080/90

Art. 25. Na hipótese do artigo anterior, **as entidades filantrópicas e as sem fins lucrativos terão preferência** para participar do Sistema Único De Saúde (SUS).

Art. 26. Os critérios e valores para a remuneração de serviços e os parâmetros de cobertura assistencial serão estabelecidos pela Direção Nacional do Sistema Único De Saúde (SUS), aprovados no Conselho Nacional de Saúde.

(...)

§ 4º **Aos proprietários, administradores e dirigentes de entidades ou serviços contratados é vedado exercer cargo de chefia ou função de confiança no Sistema Único de Saúde (SUS).** (grifos nossos)

2.6. Participação de capital estrangeiro nas ações de assistência à saúde

Prevê a Lei 8.080/90, em seu art. 23, que é permitida a participação **direta ou indireta, inclusive controle, de empresas ou de capital estrangeiro** na assistência à saúde **nos seguintes casos**:

- Doações de organismos internacionais vinculados à Organização das Nações Unidas, de entidades de cooperação técnica e de financiamento e empréstimos;
- Pessoas jurídicas destinadas a instalar, operacionalizar ou explorar:

- Hospital geral, inclusive filantrópico, hospital especializado, policlínica, clínica geral e clínica especializada;
- Ações e pesquisas de planejamento familiar;
- Serviços de saúde mantidos, sem finalidade lucrativa, por empresas, para atendimento de seus empregados e dependentes, sem qualquer ônus para a seguridade social; e
- Demais casos previstos em legislação específica.

2.7. Jurisprudência correlata

- STJ: **Autarquia que seja criada para prestar serviços de saúde suplementar para os servidores públicos e seus dependentes estará sujeita às regras da Lei dos Planos de Saúde** (Lei 9.656/98). (REsp 1766181/PR, Rel. Ministra NANCY ANDRIGHI, Rel. p/ Acórdão Ministro RICARDO VILLAS BÔAS CUEVA, TERCEIRA TURMA, julgado em 03/12/2019, DJe 13/12/2019)

3. FORNECIMENTO DE MEDICAMENTOS PELO PODER PÚBLICO

Em 23/05/2019, o Plenário do Supremo Tribunal Federal (STF) fixou tese de repercussão geral sobre a matéria constitucional contida no Recurso Extraordinário (RE) 855178 reafirmando que há responsabilidade solidária de entes federados para o fornecimento de medicamentos e tratamentos de saúde.

Tese firmada: "**Os entes da federação, em decorrência da competência comum, são solidariamente responsáveis nas demandas prestacionais na área da saúde e, diante dos critérios constitucionais de descentralização e hierarquização, compete à autoridade judicial direcionar o cumprimento conforme as regras de repartição de competências e determinar o ressarcimento a quem suportou o ônus financeiro**".

Em 22 de maio do mesmo ano, o Supremo, no julgamento do RE 657718, com repercussão geral reconhecida proferiu decisão desobrigando o Estado de fornecer medicamento sem registro na Anvisa.

Teses:

- **O Estado não pode ser obrigado a fornecer medicamentos experimentais.**
- A **ausência de registro na Anvisa impede**, como regra geral, **o fornecimento de medicamento por decisão judicial.**
- É possível, **excepcionalmente, a concessão judicial** de medicamento sem registro sanitário, **em caso de mora irrazoável da Anvisa em apreciar o pedido**, quando preenchidos **três requisitos**:

I – a **existência de pedido de registro** do medicamento **no Brasil**, salvo no caso de medicamentos órfãos para doenças raras e ultrarraras;

II – a **existência de registro** do medicamento em r**enomadas agências de regulação no exterior**;

III – a **inexistência de substituto terapêutico com registro no Brasil**.

- As **ações que demandem o fornecimento** de medicamentos sem registro na Anvisa deverão ser **necessariamente propostas em face da União**.

Não se deve confundir tal decisão com a jurisprudência do STJ sobre medicamentos não incorporados ao SUS!

Em 25/04/2018 o **STJ** julgou recurso repetitivo e fixou tese estabelecendo que **constitui obrigação do poder público o fornecimento de medicamentos não incorporados em atos normativos do SUS, desde que presentes, cumulativamente, os seguintes requisitos**:

- Comprovação, por meio de laudo médico fundamentado e circunstanciado expedido por médico que assiste o paciente, da imprescindibilidade ou necessidade do medicamento, assim como da ineficácia, para o tratamento da moléstia, dos fármacos fornecidos pelo SUS;
- Incapacidade financeira do paciente de arcar com o custo do medicamento prescrito; e
- Existência de registro do medicamento na Agência Nacional de Vigilância Sanitária (Anvisa).

Em relação ao terceiro requisito, após a oposição de embargos de declaração[1], o STJ alterou a redação da tese, que passa a prever: “existência de registro do medicamento na ANVISA, observados os usos autorizados pela agência”.

Isso quer dizer que, em regra, o paciente não pode exigir do poder público o fornecimento de medicamento para uso off-label (fora da bula), salvo se essa utilização for autorizada pela ANVISA.

Destarte, a Corte modulou os efeitos da decisão, de modo que “os requisitos acima elencados sejam exigidos somente quanto aos processos distribuídos a partir da data da publicação do acórdão, ou seja, 4/5/2018”.

Em relação aos processos pendentes naquela data, é exigível apenas o requisito que a Corte entendia existir, qual seja, a demonstração da imprescindibilidade do medicamento.

1. STJ. 1ª Seção. EDcl no REsp 1657156-RJ, Rel. Min. Benedito Gonçalves, julgado em 12/09/2018 (recurso repetitivo) (Info 633).

4. POLÍTICAS PÚBLICAS RELACIONADAS AO COVID-19

Concluiremos o capítulo destinado ao estudo do serviço público de saúde elencando três importantes decisões jurisprudenciais relacionadas às políticas públicas durante o contexto da pandemia de Covid-19 no país.

Os Tribunais Superiores foram instados a se manifestarem sobre leis e atos normativos, bem como atuação administrativa dos gestores públicos, razão pela qual é válido o estudo da jurisprudência, seja para os concursos públicos, seja para a atuação prática dos advogados públicos.

4.1. Vacinação compulsória

Em 2020 foi editada a Lei nº 13.979, a qual prevê medidas que poderão ser adotadas para enfrentamento da crise de saúde pública decorrente do Coronavírus.

Dentre as medidas, está a possibilidade de determinação da vacinação compulsória:

LEI 13.979/2020

Art. 3º Para enfrentamento da emergência de saúde pública de importância internacional de que trata esta Lei, as autoridades poderão adotar, no âmbito de suas competências, entre outras, as seguintes medidas: (...)

III - determinação de realização compulsória de:

d) vacinação e outras medidas profiláticas.

§ 4º As pessoas deverão sujeitar-se ao cumprimento das medidas previstas neste artigo, e o descumprimento delas acarretará responsabilização, nos termos previstos em lei.

A vacinação compulsória é constitucional?

Ao julgar a ADI 6586, o STF decidiu conferir interpretação conforme à Constituição ao art. 3º, III, “d”, da Lei nº 13.979/2020, concluindo que **o Poder Público pode determinar aos cidadãos que se submetam, compulsoriamente, à vacinação contra a Covid-19.**

Foram fixadas as seguintes teses:

JURISPRUDÊNCIA

A vacinação compulsória não significa vacinação forçada, por exigir sempre o consentimento do usuário, podendo, contudo, ser implementada por meio de medidas indiretas, as quais compreendem, dentre outras, a restrição ao exercício de certas atividades ou à frequência de determinados lugares, desde que previstas em lei, ou dela decorrentes, e

(i) tenham como base evidências científicas e análises estratégicas pertinentes,

(ii) venham acompanhadas de ampla informação sobre a eficácia, segurança e contraindicações dos imunizantes,

(iii) respeitem a dignidade humana e os direitos fundamentais das pessoas;

(iv) atendam aos critérios de razoabilidade e proporcionalidade, e

(v) sejam as vacinas distribuídas universal e gratuitamente.

Tais medidas, com as limitações acima expostas, podem ser implementadas tanto pela União como pelos Estados, Distrito Federal e Municípios, respeitadas as respectivas esferas de competência.

STF. Plenário. ADI 6586, Rel. Min. Ricardo Lewandowski, julgado em 17/12/2020 (Info 1003).

Para a Corte, "o Estado pode impor aos cidadãos que recusem a vacinação as medidas restritivas previstas em lei (multa, impedimento de frequentar determinados lugares, fazer matrícula em escola), mas não pode fazer a imunização à força".

Sobre o tema, o STF também entende ilegítima a recusa dos pais à vacinação compulsória de filho menor por motivo de convicção filosófica.

JURISPRUDÊNCIA

É constitucional a obrigatoriedade de imunização por meio de vacina que, registrada em órgão de vigilância sanitária, (i) tenha sido incluída no Programa Nacional de Imunizações ou (ii) tenha sua aplicação obrigatória determinada em lei ou (iii) seja objeto de determinação da União, estado, Distrito Federal ou município, com base em consenso médico-científico. Em tais casos, não se caracteriza violação à liberdade de consciência e de convicção filosófica dos pais ou responsáveis, nem tampouco ao poder familiar. STF. Plenário. ARE 1267879/SP, Rel. Min. Roberto Barroso, julgado em 16 e 17/12/2020 (Repercussão Geral – Tema 1103) (Info 1003).

4.2. Requisição de vacinas pela União

A seguinte controvérsia foi apreciada pelo STF: O Estado de São Paulo contratou o fornecimento de insumos para a vacinação contra a Covid-19 (seringas e agulhas) com determinada indústria e chegou a realizar o empenho para os pagamentos. Ocorre que a União requisitou o estoque destes insumos à indústria, a qual informou ao Estado que não poderia mais cumprir o contrato.

A Corte decidiu incabível esta requisição de bens pelo ente federal:

JURISPRUDÊNCIA

É incabível a requisição administrativa, pela União, de bens insumos contratados por unidade federativa e destinados à execução do plano local de imunização, cujos pagamentos já foram empenhados. A requisição administrativa não pode se voltar contra bem ou serviço de outro ente federativo. Isso para que não haja indevida interferência na autonomia de um sobre outro. STF. Plenário. ACO 3463 MC-Ref/SP, Rel. Min. Ricardo Lewandowski, julgado em 8/3/2021 (Info 1008).

Nesse sentido, a União não pode requisitar seringas e agulhas que já foram contratadas pelo Estado-membro.

4.3. Ordem de preferência na vacinação

O Ministério da Saúde divulgou o Plano Nacional de Operacionalização da Vacinação contra a Covid-19, o qual determina a população que seria imunizada prioritariamente e a estimativa de doses necessárias.

Ocorre que o plano não detalhou a ordem dos grupos prioritários e, diante da omissão, o STF entendeu pela possibilidade de atuação do Poder Judiciário a fim de evitar a proliferação de demandas judiciais de indivíduos pleiteando a prioridade.

Para a Corte, faz-se necessário determinar parâmetros aptos a orientar os agentes públicos no processo decisório de escolha dos grupos que seriam vacinados, tendo em vista a grande demanda e a escassez dos imunizantes.

A partir do direito à informação e do princípio da publicidade, que norteiam a Administração Pública, decidiu o STF que é legítimo o pleito de publicação dos critérios de vacinação e da ordem de preferência dentro das classes prioritárias:

JURISPRUDÊNCIA

A pretensão de que sejam editados e publicados critérios e subcritérios de vacinação por classes e subclasses no Plano de Vacinação, assim como a ordem de preferência dentro de cada classe e subclasse, encontra arrimo: nos princípios da publicidade e da eficiência que regem a Administração Pública (art. 37, da CF/88); no direito à informação que assiste aos cidadãos em geral (art. 5º, XXXIII, e art. 37, § 2º, II); na obrigação da União de "planejar e promover a defesa permanente contra as calamidades públicas" (art. 21, XVII); no dever incontornável cometido ao Estado de assegurar a inviolabilidade do direito à vida (art. 5º, caput), traduzida por uma "existência digna" (art. 170); e no direito à saúde (art. 6º e art. 196). STF. Plenário. ADPF 754 TPI-segunda-Ref/DF, Rel. Min. Ricardo Lewandowski, julgado em 27/2/2021 (Info 1007).

QUADRO-RESUMO - Capítulo XI

SERVIÇO PÚBLICO DE SAÚDE

Direito Social – Art. 6º, da CF

CF: a saúde é direito de todos e dever do Estado, garantido mediante políticas sociais e econômicas que visem à redução do risco de doença e de outros agravos e ao acesso universal e igualitário às ações e serviços para sua promoção, proteção e recuperação (art. 196).

São de relevância pública as ações e serviços de saúde, cabendo ao Poder Público dispor, nos termos da lei, sobre sua regulamentação, fiscalização e controle, devendo sua execução ser feita diretamente ou através de terceiros e, também, por pessoa física ou jurídica de direito privado (art. 197 da CF).

LEI DO SUS (8.080/90)

Objetivos

- a identificação e divulgação dos fatores condicionantes e determinantes da saúde;
- a formulação de política de saúde destinada a promover, nos campos econômico e social, a redução de riscos de doenças e de outros agravos e no estabelecimento de condições que assegurem acesso universal e igualitário às ações e aos serviços para a sua promoção, proteção e recuperação;
- a assistência às pessoas por intermédio de ações de promoção, proteção e recuperação da saúde, com a realização integrada das ações assistenciais e das atividades preventivas.

Princípios/Diretrizes

- Universalidade de acesso;
- Integralidade de assistência,
- Preservação da autonomia das pessoas na defesa de sua integridade física e moral;
- Igualdade da assistência à saúde, sem preconceitos ou privilégios de qualquer espécie;
- Direito à informação;
- Utilização da epidemiologia para o estabelecimento de prioridades, a alocação de recursos e a orientação programática;
- Participação da comunidade;
- Descentralização político-administrativa, com direção única em cada esfera de governo:
- Ênfase na descentralização dos serviços para os municípios;
- Regionalização e hierarquização da rede de serviços de saúde;
- Integração em nível executivo das ações de saúde, meio ambiente e saneamento básico;
- Conjugação dos recursos financeiros, tecnológicos, materiais e humanos dos entes federativos;
- Capacidade de resolução dos serviços em todos os níveis de assistência;
- Organização dos serviços públicos de modo a evitar duplicidade de meios para fins idênticos.
- Organização de atendimento público específico e especializado para mulheres e vítimas de violência doméstica em geral, que garanta, entre outros, atendimento, acompanhamento psicológico e cirurgias plásticas reparadoras.

Competências

Federal: coordenar o sistema de saúde, formular políticas e diretrizes nacionais, fomentar programas fiscalizar a execução de recursos federais.

Caberá à União, com seus recursos próprios, financiar o Subsistema de Atenção à Saúde Indígena

Estadual/Distrital: articular as regiões de saúde, mediar o acesso à alta complexidade, planejar no âmbito estadual, apoiar técnica e financeiramente as ações dos municípios.

Municipal/Distrital: administrar os serviços de saúde, garantir acesso ao sistema, executar ações de saúde.

No âmbito Municipal, destaca-se a atribuição de controlar e fiscalizar os procedimentos dos serviços privados de saúde.

FINANCIAMENTO DO SUS

O orçamento da Seguridade Social destinará ao Sistema Único de Saúde (SUS), recursos necessários à realização de suas finalidades. São considerados outras fontes os recursos provenientes de:

- Serviços que possam ser prestados sem prejuízo da assistência à saúde;
- Ajuda, contribuições, doações e donativos;
- Alienações patrimoniais e rendimentos de capital;
- Taxas, multas, emolumentos e preços públicos arrecadados no âmbito do Sistema Único de Saúde (SUS); e
- Rendas eventuais, inclusive comerciais e industriais.

As ações de saneamento serão financiadas por recursos tarifários específicos e outros da União, Estados, Distrito Federal, Municípios e, em particular, do Sistema Financeiro da Habitação (SFH)

É vedada a transferência de recursos para o financiamento de ações não previstas nos planos de saúde, exceto em situações emergenciais ou de calamidade pública, na área de saúde.

Ademais, não será permitida a destinação de subvenções e auxílios a instituições prestadoras de serviços de saúde com finalidade lucrativa.

Participação complementar da iniciativa privada

Quando as suas disponibilidades forem insuficientes para garantir a cobertura assistencial à população de uma determinada área, o Sistema Único de Saúde (SUS) poderá recorrer aos serviços ofertados pela iniciativa privada.

A participação complementar dos serviços privados será formalizada mediante contrato ou convênio, observadas, a respeito, as normas de direito público.

As entidades filantrópicas e as sem fins lucrativos terão preferência para participar do Sistema Único De Saúde.

Participação de capital estrangeiro nas ações de assistência à saúde

Prevê a Lei 8.080/90, em seu art. 23, que é permitida a participação direta ou indireta, inclusive controle, de empresas ou de capital estrangeiro na assistência à saúde nos seguintes casos:

- Doações de organismos internacionais vinculados à Organização das Nações Unidas, de entidades de cooperação técnica e de financiamento e empréstimos;
- Pessoas jurídicas destinadas a instalar, operacionalizar ou explorar:
- Hospital geral, inclusive filantrópico, hospital especializado, policlínica, clínica geral e clínica especializada;
- Ações e pesquisas de planejamento familiar;
- Serviços de saúde mantidos, sem finalidade lucrativa, por empresas, para atendimento de seus empregados e dependentes, sem qualquer ônus para a seguridade social; e
- Demais casos previstos em legislação específica.

STJ: Autarquia que seja criada para prestar serviços de saúde suplementar para os servidores públicos e seus dependentes estará sujeita às regras da Lei dos Planos de Saúde (Lei 9.656/98). (REsp 1766181/PR, Rel. Ministra Nancy Andrighi, Terceira Turma, julgado em 03/12/2019, DJe 13/12/2019)

FORNECIMENTO DE MEDICAMENTOS PELO PODER PÚBLICO

STF - Teses de repercussão geral:

Responsabilidade solidária dos entes:

"Os entes da federação, em decorrência da competência comum, são solidariamente responsáveis nas demandas prestacionais na área da saúde e, diante dos critérios constitucionais de descentralização e hierarquização, compete à autoridade judicial direcionar o cumprimento conforme as regras de repartição de competências e determinar o ressarcimento a quem suportou o ônus financeiro". (Recurso Extraordinário (RE) 855178 – 23.05.2019)

Decisão que desobriga o Estado de fornecer medicamento sem registro na Anvisa (RE 657718 - 22.05.2019):

- O Estado não pode ser obrigado a fornecer medicamentos experimentais.

- A ausência de registro na Anvisa impede, como regra geral, o fornecimento de medicamento por decisão judicial.

- É possível, excepcionalmente, a concessão judicial de medicamento sem registro sanitário, em caso de mora irrazoável da Anvisa em apreciar o pedido, quando preenchidos três requisitos:

I – a existência de pedido de registro do medicamento no Brasil, salvo no caso de medicamentos órfãos para doenças raras e ultrarraras;

II – a existência de registro do medicamento em renomadas agências de regulação no exterior;

III – a inexistência de substituto terapêutico com registro no Brasil.

-As ações que demandem o fornecimento de medicamentos sem registro na Anvisa deverão ser necessariamente propostas em face da União.

STJ: medicamentos não incorporados ao SUS (REsp 1.657.156-RJ, Info 625 - 25/04/2018)

Constitui obrigação do poder público o fornecimento de medicamentos não incorporados em atos normativos do SUS, desde que presentes, cumulativamente, os seguintes requisitos:

- Comprovação, por meio de laudo médico fundamentado e circunstanciado expedido por médico que assiste o paciente, da imprescindibilidade ou necessidade do medicamento, assim como da ineficácia, para o tratamento da moléstia, dos fármacos fornecidos pelo SUS;

- Incapacidade financeira do paciente de arcar com o custo do medicamento prescrito; e

- Existência de registro do medicamento na ANVISA, observados os usos autorizados pela agência.

POLÍTICAS PÚBLICAS RELACIONADAS AO COVID-19

VACINAÇÃO COMPULSÓRIA

STF: A vacinação compulsória não significa vacinação forçada, por exigir sempre o consentimento do usuário, podendo, contudo, ser implementada por meio de medidas indiretas, as quais compreendem, dentre outras, a restrição ao exercício de certas atividades ou à frequência de determinados lugares, desde que previstas em lei, ou dela decorrentes, e

(i) tenham como base evidências científicas e análises estratégicas pertinentes,

(ii) venham acompanhadas de ampla informação sobre a eficácia, segurança e contraindicações dos imunizantes,

(iii) respeitem a dignidade humana e os direitos fundamentais das pessoas;

(iv) atendam aos critérios de razoabilidade e proporcionalidade, e

(v) sejam as vacinas distribuídas universal e gratuitamente.

Tais medidas, com as limitações acima expostas, podem ser implementadas tanto pela União como pelos Estados, Distrito Federal e Municípios, respeitadas as respectivas esferas de competência.

Plenário. ADI 6586, Rel. Min. Ricardo Lewandowski, julgado em 17/12/2020 (Info 1003)

STF: É ilegítima a recusa dos pais à vacinação compulsória de filho menor por motivo de convicção filosófica. Plenário. ARE 1267879/SP, Rel. Min. Roberto Barroso, julgado em 16 e 17/12/2020 (Repercussão Geral – Tema 1103) (Info 1003).

REQUISIÇÃO DE VACINAS PELA UNIÃO

STF: É incabível a requisição administrativa, pela União, de bens insumos contratados por unidade federativa e destinados à execução do plano local de imunização, cujos pagamentos já foram empenhados. A requisição administrativa não pode se voltar contra bem ou serviço de outro ente federativo. Isso para que não haja indevida interferência na autonomia de um sobre outro. Plenário. ACO 3463 MC-Ref/ SP, Rel. Min. Ricardo Lewandowski, julgado em 8/3/2021 (Info 1008).

ORDEM DE PREFERÊNCIA NA VACINAÇÃO

STF: A partir do direito à informação e do princípio da publicidade, que norteiam a Administração Pública, decidiu o STF que é legítimo o pleito de publicação dos critérios de vacinação e da ordem de preferência dentro das classes prioritárias. ADPF 754 TPI-segunda-Ref/DF, Rel. Min. Ricardo Lewandowski, julgado em 27/2/2021 (Info 1007).

ANOTAÇÕES

ANOTAÇÕES

ANOTAÇÕES

ANOTAÇÕES

ANOTAÇÕES

ANOTAÇÕES

ANOTAÇÕES

ANOTAÇÕES

EDITORA JusPODIVM
www.editorajuspodivm.com.br

ar fernandez
Pensando em você e no futuro do planeta.